城市隧道工程

杨新安　丁春林　徐前卫　编著

同濟大學出版社
TONGJI UNIVERSITY PRESS

图书在版编目(CIP)数据

城市隧道工程 / 杨新安,丁春林,徐前卫编著. -- 上海：同济大学出版社,2015.3

ISBN 978-7-5608-5572-1

Ⅰ.①城… Ⅱ.①杨…②丁…③徐… Ⅲ.①城市隧道—隧道工程—高等学校—教材 Ⅳ.①U459.9

中国版本图书馆 CIP 数据核字(2014)第 172004 号

城市隧道工程

杨新安　丁春林　徐前卫　**编著**

出 品 人　支文军　**策划编辑**　杨宁霞　**责任编辑**　胡　毅(huyi@china.com)

封面设计　陈益平　**责任校对**　徐春莲

出版发行　同济大学出版社　www.tongjipress.com.cn

(地址:上海市四平路 1239 号　邮编:200092　电话:021-65985622)

经　销　全国各地新华书店、建筑书店、网络书店

印　刷　大丰市科星印刷有限责任公司

开　本　787 mm×1 092 mm　1/16

印　张　15

字　数　374 000

版　次　2015 年 3 月第 1 版　2015 年 3 月第 1 次印刷

书　号　ISBN 978-7-5608-5572-1

定　价　38.00 元

内容提要

本书结合近年来城市隧道工程设计理论、施工技术与运营管理的发展，较为系统地介绍了城市隧道工程地质、线路设计与结构设计、施工方法和技术要点，以及城市隧道安全与防灾、运营与管理。全书共分 7 章，第 1 章为绪论，第 2—7 章以地铁隧道、城市公路隧道、城市铁路隧道三种类型城市隧道为对象，分别阐述了城市隧道工程地质、城市隧道线路设计、城市隧道结构设计、城市隧道工程施工、城市隧道安全与防灾和城市隧道运营与管理。

本书可作为高等学校土木工程、交通工程专业城市隧道工程课程的教材或参考书，也可供从事城市隧道工程研究、设计、施工和运营管理的人员参考。

前　言

城市隧道是城市地下空间的重要形式，是庞大的城市地下空间的主要组成部分，是城市地下空间的“动脉”。城市隧道工程是从事研究和建造城市各种隧道工程的规划、勘察、设计、施工和维护的一门综合性应用科学与工程技术，是土木工程的一个分支。

世界，特别是中国的城市化进程越来越快，大城市和特大城市越来越多。“城市让生活更美好”道出了人类对理想城市生活的期望，而“隧道让城市更美好”则说明了人类在城市发展到一定阶段后，“向地下要空间”成为一种必然选择。城市隧道所处的特殊的地理位置、地层介质和复杂环境，决定了城市隧道的设计、施工需要考虑比山岭隧道更多的因素和有着更高的要求，也存在许多需要解决的特殊问题，尤其是沿海沿江城市，淤泥土、软土、复合地层等特殊地层导致其施工难度更大。

在中国，城市隧道工程的学科理论处于发展初期，但工程建设又正处在高潮期，这方面的理论、技术都非常迫切地需要发展起来。遗憾的是，有关城市地下空间的书籍较多，而城市隧道工程方面的专门书籍还几乎没有。在当前城市隧道工程实践迫切需要与之相适应的设计理论、施工技术、运营管理与维修技术时，本书试图满足这一需求，反映现代城市隧道的学科内容和进展，既为高等院校师生提供一种适用的专门教材，也可供隧道工程科技人员参考。

本书共分 7 章，第 1 章绪论说明了城市隧道的概念、特征、类型和城市隧道工程发展与面临的问题，第 2—7 章以地铁隧道、城市公路隧道、城市铁路隧道三种主要类型的城市隧道为对象，分别讨论了城市隧道工程地质、城市隧道线路设计、城市隧道结构设计、城市隧道工程施工、城市隧道安全与防灾和城市隧道运营与管理。

本书由同济大学杨新安、丁春林、徐前卫编著，杨新安编写第 1、2、7 章，丁春林编写第 4、5 章，徐前卫编写第 3、6 章，全书由杨新安和郭乐统稿。同济大学研究生郭乐、李志清、苏培森协助整理书稿并查阅资料，郭乐还参与了本书第 2、4、5 章部分内容的编写工作，为本书完成作出贡献。

本书在编写过程中，参阅了大量论文和技术资料，恐未全部列出，在此谨向有关专家和作者表示感谢！由于作者学术水平有限，书中疏漏之处难以避免，欢迎读者批评指正，意见请 Email：xyang@tongji.edu.cn。

作　者

2014 年 12 月于同济园

目　录

第1章 绪论

城市隧道是城市地下空间的主要组成部分，有多种类型，它明显不同于山岭隧道，存在许多需要解决的特殊问题。在城市隧道工程快速发展的过程中，必须注意和解决好规划、设计、施工、风险管理等一系列问题。

1.1 概 述

1.1.1 城市隧道

城市是人类社会经济发展到一定阶段的产物。根据 2010 年第六次全国人口普查数据，截至 2010 年底，按市辖区城镇常住人口计算，中国大陆有特大城市 87 座，其中 2 000 万以上 1 座，1 000 万～2 000 万 3 座，500 万～1 000 万 10 座，200 万～500 万 28 座，100 万～200 万 45 座。

在世界城市化快速发展过程中，许多大中城市普遍存在“城市病”，表现为中心地区人口密集、建筑物林立、空间拥挤、交通堵塞等现象。城市空间饱和与交通拥堵成为其中的共性问题，在许多特大与大城市中表现得非常突出。

针对上述问题与现状，立体化地利用城市空间，即合理协调地利用城市地上、地面和地下空间成为必然选择。合理开发与综合利用城市地下空间资源，不仅有助于缓解当前存在的各种城市矛盾，满足社会和经济发展的需要，而且为进一步建设现代化城市开辟了广阔的前景。城市地下空间开发利用已经成为提高城市容量、缓解城市交通、改善城市环境的重要手段。发达国家城市化发展中的经验为我们提供了很好的借鉴，通过城市地下空间开发和利用，实现部分城市功能向地下转移，伦敦、纽约、巴黎和东京等城市都有成功的实例可供参考。

城市地下空间包括地铁、地下商场、地下娱乐场所、地下停车场、地下仓库、地下人防工程、地下变电站、地下管网等，其类型繁多、形态错综复杂。

城市隧道是修建在城市地下用于通行车辆、行人、缆线、空气、水等的通道，或者用于储存和商业目的的空间。城市隧道是城市地下空间的重要形式，是庞大的城市地下空间的主要组成部分，是城市地下空间的“动脉”。

1.1.2 城市隧道工程

城市隧道工程是对城市各种隧道工程的规划、勘察、设计、施工和维护等进行研究的一门综合性应用科学与工程技术，是土木工程的一个重要分支。

城市隧道工程的规划须符合整个城市的总体规划，与城市地下空间的开发相互协调，实现城市地下空间与城市隧道一体化；其勘察需在城市复杂的环境中进行，但钻探深度不大；城市隧道的设计需综合考虑其交通类型或用途对其限界、线型、坡度、洞身所处地层层位等的要求；城市隧道的施工是在复杂的城市环境和地质体中实施的，其约束条件、要求和难度远大于山岭隧道；城市隧道的养护维修水平也比山岭隧道要高，要求更严格。

1.2 城市隧道种类与特征

1.2.1 城市隧道的种类与功能

隧道按所处位置分为山岭隧道和城市隧道；按埋深分为浅埋隧道和深埋隧道，城市隧道多为浅埋隧道。

城市隧道按所处地层介质分为土质隧道和石质隧道；按用途可分为地铁隧道、城市公路隧道、城市铁路隧道和其他类型城市隧道。

1. 地铁隧道

地下铁道，简称地铁。国际隧道协会定义地铁为轴重相对较重、单方向输送能力在3万人次/h以上的城市轨道交通系统。线路通常设在地下隧道内，在城市中心以外的地区线路也可从地下转到地面或高架上。地铁隧道主要有区间隧道、联络通道、折返线隧道、行人通道等形式。

2. 城市公路隧道

城市公路隧道是指城市交通道路在某区段采用地下隧道方式所建造的地下公路，包括下穿江河湖海、下穿立交的城市公路隧道。

随着城市规模的扩大和城市形态的变化以及交通方式的立体发展，为了缓解地面空间的拥挤，也为了实现交叉路口的立体通行和快速通畅，或者当城市处在山地丘陵地貌时，尤其当城市环境质量(空气中有毒有害气体、噪声等指标)要求已限制了发展地面、上部(高架)交通体系时，为了保证城市交通的正常和对城市发展的促进，就需考虑建设城市公路隧道，甚至建造地下快速公路网。在城市的交通量较大的地段，建设适当规模的地下快速道路是非常需要的，能够有效缓解交通矛盾。

3. 城市铁路隧道

为避免占用宝贵的城市土地资源，也为了减轻铁路对城市环境的影响，修建在城市地下的铁路隧道称为城市铁路隧道。城市铁路隧道有两类，一类是干线在城市地下穿越的隧道，如京广铁路石家庄城市铁路隧道、广深港铁路穿越深圳城区铁路隧道、武广高铁浏阳河隧道；另一类是连接大城市中两个车站之间的直径线，如北京站与北京西站直径线、天津站与天津西站直径线。城市铁路隧道要结合城市总体规划和城市地下空间的开发，综合考虑进行设计。城市铁路隧道的施工方法有盾构法、矿山法、明挖法等。随着城市土地资源日趋紧张，建设城市铁路隧道，将铁路置于城市地下是一种发展趋势。

4. 其他类型城市隧道

(1) 市政隧道

市政隧道包括市政给水、排水、引水以及铺设地下电缆、煤气管道等的隧道,如上海市"合流污水"工程建造了几十公里的大直径排水隧道,上海第三水源地工程——青草沙水源地原水工程修建了穿越长江口的大型水下引水隧道。

设置通信电缆、电气设备、燃气设备、上下水道等两种以上的地下埋设物的隧道称之为市政地下管道,这些埋设物一般都设在道路路面之下的隧道中。

(2) 人行通道

人行通道是修筑于城市地下用于人员或非机动车通行的隧道。

1.2.2 城市隧道工程特征

城市隧道所处的特殊的地理位置、地层介质和复杂环境,决定了城市隧道的设计、施工需要考虑比山岭隧道更多的因素,有着更高的要求,也存在许多需要解决的特殊工程问题,尤其是沿海沿江城市,淤泥土、软土等特殊地层以及复杂多变的地层都导致其开挖难度更大。总的来讲,城市隧道工程的特征有下列六点。

1. 城市地质与隧道工程关系密切,多数城市地质条件复杂

城市隧道多位于地层浅部,穿越的岩土体大多是第四纪的沉积层或者堆积层,穿越地层变化较为频繁,地层的工程地质和水文地质条件较差,性质软弱,自稳能力较差,遇水易失稳。因此,总体来讲,多数城市的工程地质条件较为复杂,例如,广州、深圳等珠三角地区城市的工程地质、水文地质条件复杂多变,地下隧道经过海积、海冲积、冲积平原和台地等多种地貌单元,常位于"软硬交错"地层(上部为人工填土、黏性土、淤泥质土、砂类土及残积土,下部为花岗岩、微风化岩等坚硬岩石层,甚至遇到"孤石"),还常遇到断裂破碎带和溶洞等特殊地质构造,穿越或临近江河湖海,地下水丰富,水位高。

城市隧道工程一般线路长,穿越不同的地质土层,可能遭遇流沙层、膨胀土、高压缩性软土和淤泥土、风化破碎岩石、浅层瓦斯、大涌水、硫化氢气体、地下空洞等,土质的离散性也较大。这些条件都不利于工程建设,并容易诱发灾害;而且,一旦线路确定,就无选择性。

2. 工程周边环境复杂

城市隧道或地下工程大都位于城市市区,周围建筑物密集、地下管线布设复杂、人口众多、交通繁忙、施工场地有限;不可避免地要临近或穿越既有建筑物、道路、立交桥桩基础、既有隧道及地下管线等进行施工,城市隧道的设计和施工受已有建筑与结构的影响大,不仅要确保隧道工程本身结构的稳定性和强度要求,还要确保周围的既有建筑物、地下管线或其他市政设施不会因为隧道修建产生过大的变形甚至破坏;当城市隧道临近或下穿居住区、医院、学校等时,还要求在修建及运行过程中实施减振、降噪措施。因此,城市隧道工程对安全的要求更高。总之,城市隧道工程环境复杂,不可预见因素较多。

3. 全长浅埋

城市隧道大多为浅埋隧道,埋深一般在 20 m 左右,且属全长浅埋隧道。浅埋隧道变形会波及地表与地面设施,这就需要对施工过程中与运营期间的隧道围岩及上覆地层的变形和对地下水等的影响进行全面和全过程控制。

4. 城市隧道结构复杂,常与其他构筑物构成复杂的地下工程

城市隧道结构比山岭隧道复杂,附属结构和设施多。例如,地铁区间隧道有联络通道和机电设备设施空间,并要考虑和车站结构的衔接。随着地铁线路的建设,土建工程不断向"深、大、险"方向发展,这导致需要衔接和联系的结构物增多,隧道整体结构趋于复杂。

5. 对变形等的控制标准严格

为确保城市隧道施工过程中,建(构)筑物、道路、管线、邻近隧道、地表水体等工程周边环境不发生过量沉降甚至塌陷,确保其安全,要求严格控制沉降(包括绝对值和速率等)。例如,暗挖法施工的标准断面隧道地面累计沉降量一般要求控制在 30 mm 以内。

6. 安全风险大

上述工程特点决定了城市隧道工程安全风险(包括工程本身风险和对工程周边环境的风险)大,风险关联性强。例如,如果工程水文地质条件不明,工程周边环境不清,措施准备不充分,就会很容易出现安全质量事故和险情,造成人员伤亡和经济损失。由于城市隧道施工的不确定性和周边环境的复杂性,进行事前的周边环境的安全性判定比较困难,在隧道施工期间进行风险跟踪和控制就显得尤为重要。

1.3 城市隧道工程发展和存在的问题

1.3.1 世界城市隧道发展

从 1863 年英国伦敦建成世界上第一条城市地铁开始,国外包括城市隧道在内的地下空间开发已经经历了相当长的时期。20 世纪 20 年代以来,世界各国由于城市化进程加快,城市用地紧张、基础设施落后以及环境恶化等问题日渐突出,为解决这些问题,一些发达国家开始大规模利用地下空间。开发利用较早的有欧洲国家、美国和日本等。其中欧洲国家对地下空间开发利用较好,大量修建过街通道、地铁、商场、仓库等,近年来还修建了地下综合通道及地下综合服务区等。

到 20 世纪末,地铁已成为大城市公共交通的重要形式,建造总长度超过 5 500 km,它有效地解决了大城市的巨量客流运输需求。截至 2012 年初,世界上轨道交通运营里程超百公里的城市总共有 22 个,详情见表 1-1。

表 1-1 轨道交通运营里程超百公里的城市

序号	城市	城市人口(万人)	区域人口(万人)	线路(km)	地下线路(km)	高架线路(km)	地面线路(km)	车站数(个)	供电电压(V)	受流方式
1	纽约	733	1 330	443	257.9	110.1	75	468	DC625	三轨
2	伦敦	700		408	167		235	275	DC600	三轨
3	巴黎	215	1 100	212	177	13.7	1.1	297	DC750	三轨
4	莫斯科	836		275	184	36	55	170	DC825	三轨
5	东京	805	1 190	292	174	80	38	648	DC1500	三轨
6	芝加哥	273	700	358	18	85	60	144	DC600	三轨/架空线

续表

序号	城市	城市人口(万人)	区域人口(万人)	线路(km)	地下线路(km)	高架线路(km)	地面线路(km)	车站数(个)	供电电压(V)	受流方式
7	墨西哥	982	2 400	202	147	15	40	175	DC750	三轨/架空线
8	柏林	347	438	153	90.3	10.7	52	170	DC780/600	三轨
9	首尔	1 023	1 350	287	90.3	77.5		263	DC1500	三轨
10	马德里	294	400	227	105	3	5	190	DC600	架空线
11	华盛顿	56	300	166	65	10	40	83	DC750	三轨
12	斯德哥尔摩	72	160	106	62			100	DC650/750	三轨
13	大阪	259		116	93	11		111	DC750	三轨/架空线
14	北京	627	1 400	373				223	DC750	三轨
15	上海	700	1 412	431				251	DC750	架空线
16	广州	322	794	211				143	DC1500	架空线
17	深圳	110	246	179				118	DC1500	架空线
18	瓦伦西亚	85		135				109	DC650/750	架空线
19	奥斯陆	48		119				96	DC750/680	三轨/架空线
20	旧金山	72	363	153				43	DC1000	三轨
21	墨尔本	315		372				209	DC1500	架空线
22	悉尼	310		352.6				306	DC1500	架空线

注：根据"中国交通运输协会统计信息(2012-03-22)"、《简氏机车车辆市场预测报告》(2005)等数据整理而成。

近年来，包括城市隧道在内的城市地下空间的发展更为迅速。日本东京首条地下高速路"东京中央环状新宿线"经过池袋、新宿和涩谷三个重要商业区，于 2007 年 3 月开通之后，不仅大大缩短了通行时间，而且还有效缓解了市中心地区的交通拥挤，减轻了市内环境污染问题；巴黎市提出的地下机动车交通系统，在巴黎构筑两环加放射的地下道路网，可解决机动车在城市内部的快速通行问题；美国波士顿中央大街改造方案是在已有的中央大街下面建设一条地下快速干道，在波士顿海湾建设一条海底隧道用来连接机场和城市中心，建立一个新的交通系统，完善城市交通，并以此为契机改善城市环境，对波士顿的社会生活产生了重大影响，见图 1-1。

(a) 改造前　　(b) 改造后

图 1-1　美国波士顿中央大街改造前后

1.3.2 中国城市隧道发展

进入21世纪，随着我国城市化进程的加快，大城市的交通、环境以及文物保护等问题日益突出，为了满足城市功能的需要，我国的城市轨道交通工程建设已逐渐进入高潮，截止到2012年12月31日，我国内地已有北京、上海、天津、重庆、广州、深圳、武汉、南京、沈阳、长春、大连、成都、西安、昆明、苏州、杭州、佛山等17个城市累计开通70条城市轨道交通运营线路(含试运营线路)，总运营里程达到2 064 km(详见表1-2)，其中地铁1 726 km，占84%；轻轨267 km，占13%；现代有轨电车41 km，占2%；磁浮30 km，占1%。

表1-2　　2012年全国已开通城市轨道交通线路运营里程统计表

序号	城市	运营线路/条	形式及运营里程(km)				车站数(个)	总里程(km)	备注
			地铁	轻轨	现代有轨电车	磁浮			
1	北京	16	442.0	—	—	—	275	**442.0**	2012年开通线路4段，新增里程为69 km
2	上海	13	425.1	—	9.2	30.0	295	**464.3**	
3	天津	5	76.9	52.3	7.9	—	96	**137.0**	2012年开通线路3段，新增里程为54 km
4	重庆	4	55.8	75.3	—	—	91	**131.1**	2012年开通线路4段，新增里程为56 km
5	广州	8	220.9	—	—	—	137	**220.9**	统计调整，计入广佛线广州段6 km和APM线4 km
6	深圳	5	178.6	—	—	—	131	**178.6**	
7	武汉	2	27.7	28.8	—	—	47	**56.5**	2012年开通线路1段，新增里程为28 km
8	南京	3	81.6	—	—	—	57	**81.6**	
9	沈阳	2	49.9	—	—	—	41	**49.9**	
10	长春	2	—	47.5	—	—	49	**47.5**	统计调整，里程由42 km变更为47 km
11	大连	4	—	63.4	23.4	—	57	**86.8**	
12	成都	2	41.0	—	—	—	36	**41.0**	2012年开通线路1段，新增里程为22 km
13	西安	1	20.5	—	—	—	17	**20.5**	
14	苏州	1	25.7	—	—	—	24	**25.7**	2012年新开通城市轨道交通线路
15	昆明	1	18.0	—	—	—	4	**18.0**	2012年新开通城市轨道交通线路
16	杭州	1	48.0	—	—	—	31	**48.0**	2012年新开通城市轨道交通线路
17	佛山	1	14.8	—	—	—	11	**14.8**	统计调整，计入广佛线佛山段15 km
合计		**70**	**1 726.3**	**267.3**	**40.5**	**30.0**	**1 399**	**2 064.0**	

预计到2016年我国将新建轨道交通线路89条，总建设里程为2 500 km，投资规模达9 937.3亿元，届时建成和在建城市轨道交通总里程将接近4 500 km。

另一方面，特大城市地下快速道路的建设也正越来越受到重视，以解决城市交通拥堵问题。例如，上海市政府已批准井字形地下通道方案，该方案全线长401 km，其中地下261 km；北京市提出在2020年以前修建四纵两横地下快速路网方案；深圳建设了约7 km长的地下快速通道；南京的内环线地下路约占总长度的1/2。

除城市地下轨道交通和地下快速路的建设外，其他城市地下空间的开发力度也很大，速度在加快。北京地下空间建成面积已达30 km^2，全市地下空间今后平均每年将增加建筑面积约3 km^2，占总建筑面积的10%，目前已作出地下50 m深度的开发规划，到2020年，北京地下空间总面积将达90 km^2；上海市已开发地下空间（不含地下管线和地下军事设施）3万多个，建筑面积超过50 km^2，上海世博园区地下城面积达0.4 km^2；杭州钱江新城地下城以波浪地下城为骨干，规划建成地下四层，地下空间总建筑面积约2 km^2。

1.3.3 城市隧道发展中需要注意及解决的问题

随着我国以城市轨道交通为主体的地下空间开发进入建设高潮期，未来几十年，我国城市隧道工程的发展速度会更快，规模巨大；因此，在追求速度和数量的同时，必须注意和解决好存在的问题。

1. 城市隧道工程须进行科学论证与合理规划

首先，城市隧道工程的规划设计须符合整个城市的总体规划，与城市地下空间的开发相互协调。其次，由于城市隧道工程的建设具有不可逆性、关联性大和制约因素多的特点，一旦建成，便不能轻易改动。因此，城市隧道工程要考虑地质条件、既有地下设施、既有建筑物基础、土地的所有权与地价、施工技术、经济能力、开发后的综合效益及对城市的影响等，其建设方案必须经过深入调查、科学论证与综合规划。

2. 分层化、深层化开发利用地下空间，修建城市隧道和城市隧道群

目前，我国对城市地下空间的开发深度多限于浅层，开发构造简单、开发规模狭小、利用功能单一。实际上，城市地下空间具有层次性（有浅层、中层和深层之分），浅层地下空间（通常为地表至−10 m的深度）主要用于商业、文娱和部分业务空间；中层地下空间（通常为−10～−30 m的深度）主要用于地下交通、地下污水处理场及城市水、电、气、通信等公用设施；深层地下空间（通常为−30 m以下深度）可以建设高速地下交通轨道、深层地下工程品仓库、冷库、油库等地下工程。分层化、深层化开发利用地下空间，就要形成人车分流，市政管线、污水、垃圾分层分置布局，使地下功能既区分又协调，发挥各自的功能优势，见图1-2。

城市隧道是城市地下空间的主要组成部分，在分层化、深层化开发地下空间过程中，必然会修建大量的城市隧道、联络通道，甚至城市隧道群，深埋城市隧道、城市隧道群的设计与施工都会是有挑战性的新课题。

3. 建设绿色城市隧道工程

城市隧道工程设计要尽可能合理利用自然光、风、水等天然资源和能源，尽可能使用再生原料制成的材料，尽可能将施工中的材料循环使用，最大限度地发挥材料的潜力，减少生产、加工、运输材料而消耗的能源，减少施工中的废弃物，减少对能源、土地、水、生物资源的消耗，提高使用效率。

图1-2　城市地下空间分层开发示意图

4. 实行全过程风险管理

在我国加速城市轨道交通建设和地下空间大规模开发过程中，包括城市隧道在内的城市地下工程的安全性将成为未来数十年城市建设的核心问题，深入研究城市地下工程安全事故的形成机理和复杂的演化规律，对风险做出可靠的预测和评估，进而建立起规范化的管理体系，才能为城市地下工程的安全性建设提供可靠保障。

第2章 城市隧道工程地质

隧道处在天然地层中，宏观上受地质、水文地质条件影响，施工和长期运营期间的稳定又与地质及围岩密切相关。隧道地质条件复杂多变，通过地质勘察，查清其地质环境，掌握地层的岩土特征、地质构造、水文地质特征，了解隧道应力场，这些对隧道设计与施工都十分重要。沿隧道轴线给出的各区段围岩级别是设计和施工的重要依据。而且，隧道工程地质工作须贯穿于隧道建设的整个过程，即要重视施工地质和加强隧道施工中的超前地质预报工作。

隧道工程地质学是一门兼容工程地质学、水文地质学、岩石力学、土力学、工程力学、环境工程学、隧道工程学等学科内容的综合学科。本章围绕与城市隧道工程地质相关的基本概念和理论方法进行介绍，阐述了城市隧道工程勘测的基本要求和工作内容；对我国城市主要工程地质进行分类，并结合相关城市的具体工程实例说明不同地质类型各自具备的特征和工程性质；介绍了城市浅部地层地应力的基本概念、计算方法和世界范围内的相关实测数据，并对隧道开挖过程中地应力的释放规律进行分析，说明地应力释放对隧道开挖的影响。

2.1 城市隧道工程地质勘察

工程勘察是对工程地质条件、周边环境勘察探明的过程，是城市隧道工程建设的基础性工作和十分重要的环节，其工作质量的优劣对城市隧道工程建设的质量、安全、工期和合理投资都起着重要的作用。由于城市环境和地质条件往往比较复杂，而城市隧道工程又是线性工程，不同地段的工程地质条件差异较大，因此，做好工程勘察工作尤为重要。

2.1.1 城市隧道工程地质勘察工作流程

城市隧道工程勘察流程一般包括收集资料、现场踏勘、编写大纲、施工准备、外业实施、室内土工试验、内业整理并提交报告、报告的评审与验收、后续服务等九个主要工序。

城市隧道工程是一项复杂的系统工程，工程投资巨大，工程建设要经历规划、可行性研究、初步设计、施工图设计、施工等多个阶段，隧道工程的勘察需要分阶段进行。除了对应前期设计阶段的勘察，某些地质问题必须在施工阶段解决，施工勘察已成为隧道工程勘察不可或缺的重要阶段。依据工程建设不同阶段对隧道工程勘察技术要求的不同，城市隧道工程勘察可以划分为可行性研究勘察、初步勘察、详细勘察和施工勘察四个阶段。当隧道沿线或场地附近存在对工程设计方案和施工有重大影响的岩土工程问题时还应进行专项勘察。

分阶段开展城市隧道工程勘察工作，就是坚持由浅入深、不断深化的认识过程，逐步认识沿线区域及场地工程地质条件，准确提供不同阶段所需的岩土工程资料，以达到规避工程风险，控制投资，减少浪费的目的。特别是在地质条件复杂地区，不按阶段进行隧道工程勘察工作，轻者给后期工作造成被动，造成返工浪费，重者会给工程造成重大损失或给运营阶段留下隐患。

不同勘察阶段需要重点解决的地质安全风险问题不同，勘察需要解决的问题也不同。

1. 可行性研究勘察阶段

可行性研究勘察阶段的隧道工程勘察工作，须重点查明需要规避的重大地质风险。例如：软土、地裂缝、沼气、崩塌等地质灾害和空洞、岩溶塌陷等不良地质作用，进行定性评价，评价场地稳定性和工程建设适宜性。

2. 初步勘察阶段

初步勘察阶段的城市隧道工程勘察工作，须重点查明需要采取控制措施的地质风险，查明地基和围岩的地层岩性，初步分析地基和围岩的稳定性。

3. 详细勘察阶段

详细勘察阶段的城市隧道工程勘察工作，包括详细查明工程地质和水文地质条件、地层的分布和岩土特性及所有可能存在的地质风险，提供设计所需的岩土参数，结合设计、施工进行隧道地质工程分析评价并提出相关的方案、措施和建议。

4. 施工勘察阶段

施工勘察阶段的城市隧道工程勘察工作，主要解决详勘精度无法查明的隧道工程问题或施工过程中遇到的特殊岩土工程问题。

5. 专项勘察

专项勘察是指隧道工程沿线或场地附近存在对工程设计方案和施工有重大影响的岩土工程问题，需要采用专项措施查明其地质条件的工作。

2.1.2 不同勘测阶段的工作内容

不同阶段的勘察应按各阶段的要求和内容，采用相应的手段和方法进行。各勘察阶段所提供的工程地质和水文地质资料必须满足相应设计阶段需要的设计参数和有关技术资料，并应对工程环境进行预测、评价。

1. 可行性研究勘察阶段

在可行性研究勘察阶段，应根据线路或比选线路方案，通过必要的调查和勘察工作，研究线路场地的地质条件，重点研究对线路方案有重大影响的不良地质作用、特殊性岩土及重点地段的工程地质问题，提供线路方案研究所需的地质依据，评价场地稳定性和适宜性。可行性研究勘察应在搜集整理、分析利用已有地质资料和工程地质调查与测绘基础上，开展必要的勘探与取样、原位测试、试验等工作。

2. 初步勘察阶段

初步勘察阶段应在可行性研究勘察的基础上，针对线路敷设方式、各类工程的结构形式、施工方法等要求开展工作，并充分考虑下一个阶段勘察对初勘资料的利用。初步勘察工作应结合沿线区域地质条件、场地工程地质和水文地质条件、工程周边环境等，采用工程地质调查与测绘、勘探与取样、原位测试、室内试验等方法进行。初步勘察应查明地下工程的水文地质和工程地质条件，并进行评价，同时应初步查明可能影响工程施工的不良地质和特殊地质的性质、特征、范围，并提出初步治理的措施。

地铁隧道在初勘阶段，在隧道两侧交叉布点，勘探点间距为 100～200 m，可根据地质复杂程度和设计需要来具体确定。取样孔（含原位测试孔）不宜少于探孔总数的 2/3。控制性勘探孔的深度：在松散地层中应在隧道结构底板下 20 m，微风化及中风化地层中钻孔进入底板下 3～5 m，在强风化、全风化带中，深度可根据地质条件和设计与施工的要求而定。

公路隧道在初勘阶段，物探的测区一般不超过测绘范围，但对物探解释有参考、对比价值的内容应进行勘测追踪，其范围可不受上述所限。在测区内，测线的方向、间距及测点的疏密、激发点与接收点的距离与布置形式，应按物探方法并结合地形条件等因素选定。分离式隧道原则上沿隧道轴线纵向至少应布置物探测线 2～3 条，两洞口布置横测线各 2 条；测线长度和测点间距应视隧道长度、地质条件而定。整体式隧道可视地质条件适当增加纵、横测线。不同的地质体或构造类型，要有 2～3 条物探测线穿过，每条测线的测点至少在 3 个以上，地质情况复杂时可适当加密。根据隧道埋深和下伏岩土体特性，合理选用物探手段，对深埋隧道可选用高分辨率反射法。

3. 详细勘察阶段

详细勘察应在初步勘察的基础上，针对隧道各类工程的建筑类型、结构形式、埋置深度和施工方法要求开展工作，满足施工图设计要求；详细勘察工作应结合区域地质条件、场地工程地质及水文地质条件和工程周边环境条件等，主要采用勘探与取样、原位测试、土工实验等勘察方法。

地铁隧道详细勘察勘探点的布置应根据建筑总平面图、线路纵断面、结构类型与特点、施工方法、基础形式及埋深等资料综合确定，当为简单场地时勘探点间距可取 40～50 m，中等复杂场地勘探点间距可取 30～40 m，复杂场地勘探点间距可取 10～30 m。第四纪地层中控制性钻孔的深度应根据隧道埋深、地层、地下水等地质条件以及设计要求、施工方法和降水工程的需要来确定。控制性钻探孔深度应进入结构底板以下不小于 3 倍洞径，一般勘探孔应进入结构底板以下不小于 2 倍洞径。基岩地区控制性钻孔深度，微风化带应钻入 3～5 m，在中等程度风化带应进入基底下 3～5 m。取样试验及原位测试孔数量不少于勘探孔总数的 1/2。当预定深度内有软弱土层时，勘探孔深度应适当增加。

公路隧道在详勘阶段，应对初勘时未能查明的地质条件或沿隧道轴线方向有复杂地质问题的地段进行物探，以达到进一步查明和补充、校核之目的。一般应根据隧道所在地区的地形、地质条件选择适当的物探方法。当采用电探时，一般沿隧道轴线布设一条主测线，在主测线两侧 20 m 各布一条平行测线。洞口一般布置横测线，测点间距以 10～30 m 为宜。水下隧道物探，应在先查明水域内水底地形、水深、流速等情况下再决定采用何种物探手段，一般宜进行综合物探。勘测主线宜沿隧道轴线两侧布设，一般不得少于 2 条，横测线一般应沿顺水流方向布设，不宜少于 3 条，测点间隔比陆上物探适当加密。

4. 施工勘察阶段

施工勘察应在详细勘察的基础上，研究已有勘察资料，掌握沿线各类工程及不良地质、特殊性岩土等特殊地质条件，有针对性地开展勘察工作。施工勘察应针对具体的工程地质问题进行分析评价，提供所需岩土参数，提出工程处理措施建议。

5. 专项勘察

专项勘察工作是解决常规勘察阶段中难以查明的地质条件问题，可以根据工程需要在任何一个勘察设计阶段开展工作。

2.1.3 勘察方法

工程勘察的方法主要包括工程地质调查与测绘、工程地质钻(挖)探与取样、原位测试、地球物理勘探、岩土试验等,这些都是获取工程勘察成果所依据的第一手资料的基础性工作和方法,直接影响到成果的真实性、准确性、经济性和安全性。另外也包括化探工程、抽水试验工程等勘察方法。

1. 工程地质调查测绘

工程地质调查与测绘,就是采用室内收集资料、现场调查访问、地质测量、航测、遥感解译等方法,查明拟建场地的工程地质要素,并绘制相应的工程地质图件、编制相关说明。

2. 工程地质钻探与取样

工程地质钻探是根据城市隧道岩土工程勘察的目的和要求,利用动力机械和钻具向指定的地层进行钻孔和施工工作,借助于钻头直接取得拟定深度和直径的岩芯、土样、水样、气样等实物样品,用以分析鉴定地质岩层及构造,确定土的物理力学性质和地层形成年代,或者钻凿专门供长期观测地下水位动态变化的钻孔。现场勘探的质量会影响岩土工程师对地质条件的判断,对工程建设质量和安全有直接影响。

3. 原位测试技术

在岩土体所处的位置,基本保持岩土原来的结构、湿度和应力状态,对岩土体进行的测试称为原位测试。

对于难以取得高质量原状土样的土类(软塑-流塑软土、砂类土、碎石土),应主要通过原位测试的实验方法取得试验指标,并基于其试验指标与土的工程性质的研究结果(相关关系),评价土的工程性能,确定岩土工程设计参数。

常用的原位测试技术有:标准贯入实验、圆锥动力触探试验、波速测试、电阻率测试、载荷实验、静力触探试验、十字板剪切试验、旁压试验、扁铲侧胀试验、现场直接剪切试验、岩体原位应力测试。

4. 地球物理勘探

地球物理勘探,是利用物理学的基本原理和现代科学技术的新成就来解决工程地质问题的各种方法的总称。常见地球物理勘探以浅层地震、声波测定为主,此外,还常用电波、磁法、放射性勘探和测井等方法。

5. 岩土室内试验

岩土室内试验包括土的物理性质试验、土的力学性质试验、岩石试验、动力性质试验、基床系数试验和热物理试验。岩土室内试验的试验方法、操作和采用的仪器设备应符合现行国家标准《土工试验方法标准》(GB/T 50123)和《工程岩体试验方法标准》(GB/T 50266)等的有关规定。

以广州地铁三号线为例,其勘察采用了以钻探工程为主、多种手段相结合的综合勘察方法,其中包括:钻探工程、物探工程、化探工程、原位测试工程、抽水试验工程以及岩、土、水样室内试验等。此外,由于广州地区地层复杂,三号线沿线地质情况变化大,其中对断裂带、花岗岩风化带、残积土、孤石、砾砂岩裂隙水的勘察是勘察阶段的难点。三号线三次穿越珠江,且隧道绝大部分位于基岩中,这也是勘察阶段工作的重点和难点。

2.2 城市隧道工程地质类型

我国地域广阔,国土范围内包含多种地形地貌,各地层地质条件差异明显,综合起来,我国城市主要工程地质类型可分为砂卵石地层、软土地层、复合地层、岩石地层、黄土地层等五大类。本节将分别讨论五类不同地层的特征及其工程特性,并结合已建城市隧道工程实例加以说明。

我国城市主要工程地质分类、浅部地层及其特征、主要代表城市见表 2-1。

表 2-1 我国城市主要工程地质类型

地层类型	城市浅部地层	地层特征	主要代表城市
砂卵石地层	黏土、粉土、砂土,砂卵	结构松散,无胶结,呈大小不等颗粒状,颗粒间孔隙大,颗粒间无黏聚力	北京、成都、沈阳
软土地层	淤泥质黏土、黏土、砂土、粉土、粉质黏土、淤泥质粉质黏土	压缩性高,强度低,含水量大,透水性差,易流塑,黏聚力小,内摩擦角小	上海、杭州、南昌、宁波、苏州、无锡、天津、南宁、长春、长沙、武汉、合肥
复合地层	黏土、粉土、砂土、花岗岩、漂石、上软下硬	岩性变化频繁,物理力学特性差异大,基岩风化界面起伏大,断层破碎带分布密集,含水量差异明显	广州、深圳、东莞、昆明、南京
岩石地层	泥岩、花岗岩、漂石、板岩	单轴抗压强度高,不连续,非均质,各向异性,遇水强度降低,存在结构面,存在构造应力	重庆、青岛、大连、厦门、福州
黄土地层	黄土	结构疏松,强度低,湿陷性高,透水性强,多孔隙	西安、郑州

2.2.1 砂卵石地层

砂卵石地层是指砂类土及碎石土混合而成,其中粒径大于 20 mm 的卵石颗粒含量超过全重的 50%,且粒径大于 200 mm 的漂石颗粒含量超过 15%的土层,见图 2-1。

(a) 北京地区砂卵石地层

(b) 成都地区砂卵石地层

图 2-1 砂卵石地层

1. 北京地区砂卵石地层

(1) 北京地区地层总体特征

北京地区永定河冲洪积扇地层的总体工程特征归纳为如下四点：

① 地下水位相对较深。

② 除砂层和级配单一的圆砾层外，地层自稳性好。

③ 能适应盾构法、明挖法和浅埋暗挖法等多种工法施工。

④ 地铁隧道大多数穿越由粉质黏土/粉土、砂(细砂、粉细砂/中粗砂、粗砂)、砂砾石/砂卵石/圆砾组成的交互地层，有些隧道穿越单一的粉质黏土层、砂层或砂砾石/砂卵石层。

图 2-2 为北京某地铁区间地质纵剖面图。

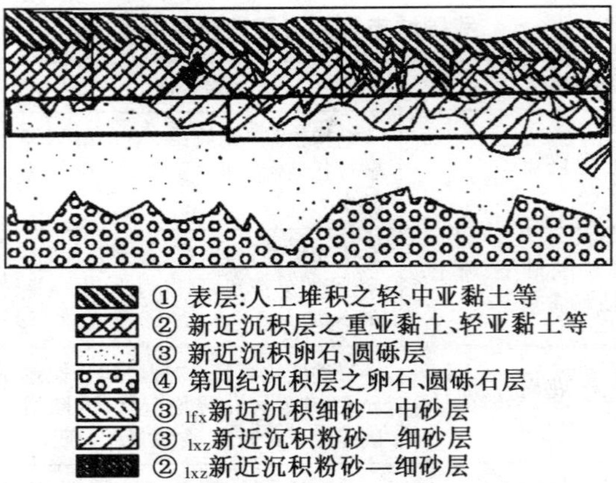

图 2-2 北京某地铁区间地质纵剖面图

(2) 北京地区地层类型

北京地区处于平原与山区相连接的地带，主要为第四系永定河山前冲洪积层和河流相似的沉积层，由砂、砂砾石、砂卵石、圆砾以及黏土、粉土、黏质粉土和粉质黏土等互层组成。根据调查和统计已施工隧道的工程地质及水文地质条件，北京地区的地层可分为以下几类：

① 粉质黏土。容易发生塑性变形和破坏。含水量的大小对其状态(坚硬、硬塑、可塑、软塑、流塑)和强度、稳定影响较大。一般情况下这种土层的稳定性较好。

② 粉土。一般情况下粉土的稳定性尚可。饱和粉土在振动荷载作用下容易产生液化现象，从而使地基和隧道围岩失稳。该土层在施工降水过程中，容易产生细颗粒流失形成空洞(尤其在与粗颗粒交界处)，而且含水量大时的稳定性较差。

③ 细砂、粉细砂。饱和状态下受振动荷载的作用容易产生液化现象。含水量大时会产生流动，出现塌方，特别是粉细砂在施工降水过程中容易产生细颗粒流失形成空洞(尤其相对隔水界面和与粗颗粒交界处)。干燥的粉细砂在外界扰动下容易形成流砂，从而使隧道围岩失稳。

④ 中粗砂、粗砂。中粗砂、粗砂地层稳定性因其含水状况不同而变化很大。

⑤ 卵石、圆砾(粒径小于 100 mm)。一般来说，该类地层的稳定性较好，但级配单一的圆砾层的稳定性较差。卵石、圆砾地层的破坏形式相对黏性土来说常为脆性破坏。

⑥ 含超大粒径漂石的卵石、圆砾(粒径大于 100 mm)。其工程特性与粒径小于 100 mm 的卵石、圆砾地层相似，只不过是由于该地层中存在的大粒径(已遇到 600～1 500 mm)漂石会对施工造成严重影响，故单独将其列为一类。此类卵石常被中粗砂、粉土及粉质黏土充

填，构成稳定的围岩结构。

⑦ 岩体。岩体以花岗岩、砂岩和灰岩为主，岩石的强度和硬度都比较大。岩体遇水饱和后强度会有所降低，但是对其工程性质不会有多大影响。

北京地区城市隧道工程主要穿越以下三种典型地层：

① 砂砾石、砂卵石、圆砾地层；

② 粉砂、细砂、中—粗砂地层；

③ 粉土—黏土地层。

砾石的最大粒径一般为 400～600 mm，个别漂石的粒径可达 1 500 mm 以上，地层的最大含砂率为 25%～40%不等。在多数情况下，地下工程的修建，尤其是地铁工程的修建，均处于此三类典型的混合地层中。

2. 成都地区砂卵石地层

成都也是典型的砂卵石地层，且地下水位较北京地区高，地层的渗透性强，表 2-2 为成都地铁穿越土层分析表。

表 2-2　成都地铁穿越土层分析表

地层代号	岩土名称	粒径分析土粒组成(%)					单轴极限抗压强度(MPa)		隧道穿越各地层比例
		漂石	卵石	砾石	砂	土	漂石	卵石	
2-4	粉土				4.9	95.1			0.5
2-5					80.4	19.6			2.9
2-8-1	稍密卵石土		43.8	22.6	29.4	4.2	68.5	81.8	0.7
2-8-2	稍密卵石土		80.2	10.1	9.2	0.5			9.5
3-3	粉土				7.3	93.7			
3-4	粉细砂				92.8	7.2			1.3
3-7-1	稍密卵石土		58.8	23.7	15.7	1.8	107.3	87.7	6.7
3-7-2	稍密卵石土		75.27	14.3	9.38	0.54			19.5
3-7-2	密实卵石土								58.9
4-4-2	中密卵石土		76.5	8.5	14	1	107.3	87.7	

2.2.2 软土地层

软土是天然孔隙比大于或等于 1.0，且天然含水量大于液限的细粒土，包括淤泥、淤泥质土、泥炭、泥炭质土等，分类标准见表 2-3。

表 2-3　软土的分类

土的名称	分类标准	备注
淤泥	$e \geqslant 1.5,\ I_L > 1$	e—天然孔隙比 I_L—液性指数 W_u—有机质含量
淤泥质土	$1.5 > e \geqslant 1.0,\ I_L > 1$	
泥炭	$W_u > 60\%$	
泥炭质土	$10\% < W_u \leqslant 60\%$	

软土具有天然含水量高、天然孔隙比大、压缩性高、抗剪强度低、固结系数小、固结时间长、灵敏度高、扰动性大、透水性差、土层层状分布复杂、各层之间物理力学性质相差较大等特点，软土的工程性质见表 2-4。

表 2-4　软土工程特性对工程性质的影响

软土的特点	对工程性质的影响
含水量高	软土的天然含水量一般为 50%～70%，其饱和度一般大于 95%。软土的高含水量特征是决定其压缩性和抗剪强度的重要因素
孔隙性高	天然孔隙比在 1～2 之间，最大达 3～4。软土的高孔隙性特征是影响其压缩性和抗剪强度的重要因素
渗透性低	软土的渗透系数一般在 $1\times10^{-8}\sim1\times10^{-4}$ cm/s 之间，通常水平方向的渗透系数较垂直方向要大得多。由于该类土渗透系数小，含水量大且呈饱和状态，使得土体的固结过程非常缓慢，其强度增长的过程也非常缓慢
高压缩性	软土的压缩系数 a_{1-2} 一般为 0.7～1.5 MPa^{-1}，最大达 4.5 MPa^{-1}，因此软土都属于高压缩性土。随着土的液限和天然含水量的增大，其压缩系数也进一步提高。由于该类土具有高含水量、低渗透性及高压缩性等特性，因此，具有变形大而不均匀，变形稳定历时长的特点
抗剪强度低	软土的抗剪强度很低，同时与加荷速度及排水固结条件密切相关。如不排水三轴快剪得出其内摩擦角为零，其黏聚力一般都小于 20 kPa；直剪快剪内摩擦角一般为 2°～5°，黏聚力为 10～15 kPa；而固结快剪的内摩擦角可达 8°～12°，黏聚力为 20 kPa 左右
触变性	由于软土具有较为显著的结构性，故触变性是它的一个突出性质。我国东南沿海地区的三角洲相及滨海-泻湖相软土的灵敏度一般在 4～10 之间，个别达 13～15
蠕变性	软土的蠕变性也是比较明显的，表现在长期恒定应力作用下，软土将产生缓慢的剪切变形，并导致抗剪强度的衰减

上海地区是典型的软土地层。上海地铁隧道的埋深最浅的为 11 m，最深达 35 m（黄浦江底）。上海市区的地层从地面以下一般依次为杂填土、黏土、灰色淤泥质黏土、灰色粉质土、粉砂、暗绿色黏土。盾构隧道穿越的地层大多为淤泥质黏土、淤泥质粉质黏土，也包括粉质土和粉砂的地层，见图 2-3。

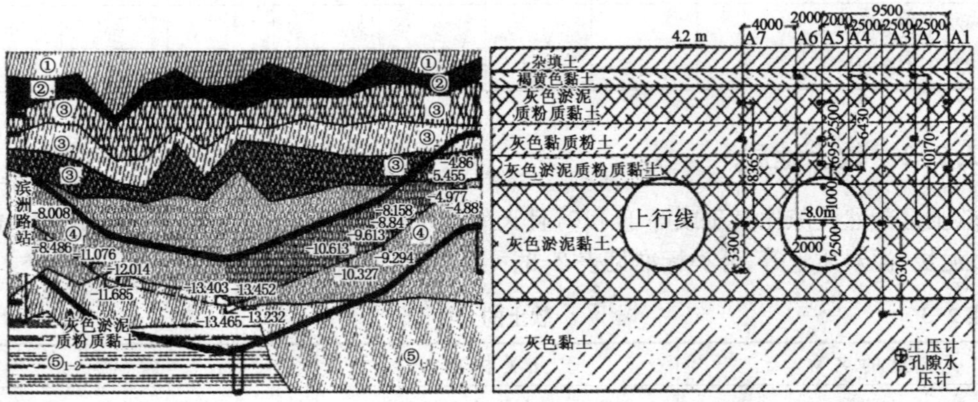

图 2-3　上海地铁隧道地质剖面图

表 2-5 为上海地铁部分盾构隧道区间穿越地层。表 2-6 为上海地铁隧道穿越地层土的主要指标。

表 2-5　上海地铁隧道区间穿越地层

工程名称	土层名称
4 号线 19 标	灰色淤泥质黏土
8 号线 9 标	淤泥质黏土、黏土、淤泥质粉质黏土
6 号线 19 标高清路站—成山路站	淤泥质黏土
2 号线西延伸古北路站—中山公园站	淤泥质黏土、灰色黏土、灰色粉质黏土
1 号线漕宝路站—上海体育馆站	淤泥质黏土

表 2-6　上海地铁隧道穿越地层土的主要指标

土层	重度(kN/m³)	含水率 ω(%)	孔隙比 e	内摩擦角 φ(°)	标准贯入度 N
灰色淤泥质粉质黏土	17.7	43	1.16	15	2
灰色淤泥质黏土	17.2	51	1.45	8	<1
灰色淤泥质夹粉砂	18.2	34	1.00	11	3
粉质黏土	18.2	36	1.00	18	20

2.2.3　复合地层

1. 复合地层定义及其特征

(1) 复合地层定义

复合地层是指在三维方向上由两种或若干种地层组成，但其岩土力学、工程地质和水文地质等特性相差悬殊的地层组合。也就是说，不仅在二维方向上，即工作面垂直方向上的上软下硬的复合，而且在隧道轴线方向上也有很大的差异。复合地层可以指复合土层或复合岩层，更多的情况是指复合土层与复合岩层的组合。复合土层是相对于均一地层而言的，指各种均一地层的组合；复合岩层是指各种岩层的组合。复合地层在国内有广泛的分布，广州、深圳地区所处的地层就属于典型的复合地层。

(2) 复合地层的特点

复合地层有如下特点：

① 地层类型的空间分布不均匀、规律性不强；

② 地层的成因及类型变化很大；

③ 地层的物理力学参数差异非常大。

(3) 复合地层在空间上的变化形式

复合地层的组合方式是非常复杂多样的，但总的来说可分为三大类：一类是在断面垂直方向上不同地层的组合；一类是在水平方向上不同地层的组合；另一类是上述两者兼而有之。

① 复合地层在垂直方向上的变化。最典型的垂直方向上的复合地层就是所谓“上软下硬”地层，即隧道断面上部是第四系的松软土层，而下部是坚硬的岩石地层；或者上部是软弱的岩层而下部是硬岩层；或者是在硬岩层中夹软岩层，或软岩层夹硬岩层，等等。

② 复合地层在水平方向上一定范围内存在差异性较大的两种或两种以上地层，重点体

现在地层突变所带来的危害。在一个施工段当中，可能分布着不同时代、不同岩性或不同风化程度，从而表现出不同岩土性质的地层。比如广州地铁五号线草—淘区间（草暖公园—小北站—淘金站）的地层。

③ 在水平方向和垂直方向两者兼而有之的更为复杂的变化。

(4) 广州和深圳地区复合地层

以广州地区为例。广州素有"地质博物馆"之称，地质条件十分复杂，地下流沙层、地质断裂带、高强度花岗岩、溶洞等，所有不利于地下施工的地质情况在广州处处皆是，其困难程度被国内外专家称为"世界罕见"。对广州地铁盾构隧道而言，隧道埋深一般在 10～30 m，隧道断面及上覆的地层从地表至下依次为：

上部——第四纪软土层，主要由杂填土、流塑—软塑淤泥层和富含水砂层。

中部——第四纪残积层，该层是沉积岩、岩浆岩、变质岩等三大母岩地层风化后残积形成，可塑、硬塑—半固结状态黏土和砂质、砂质黏性土。

下部——大部分地区是由不同风化程度的白垩系砾岩、砂岩、粉砂岩、泥岩及少量泥灰岩组成；少部分是由不同风化程度花岗岩或花岗片麻岩及混合花岗岩组成。

广州地铁二号线越秀公园—三元里区间隧道穿越地层软硬不均，其中强度较高、稳定性能好的中风化岩(8)和微风化岩(9)占多数，岩石单轴抗压强度最高达到 78.2 MPa。同时洞身还通过强风化岩(7)、全风化岩(6)(呈土状)、残积土层(5)和断层破碎带等不稳定地层，地层分界面起伏大，软硬交错，并且岩层中普遍含砾石，见图 2-4。

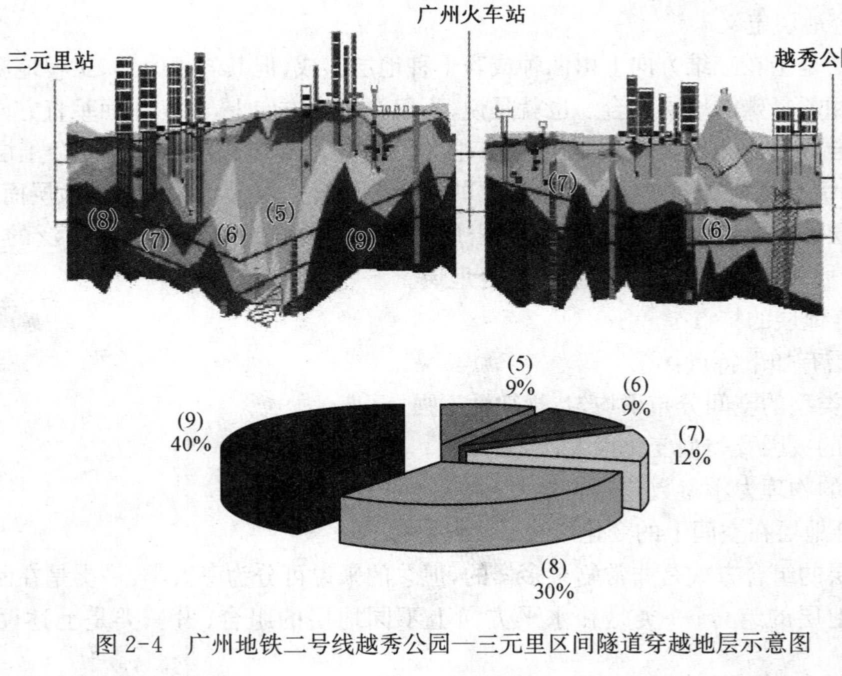

图 2-4 广州地铁二号线越秀公园—三元里区间隧道穿越地层示意图

深圳地区与广州地区地层相似，都为复合地层。以深圳地铁 11 号线宝安站—碧海站为例，该区间隧道穿越地层主要为砾砂、黏土、粉质黏土、淤泥质黏土及全、强风化花岗岩，局部穿越中风化岩层、微风化岩层；区间在局部地段隧道需要穿越软土地层、砂层与软硬不均等特殊地层，局部地段还存在明显软硬交替地层的现象，如图 2-5 所示。

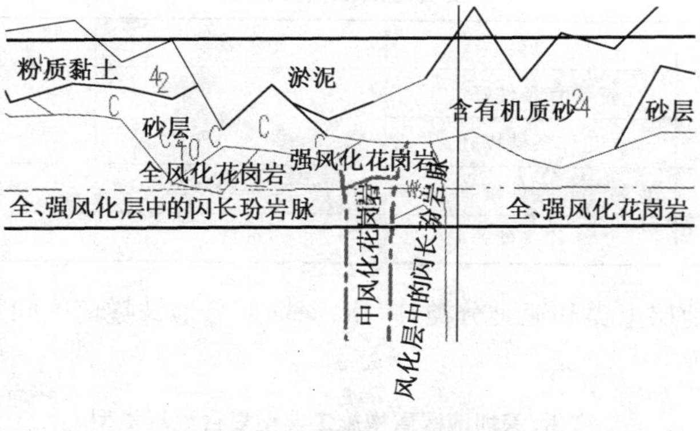

图 2-5 深圳地铁 11 号线宝安站—碧海站区间隧道纵剖面

由于复合地层中城市隧道施工难度大，同时又必须保证施工效率以减小隧道施工对城市居民出行的影响，所以对复合地层进行分类能有效地指导施工，在保证隧道施工质量的同时加快施工进度。

2. 复合地层分类

复合地层分类是首先将岩土体分为岩土力学特征相差悬殊的四大类，认为其中任意两种地层(对两种以上地层组合只考虑其中起主导影响的两种地层)组合即构成复合地层，即复合地层大类分为六类。在上类基础上，按施工效率和开挖面自稳性两个角度将各类复合地层再分为四个亚类。

土可分为黏性土和非黏性土，黏性土主要包含细粒土，非黏性土主要包含粗粒土和巨粒土。参考《城市轨道交通岩土勘察规范》(GB 50307—2012)中附件 4 岩土施工工程分级，并参考 TBM 在 R_c为 30～200 MPa 时的工程特性，将岩石以单轴抗压强度 30 MPa 作为软岩与硬岩的分界点。

上述四种岩土体中任意两种类型地层的组合即构成复合地层，分为六种类型，见表 2-7。

表 2-7　　复合地层上类地层分类表

类型	地 层 组 合
A 型	黏性土-硬岩
B 型	非黏性土-硬岩
C 型	软岩-硬岩
D 型	黏性土-软岩
E 型	非黏性土-软岩
F 型	黏性土-非黏性土

复合地层中薄弱地层的特性决定了整个隧道开挖的工作条件，所以以复合地层中工作条件最差者决定复合地层工作条件的好坏。在考虑城市隧道施工效率和开挖面稳定性的影响下，复合地层亚类分类见表 2-8。

表 2-8　　复合地层亚类分类表

亚类编号	亚类	施工效率	开挖面自稳性
Ⅰ	工作条件好	高效	好
Ⅱ	工作条件较好		一般、差
Ⅲ	工作条件较差	一般	好、一般、差
Ⅳ	工作条件差	低效	好、一般、差

根据上述复合地层上类和亚类分类，广州、深圳部分地铁隧道区间穿越复合地层分类见表 2-9。

表 2-9　　广州、深圳地区盾构施工典型复合地层类型

序号	地层	代表区域	上类	亚类			复合地层类型
				工作效率	自稳性	分类	
1	淤泥质土层＋砂层	深圳 11 号线	F(黏性土＋非黏性土)	高效	差	Ⅱ	$F_{Ⅱ}$
2	砂层＋微风化岩	深圳 11 号线	B(非黏性土＋硬岩)	高效	一般	Ⅲ	$B_{Ⅲ}$
3	残积粉质黏土＋风化岩	广州 2 号线	D(黏性土＋软岩)	一般	一般	Ⅲ	$D_{Ⅲ}$
4	残积砂质黏土＋风化岩	广州 2 号线	D(黏性土＋软岩)	低效	一般	Ⅳ	$D_{Ⅳ}$
5	全风化＋强风化＋微风化	深圳 1 号线	C(软岩＋硬岩)	一般	一般	Ⅲ	$C_{Ⅲ}$
6	砂层＋黏土层	深圳 11 号线	F(黏性土＋非黏性土)	高效	一般	Ⅱ	$F_{Ⅱ}$
7	淤泥质黏土＋中、微风化岩	深圳 11 号线	A(黏性土＋硬岩)	高效	差	Ⅱ	$A_{Ⅱ}$
8	黏土＋全风化岩	深圳 11 号线	D(黏性土＋软岩)	高效	一般	Ⅱ	$D_{Ⅱ}$
9	球状风化岩＋全、强风化岩	深圳 11 号线	C(软岩＋硬岩)	一般	一般	Ⅱ	$C_{Ⅱ}$
10	黏土＋全、强风化岩	深圳 11 号线	E(黏性土＋软岩)	高效	一般	Ⅱ	$E_{Ⅱ}$

2.2.4　岩石地层

岩石是岩块和岩体的总称，通常指工程岩体。工程岩体是工程活动影响范围内包含岩块和各种构造面的天然地质体，它具有复杂的地质结构和赋存条件，是一种典型的“不连续介质”，有结构面(或称弱面)，这是区别于其他材料的最重要特征，其可大如水库边坡的山体，也可小至隧道周边数米范围的围岩。

岩石的工程性质一般包括物理性质、水理性质和力学性质三方面，其中力学性质最重要，物理性质与水理性质对力学性质有较大影响。岩石的物理性质主要指重度和空隙率。岩石的水理性质主要指岩石的吸水性、透水性、软化性、抗冻性、可溶性和膨胀性等。岩石的力学性质是指岩石抵抗外力作用的性质，主要包括岩石在外力作用下的变形和强度特性两大方面。

岩体和岩块的工程性质有明显不同，两者最根本的区别就是岩体中的岩石被各种结构面所切割。这些结构面的强度和岩块相比要低得多，并且破坏了岩体的完整性。因此，也称结构面为软弱面或不连续面。岩体的工程性质首先取决于这些结构面的性质，其次才是组

成岩体的岩石性质。岩体的变形、破坏与稳定主要取决于岩体内各种结构面的性质及其对岩体的切割程度。

岩石的分级方法详见 2.3 节。

重庆地区为典型的岩石地层，重庆轻轨一号线为地下工程，以此为例说明。

重庆轻轨一号线工程区出露地层为中侏罗统上沙溪庙组和第四系。上沙溪庙组岩性以泥岩为主、砂岩为次。砂岩成层性清楚，各层厚度不等，小至 10 mm，大至 40～50 m，薄层、中厚层、厚层、巨厚层均有分布，每层本身厚度变化也大，常尖灭和分叉。泥岩多呈巨厚层、厚层、中厚层状产生。薄层砂岩往往以泥岩体中的夹层形式出现。第四系厚度一般为1.5～5.5 m，基本上是残坡积层和人工填积层。此工程洞身段均在浅部基岩中通过。工程沿线岩体的岩性与层厚基本组合形式是：厚层砂岩（单层厚度在 0.5 m 以上，多在 1.0 m 以上，连续出露厚度多在 10 m 以上），厚层泥岩（单层厚度在 0.1 m 以上，连续出露厚度多在 10 m 以上，有时夹薄层砂岩），厚层砂岩与泥岩互层（层厚不等的砂岩、泥岩相间产出，以中厚层至厚层者居多，部分地段以巨厚层为主），薄层砂岩与泥岩互层（层厚不等的砂岩、泥岩相间产出，以薄层为主），其中薄层砂岩与泥岩互层岩体较少见。

沿线工程围岩岩体结构有整体状结构、块状结构、层状结构、碎裂状结构四类。厚层砂岩岩体大多具有整体状结构，多数厚层泥岩岩体和部分厚层砂岩岩体具有块状结构，厚层砂岩与泥岩互层岩体一般具有厚层状结构，薄层砂岩与泥岩互层岩体多数具有薄层状结构。总的来说，隧道工程围岩岩体结构以块状结构、厚层状结构为主，整体状结构为次，薄层状结构和碎裂状结构较少见。岩体完整性系数一般大于 0.5，高者可达 0.9。

根据调查和总结重庆轻轨一号线工程区毛洞施工时岩体自稳状况，沿线整体状结构砂岩岩体很少发生破坏。块状结构砂岩岩体仅在洞室的某些部位可能有完全受结构面控制的塌落或掉块现象。块状结构泥岩岩体的破坏由结构面性状和岩石强度共同控制，其在干燥条件下也有较强的自承能力。层状结构岩体的破坏受结构面和岩性组合制约，一般来说，边墙的稳定性好于拱顶，厚层状结构岩体好于薄层状结构岩体。厚层状结构岩体的稳定性又因拱顶岩性与厚层的不同而有所不同，当拱顶为厚层砂岩时，稳定性较好；当拱顶为泥岩或薄层砂岩时，稳定性较差；当泥岩的厚度达到数米又处于干燥状态时，岩体仍有较好的自承能力；当拱顶的泥岩厚度较小，为砂岩、泥岩递变或接触地段时，常发生拱顶塌落。薄层状结构岩体稳定性差。碎裂状结构岩体较难保持稳定。

2.2.5 黄土地层

黄土是第四纪干旱和半干旱气候条件下形成的一种特殊的大陆松散沉（堆）积物，目前这种沉（堆）积仍在继续，形成第四系松散全新黄土。黄土特定的形成环境，使其具有一系列独特的内部物质成分和外部形态特征，在地理分布上也有一定的规律性。

典型黄土具有以下特征：颜色以黄色、淡黄色、灰黄色和褐黄色为主；质地均一，颗粒以粉粒（0.075～0.005 mm）成分为主，其含量在 60%以上，几乎不含粒径大于 0.25 mm 的颗粒；结构均匀无层理，垂直柱状节理、构造节理发育，天然条件下直立性较强；构造疏松具大空隙，多孔特征明显，含肉眼可见的大孔隙、虫孔、植物根孔等，孔内常有白色钙质、菌丝等，孔隙比较大；常含各种可溶盐，对土粒有一定的胶结作用，富含碳酸盐（含量约 10%～30%），常形成结核；一般具有湿陷性，这些特征在区域分布和垂直剖面上略有变化。具有上述全部特征的黄土称为标准黄土，基本具有上述特征的黄土称为一般黄土。

黄土地层分类见表2-10。

表2-10　　黄土地层分类

时代	名称	符号	主要特征	备注
全新世	全新世黄土	Q_4^{eol}	又称新近堆积黄土，岩性以粉土为主，多夹有粉细砂或粉质黏土；分布广，厚度不大，结构疏松，土质较均匀，孔隙发育往往含有机物和植物根孔、真菌丝、蜗牛壳等；无层理；褐黄色为主，无古土壤	多有较明显的湿陷性；承载力一般小于150 kPa；锹挖极容易，进度很快。洞口段易塌方，开挖时易发生地质灾害
晚更新世	马兰黄土	Q_3^{eol}	岩性上部含粉土较多，下部含粉质黏土较多；含钙量较低，结构较疏松，土质均匀，大孔隙发育，有虫孔及植物根孔，有少量钙质结核，无层理；黄褐色	部分有湿陷性；易产生天然黄土桥及陷穴；承载力一般为150～250 kPa；锹镐开挖容易，进度稍慢。其垂直节理对隧道影响大
中更新世	离石黄土	Q_2^{eol}	岩性一般以粉土、粉质黏土为主，偶夹有少量粉细砂；分布广，厚度大，富含钙质结核，结构较致密，土层较均匀，柱状节理发育，有多层古土壤；有少量大、中孔隙，无层理；棕黄色	一般无湿陷性；抗侵蚀能力较强，是黄土隧道的主体土层；承载力一般约400 kPa；锹镐开挖困难
早更新世	午城黄土	Q_1^{eol}	岩性一般为粉质黏土，含钙量高，钙质结核较多，结构致密，颗粒均匀，柱状节理发育，无大孔隙，无层理；棕红色	锹镐开挖很困难。埋深过大，厚度有限，一般不作为隧道穿越土层

黄土的基本工程特性如下：

(1) 抗剪强度

黄土中含有相当数量的黏土和盐类，使黄土颗粒有一定程度的胶结，从而具有相当的原始内聚力，法向压力不大时抗剪强度与法向压力成正比，超过原始内聚力后抗剪强度显著降低。黄土浸水过程中，湿陷处于发展期，此时土的抗剪强度降低最多，当湿陷压密过程已基本结束时，土的含水量虽高，此时土的抗剪强度却高于湿陷过程的相应值。

(2) 压缩性

我国黄土多属于中等、中等偏高压缩性，黏粒含量较多时呈低压缩性。黄土压缩性呈现两个变化趋势：一是地质年代稍早的Q_2和Q_3黄土，固结度稍高，多为中等偏低或低压缩性，而Q_3晚期和Q_4黄土多为中等偏高压缩性；二是受颗粒分布和含水量变化的影响，黏粒含量高、含水量较低时，黄土具有较好的压缩性。

(3) 湿陷性

湿陷性是黄土在自重压力或外力荷载压力不变的情况下，仅仅由于湿度的增加而产生的急剧显著附加下沉。黄土的疏松多孔结构，尤其是结构性孔隙是黄土湿陷性的必要条件；黄土中的不抗水粒间胶结是黄土湿陷性的充分条件。水胶联合在遇水后被削弱，并且其削弱的程度随水量的大小成正比例变化，这是黄土湿陷性的本质。

(4) 水敏性

黄土中的柱状节理发育，粉粒吸水性较差，故而黄土在竖向具有较好的渗透性，使地表水迅速下渗，但水平方向渗透性很差。竖向渗透性使黄土多处于干燥状态，具有较高的强度；饱和黄土长期处于浸泡环境，土颗粒之间的联结逐渐被破坏，尤其当黄土中砂质成分较多时，黄土呈现一定的水崩解性。

(5) 结构性

黄土是一种典型的结构性土，其结构性对黄土力学和工程性质的影响更为重要。黄土结构取决于粗颗粒配置、接触关系，以及孔隙的类型和大小，胶联结构的类型、状态及特征。残积坡积等次生黄土多具有不等粒“斑状”结构，大孔隙，形状复杂。原生黄土则具有直立性，小孔隙发育多，无层理，柱状节理发育，地层边缘常成直立陡壁的特点。

以西安地铁二号线为例。西安地铁二号线沿线地貌主要有渭河阶地、黄土梁洼和黄土残塬，其发育地层主要有：河流漫滩低阶地表层为第四系全新统人工填筑土（Q_4^{ml}），其下层为第四系全新统冲积（Q_4^{al}）的黄土状土、砂土、粉质黏土及粉土；高阶地上部地层为第四系上更新统风积新黄土（Q_3^{eol}），下部为中、上更新统冲积粉质黏土和砂土（Q_3^{al}、Q_2^{al}），线路中部大部分位于黄土梁洼，上部为中上更新统风积黄土，下部为中更新统冲积粉质黏土、砂土；黄土残积上部地层为第四系黄土。各层土埋藏条件及分布见表 2-11。

表 2-11　各层土埋藏条件及分布

层号	岩土名称	埋深(m)	岩土特征	围岩基本分级	稳定性评价
1-1	杂填土	0.8～6.0	松散，欠压实，成分不均，结构杂乱，厚度不均	Ⅵ	极易坍塌变形，浅埋时易坍塌至地面
1-2	素填土	2.0～6.0	松散，欠压实，成分不均，结构杂乱，厚度不均	Ⅵ	极易坍塌变形，浅埋时易坍塌至地面
3-1	新黄土	9.5～11.4	可塑，局部软塑	Ⅵ	大部分为饱和黄土，易坍塌变形，不易成拱
3-1-1	饱和软黄土	4.5～7.0	软塑	Ⅵ	不易成拱，极易坍塌变形，浅埋时易坍塌至地面
3-2	古土壤	13.2～14.7	团粒结构，可塑，含钙质结核	Ⅵ	易坍塌变形，处理不当会出现大坍塌
4-1	老黄土	16.4～21.0	可塑，含钙质条纹及零星钙质结核	Ⅴ	易坍塌变形，处理不当会出现大坍塌
4-4	粉质黏土	18.0～21.0	可塑—软塑，含钙质条纹及零星钙质结核，含粉土、砂类土夹层	Ⅴ	易坍塌变形，处理不当会出现大坍塌
4-6 4-7 4-8	细砂、中砂、粗砂	23.30～36.40	中密—密室，呈透镜体分布	Ⅵ	极易坍塌变形，在水压力作用下与泥砂一起涌出，黏性土与砂土结合面为薄弱结构面

另外，地裂缝也是西安地区另一显著的工程地质特点。地裂缝是在西安正断层组的基础上发育起来的，由南而北在黄土梁洼之间有规律排列，均位于黄土梁的南侧。目前已查明确认的西安地裂缝有 14 条，呈带状分布，见图 2-6；西安地裂缝累计总长度超过 100 km，影响面积达 150 km^2。

地裂缝会引起隧道衬砌的破坏、隧道内防水失效、轨道变形等问题，也会导致地层结构的不稳定，所以在设计与施工中需采取专项技术和措施。

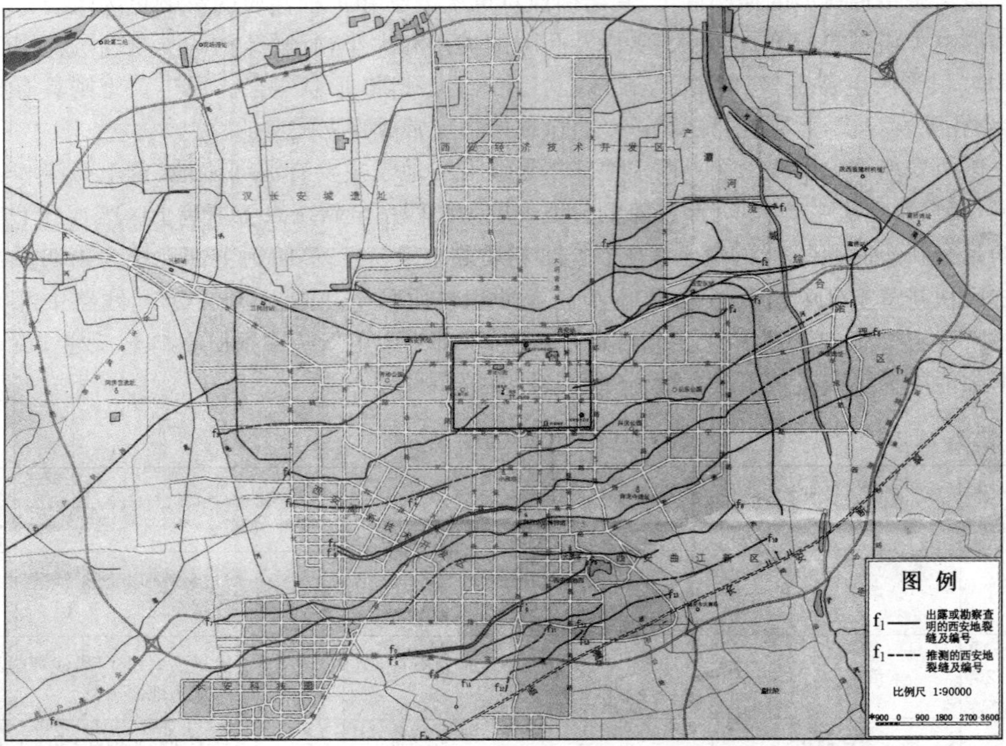

图 2-6　西安地裂缝分布图

2.3　岩土工程性质与分级(类)

隧道工程地质、水文地质条件复杂多变，在目前的工程地质勘察方法和技术水平下，还很难在隧道及地下工程施工前准确无误地探明其所处工程岩土体的属性，这就给工程的设计和施工带来极大困难，使设计施工不可避免地带有一定程度的盲目性。因此，根据已获取的有限的地质勘察资料和工程实践的经验和教训，寻找能够对工程岩体的基本质量和稳定性作出预判的方法，无疑对指导隧道与地下工程设计、施工十分重要而必要。这正是隧道围岩分级(分类)的目的，以及据此指导隧道设计、施工的思路。

一个相对完善和合理的工程岩体分级，可以成为人们正确认识工程岩体属性的共同基础。它可以指导工程的设计和施工，既有助于合理选择设计理论、设计计算参数，又有助于选择合理的施工方法及施工工艺。

为服务于隧道工程的建设，准确反映场地的工程地质条件，需要对种类繁多、性质各异的岩土按一定的原则进行分类，这种分类称为岩土的工程分类。

不同国家选用的岩土分类体系及其具体标准不尽相同，而我国建筑工程、公路、水电等部门的分类体系与地铁工程的分类体系也有很大差别。

2.3.1 意义与重要性

1. 必要性

对岩土体这种异常复杂的天然地质材料，企图以一个统一的数学力学模型来概括其复杂特性，并用以计算和设计，是不现实的。必须探索合理的评价岩土体稳定性的方法，能够正确、快速地评价其稳定性，这是经济合理地进行工程规划、设计和快速安全施工的必要条件。

2. 可能性

岩土分级(类)是一种简易快速的评价岩土工程稳定性的方法，在工程实践中得到了肯定并被大量采用。它使人们从千差万别的地质现象中找出不同地质条件与围土工程稳定性之间的内在联系和规律，为隧道和其他地下工程的设计、施工提供了依据。

3. 实用性和有效性

岩土分级(类)法建立在以往大量工程实践经验和岩土力学试验基础上，将稳定性相似的一些岩土划归为一级(类)，将全部的岩土划分为若干级(类)。以此为依据，工程实际中，只需进行少量简易的地质勘察和岩土力学试验就能据其类别，作出稳定性评价，给出相应的支护形式、衬砌厚度和施工方法。同时，又是制定劳动定额、计算材料消耗量等的基础。

4. 局限性

同时，也需要看到岩土分级(类)的缺陷。岩土分级(类)定性描述多，定量指标少，因此，岩土分级(类)法的实质仍是"工程类比法"，隧道和其他地下工程设计在很大程度上仍处在"经验设计"阶段。

目前，人们在不断改进室内测试技术方法的同时，大力发展现场岩土体的静力和动力测试技术，制定了岩土特性测试技术方法规范，随着岩土体特性量化数据的大量增加，隧道工程岩土分类已从定性划分发展为定性、定量相结合的综合分级的新阶段。

2.3.2 分类原则和依据

目的不同，分类方法不同。如以施工开挖为主的，就有以可钻性、可爆性为出发点的分级方法，也有专门针对 TBM 施工的围岩分级方法。

行业不同，分类方法不同。因为各个行业遇到的岩体各有特点，施工方法与工艺也有差别，允许变形量差别较大。例如，水电洞室一般选择在坚硬稳固的山体中，变形要求很严；而矿山隧道则允许有较大变形；水电工程边坡不允许发生任何规模的滑坡，而露天矿山没有大的滑坡都可算"稳定"。

目前国内外有上百种分类方法，其中分级依据(分类指标)的确定最重要。

岩土的工程分类应以地质年代、成因为基础，以工程特性的差异、分类指标便于测定等原则进行进一步分类。

1. 以地质年代、成因为基础的原则

因为岩土是自然历史的产物，其工程性质受岩土的成因(包括形成环境)与形成年代控制。在一定的形成条件下，并经过某些变化的岩土，必然有与之相适应的物质成分和结构以及一定的空间分布规律和岩土层组合，因而决定了岩土的工程特性。对土体来讲，形成年代不同，土的固结状态和结构强度也会有显著的差异。

2. 工程特性差异性原则

岩土分类应综合考虑其各种主要工程特性（强度与变形特征等），用影响岩土的工程特性的主要因素作为分类的依据，从而使所划分的不同类型之间，以在其各主要的工程特性方面有一定的质的或显著的差别为前提条件。

3. 分类指标便于测定的原则

采用的分类指标，要既能综合反映岩土的基本工程特性，测定方法又要简便。

2.3.3 土的分类

土的分类应首先以沉积年代、成因进行分类，在此基础上可按颗粒级配或塑性指数以及土中有机质含量、土体的特殊性质等进一步分类。

1. 按沉积年代分类

按沉积年代划分，土分为老沉积土、一般沉积土、新近沉积土。老沉积土是第四纪晚更新世 Q_3 及其以前沉积的土层；一般沉积土是第四纪全新世（文化期以前 Q_4）沉积的土层；新近沉积土是文化期以来新近沉积的土层 Q_4。

2. 按地质成因分类

土按地质成因可分为残积土、坡积土、洪积土、冲积土、淤积土、冰积土、风积土等。

3. 按有机质含量分类

按有机质含量（W_u）可将土分为无机土、有机质土、泥炭质土和泥炭（有机质含量 W_u 为 550℃ 时的灼失量），按表 2-12 确定。

表 2-12 土按有机质含量（W_u）分类 （%）

土的名称	有机含量	土的名称	有机质含量
无机土	$W_u<5$	泥炭质土	$10\leqslant W_u\leqslant 60$
有机质土	$5\leqslant W_u\leqslant 10$	泥炭	$W_u>60$

4. 按颗粒级配分类

土按颗粒级配或塑性指数分为碎石土、砂土、粉土和黏性土。

(1) 碎石土

粒径大于 2 mm 的颗粒质量超过总质量 50%的土，应定名为碎石土，并按表 2-13 进一步分类。

表 2-13 碎石土的分类

土的名称	颗粒形状	颗粒含量
漂石	圆形和亚圆形为主	粒径大于 200 mm 的颗粒质量超过总质量的 50%
块石	棱角形为主	
卵石	圆形和亚圆形为主	粒径大于 20 mm 的颗粒质量超过总质量的 50%
碎石	棱角形为主	
圆砾	圆形和亚圆形为主	粒径大于 2 mm 的颗粒质量超过总质量的 50%
角砾	棱角形为主	

注：分类时应根据粒组含量由大到小，以最先符合者确定。

(2) 砂土

粒径大于 2 mm 的颗粒质量不超过总质量的 50%,粒径大于 0.075 mm 的颗粒质量超过总质量 50%的土,应定名为砂土,并按表 2-14 进一步分类。

表 2-14 **砂土的分类**

土的名称	颗粒含量
砾砂	粒径大于 2 mm 的颗粒质量占总质量大于 25%,且小于 50%
粗砂	粒径大于 0.5 mm 的颗粒质量占总质量大于 50%
中砂	粒径大于 0.25 mm 的颗粒质量占总质量大于 50%
细砂	粒径大于 0.075 mm 的颗粒质量占总质量大于 85%
粉砂	粒径大于 0.075 mm 的颗粒质量占总质量大于 50%,且小于 85%

注:分类时应根据粒组含量由大到小,以最先符合者确定。

(3) 粉土

粒径大于 0.075 mm 的颗粒质量不超过总质量 50%,且塑性指数等于或小于 10 的土,应定名为粉土。粉土可按表 2-15 进一步划分为砂质粉土和黏质粉土。

表 2-15 **粉土的分类**

土的名称	塑性指数 I_P	土的名称	塑性指数 I_P
砂质粉土	$3<I_P\leqslant 7$	黏质粉土	$7<I_P\leqslant 10$

注:塑性指数由相应于 76 g 圆锥体沉入土样中深度为 10 mm 时测定的液限计算而得。当有地区经验时,可结合地区经验综合考虑。

(4) 黏性土

塑性指数 I_P 大于 10 的土应定名为黏性土,并按表 2-16 进一步分类。

表 2-16 **黏性土的分类**

土的名称	塑性指数 I_P	土的名称	塑性指数 I_P
粉质黏土	$10<I_P\leqslant 17$	黏土	$I_P>17$

5. 按其特殊性质分类

土按其特殊性质分为填土、软土(包括淤泥和淤泥质土)、湿陷性土、膨胀土、残积土、混合土及污染土等。

2.3.4 岩石的分级(类)

在地下工程领域,围岩指的是隧道周围一定范围内,由于受开挖影响而发生应力状态改变、对洞身的稳定有影响的岩(土)体。地下洞室开挖以后,洞壁围岩由于失去了原有岩(土)体的支撑而向洞内松胀变形,如这种变形超过了围岩本身所能承受的能力时,围岩就会产生破坏。

城市隧道工程中暗挖隧道、盾构区间的围岩,由于岩性不同、结构类型不同、物理力学性质不同以及地下水的参与影响,使围岩质量相差悬殊。因此,在城市隧道工程建设时,为了对围岩质量好坏有一个综合、明确的概念,就必须对围岩进行工程地质分类即围岩分级,这是城市隧道工程岩土工程勘察所特有的也是至关重要的环节,也是城市隧道工程设计的依据、施工安全控制的关键点。

1. 地铁和城市铁路隧道围岩分级(类)

影响地铁和城市铁路隧道围岩稳定性的主要因素有以下四个方面：

① 岩石的物理力学性质——单轴饱和抗压强度 R_c，见表 2-17。

表 2-17　岩石坚硬程度的划分

岩石类别		单轴饱和抗压强度 R_c(MPa)	代表性岩石
硬质岩	极硬岩	$R_c>60$	未风化或微风化的花岗岩、片麻岩、闪长岩、石英岩、硅质灰岩、钙质胶结的砂岩或砾岩等
	硬岩	$30<R_c\leqslant 60$	弱风化的极硬岩；未风化或微风化的溶结凝灰岩、大理岩、板岩、白云岩、灰岩、钙质胶结的砂岩、结晶颗粒较粗的岩浆岩
软质岩	较软岩	$15<R_c\leqslant 30$	弱风化的极硬岩；弱风化的硬岩；未风化或微风化的云母片岩、千枚岩、砂质泥岩、钙泥质胶结的粉砂岩、泥灰岩、泥岩凝灰岩等
	软岩	$5<R_c\leqslant 15$	强风化的极硬岩；弱风化至强风化的硬岩；弱风化的较软岩和未风化或微风化的泥质岩类；泥岩、煤、泥质胶结的砂岩和砾岩
	极软岩	$R_c\leqslant 5$	全风化的各类岩石和成岩作用差的岩石

② 围岩的结构特征和完整程度，指隧道围岩被各种各样结构面切割的程度及其组合状态，见表 2-18。

表 2-18　围岩的结构特征和完整程度

完整程度	结构面特征	结构类型	岩体完整性指数 K_v
完整	结构面 1～2 组，以构造型节理或层面为主，密闭型	巨块状整体结构	$K_v>0.75$
较完整	结构面 2～3 组，以构造型节理或层面为主，裂隙多呈密闭型，部分为微张型，少有充填物	块状结构	$0.75\geqslant K_v>0.55$
较破碎	结构面大于 3 组，以节理及风化裂隙为主，在断层附近受构造作用影响较大，裂隙以微张型和张开型为主，多有充填物	层状结构、块石、碎石状结构	$0.55\geqslant K_v>0.35$
破碎	结构面大于 3 组，多以风化型裂隙为主，在断层附近受构造作用影响大，裂隙宽度以张开型为主，多有充填物	碎石角砾状结构	$0.35\geqslant K_v>0.15$
极破碎	结构面杂乱无序，在断层附近受构造作用影响大，宽张裂隙全为泥质或泥夹岩屑充填，充填物厚度大	散体状结构	$K_v\leqslant 0.15$

③ 地下水的影响。地下水状态是指地下水性质、大小、流通条件、浸润情况及其危害。根据地下水状态和渗水量分为三级，见表 2-19。地下水对岩体有不利影响，尤其对软弱、破碎岩石，其影响原则是"遇水降级"，见表 2-20。

表 2-19　地下水状态分级

级别	状态	渗水量[L/(min·10 m)]
Ⅰ	干燥或湿润	<10
Ⅱ	偶有渗水	10～25
Ⅲ	经常渗水	25～125

表 2-20　　地下水影响修正

地下水状态分级＼围岩基本分级	Ⅰ	Ⅱ	Ⅲ	Ⅳ	Ⅴ	Ⅵ
Ⅰ	Ⅰ	Ⅱ	Ⅲ	Ⅳ	Ⅴ	—
Ⅱ	Ⅰ	Ⅱ	Ⅳ	Ⅴ	Ⅵ	—
Ⅲ	Ⅱ	Ⅲ	Ⅳ	Ⅴ	Ⅵ	—

④ 围岩初始应力修正。围岩初始地应力状态，当无实测资料时，可根据隧道工程埋深、地貌、地形、地质、构造运动史，主要构造线和开挖过程中出现的岩爆、岩芯饼化等特殊地质现象作出评估。初始应力状态的修正见表 2-21，只对极高应力和高应力修正。

表 2-21　　初始应力影响的修正

地下水状态分级	围岩基本分级				
	Ⅰ	Ⅱ	Ⅲ	Ⅳ	Ⅴ
	修正级别				
极高应力	Ⅰ	Ⅱ	Ⅲ或Ⅳ①	Ⅴ	Ⅵ
高应力	Ⅰ	Ⅱ	Ⅳ	Ⅳ或Ⅴ②	Ⅵ

注：① 围岩岩体为较破碎的极硬岩、较完整的硬岩时定为Ⅲ级；围岩岩体为完整较软岩、较完整的软硬岩互层时定为Ⅳ级。

② 围岩岩体为破碎的极硬岩、较破碎及破碎的硬岩时定为Ⅳ级；围岩岩体为完整及较完整的软岩、较完整及较破碎的较软岩时定为Ⅴ级。

根据上述分级指标的考虑，并根据隧道工程的实践经验，我国《铁路隧道设计规范》(TB 10003—2005)给出的隧道围岩分级见表 2-22。

表 2-22　　铁路隧道围岩分级表

围岩级别	围岩主要工程地质条件		围岩开挖后的稳定状态（单线）	围岩弹性纵波速度 v_p(km/s)
	主要工程地质特征	结构特征和完整状态		
Ⅰ	硬质岩（单轴饱和抗压极限强度 $R_c>$60 MPa）；受地质构造影响轻微，节理不发育，无软弱面（或夹层）；层状岩层为厚层，层间结合良好，岩体完整	呈巨块状整体结构	围岩稳定，无坍塌，可能产生岩爆	>4.5
Ⅱ	硬质岩（$R_c>$30 MPa）；受地质构造影响较重，节理较发育，有少量软弱面（或夹层）和贯通微张节理，但其产状及组合关系不致产生滑动；层状岩层为中层或厚层，层间结合一般，很少有分离现象；或为硬质岩石偶夹软质岩石	呈巨块或大块状结构	暴露时间长，可能会出现局部小坍塌，侧壁稳定，层间结合差的平缓岩层，顶板易塌落	3.5～4.5
Ⅲ	硬质岩（$R_c>$30 MPa）；受地质构造影响严重；节理发育有层状软弱面（或夹层）；但其产状及组合关系不致产生滑动；层状岩层为中层或薄层，层间结合差，多有分离现象；或为硬、软质岩石互层	呈块（石）碎（石）状镶嵌结构	拱部无支护时可产生小坍塌，侧壁基本稳定，爆破震动过大易塌	2.5～4.0
	较软岩（$R_c=15\sim30$ MPa）；受坍塌地质构造影响较重，节理较发育；层状岩层为薄层、中层或厚层，层间结合一般	呈大块状砌体结构		

续表

围岩级别	围岩主要工程地质条件		围岩开挖后的稳定状态(单线)	围岩弹性纵波速度 v_p(km/s)
	主要工程地质特征	结构特征和完整状态		
Ⅳ	硬质岩(R_c>30 MPa);受地质构造影响很严重,节理很发育;层状软弱面(或夹层)已基本被破坏	呈碎石状压碎结构	拱部无支护时可产生较大的坍塌,侧壁有时失去稳定	1.5～3.0
	软质岩(R_c=5～30 MPa);受地质构造影响严重,节理发育	呈块(石)碎(石)状镶嵌结构		
	土体:1. 具压密或成岩作用的黏性土、粉土及砂类土; 2. 黄土(Q_1,Q_2); 3. 一般钙质、铁质胶结的碎、卵石土,大块石土	1 和 2 呈大块状压密结构,3 呈巨块状整体结构		
Ⅴ	岩体:软岩,岩体破碎至极破碎,全部极软岩及全部极破碎岩(包括受构造影响严重的破碎带)	呈角砾碎石状松散结构	围岩易坍塌,处理不当会出现大坍塌,侧壁经常小坍塌,浅埋时易出现地表下沉(陷)或坍塌至地表	1.0～2.0
	土体:一般第四系坚硬、硬塑的黏性土,稍密及以上、稍湿或潮湿的碎石土、卵石土、圆砾土、角砾土、粉土及黄土(Q_3,Q_4)	非黏性土呈松散结构,黏性土及黄土呈松软结构		
Ⅵ	岩体:受构造影响很严重呈碎石、角砾及粉末、泥土状的断层带	黏性土呈易蠕动的松软结构,砂性土呈潮湿松散结构	围岩极易坍塌变形,有水时土砂常与水一齐涌出,浅埋时易坍塌至地表	<1.0(饱和状态的土<1.5)
	土体:软塑状黏性土、饱和的粉土、砂类土			

表中“围岩级别”和“围岩主要工程地质条件”栏,适用于单线、双线和多线隧道,但不适用于特殊地质条件的围岩(如膨胀岩、冻土等)。为了便于应用,表中同时对坑道开挖后的稳定状态(单线)作了定性描述。

2. 公路隧道围岩分级(类)

公路隧道工程岩体围岩分级以岩体主要定性特征及定量标准 BQ(岩体基本质量指标)确定岩体基本质量级别,以修正后的岩体质量指标[BQ]值为依据确定岩体质量级别。

岩体基本质量指标

$$BQ = 90 + 3R_c + 250K_v \tag{2-1}$$

式中 R_c——岩石饱和单轴抗压强度(MPa);

K_v——岩体完整性系数。

当 $R_c > 90K_v + 30$ 时,应以 $R_c = 90K_v + 30$ 和 K_v 代入计算 BQ 值;当 $K_v > 0.04R_c + 0.4$ 时,应以 $K_v = 0.04R_c + 0.4$ 和 R_c 代入计算 BQ 值。

岩体基本质量修正值

$$[BQ] = BQ - 100(K_1 + K_2 + K_3) \tag{2-2}$$

式中 K_1——地下水状态影响修正系数,可按表 2-23 确定;

K_2——主要软弱结构面产状影响修正系数，可按表 2-24 确定；

K_3——初始应力状态影响修正系数，可按表 2-25 确定。

表 2-23 地下水状态影响修正系数 K_1

地下水出水状态	BQ			
	>450	450～351	350～251	≤250
潮湿或点滴状出水	0	0.1	0.2～0.3	0.4～0.6
淋雨状或涌流状出水[水压<0.1 MPa 或单位出水量<10 L/(min·m)]	0.1	0.2～0.3	0.4～0.6	0.7～0.9
淋雨状或涌流状出水[水压>0.1 MPa 或单位出水量>10 L/(min·m)]	0.2	0.4～0.6	0.7～0.9	1.0

表 2-24 主要软弱结构面产状影响修正系数 K_2

结构面产状及其与洞轴线的组合关系	结构面走向与洞轴线夹角>60°，结构面倾角>75°	其他组合	结构面走向与洞轴线夹角<30°，结构面倾角 30°～75°
K_2	0～0.2	0.2～0.4	0.4～0.6

表 2-25 初始应力状态影响修正系数 K_3

初始地应力状态	BQ				
	>550	550～451	450～351	350～251	≤250
极高应力区	1.0	1.0	1.0～1.5	1.0～1.5	1.0
高应力区	0.5	0.5	0.5	0.5～1.0	0.5～1.0

公路隧道围岩分级可通过地质调查、勘探、实验等方法和手段，根据取得的围岩定性特征和岩体基本质量指标(BQ)，按表 2-26 的规定进行基本质量分级。

表 2-26 公路隧道围岩分级

围岩基本质量分级		围岩或土体主要定性特征	围岩基本质量指标 BQ
基本级别	亚级		
Ⅰ	—	坚硬岩，岩体完整，巨整体或巨厚层状结构	≥551
Ⅱ	—	坚硬岩，岩体较完整，块状或厚层状结构； 较坚硬岩，岩体完整，块状整体结构	550～451
Ⅲ	Ⅲ$_1$	坚硬岩，较破碎(K_v=0.4～0.55)，结构面较发育、结合差，裂隙块状或中厚层状结构； 较坚硬岩(R_c=45～60 MPa)，岩体较完整，结构面较发育、结合好，块状结构； 较坚硬岩(R_c=30～45 MPa)，岩体完整，整体状或巨厚层状结构	450～401
	Ⅲ$_2$	坚硬岩，较破碎(K_v=0.35～0.4)，结构面发育、结合好，镶嵌碎裂结构或裂隙块状结构； 较坚硬岩(R_c=45～60 MPa)，岩体较破碎，结构面较发育、结合好，块状结构； 较坚硬岩(R_c=30～45 MPa)，岩体较完整，整体状或巨厚层状结构； 较软岩，岩体完整，结构面不发育、结合好或一般，整体状或巨厚层状结构	400～351

续表

围岩基本质量分级		围岩或土体主要定性特征	围岩基本质量指标 BQ
基本级别	亚级		
Ⅳ	Ⅳ$_1$	坚硬岩，岩体破碎(K_v=0.35～0.4)，结构面极发育、结合一般或差，碎裂状结构； 较坚硬岩，岩体较破碎—破碎(R_c=45～60 MPa)，结构面发育、结合一般，碎裂状结构； 较坚硬岩，较破碎(R_c=30～45 MPa)，结构面发育、结合好，镶嵌碎裂结构； 较软岩，岩体较完整(R_c=20～30 MPa)，结构面较发育、结合好或一般，块状结构； 较软岩，岩体完整(R_c=15～20 MPa)，结构面不发育、结合好或一般，整体状或巨厚层状结构； 较软岩，岩体完整(R_c=10～15 MPa)，结构面不发育、结合好或一般，整体状或巨厚层状结构	350～316
	Ⅳ$_2$	坚硬岩，岩体破碎(K_v=0.2～0.28)，结构面极发育、结合一般或差，碎裂状结构； 较坚硬岩，岩体破碎(R_c=45～60 MPa)，结构面发育、结合一般，碎裂状结构； 较坚硬岩，较破碎(R_c=30～45 MPa)，结构面发育、结合好，镶嵌碎裂结构； 较软岩，岩体较完整(R_c=20～30 MPa)，结构面较发育、结合好或一般，块状结构； 较软岩或以软岩为主的软硬岩互层，较破碎，结构面发育、结合一般，中、薄厚层状结构； 软岩，岩体完整(R_c=7.5～10 MPa)，结构面不发育、结合好或一般，整体状或巨厚层状结构	315～285
	Ⅳ$_3$	坚硬岩，岩体破碎(K_v=0.15～0.2)，结构面极发育、结合一般或差，碎裂状结构； 较坚硬岩，岩体破碎，结构面发育、结合一般，碎裂状结构； 较软岩，岩体较破碎，结构面较发育、结合好或一般，块状结构； 软岩，岩体完整(R_c=7.5～10 MPa)，结构面不发育、结合好或一般，整体状或巨厚层状结构	284～251
Ⅴ	Ⅴ$_1$	坚硬岩及较坚硬岩，岩体极破碎(K_v=0.06～0.15)； 较软岩，破碎(R_c=20～30 MPa)，结构面发育或极发育； 较软岩，较破碎(R_c=15～20 MPa)，结构面发育、结合一般或破碎； 软岩，较破碎，结构面发育、结合一般，碎裂状结构； 极软岩(R_c=2～5 MPa)，较完整—完整，结构面不发育或结构面较发育但结合较好	250～211
	Ⅴ$_2$	坚硬岩及较坚硬岩，岩体极破碎(K_v=0～0.06)； 较软岩，岩体极破碎，碎裂状结构或散体状结构； 软岩，岩体破碎，结构面极发育、结合一般或差，碎裂状结构； 极软岩(R_c<2 MPa)，较破碎—完整	210～150

注：本表不适用于特殊条件的围岩分级，如膨胀性围岩、多年冻土等。

2.3.5 岩土的描述

1. 土的描述

土的描述应符合下列规定：

① 碎石土宜描述颜色、颗粒级配、最大粒径、颗粒形状、颗粒排列、母岩成分、风化程度、充填物和充填程度、密实度、层理特征等。

② 砂土宜描述颜色、矿物组成、颗粒级配、颗粒形状、细粒含量、湿度、密实度及层理特征等。

③ 粉土宜描述颜色、含有物、湿度、密实度、光泽反应及层理特征等。

④ 黏性土宜描述颜色、状态、含有物、土的结构和结构性、层理特征及状态、断面状态等。

⑤ 特殊性土除宜描述上述相应土类规定的内容外，尚应描述其特殊成分和特殊性质；如对淤泥尚应描述嗅味，对填土尚应描述物质成分、堆积年代、密实度和厚度的均匀程度等。

⑥ 对具有互层、夹层、夹薄层特征的土，尚应描述各层的厚度和层理特征。

2. 岩石的描述

岩石的描述应包括地质年代、名称、风化程度、颜色、主要矿物、结构、构造和岩石质量指标 *RQD*。对沉积岩应着重描述沉积物的颗粒大小、形状、胶结物成分和胶结程度；对岩浆岩和变质岩应着重描述矿物结晶大小和结晶程度。岩体的描述应包括结构面、结构体、岩层厚度和结构类型，并符合下列规定：

① 结构面的描述包括类型、性质、产状、组合形式、发育程度、延伸情况、闭合程度、粗糙程度、充填情况和充填物性质以及充水性质等。

② 结构体的描述包括类型、形状、大小和结构体在围岩中的受力情况等。

③ 岩层厚度分类，应按表 2-27 执行。

表 2-27　　岩层厚度分类

层厚分类	单层厚度 h(m)	层厚分类	单层厚度 h(m)
巨厚层	$h>1.0$	中厚层	$0.1<h\leqslant 0.5$
厚层	$0.5<h\leqslant 1.0$	薄层	$h\leqslant 0.1$

④ 对软岩和极软岩，应注意是否具有可软化性、膨胀性、崩解性等特殊性质。

⑤ 对极破碎岩体，应说明破碎原因，如断层、全风化等。

⑥ 开挖后是否有进一步风化的特征。

3. 土的密实度和饱和度

(1) 碎石土的密实度

可按表 2-28 和表 2-29 的规定划分。

表 2-28　　碎石土密实度按 $N_{63.5}$ 分类

重型动力触探锤击数	密实度	重型动力触探锤击数	密实度
$N_{63.5}\leqslant 5$	松散	$10<N_{63.5}\leqslant 20$	中密
$5<N_{63.5}\leqslant 10$	稍密	$N_{63.5}\geqslant 20$	密实

注：本表适用于平均粒径小于或等于 50 mm，且最大粒径小于 100 mm 的碎石土。对于平均粒径大于 50 mm，且最大粒径大于 100 mm 的碎石土，可用超重型动力触探或用野外观察鉴别。

表 2-29 碎石土密实度按 N_{120} 分类

超重型动力触探锤击数	密实度	超重型动力触探锤击数	密实度
$N_{120} \leqslant 3$	松散	$11 < N_{120} \leqslant 14$	密实
$3 < N_{120} \leqslant 6$	稍密	$N_{120} > 14$	很密
$6 < N_{120} \leqslant 11$	中密		

注：本表适用于平均粒径小于或等于 50 mm，且最大粒径小于 100 mm 的碎石土。

(2) 砂土的密实度

应根据标准贯入试验锤击数实测值 N 划分为密实、中密、稍密和松散，并应符合表2-30的规定。

表 2-30 砂土密实度分类

重型动力触探锤击数	密实度	重型动力触探锤击数	密实度
$N \leqslant 10$	松散	$15 < N \leqslant 30$	中密
$10 < N \leqslant 15$	稍密	$N \geqslant 30$	密实

(3) 粉土的密实度

应根据孔隙比 e 划分为密实、中密和稍密；其湿度应根据含水量 ω(%) 划分为稍湿、湿、很湿。密实度和湿度的划分应分别符合表 2-31 和表 2-32 的规定。

表 2-31 粉土密实度分类

孔隙比 e	密实度	孔隙比 e	密实度
$e < 0.75$	密实	$e \geqslant 0.90$	稍密
$0.75 \leqslant e < 0.90$	中密		

注：当有经验时，也可用原位测试或其他方法划分粉土的密实度。

表 2-32 粉土湿度分类

含水量 ω(%)	湿度	含水量 ω(%)	湿度
$\omega < 20$	稍湿	$\omega > 30$	很湿
$20 \leqslant \omega \leqslant 30$	湿		

(4) 黏性土状态的划分

黏性土状态根据液性指数 I_L 按表 2-33 确定。

表 2-33 黏性土状态的划分

液性指数	状态	液性指数	状态
$I_L \leqslant 0.00$	坚硬	$0.75 < I_L \leqslant 1.00$	软塑
$0.00 < I_L \leqslant 0.25$	稍密	$I_L > 1.00$	很密
$0.25 < I_L \leqslant 0.75$	中密		

(5) 土的压缩性

地基土的压缩性可按 P_1 为 100 kPa，P_2 为 200 kPa 时相对应的压缩系数值 a_{1-2} 划分为低、中、高压缩性，并应按表 2-34 的规定进行评价。

表 2-34 地基土压缩性的划分

压缩系数 a_{1-2}	压缩性	压缩系数 a_{1-2}	压缩性
$a_{1-2}<0.1\ MPa^{-1}$	低压缩性	$a_{1-2}\geqslant 0.5\ MPa^{-1}$	高压缩性
$0.1\ MPa^{-1}\leqslant a_{1-2}<0.5\ MPa^{-1}$	中压缩性		

注：本表执行国家标准《建筑地基基础设计规范》(GB 50007—2010)。如有当地经验，也可按地方标准执行。

2.4 地层应力

地应力是地下工程围岩变形、破坏的根本原因之一，其地位相当于工程习惯中所称外荷载，因此，认识和分析地应力的一般性规律及其确定方法十分重要。

围岩的初始应力场称为原始地应力场，由于岩体的自重和地质构造作用，在地下工程开挖前岩体中就已经存在着一定的地应力场，人们称之为围岩的初始应力场。它是经历了漫长的应力历史而逐渐形成的，并处于相对稳定和平衡状态之中。洞室开挖后，使得围岩在开挖边界处解除了约束，失去平衡，此时洞室周边的应力都变为零，其结果引起了洞室变形(这种变形是岩体卸载而发生的回弹变形)，产生应力重分布，形成围岩的新的应力场，称为围岩二次应力场。由此可以看出，因开挖隧道而引起的围岩变形、破坏、应力传播等一切岩石力学现象无一不与围岩的初始应力场密切相关，都是初始应力发展的延续。

2.4.1 基本概念与基本知识

1. 原岩应力

原岩应力是天然环境下地壳岩土体内(某一点)固有的应力状态，又称初始应力。

与此相对应，受隧道和其他地下开挖工程影响，在影响范围以内的原岩应力平衡状态被破坏后的应力称为次生应力或诱发应力。这一转换过程称为重分布。

原岩应力是自然界多种因素综合影响的结果，包括自重、地球永恒的运动及其内力引起的构造应力、温度、岩层内部物理化学因素如结晶、变质作用，以及孔隙含水和瓦斯压力等。这些因素中，地心引力所引起的自重应力是最基本的、占主导地位的因素。

2. 自重应力

自重应力是上覆岩体重力叠加的结果。

垂向分量：

$$\sigma_z = \sum_{i=1}^{n} \gamma_i z_i \qquad (2-3)$$

水平分量：σ_x，σ_y 在两个正交方向上一般是相等的，其大小由岩石自身的性质和水平方向的约束条件而定。

一般来说，

$$\sigma_x = \sigma_y = \lambda \gamma z \qquad (2-4)$$

式中，λ 为侧压力系数。

3. 构造应力

构造应力是指大如地球转动、地壳板块运动,小至区域性构造、断层、褶皱及至山川河流引起的局部应力集中。构造应力以水平方向为主,大小因地而异。构造应力是引起同一深度各地初始应力水平分量不同,以及同一地点的两个水平主应力不等的主要原因,是初始应力确定的关键所在。

地质力学认为,地球在自西向东自转的永恒运动中,自转的角速度每隔若干年发生一次明显的变化,从而引起转动惯量变化,造成东西向巨大的水平挤压,该挤压力形成造山运动等地质构造活动,往往形成一系列褶皱和断层组合的南北向山脉,是经向构造体系的主要原因。此外,地球为南北较短的扁椭球体,椭球的离心率每隔若干年也会发生变化,从而引起南北向巨大的水平挤压,往往是形成东西向或纬向构造体系的主要原因。这些水平挤压力通称为构造应力。由此可见,构造应力总的趋势是巨大的压应力。但局部地段由于褶皱还会产生拉应力;又由于在漫长的地质年代中岩体的应力松弛(stress relaxation),构造应力逐渐衰减,以致可能经历过多次的构造运动而使构造应力大小和方向上变得十分复杂,几无规律可循,因而只有靠实测才能准确确定。

工程上,在探明了地质构造的情况下,通过对较大地质构造逐步缩小向较小范围地质构造(如由区域、区段、隧道)进行地质力学分析,对于定性地判断构造应力状况、尤其是构造应力的方向,往往有十分重要的作用,能与原岩应力实测结果相互验证、相辅相成。例如:

正断层:$\sigma_1 = \sigma_v = \gamma H$($H$ 为距地表深度),σ_3 与断层带正交;

逆断层:$\sigma_2 = \sigma_v = \gamma H$,$\sigma_1$ 与断层带正交;

平移断层:$\sigma_2 = \gamma H$,σ_1 与断层面成 $30^\circ \sim 45^\circ$ 交角,且 σ_1 与 σ_3 均为水平方向。

一般来说,断层带附近应力低,随着远离断层应力值增高,趋向稳定的初始应力值。应当指出,当构造形迹十分复杂,而难以区分较早的地质构造和近期的地质构造,以及哪种构造应力可能衰减或可能占优势时,应与原岩应力实测相配合,因为原岩应力实测迄今仍是唯一对原岩应力进行定量的方法。

2.4.2 初始应力实测成果与一般规律

1. 实测成果

原位实测应力的大小和方向是掌握原岩应力最可靠的方法。最早的原岩应力现场测定,据知是 1932 年在美国胡佛水利水电工程隧道内的围岩表面上进行的。20 世纪 50 年代初,瑞典哈斯特(N. Hast)为研究解决矿井岩爆、煤和瓦斯突出机理问题,首创了应力解除测量的基本方法,在斯堪的纳维亚半岛开展了区域性的原岩应力实测。哈斯特的实测发现,在两个方向上的水平应力往往不等,且其中之一甚至常常大于铅垂应力。这些事实突破了当时的传统认识,引起各国广泛的重视。20 世纪 60 年代以后,世界各地相继展开规模不等的原岩应力实测。布朗和霍克(Brown and Hoek, 1978)汇集了世界各地原岩应力的实测结果,经整理统计分析出原岩应力的一些重要规律,集中体现在图 2-7 和图 2-8 中。

世界各地水平地应力测量实践表明,浅部的比值 K 较高,随深度增加 K 值降低。浅部地层 K 值较为发散,且绝大多数 K 值大于 1.0,说明浅部地层平均水平应力值的离散性大,且平均水平应力在多数情况下大于垂直应力。

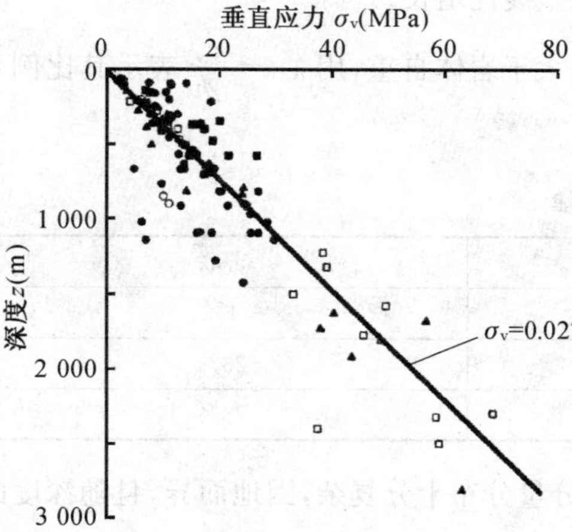

图 2-7 全球垂直地应力测量结果

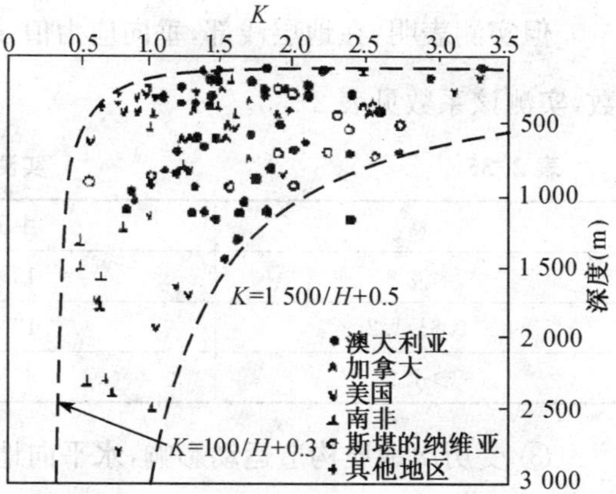

图 2-8 全球地应力测量结果——平均水平应力分量与垂直应力之比 K

拟合出曲线方程：

$$\sigma_z = \sigma_v = 0.027h \quad (\text{MPa}) \tag{2-5}$$

与理论分析结果基本吻合。

平均侧压力系数有一个变化范围，随着深度增加，变化范围逐渐变窄，并以两条双曲线为其上、下限。

其上限曲线方程为：$$\lambda = \frac{1\,500}{h} + 0.5 \tag{2-6}$$

其下限曲线方程为：$$\lambda = \frac{100}{h} + 0.3 \tag{2-7}$$

联系麦克库钦理论，$h = 139$ km，计算与上限结果同；$h = 34$ m，计算与下限结果同。

2. 初始应力场的基本规律

综合大量实测资料和近代理论，地壳初始应力场有以下特点：

① 地应力是一个相对稳定的非稳定应力场，它是时间和空间的函数。

A. 地应力一般为三轴压应力状态，且受地壳地形地貌山川河流和构造影响，其分布往往十分复杂。地应力在空间上的变化，从小范围来看，其变化是明显的，但就某个地区整体来说，地应力变化不大。

B. 三个主应力的大小一般互不相等，其中两个(近)水平主应力也不同，且最大水平主应力的方向与区域性构造形迹密切相关，往往是构造应力影响的结果。

C. 三个主应力的方向一般偏离铅垂与水平方向不大；引起偏离的主要原因是构造、岩层倾角和局部不均质影响。

② 在其他因素的影响不显著情况下，地应力垂直应力分量基本上等于上覆岩体自重。

$$\sigma_z = \sigma_v = \gamma h$$
$$\gamma = 27\ \text{kN/m}^3 \tag{2-8}$$

h 为距地表深度，所以垂直应力分量随深度的加深呈线性增长。

但实测表明：在地层浅部，垂向应力值 σ_v 往往大于岩体自重，用 $\lambda_0 = \frac{\sigma_v}{\gamma h}$ 表示其比例系数，实测该系数见表 2-35。

表 2-35　实测 λ_0 规律

λ_0	中国	苏联
<0.8	13%	4%
0.8～1.2	17%	23%
>1.2	65%	73%

③ 受历次地质构造运动影响，水平向地应力分量分布十分复杂，因地而异，且随深度的变化而变化。

水平应力普遍大于泊松效应产生的 $\frac{\upsilon}{1-\upsilon}\gamma h$，且大于或接近实测垂直应力。

$$\lambda = \frac{\sigma_{h,\max}}{\sigma_v} \tag{2-9}$$

一般 λ=0.5～5.5，大部分为 0.8～2.0，最大为 30。

可用两个水平压力的平均值 $\sigma_{H.an}$ 与 σ_v 之比表示侧压系数 λ_{av}，即 $\lambda_{av} = \frac{\sigma_{H.an}}{\sigma_v}$，$\lambda_{av}$ 一般为 0.5 ～ 5.0，大多数为 0.8 ～ 1.5，中国一般为 0.8 ～ 3.0。

据统计，λ_{av} 小于 0.8 的约占 30%，0.8～1.2 的约占 40%，大于 1.2 的约占 30%。

④ 水平应力并不总是占优势，到达一定深度，水平应力逐渐趋向等于或略小于垂直应力，即趋向静向压力场。这个转折点的深度，称为临界深度，实测统计资料表明：h_{lim} = 1 000 ～1 500 m，h_{lim} 值各国不尽相同，南非为 1 200 m，美国为 1 000 m，日本为 500 m，冰岛为 200 m，中国为 1 000 多米。

另外，在讨论使用水压致裂和应力解除法进行应力测量时，Zoback 认为，从接近地表（10～20 m）开始在一系列钻孔中进行细致的水压致裂测量的结果表明，在几百米深度的范围内，应力方向和相对大小变化相当显著，这种现象可能与附近的地形或近地表裂隙的密集发育有关。

2.4.3　浅部地层地应力实测

许多国家对各自境内地应力进行了实测，表 2-36 为浅部地层（地表下深度 50 m 范围内）地应力实测值。

表 2-36　世界各地浅部地层地应力实测值

地点	岩石类型	地表下深度(m)	主应力(MPa)			铅直剖面内的最大水平剪应力 τ_{max}(MPa)
			σ_1	σ_2	σ_3	
利丁厄	花岗岩	32	12.0	7.0		3.1
锡博	灰岩	45	14.5	11.5		1.5

续表

地点	岩石类型	地表下深度(m)	主应力(MPa)			铅直剖面内的最大水平剪应力 τ_{max}(MPa)
			σ_1	σ_2	σ_3	
斯利特	灰岩	45	13.0	10.5		1.3
基尔克内斯	花岗岩	50	12.0	8.5		1.8
卡尔斯哈门	花岗岩	10	21.0	7.5		2.3
斯通德拉姆		4.5	40.0	13.0		13.5
里瑟	花岗岩	9	12.0	6.5		2.9
特拉纳斯	花岗岩	8	10.5	6.0		2.4
戈尔	花岗岩	50	20.5	10.5		5.0
瓦斯布	石英岩	31	13.5	6.5		3.5
比埃尔洛夫	花岗岩	6	14.5	10.0		2.3
博里霍尔姆	花岗岩	17	6.0	4.0		1.0
克里斯蒂安斯塔德	花岗岩	15	16.0	6.5		1.8
阿里姆	橄榄岩	10	7.0	5.5		1.8
阿库雷里	玄武岩	10	5.3	2.0		1.7
斯托克内斯港	辉长岩	30	13.5	7.9		2.7
桑格尔迪凯夫拉维克	玄武岩	4	4.4	2.8		8.0
赫尔瓦斯内	花斑岩	29	13.5	4.5		4.5
布坎南	辉长岩	20	5.8	1.0		2.8
布拉加	花岗岩	27	7.0	5.8		6.0
阿布辛贝	砂岩	13	5.5	3.5		1.0
多瓦尔	白垩岩	48	45.6	19.8	12.9	
卡姆卢夫(B)	花岗岩	34	7.4	3.9	−0.1	
霍恩佐伦	灰岩	25	2.4	1.5	0.65	
日本(7)	绿片麻岩	30	−0.89	−0.66	−0.46	
日本(14)	砾岩	22	−1.06	−0.72	−0.41	

注：日本(7)和日本(14)为日本在 1971—1987 年全国性地应力测试中相应的测点编号和实测结果，详见参考文献[26]。

表 2-37 为深圳市部分地区地应力实测数据。

表 2-37　深圳市地应力实测数据 (MPa)

测孔地点	石岩水库	龙华民乐	深圳八卦岭	横岗西坑	龙岗坪地	坪山松子坑
测量时间	1986 年 1 月	1986 年 4 月	1985 年 10 月	1985 年 12 月	1985 年 11 月	1998 年 3 月
深度(m)	6.05～8.35	1.2～2.4	17.35～29.81	6.72～10.67	8.02～16.02	5.9～7.5
最大主应力	3.96±0.17	0.93±0.42	1.85±0.46	3.28±0.44	2.58±0.21	3.71±0.89
最小主应力	3.33±0.16	− 0.14±0.37	1.46±0.51	1.40±0.45	1.66±0.21	− 1.56±0.89
最大剪应力	0.32	0.53	0.20	0.94	0.46	2.68

2.4.4 隧道开挖过程中的应力释放和位移释放

关于隧道的开挖效应目前主要有两种观点：位移释放的观点和应力释放的观点。位移释放的观点认为，隧道的开挖是一个位移释放的过程，其开挖必然会引起地层的移动，而且这种移动开始慢慢增大，最终由于衬砌的作用而逐步收敛。应力释放的观点认为，隧道的开挖过程是一个应力释放的过程，隧道开挖以前，地层中存在初始应力场，包括自重应力场和构造应力场(对于软土隧道而言主要为自重应力场)，隧道的开挖接近于解除内部约束，势必会引起开挖区周围土体的初始应力场的改变，一部分初始应力转化为作用在隧道支护上的压力，另一部分则由隧道围岩自己承受。

岩土体中的应力释放与位移释放的影响因素众多，隧道洞周岩土体参数(变形模量、黏聚力、内摩擦角、泊松比)、地层中的侧压力系数、研究断面与掌子面的位置关系、高跨比(适用于城门洞型)等都是影响地应力释放与位移释放的因素。

对于围岩位移释放系数影响程度较大的是黏聚力、内摩擦角、泊松比、埋深和高跨比。泊松比对隧道两帮的影响较大，但其对顶部和底部的影响相对较小，且均呈负向影响，埋深和高跨比对隧道周边的影响较大，只是埋深均为负向影响作用，也即随着埋深的增大，位移释放比逐渐减小，而高跨比适用于城门洞型；黏聚力、内摩擦角对隧道周边的影响均较大，最大是对隧道两帮的影响。而变形模量和洞径对围岩位移释放系数的影响均很小。

当黏聚力、内摩擦角达到一定量值时再继续增大，围岩的变形和位移释放比都趋于一个定值。原因是随着黏聚力、内摩擦角的逐渐增大，洞室围岩的自稳能力也逐渐增强。当掌子面推进到研究断面并超过一倍洞径时，此空间段的位移释放量较大，强度参数的大小对于此阶段围岩变形和应力调整的影响也很大，当黏聚力、内摩擦角足够大时，即使围岩的变形和应力调整很大，也能够满足围岩的自稳能力要求，围岩就不易进入破坏状态，随着掌子面的继续向前推进，围岩的应力状态的调整也不会对围岩自身的稳定性产生较大的影响。也就是说，在不考虑外界特殊干扰因素影响的情况下，黏聚力、内摩擦角的大小就已基本决定了整个隧洞的稳定状态。

对于岩体质量好的硬岩，在掌子面通过研究断面的"瞬间"，其应力释放量占到很高的比例，根据岩体的应力-应变关系，其应变量也将占到很大的比例，对于埋深大的硬岩，由于应力释放更为集中，尤其是当岩体开挖暴露前后，巨大应变能量的瞬间集中释放极易产生岩爆现象。而对于质量较差的岩体，在掌子面通过研究断面之前，应力已经获得了较大且较均匀的释放，因而不会产生因积聚能量的瞬间释放造成的岩爆，但因之前应力的大量释放已导致了较大的围岩变形发展，对于岩体质量差的软岩，极易在围岩体内造成早期的变形破坏。

土层中与岩层中的释放变化过程较为相似，但仍有区别。掌子面到达研究断面之前，土层中的应力释放与位移释放均大于岩层中；掌子面通过研究断面时，与岩层中一样，土层中的应力释放与位移释放会迅速增大，但增大幅度较岩层中平缓。与硬岩相比，土层中隧道开挖引起应力释放与位移释放的影响范围更大，应力释放逐步完成，早期应力释放与位移释放所占比例更高，施工过程更容易及时发现由于围岩不稳定引发的工程事故。由于土层中构造应力所占比例较岩层中更低，所以侧压力系数对应力释放与位移释放的影响更小。

第3章 城市隧道线路设计

线路设计是城市隧道工程设计的首要环节，它把握着项目的总体布局。在城市隧道前期线路总体方案研究中，线路设计应站在城市总体发展规划和城市中各交通方式网络化规划的高度，结合现场具体工程建设条件，协调相关方利益，合理确定线路总体方案，避免后期设计阶段产生过大的反复；在初步设计、施工图设计阶段，线路需要通过平面、纵断面以及横断面设计，协调好众多相邻专业技术接口，精确确定线路的空间位置。线路设计的优劣会直接影响工程投资、运营期客流量、运营成本、实施难易、与城市规划的衔接、与周边环境和景观的协调等。通过不同的设计阶段，应逐步由浅入深，进行研究与设计，从而确定线路在城市三维空间的最佳位置。

3.1 城市地铁线网规划

3.1.1 地铁线网规划的原则及内容

1. 地铁线网规划的原则和结构形式

在规划线网时，先要根据居民出行调查分布图及城市道路网等资料初拟线网规划图，然后预测线网客流流量以证明线网设计的合理性，如发现不当之处，要重新调整线网规划，并重做客流预测，多次反复，直到满意为止。

(1) 规划设计原则

① 线网的规划要与城市客流预测相适应。通过对城市主要交通干道的客流预测，定量地确定各条线路单向高峰小时客流量，也就可以确定每条线路规模。规模确定后，就可以确定其为高容量、大容量、中容量还是小容量的轨道交通。居民每天出行的交通流向与城市的规划布局有密切关系。轨道交通只有沿城市交通主客流方向布设，才能照顾到居民快速、方便的出行需要，并能充分发挥快速轨道交通客运量大的功能。城市轨道线网把几乎所有大的生活区连接起来，就能大大方便人们的出行。

② 线网规划必须符合城市的总体规划。快速轨道交通网络规划是大城市总体规划的重要组成部分，应根据城市总体规划和城市交通规划做好轨道交通规划。交通引导城市发展是一条普遍规律，轨道交通的规划和建设，可带动沿线住宅和商业区的开发和升值。轨道交通线网规划要与城市的远景规划相结合，有前瞻性，如巴黎市郊快速铁路发展规划是在巴黎城市总体规划和土地使用规划的基础上，结合巴黎市远期发展制定的。

③ 规划线路要尽量沿城市主干道布置，线路要贯穿连接城市交通枢纽对外交通中心（如火车站、机场、码头和长途汽车站等）、商业中心、文化娱乐中心、大型的生活居住区等客流集散数量大的场所，以减少线路的非直线系数和缩短居民出行时间。

④ 线网中线路布置要均匀，线路密度应适量，乘客换乘方便，换乘次数要少。

⑤ 线网中各条规划线路上的客运负荷量要尽量均匀，要避免个别线路负荷过大或过小的现象。

⑥ 在考虑线路走向时，应考虑沿线地面建筑的情况。要注意保护重点历史文物古迹和保护环境；要先考虑地形、地貌和地质条件，尽量避免通过不良地质地段和重要的地下管线等构筑物。

(2) 地铁线网的结构形式

线网的结构形式指根据地铁规划现状与规划情况编制的线网中各条线路组成的几何图形。总体上，可归纳为放射形（星形）、条带形（树状）、放射加环形、棋盘形（栅格网状）、棋盘加环线形、棋盘环线加对角线形和其他形如"十"字、"L"字、"T"字等简单图形及混合图形等，如图 3-1 所示。

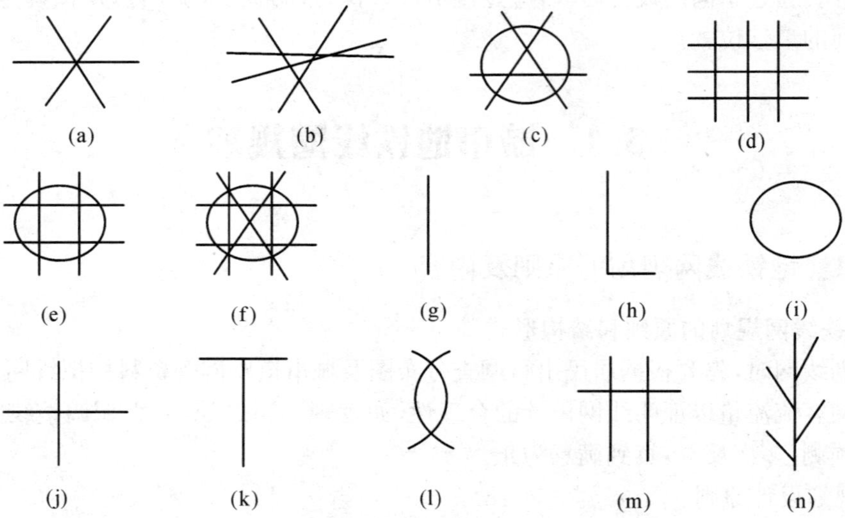

图 3-1 线网的几何结构形式

① 放射形（星形）结构。放射形结构是指线网中所有的线路只有一个交点（换乘站）的结构。其唯一的换乘站一般位于市中心的客流集散中心，如目前的布拉格地铁网络系统（图 3-2）、俄罗斯圣彼得堡地铁网络（图 3-3）。这种线网结构中所有线路间都可以实现直接换乘，但换乘站上的客流量大，换乘客流相互干扰也大，常易引起混乱和拥挤。此外，换乘车站的设计与施工难度也大。所以，在两条线路以"L"放射线相交时，要避免出现这种形式。

② 条带形（树状）结构。树状结构是指 n 条线路有 $n-1$ 个交叉点（换乘站），且在网络中没有网格结构，形如树枝状。这种结构适合于沿江或沿山谷条带状发展的城市地域，这种结构连通性差，线路间换乘不方便，两条树枝线间至少要换乘两次才能实现互通。

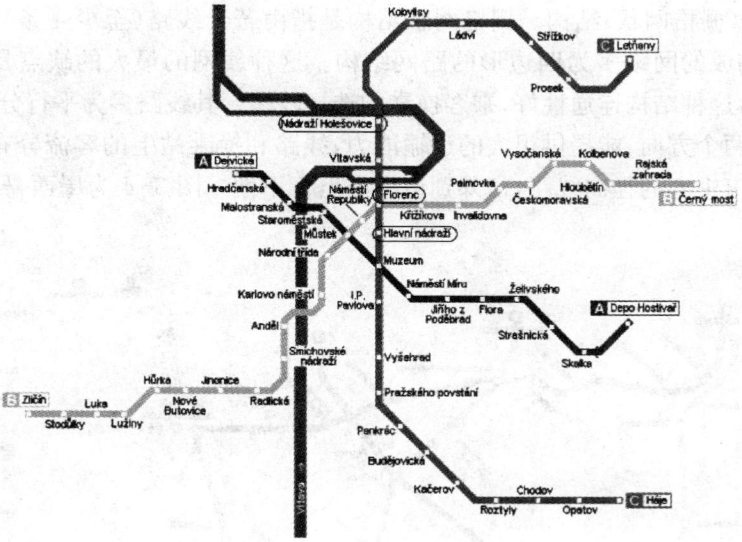

图 3-2　布拉格地铁网

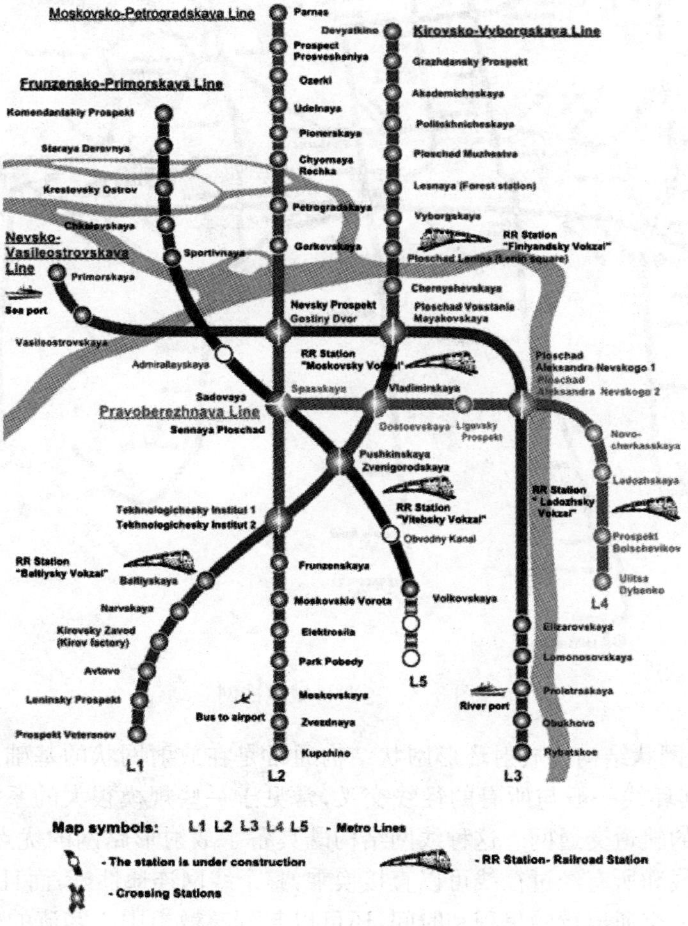

图 3-3　圣彼得堡地铁网

③ 棋盘式(栅格网状)结构。栅格网状结构是指由若干线路(至少 4 条)大多呈平行四边形交叉,所构成的网络多为四边形的路网结构。这种线网的最大的缺点是二次换乘多。由于存在回路,这种结构连通性好,乘客换乘的选择较多。其线路多为平行分布,方向简单,一般只有纵横两个方向,能提供很大的运输能力,线路和换乘站上的客流分布比较均匀,但由于没有通向市中心的径向线路,市郊到市中心出行不便。图 3-4 为墨西哥棋盘式地铁交通网示意图。

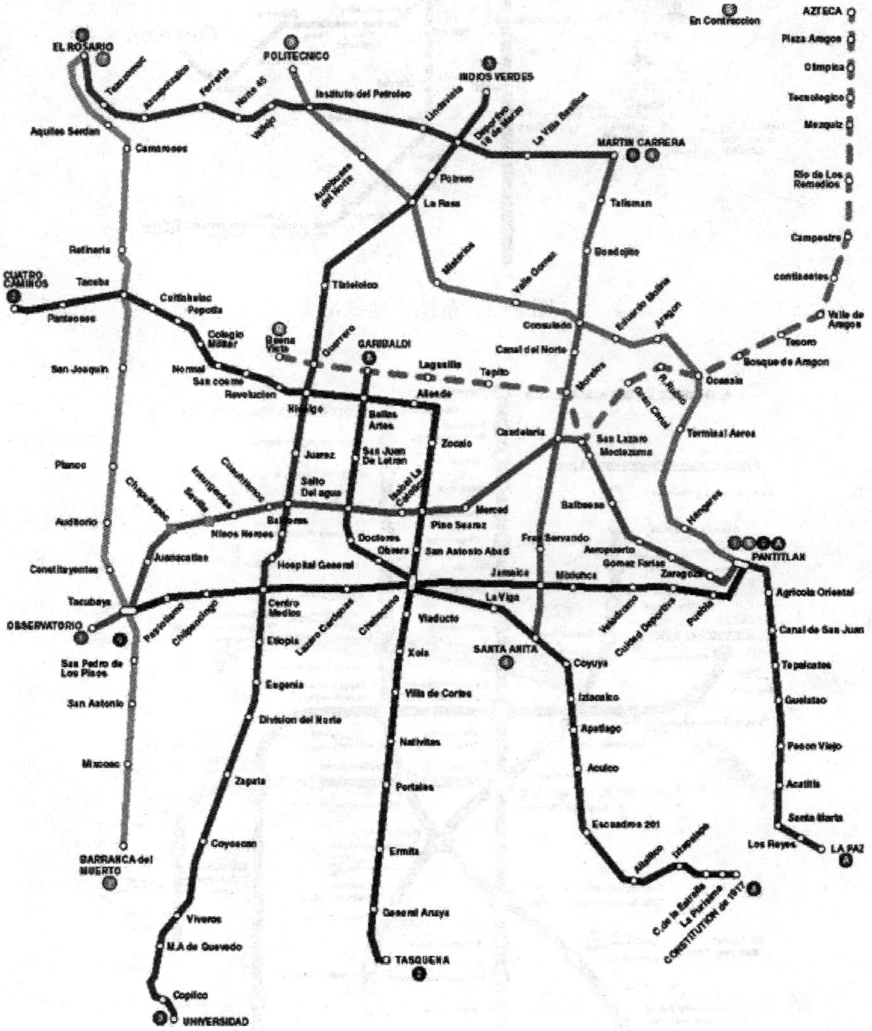

图 3-4 墨西哥城地铁网

④ 放射环形网状结构。放射环形网状结构通常是在放射网状的基础上增加环形线而成的线网结构,其环线一般与所有的径线交叉,常见于一些规模很大的系统,如莫斯科、巴黎、东京、上海等的轨道交通网。这种线网结构既具备了放射形路网的优点,又克服了其不足之处。由于环线和所有经过径线可以直接换乘,整个线网连通性好,而且能有效地缩短市郊间乘客利用轨道交通出行的里程和时间,还可以起到疏散市中心客流的作用。图 3-5 为莫斯科放射形环状地铁网示意图。

图 3-5 莫斯科地铁放射环状网络

⑤ 棋盘加环线形式。环线应放在客流密度较大的地方,并尽量多地贯穿大的客流集散点,如对内、对外交通枢纽等。这种线网的最大特点是可提高环线上乘客的直达性和减少换乘次数,改善环外平行线间乘客的换乘条件,缩短出行时间,并减轻市中心的线路负荷,起到疏散客流的作用。图 3-6 所示的北京地铁网络是棋盘加环形线网的典型形式。

⑥ 其他形状。如秘鲁利马“1”字形地铁,日本神户“L”形地铁,英国格拉斯哥“O”形地铁,巴西累西腓“Y”形地铁,哥伦比亚麦德林“T”形地铁,意大利罗马“十”字形地铁,法国里尔“X”形地铁和巴西圣保罗“＋＋”形地铁等。

2. 地铁线网规划的内容

(1) 城市背景研究

主要是对城市的人文背景和自然背景进行研究,从中总结指导轨道交通线网规划的技

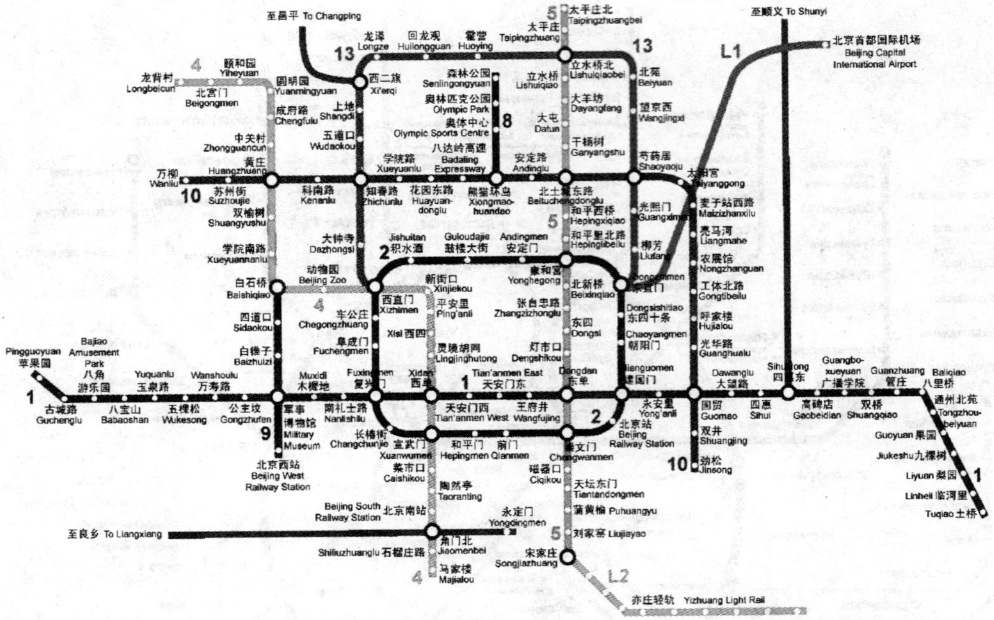

图 3-6　北京地铁棋盘加环线网络

术政策和规划原则。主要研究依据是城市总体规划和综合交通规划等。具体的研究内容包括城市现状与发展规划、城市交通现状和规划、城市工程地质分析、既有铁路利用分析和建设必要性论证等。

城市现状与发展规划——包括城市性质、城市地理环境、地形地质概况、城市区域与人口、城市布局、国民经济和社会发展规划。

城市交通现状与规划——包括城市道路交通现状分析、道路网结构和布局、城市客运交通的发展和现状、城市交通发展总体战略、城市轨道交通现状。

(2) 线网构架研究

线网构架研究是线网规划的核心,通过多规模控制—方案构思—评价—优化的研究过程,规划较优的方案,包括合理规模研究、线网方案的构思、线网方案客流测试、线网方案的综合评价。

(3) 实施规划研究

实施规划是轨道交通规划可操作性的关键,集中体现了轨道交通的专业性,主要研究内容是工程条件、建设顺序、附属设施规划。具体内容包括:车辆段及其他基地的选址与规模研究、线路敷设方式及主要换乘节点方案研究、修建顺序规划研究、轨道交通线网的运营规划、联络线分布研究、轨道交通线网与城市的协调发展及环境要求、轨道交通和地面交通的衔接等。

3.1.2　地铁线路设计

1. 选线

选线包括设计线路走向、线路路由、车站分布、辅助线分布、线路交叉形式、路线敷设方式等的选择。选线分为技术选线和经济选线。

(1) 技术选线

技术选线是按照行车线路，结合有关设计规范平面和纵剖面设计要求，确定不同坐标处线路位置。一般遵循先定点，后连续，点线结合。

(2) 经济选线

经济选线就是选择行车线路的起始点和经过点。线路起始点往往选择在换乘量大的处所，如火车站、码头、飞机场、城郊结合部、长途汽车站等。

地铁线路应尽量多地经过一些大的客流集散点，如闹市区、商业区、政治文化经济中心、居民生活集中区、工矿区、地面交通枢纽等。

2. 线路形式

城市轨道交通线路按其在运输中的作用，可分为正线、辅助线、车场线。轨道交通线路在城市中心区宜设在地下，在其他地区，如市郊、市区与卫星城之间，条件允许时可设在高架桥和地面上。

3. 线路走向和埋深

地铁线路的走向与埋深，受工程地质和水文地质条件、地面和地下空间现状等影响较大，直接关系到造价高低和施工的难易。地铁的埋深是指线路的轨面到地面的距离。一般来说，埋深越小越经济，施工越容易，但埋深也受不良地质现象、技术条件、已有地下管线，建筑物基础和其他地下工程等的制约。地铁埋深一般以 20 m 左右为界，划分为浅埋和深埋两种。

4. 车站设计

地铁车站设计，应保证乘客使用安全、方便并具有良好的内部和外部环境条件。其总体设计应妥善处理与城市规划、城市其他交通、地面建筑、地下管线、地下构筑物之间的关系；车站的形式、规模、建筑装修标准，应根据预测的长远客流量大小，所处位置的重要性，以及长远发展规划等因素来确定，车站建筑设计应力求简洁、明快、大方、易于识别，体现现代交通建筑特点。

(1) 车站位置与类型

① 车站位置。地铁车站一般设置在地下，只有少量郊区车站设在地面。车站位置通常应设在客流量大的地点，如商业中心、文化娱乐中心及地面交通枢纽等地方，以便能最大限度地吸引客流和方便乘客。站间距离应根据具体情况确定，站间距离太短会降低运营速度，增大能耗、配车数量，增加工程投资；站间距离太大，对乘客不方便，增大车站负荷。因此，市区、人口稠密、人流集散点多的区域，车站设置应该密些，站间距离短些；郊区、建筑稀疏、人流集散点少，站间距离可以大一些。我国已有地铁线路，站间距离市区多为 1 km 左右。

② 车站类型。按照运营性质的不同，车站类型可分为终始点站、中间站、区间站和换乘站等。

A. 终始点站——线路的终始点车站，位于线路的两端，往往设在郊外，设有线路折返设备，机车车辆可以在此折返，并可作为列车停留、临时检修用。

B. 中间站——供乘客中途上、下车之用。中间站的通过能力决定着整个线路的最大通过能力。

C. 区间站——在线路上客流量分布是不均匀的，在客流量最集中的线段两端的车站设置折返线，在客流高峰区段内增开区间列车，故称区间站或区域站，以利于客流的疏散。

D. 换乘站——位于地铁不同线路交叉点的车站，除供乘客上下车之外，还可由此站经楼梯、地道等通道去其他站层，换乘另一条线路的列车。

(2) 车站站台

① 站台形式。站台是地铁车站的最主要部分，是分散上下车人流、供乘客乘降的场地。站台按照其与正线之间位置关系的不同，可分为岛式站台(图 3-7)、侧式站台(图 3-8)和岛、侧混合式站台等几种形式。

图 3-7　岛式站台

图 3-8　侧式站台

岛式站台适用于规模较大的车站，如终始站、换乘站，这种方式上下行车线共用一个站台，可起到分配和调节客流的作用，对于乘客需要中途折返比较方便，我国地铁车站多采用岛式站台。

侧式站台适用于规模较小的车站，如中间站，不同方向的两条正线，分别使用各自的站台，上、下行的乘客可避免互相干扰。

岛、侧混合式站台多用于比较复杂的车站，如大型换乘站，一般可为一岛一侧、一岛两侧，岛式与侧式站台之间应该以天桥或地道相互连通。

② 站台尺寸。

A. 站台长度。我国一般采用远期列车编组的长度加 1～2 m。

B. 站台宽度。侧式站台的宽度按下式计算：

$$b = \frac{mW}{L} + 0.45 \tag{3-1}$$

式中　m——超高峰小时每间隔列车单方向上下车人数；

L——站台计算长度(m)；

W——站台上人流密度(m^2/人)。

岛式站台的总宽度按下式计算：

$$B = 2b + nl + a \tag{3-2}$$

式中　B——岛式站台总宽度(m)；

l——柱宽(m)；

a——(楼梯＋自动扶梯)宽(m);

n——站台横断面的柱子数。

3.2 城市隧道平面、纵断面设计

3.2.1 城市地铁隧道

1. 隧道平面线形设计

(1) 地铁隧道的平面位置选择

地铁隧道线路位于城市规划道路红线范围内,是常用的线路平面位置形式。它的特点是对道路红线范围以外的城市建筑物干扰较小。在某些条件下,轨道交通地下线路置于道路范围之外,可以达到缩短线路长度、减少拆迁、降低工程造价之目的。

(2) 地铁隧道线路平面位置方案比选

线路平面位置比选主要包括直线位置的比选和曲线半径的比较,其主要比选内容如下所述。

① 线路条件比较:包括线路长度、曲线半径、转角等。在拆迁数量、拆迁难度和工程造价增加不多的情况下,宜推荐较大半径的方案,若半径大于或等于 400 m,则不宜以增加工程造价来换取大半径曲线。

② 房屋拆迁比较:包括拆迁房屋数量、质量、使用性质和拆迁难易等的比较。质量差的危旧房屋可以拆除;住宅易拆迁,办公房次之,工厂厂房难拆迁;学校、医院等单位,一般要邻近安置;商贸房异地搬迁,在市场经济的条件下,拆迁难度大。

③ 管线拆迁比较:包括上下水管网、地下地上电力线(管)、地下地上通信电缆线(管)、煤气管、热力管等的数量、规格、费用及拆迁难度比较。大型管道改移费用高,下水管改移难度大。

④ 改移道路及交通便道面积比较:包括施工时改移交通的临时道路面积及便桥,恢复被施工破坏的正式路面及桥梁等。

⑤ 地铁主体结构施工方法比较:包括施工的难易度、安全度、工期、质量保证、对市民生活的影响等方面的综合分析评价。

(3) 车辆段及配线

车辆段是车辆停放、检查、整备、运用和修理的管理中心所在地。若运行线路较长(超过 20 km 时),为了有利于运营和分担车辆的检查清洗工作量,可在线路的另一端设停车场,负责部分车辆的停放、运用、检查和整备工作。当技术经济合理时,也可以两条或两条以上线路共设一个车辆段。城市轨道交通除车辆保养基地外,尚有综合维修中心、材料总库和职工技术培训中心等基地,有条件时,尽量将它们与车辆段规划在一起。

车辆段的主要生产设施有大修与架修库、定修库、月修库、列检库、停车库、洗刷库、吹扫库、不落轮镟库、内燃机车库与试车线等,并配备相应的检修设施。线路除设有上述各种用途的库线外,还有列车出入段线、牵出线、车底(空车列)停留线、检修线及综合基地内各种作业线、材料线及地面铁路专用线等。

根据车辆段内所需要的各种线路的使用功能和有效长度，并结合地形的具体情况，站场可布置成尽端式(见图 3-9)、贯通式(图 3-10)两种基本形式。一般来说，贯通式站场列车可向两个车站同时收发车，列车出入车辆段比较灵活、方便、迅速，但占用场地较大。

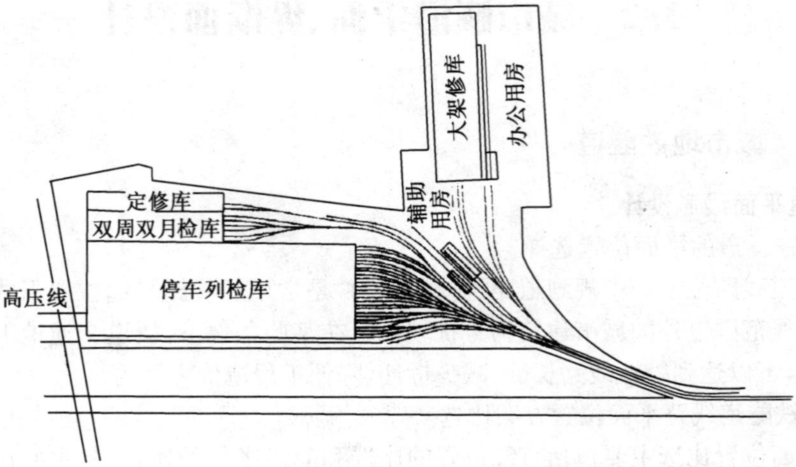

图 3-9 尽端式车辆段示意图

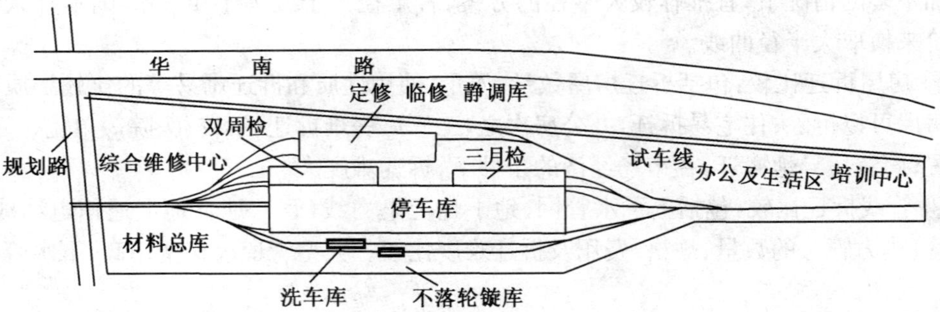

图 3-10 贯通式车辆段示意图

(4) 地铁线路平面主要技术要素的选择

① 曲线半径宜按标准半径从大到小合理选用，实际工作中，最大半径一般很少超过 3 000 m，最小圆曲线半径应尽量少用，并应有一定限制。这是由于 400 m 以下的小半径曲线具有限制车速、养护比较困难、钢轨侧面磨耗严重及噪声大等缺点，特别是在轨道交通运量大、密度高的情况下，上述缺点更加突出。

② 车站站台段线路应尽量设在直线上，在困难地段，站台段线路也可设在曲线上，为了保证安全，其半径不宜小于 800 m。这是因为站台上有大量旅客活动，直线站台通视条件好，有利于行车安全，而且城市轨道交通多为高站台，曲线站台与车辆间的距离不均匀，不利于旅客上下车和乘车安全。

③ 正线和辅助线的圆曲线最小长度不宜小于 20 m，在困难情况下，不得小于一个车辆全轴距。这是因为一般客车车辆全轴距为 20 m，如果圆曲线长度小于 20 m，就会出现 1 节车辆同时跨在两个缓和曲线上的情况，对行车稳定性和旅客舒适度产生不利

影响。

④ 在正线上，当曲线半径等于或小于 2 000 m 时，圆曲线与直线间应根据曲线半径及行车速度设置缓和曲线。车场线上由于运行速度低，可不设缓和曲线和超高；但当曲线半径小于 150 m 时，按 3‰变更率设超高过渡段。

⑤ 正线及辅助线上的两相邻曲线间的夹直线长度，不应小于 20 m，车场上的夹直线长度不得小于 3 m。若夹直线短于 20 m 时，会出现一辆车同时跨越两条曲线，引起车辆左右摇摆，影响行车平稳性；夹直线太短，也不易保持直线方向，增加养护困难。

2. 地铁隧道纵断面设计

城市轨道交通的线路纵断面是由坡段和连接相邻坡段的竖曲线组成的。轨道交通线路纵断面设计的主要技术要素有坡度、坡段长度及坡段连接。

(1) 坡度

由于城市轨道交通坡度已不是限制列车牵引质量的主要因素，所以将线路允许设计的最大坡度值称为最大坡度，而不称为限制坡度，也不存在加力坡度。轨道交通列车为了适应小站距的频繁起动、制动，具有良好的动力性能，一般采用全动轴或 2/3 动轴列车，起动加速度要求达到 1 m/s^2 及以上，这就意味着列车可以爬 100‰及以上的当量坡度。轨道交通由于高密度行车和大运量，为保证行车安全与准点，设计原则要求列车在失去部分(最大可达到一半)牵引动力的条件下，仍能用另一部分牵引动力，将列车从最大坡度上起动，因此最大坡度阻力及各种附加阻力之和，不宜大于列车牵引动力的一半。

在实际设计纵断面时，线路坡度在满足排水及标高控制要求的前提下应尽可能平缓，一般宜在 25‰以下。正线允许的最大坡度值，主要受行车安全(与制动设备性能有关)、旅客舒适度、运营速度三方面影响，一般不大于 30‰，在困难地段(如深埋线路需要上升至地面以上时)，允许将正线坡度设计到 35‰；辅助线的最大坡度一般不大于 40‰。但随着各种城市轨道交通车辆的改进，允许的最大坡度值也正在增大。

为便于排水，地下区间线路不宜设计成平坡，而设计成不小于 3‰的坡度。当然，在能解决排水问题的地段，可不受此条件限制。隧道内的车站站台段线路应设单一坡度，坡度值宜采用 3‰，困难时可设在 2‰～5‰的坡道上，坡度太大不利于列车起停，坡度太小不利于隧道排水。特殊情况下，也可设在平坡上，但需设置一定坡度的排水沟，以保证排水。隧道内的存车线和车辆折返用的尽端线上应设 2‰的纵向坡度，且方向是由车站向车档为上坡。道岔宜设在不大于 5‰的坡道上，在困难地段可设在不大于 10‰的坡道上。

(2) 坡段长度

两个坡段的连接点，即坡度变化点，称为变坡点。一个坡段两端变坡点之间的水平距离称为坡段长度。如果坡段长度小于列车长度，那么列车就会同时跨越 2 个或 2 个以上的变坡点，各个变坡点所产生的附加应力和局部加速度会因叠加而加剧，影响列车的平稳运行和旅客的舒适感。因此，线路坡段长度不宜小于远期列车计算长度。按每节车辆 19.11 m 计算，当列车编组为 8 节车厢时，约为 150 m；当列车编组为 6 节车厢时，约为 115 m；当列车编组为 4 节车厢时，约为 75 m。与城间铁路不同，城市轨道交通线路不要求坡段长度取整为 50 m 的整倍数。

(3) 坡段连接

列车通过变坡点时，车钩产生附加应力，并致使车辆的局部加速度增加，其值与相邻两坡段的坡度代数差成正比。坡度代数差太大，会影响旅客舒适度。地铁规范没有对坡度代数差加以限制，但是根据国内外传统经验做法，如两反向坡段的坡度值均超过 5‰时，通常采用一段坡度不大于 5‰的坡段连接。

在纵断面上，若各坡段直接相连则形成一条折线。列车运行至坡度代数差较大的变坡点处，容易造成车轮脱轨、车钩脱钩等问题。为避免出现这类情况发生，当坡度代数差等于或大于 2‰时，应在变坡点处设置竖曲线，把折线断面平顺地连接起来，以保证行车的安全和平稳。竖曲线有抛物线型和圆曲线型两种，我国城市轨道交通线路采用圆曲线型竖曲线。对正线的区间线路，竖曲线半径一般取 5 000 m，困难情况下取 2 500～3 000 m；车站两端因行车速度较低，其线路的竖曲线半径可取 3000 m，困难情况下可取 2 000 m。对辅助线和车场线，竖曲线半径可取 2 000 m。而对于车型较小的 C 型车，竖曲线半径可以取 1 000 m。

由于允许的坡段长度较短，而允许的坡度值又较大，因而实际设计时常会出现两条竖曲线重叠或相距很近的情形。为了避免或减轻列车同时位于两条竖曲线而产生的振动叠加，地铁规范规定，两条竖曲线之间的夹直线长度不宜小于 50 m。

3.2.2 城市公路隧道

1. 隧道平面线形设计

我国《公路隧道设计规范》规定，应根据地质、地形、路线走向、通风等因素确定隧道的平曲线线形，当设为曲线时，不宜采用超高的平曲线，并不应采用设加宽的平曲线。隧道不设超高的圆曲线最小半径应符合表 3-1 的规定。当由于特殊条件限制，隧道平面线形设计为需设超高的曲线时，其超高值不宜大于 4.0%。

表 3-1　　不设超高的圆曲线最小半径

路拱	设计速度(km/h)					
	120	100	80	60	40	30	20
≤2.0%	5 500	4 000	2 500	1 500	600	350	150
>2.0%	7 500	5 250	3 350	1 900	800	450	200

2. 隧道纵断面设计

根据《公路隧道设计规范》要求，城市公路隧道纵断面线应考虑行车的安全性、营运通风规模、施工作业效率和排水要求。

(1) 隧道纵坡

公路隧道纵坡不应小于 0.3%，一般情况不应大于 3%；受地形条件限制时，高速公路、一级公路的中、短隧道可适当加大，但不宜大于 4%；短于 100 m 的隧道的纵坡可与公路隧道外路线的指标相同。当采用较大纵坡时，必须对行车安全性、通风设备和营运费用、施工效率的影响等作充分的技术经济综合论证。

(2) 竖曲线半径

隧道内的纵坡形式，一般宜采用单向坡；地下水发育的长隧道、特长隧道可采用双向坡。纵坡变更的凸形竖曲线和凹形竖曲线的最小半径和最小长度应符合表 3-2 的规定。城市公路隧道的纵坡变换不宜过大、过频，以保证行车安全视距和舒适性。

表 3-2 竖曲线的最小半径和最小长度 (m)

设计速度(km/h)		120	100	80	60	40	30	20
凸形竖曲线半径	一般值	17 000	10 000	4 500	2 000	700	400	200
	极限值	11 000	6 500	3 000	1 400	450	250	100
凹形竖曲线半径	一般值	6 000	4 500	3 000	1 500	700	400	200
	极限值	4 000	3 000	3 000	1 000	450	250	100
竖曲线长度		100	85	70	50	35	25	20

(3) 洞外连接线

城市公路隧道外的连线应与隧道线形相协调,并符合以下规定:

① 隧道洞口内外各 3 s 设计速度行程长度范围内的平面线形应一致。

② 隧道洞口内外各 3 s 设计速度行程长度范围内的纵面线形应一致,有条件时宜取 5 s 的设计速度行程。

③ 当隧道建筑限界宽度大于所在公路的建筑限界宽度时,两端连接线应有不短于50 m 的、同隧道等宽度的路基加宽段;当隧道限界宽度小于所在公路建筑限界宽度时,两端连接线的路基宽度仍按公路的标准设计,其建筑限界宽度应设计 4 s 设计速度行程的过渡段与洞口衔接,以保证隧道洞口内外横断面顺适过渡。

④ 长或特长的双洞隧道,宜在洞口外合适位置设置联络通道,以便车辆掉头。

⑤ 对于间隔 100 m 以内的短隧道群,宜整体考虑其平、纵线形技术指标。

3.2.3 城市铁路隧道

1. 线路平面设计

(1) 线路平面位置

线路平面位置,特别是车站位置应尽可能与地面交通相对应,地下线路应尽可能采用直线,减少弯曲线路,平面位置的确定应综合考虑下列因素选定:

① 地面建筑物、地下管线和其他地下建筑物的现状与规划;

② 工程地质与水文地质条件;

③ 拟采用的结构类型与施工方法、运营要求等。

(2) 最小曲线半径

平面位置确定之后,进行线路平面设计,线路平面的中心线由直线和曲线(圆曲线及缓和曲线)组成,曲线设置在两相邻直线间。列车以一定速度通过曲线时,为了列车的安全和乘客的舒适,曲线最大外轨超高和未被平衡的离心加速度应受限制,这就需要由最小曲线半径的合理选定来控制。

最小曲线半径对行车速度、安全、稳定有很大影响,并直接影响着地铁建筑费用与运营费用的多少,故其是修建地下铁道的一个主要技术参数。

最小曲线半径的计算公式为:

$$R_{\min} = \frac{11.8v^2}{h_{\max} + h_{gy}} \tag{3-3}$$

式中 $R_{\min}$——满足欠超高要求的最小曲线半径(m);

v——设计速度(km/h)；

h_{max}——最大超高，120 mm；

h_{gy}——允许欠超高，$h_{gy} = 153a$；

a——当速度要求超过设置最大超高值时，产生的未被平衡离心加速度，规范规定取 $a=0.4\ m/s^2$。

(3) 缓和曲线

在铁路线上，直线和圆曲线不是直接相连的，它们之间往往需要插入一段缓和曲线，目的在于满足曲率过渡、轨距加宽和超高过渡的需要，以保证乘客舒适安全，如图 3-11 所示。

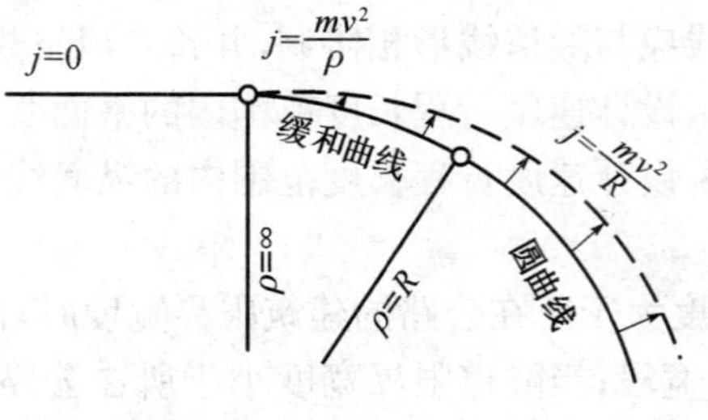

图 3-11　缓和曲线示意图

缓和曲线的半径是变化的，它与直线连接一端的半径为无穷大，逐渐变化到等于所要连接的圆曲线半径(R)。为便于测设、养护维修和缩短曲线长度，我国铁路常采用三次抛物线型的缓和曲线，其方程式为：

$$y = \frac{x^3}{6C} \tag{3-4}$$

式中　C——缓和曲线的半径变化率，$C = \frac{sva^2}{gi} = \rho L = Rl_0^2$；

R——曲线半径；

s——两股钢轨轨顶中线间距，1 500 mm；

g——重力加速度，9.8 m/s²；

i——超高顺坡(‰)；

ρ——相应于缓和曲线段的曲率半径(m)；

L——缓和曲线上某一点至始点的长度(m)；

l_0——缓和曲线全长(m)。

(4) 曲线半径

缓和曲线是为满足乘客舒适度要求而设置的，是否设置则视曲线半径(R)、时变率(β)是否能符合不大于 0.3 m/s 的规定而定。当设计速度值 v 确定后，按允许的 β 值，由下式可确定不设缓和曲线的曲线半径 R。

$$R \geqslant \frac{11.8v^3 g}{1\,500 \times 3.6L\beta + Livg/2} \tag{3-5}$$

式中　L——车辆长度(m)；

β——未被平衡离心加速度时变率(0.3 m/s²)；

i——超高顺坡率(2‰～3‰)；

g——重力加速度(9.8 m/s^2)；

v——设计速度(km/h)。

(5) 路线平面圆曲线夹直线的长度

① 正线及辅助线的圆曲线最小长度不宜小于 20 m,在困难情况下,不得小于一个车辆的全轴距。

② 两相邻曲线间的直线段,称为夹直线,正线及辅助线上两相邻曲线间的夹直线长度不应小于 20 m;车场线上的夹直线长度不得小于 3 m,即不应短于车辆转向架的轴距。

③ 地下铁路线路不宜采用复曲线是为避免增加勘测设计、施工和养护维修的困难。在困难地段,有充分技术依据时可采用复曲线。但变曲线的曲率差大于 1/2 000 时,应设置中间缓和曲线,其长度通过计算确定,但不应小于 20 m。

2. 线路纵断面设计

(1) 线路坡度

地下铁路线路因排水的需要和各站台线路的标高不同,是设有坡度的,坡度的大小用千分率表示。各段线路上的坡度主要应该满足下列要求:

① 正线的最大坡度宜采用 30‰,困难地段可采用 35‰,辅助线的最大坡度宜采用 40‰(均不包括各种坡度折减值)。正线最大坡度是线路的主要技术标准之一,它对线路的埋深、工程造价及运营都有较大的影响,因此合理地确定线路最大坡度具有很重要的意义。最大坡度是根据地下铁路机车最大起动力,考虑到载客重车,行驶在大坡道,以及列车行驶在最不利地段(坡度大,处于小半径曲线)起动的情况下作出的规定。

② 一般情况下线路的坡度与隧道排水沟的坡度是一致的。为了满足排水需要,隧道内的正线最小坡度不宜小于 3‰;困难地段,在确保排水的条件下,可采用小于 3‰的坡度。

③ 隧道内车站坡度应尽量平缓,车站站台段线路坡度宜采用 3‰,在困难条件下可设在 2‰或不大于 5‰的坡道上。但站台段线路应只设在一个坡道上,这样设计、施工均较简单,也有利于排水。

④ 根据溜车条件,车场线设在不大于 1.5‰的坡道上。

⑤ 为便于道岔的养护和维修,道岔应铺设在较缓的坡道上,规定设在不大于 5‰的坡度上,在困难条件下,可设在不大于 10‰的坡度上。

(2) 线路竖曲线半径

坡道与坡道、坡道与平道的交点处发生变坡,列车通过变坡点时会产生附加加速度,车钩应力将发生变化,为保证行车平顺与安全,当两相邻坡段的坡度代数差等于或大于 2‰时,就应设置竖曲线连接,竖曲线半径(R_r)应符合表 3-3 的规定。车站站台和道岔范围内不得设置竖曲线,竖曲线离开道岔端部的距离不应小于 5 m。

表 3-3　　竖曲线半径

线别		一般情况(m)	困难情况(m)
正线	区间	5 000	3 000
	车站端部	3 000	2 000
辅助线		2 000	
车场线		2 000	

3.3 城市隧道横断面设计

3.3.1 城市地铁隧道

1. 地铁隧道限界的分类

地铁的限界应包括:车辆限界、设备限界、建筑限界、接触轨和接触轨限界。地铁限界是按车辆在平直轨道上运行状况下的需要制定的,而在曲线段,还应考虑到车辆相对于轨道中心线的偏移量和加高量。

(1) 车辆限界

它是指车辆在运行中的横断面的极限位置,车辆任何部分都不允许超出此限界。

(2) 设备限界

它是在车辆限界的基础上,考虑轨道的轨距、水平、方向、高低等在某些地段出现最大容许误差时引起车辆的附加偏移量,以及在设计、施工、列车运行中不可预计的因素在内的安全预留量。

(3) 建筑限界

它是隧道内垂直于线路中心线的最小有效的隧道净空,所有构筑物的任何突出部分都不得侵入,所以在隧道横断面设计时,应该考虑施工和测量误差以及结构变形量等。

(4) 接触轨限界

它是设在设备限界范围内,用以控制接触轨的固定结构和防护罩的安装,以及能容纳受流器安全工作状态下所需的净空。应根据受流器的偏移、倾斜和磨耗、接触轨安装误差、轨道偏差、电间隙等因素确定。

2. 地铁隧道限界的确定

(1) 建筑限界计算

地铁建筑限界的依据是车辆限界、设备限界。设备限界是用以限制设备安装的控制线,是在车辆限界外扩大一定安全间隙后形成。车体肩部横向向外扩大 100 mm,边梁下端横向向外扩大 30 mm,接触轨横向向外扩大 185 mm,车体竖向加高 60 mm,受电弓竖向加高 50 mm,车下悬挂物下降 50 mm。转向架部件最低点设备限界离轨顶面净距:A 型车为 25 mm,B 型车为 15 mm。

建筑限界是在设备限界基础上,考虑了设备和管线安装尺寸后的最小有效断面,即在宽度方向上设备和设备限界之间应留出 20~50 mm 的安全间隙;当建筑限界侧面和顶面没有设备或管线时,则建筑限界和设备限界之间的间隙不宜小于 200 mm,在困难条件下不小于 100 mm。

(2) 制定限界的基本参数

① 车辆基本参数。在制定隧道基本限界时,首先根据车辆信息确定车辆限界、设备限界。表 3-4 给出了目前我国地铁车辆的基本参数。

② 限界基本参数的选取。

A. 接触导线距轨顶面安装高度:隧道内,4 040 mm;高架和地面线地段,最小为 4 400

mm;车辆段车场线,5 000 mm。

表 3-4 车辆参数 (mm)

车型参数	A 型	B 型		
		B1 型		B2 型
		上部受流	下部受流	
计算车辆长度	22 100	19 000		
车辆最大宽度	3 000	2 800		
车辆高度	3 800	3 800		
车辆定距	15 700	12 600		
转向架固定轴距	2 500	2 300(2 200)		
地板面距走行轨面高度	1 130	1 100		
受电弓落弓高度	3 810	—		3 810
受电弓最大工作高度	5 410			5 410
受流器端部距车体横向中心距离		1 473	—	—
受流器中心距走行轨顶面工作高度	—	140	—	—

B. 正线平面曲线最小半径:A 型车 300 m;B 型车 250 m。

C. 轨道超高:最大超高值 120 mm。超高设置方法:第一种,内轨降低半超高,外轨抬高半超高;第二种,外轨抬高一个超高。

3.3.2 城市公路隧道

如图 3-12 所示,公路隧道的建筑限界包括车道、路肩、路练带、人行道等的宽度,以及车道、人行道的净高。公路隧道的净空除包括公路建筑限界以外,还包括通风管道、照明设备、防灾设备、监控设备、运行管理设备等附属设备所需要的空间以及富余量和施工允许误差等,如图 3-13 所示。

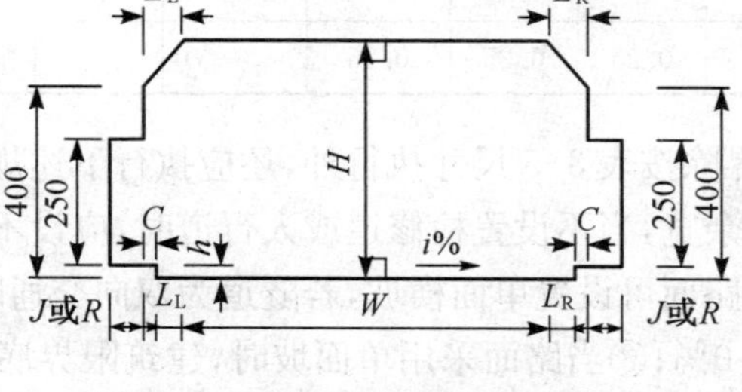

图 3-12 公路隧道界限(单位:cm)

H—建筑限界高度;W—行车道宽度;L_L—左侧向宽度;
L_R—右侧向宽度;C—余宽;J—检修道宽度;R—人行道宽度;
h—检修道或人行道的高度;E_L—建筑限界左顶角宽度,$E_L=L_L$;
E_R—建筑限界右顶角宽度,当 $L_R \leqslant 1$ m 时,$E_R=L_R$,当 $L_R>1$ m 时,$E_R=1$ m

公路隧道设计规范规定的建筑限界高度:高速公路、一级公路、二级公路取 5.0 m,三、四级公路取 4.5 m。各级公路隧道建筑限界基本宽度应按表 3-5 执行。

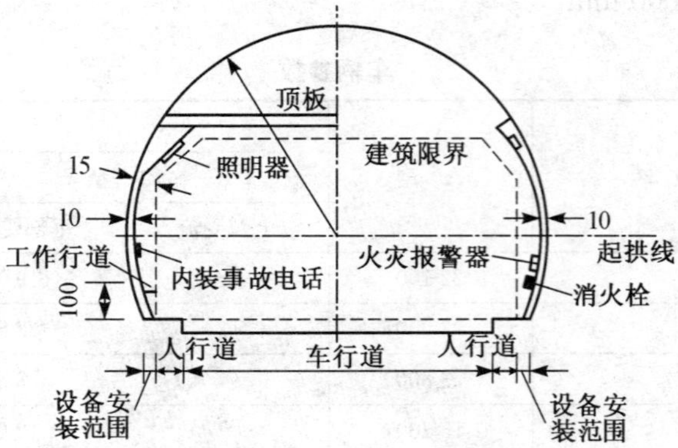

图 3-13　公路隧道横断面(单位:cm)

表 3-5　　公路隧道建筑限界横断面组成最小宽度　　(m)

公路等级	设计速度(km/h)	车道宽度 W	侧向宽度 L		余宽	人行道宽度 R	检修道宽度 J		隧道建筑限界净宽		
			左侧	右侧			左侧	右侧	设检修道	设人行道	不设检修道、人行道
高速公路 一级公路	120	3.75×2	0.75	1.25			0.75	0.75	11.00		
	100	3.75×2	0.50	1.00			0.75	0.75	10.50		
	80	3.75×2	0.50	0.75			0.75	0.75	10.25		
	60	3.50×2	0.50	0.75			0.75	0.75	9.75		
二级公路 三级公路 四级公路	80	3.75×2	0.75	0.75		1.00				11.00	
	60	3.50×2	0.50	0.50		1.00				10.00	
	40	3.50×2	0.25	0.25		0.75				9.00	
	30	3.25×2	0.25	0.25	0.25						7.50
	20	3.00×2	0.25	0.25	0.25						7.00

公路隧道的基本限界除按表 3-5 尺寸执行外,还应执行下述规定:①若在隧道内设置检修道或人行道时,可不设余宽,当不设置检修道或人行道时,应设不小于 25 cm 的余宽;②当隧道为单行交通时,隧道路面可设置单面横坡,若隧道为双向交通时,可采取双面坡,横向坡度大小一般为 1.5%~2.0%;③当路面采用单面坡时,建筑限界底边线与路面重合,当采用双面坡时,建筑限界底边线应水平置于路面最高处。

对于长或特长隧道,应在行车方向的右侧设置紧急停车带。双向行车隧道,其紧急停车带应双侧交错设置。紧急停车带的宽度,包含右侧向宽度应取 3.5 m,长度应取 40 m,其中有效长度不小于 30 m。紧急停车带的设置间距不宜大于 750 m。停车带的路面横坡,对长隧道可取水平,对特长隧道可取 0.5%~1%或水平。紧急停车带的建筑限界构成如图 3-14 所示。

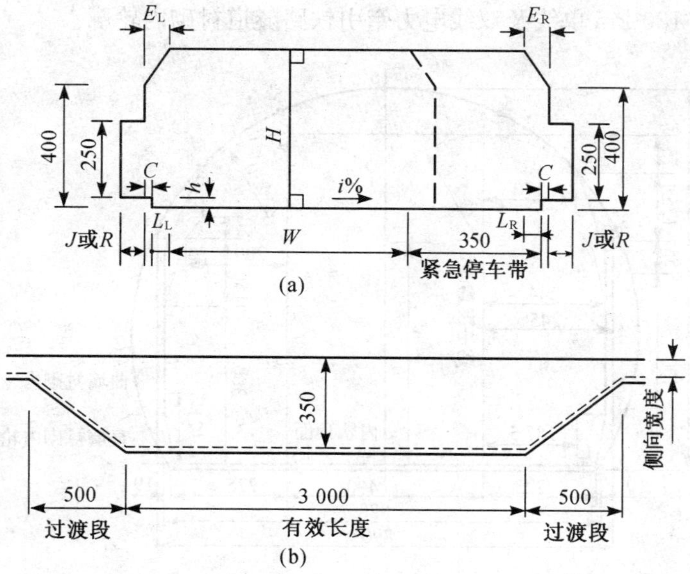

图 3-14　紧急停车带限界尺寸(单位:cm)

3.3.3　城市铁路隧道

1. 直线隧道净空断面的确定

隧道净空是指隧道衬砌的内轮廓线所包围的空间。铁路隧道净空是根据"隧道建筑限界"确定的,而"隧道建筑限界"是根据"基本建筑限界"制定的,"基本建筑限界"又是根据"机车车辆限界"制定的。

(1) 机车车辆限界

它是指机车车辆外轮廓的限界尺寸。要求所有在线路上行驶的机车车辆停在平坡直线时,沿车体所有部分都必须容纳在此限界范围内,不得超越。

(2) 基本建筑限界

它是指线路上各种建筑物和设备均不得侵入的轮廓线,它的用途是保证机车车辆的安全运行及建筑物和设备不受损害。

(3) 隧道建筑限界

它是指包围"基本建筑限界"外部的轮廓线,即要比"基本建筑限界"大一些,留出少许空间,用于安装通讯信号、照明、电力等设备。

(4) 直线隧道净空

"直线隧道净空"要比"隧道建筑限界"稍大一些,除了满足限界要求外,考虑避让救援通道,还考虑了在不同的围岩压力作用下,衬砌结构的合理受力形状(拱部采用三心圆,边墙采用直墙式或曲墙式)以及施工方便等因素。图 3-15 及图

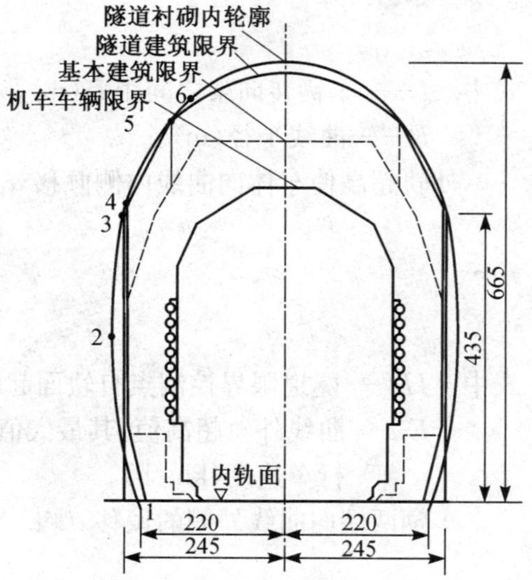

图 3-15　单线铁路隧道内轮廓断面图(单位:cm)

3-16分别为时速 120 km 单线及双线电力牵引铁路隧道衬砌内轮廓。

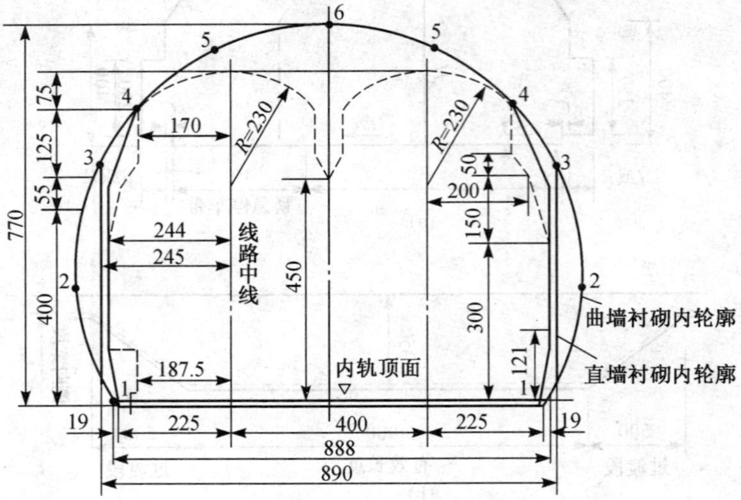

图 3-16 双线铁路隧道内轮廓断面图(单位:cm)

2. 隧道净空曲线加宽

(1) 加宽原因

① 车辆通过曲线时,转向架中心点沿线路运行,而车辆本身却不能随线路弯曲,仍保持其矩形形状,导致其两端向曲线外侧偏移($d_{外}$),中间向曲线内侧偏移($d_{内1}$)。

② 由于曲线外轨超高,车辆向曲线内侧倾斜,使车辆限界上的控制点在水平方向上向内移动了一个距离 $d_{内2}$。

(2) 加宽值计算

① 单线铁路隧道曲线加宽值计算。车辆中间部分向曲线内侧的偏移 $d_{内1}$:

$$d_{内1} = \frac{l^2}{8R} \tag{3-6}$$

式中 l——车辆转向架之间距离(m);

R——曲线半径(m)。

外轨超高使车体向曲线内侧倾移 $d_{内2}$:

$$d_{内2} = \frac{H}{150}E \tag{3-7}$$

式中 H——隧道限界控制点自轨面起的高度(m);

E——曲线外轨超高值,其最大值不超过 15 cm,且 $E = 0.75v^2/R$,其中 v 为铁路远期行车速度(km/h)。

车辆两端向曲线外侧的偏移 $d_{外}$:

$$d_{外} = \frac{L^2 - l^2}{8R} \tag{3-8}$$

式中 L——车辆标准长度(m)。

② 双线铁路隧道曲线加宽值计算。双线曲线隧道的内侧加宽值 $d_{内1}+d_{内2}$ 及外侧加宽值 $d_{外}$ 与单线隧道加宽值的计算相同，还需要考虑内外侧线路中线间的加宽值 $d_{中}$，可按下述方法计算。

当外侧线路的外轨超高大于内侧线路的外轨超高时：

$$d_{中}=\frac{l^2}{8R}+\frac{L^2-l^2}{8R}+\frac{H'}{150}\times\frac{E'}{2}=\frac{L^2}{8R}+\frac{H'}{150}\times\frac{E'}{2} \tag{3-9}$$

式中 H'——车辆外侧顶角距内轨顶面的高度，取 360 cm；

E'——外侧线路的外轨超高值(cm)。

其他情况时，可按下式计算：

$$d_{中}=\frac{L^2}{8R} \tag{3-10}$$

第 4 章　城市隧道结构设计

城市隧道的修建方法决定了其隧道结构形式，也就决定了其结构设计计算模型、方法的不同。隧道结构设计长期处于经验设计阶段，随着岩石力学、计算技术等相关学科的发展，隧道计算模型越来越符合实际情况，计算结果也愈加符合工程实际，并可逐步提高计算结果的可信度。本章首先阐述了城市隧道结构与构造以及围岩压力；然后，分盾构法、矿山法、明挖法和沉管法分别阐述了城市隧道的结构设计计算；最后，介绍了城市隧道防排水设计。

4.1　城市隧道结构与构造

4.1.1　矿山法隧道结构与构造

隧道开挖后，隧道周围岩土层原有的平衡状态遭到破坏，为了保持围岩的稳定性，一般需要修建支护结构，即衬砌。采用矿山法(包括传统矿山法和新奥法)修建的交通隧道，其衬砌主要类型有整体式衬砌、喷锚衬砌和复合式衬砌三种。

1. 整体式衬砌

整体式衬砌是在坑道内架立拱架、模板，用常规方法灌浇混凝土而成，也称模筑混凝土衬砌。它是地下工程中长期使用的传统类型，施工工艺成熟，结构成型好，能适应各种岩体条件及相应开挖方法，筑成的衬砌外表面平整，利于洞内通风，并给人以舒适感。

依据不同的地质条件或不同的围岩类别，其形式有直墙式和曲墙式两种。

直墙式衬砌一般适用于地质条件较好，以垂直围岩压力为主、无侧压力或侧压力较小的情况，主要适用于Ⅰ、Ⅱ类围岩地段，有时也可用于Ⅲ类围岩。直墙式衬砌由上部拱圈、两侧竖直边墙和下部铺底三部分组成，如图 4-1 所示。

曲墙式衬砌适用于地质条件差、有较大水平围岩压力的情况，主要适用于Ⅳ级及以上的围岩。曲墙式衬砌由上部拱圈、两侧曲边墙和下部仰拱(或底板)三部分组成，如图 4-2 所示。

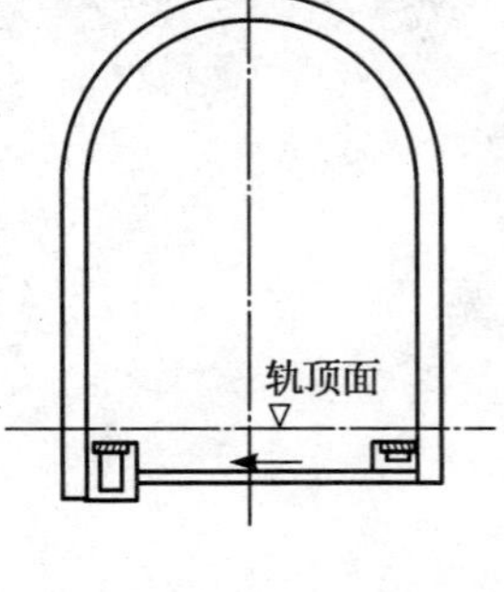

图 4-1　隧道直墙式衬砌

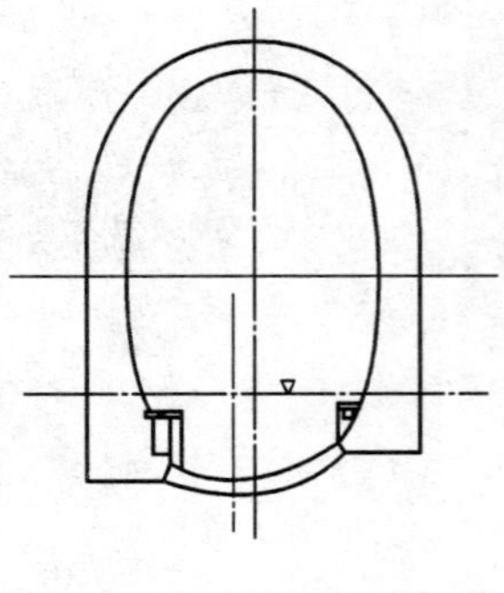
图 4-2　隧道曲墙式衬砌

2. 喷锚衬砌

喷锚衬砌是目前隧道工程中常用的围岩支护手段，它既可作为隧道的临时支护，又可作为隧道的永久结构。它是一种加固围岩、抑制围岩变形、积极利用围岩自承能力的衬砌形式，具有支护及时、柔性、密贴等特点，在受力条件上比模筑衬砌优越，对加快施工进度、节约劳动力和原材料、降低工程成本等效果显著，可广泛应用于城市隧道工程中。

(1) 喷锚衬砌组成与类型

喷锚衬砌由喷射混凝土和锚杆组成，可以和钢筋网、钢支撑组成联合支护，也可以在喷射混凝土中掺加钢纤维或聚酯纤维。

常用的喷锚衬砌类型有喷射混凝土、锚杆喷射混凝土、锚杆钢筋网喷射混凝土、喷钢纤维混凝土等衬砌类型，以及上述几种类型加钢支撑组成的联合支护结构。

(2) 设计参数

《铁路隧道设计规范》(TB1003—2005，J449—2005)建议使用的喷锚衬砌设计参数如表 4-1 所示。

表 4-1 **喷锚衬砌设计参数**

围岩级别	单线隧道	双线隧道
Ⅰ	喷射混凝土厚度 5 cm	喷射混凝土厚度 8 cm，必要时设置锚杆，长 1.5～2.0 m，间距 1.2～1.5 m
Ⅱ	喷射混凝土厚度 8 cm，必要时设置锚杆，长 1.5～2.0 m，间距 1.2～1.5 m	喷射混凝土厚度 10 cm，锚杆长 2.0～2.5 m，间距 1.0～1.2 m，必要时设置局部钢筋网

注：1. 边墙喷射混凝土厚度可略低于表列数值，如边墙围岩稳定，可不设置锚杆和钢筋网。
2. 钢筋网的网格间距宜为 15～30 cm，钢筋网保护层厚度不应小于 2 cm。

(3) 预留变形

为了确保衬砌不侵入隧道建筑限界，喷锚衬砌内轮廓除考虑按整体式衬砌内轮廓要求放大外，尚应预留 10 cm，作为补强之用。喷锚衬砌是柔性结构，厚度较薄，并与围岩共同作用；设计时考虑到后期可能会对喷锚衬砌进行加固，预防内轮廓尺寸不够，因此要预留一定空间。

(4) 适用范围

鉴于有水时不利于喷层与围岩的紧密黏结，难以充分发挥喷射混凝土的应有作用，甚至给喷射混凝土带来不利影响，因此，在以下地段不宜采用喷锚衬砌：地下水发育或大面积淋水地段；能造成衬砌腐蚀及膨胀性岩层地段；开挖后易风化潮解、亲水性很强、遇水易泥化、软化等岩性较软弱地段；严寒和寒冷地区冻害地段。

3. 复合式衬砌

(1) 复合式衬砌组成

复合式衬砌是一种新型隧道衬砌形式，它不同于单层厚度的模筑混凝土衬砌，通常由内、外两层衬砌和中间防水层组合而成。

外层衬砌又称为初期支护，其作用是加固围岩，控制围岩变形，防止围岩松动失稳，是衬砌结构中的主要承载单元；一般应在开挖后立即施作，并应与围岩密贴。根据实际情况，初期支护可选用锚杆、喷混凝土、钢筋网和钢支撑等单一或并用而成。

内层衬砌又称为二次衬砌，通常在初期支护变形稳定后施作，因此，它的作用主要是提供安全储备，并承受静水压力，以及因围岩蠕变或围岩性质恶化和初期支护腐蚀后所引起的后续荷载，并提供光滑的通风表面。故一般采用模注混凝土，也可采用喷射混凝土。

防水层铺设在初期支护与二次衬砌之间，防水层材料一般选用抗渗性能好、化学性能稳定、耐久性好，并有足够的柔性、延伸性和抗拉、抗剪性能的塑料或橡胶制品。图 4-3 是单线铁路隧道复合式衬砌断面。

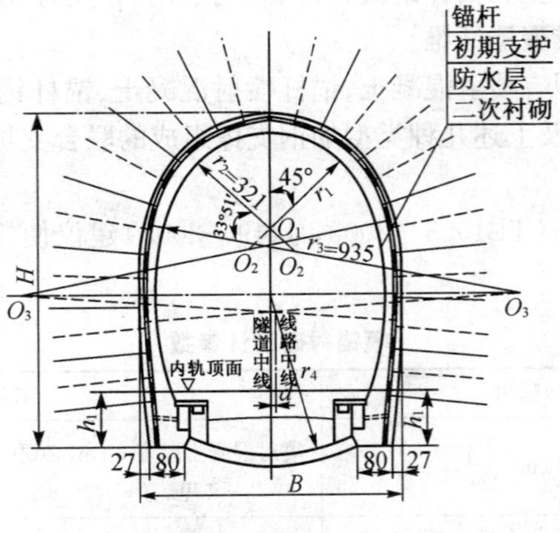

图 4-3 单线铁路隧道复合式衬砌示意图

(2) 复合式衬砌特点

复合式衬砌兼有喷锚衬砌和整体式衬砌两者的优点，是较理想的衬砌类型。它能充分发挥围岩的自承能力，调整衬砌受力状态，充分利用衬砌材料的抗压强度，从而提高衬砌的承载力。

铁路隧道应用复合式衬砌始于 20 世纪七八十年代修建大瑶山隧道时，目前在客运专线、高速铁路和高速公路隧道建设中已普遍应用。

(3) 复合式衬砌设计参数

隧道规范对铁路单、双线隧道复合式衬砌的设计参数建议如表 4-2 和表 4-3 所示。

表 4-2　　单线隧道复合式衬砌的设计参数

围岩级别	初期支护						二次衬砌厚度(cm)	
	喷射混凝土厚度(cm)		锚杆			钢筋网	钢架	拱、墙	仰拱
	拱、墙	仰拱	位置	长度(m)	间距(m)				
Ⅱ	5	—	—	—	—	—	—	25	—
Ⅲ	7	—	局部设置	2.0	1.2～1.5	—	—	25	—
Ⅳ	10	—	拱、墙	2.0～2.5	1.0～1.2	必要时设置 @25×25	—	30	40
Ⅴ	15～22	15～22	拱、墙	2.5～3.0	0.8～1.0	拱、墙、仰拱 @20×20	必要时设置	35	40
Ⅵ	通过试验确定								

表 4-3　双线隧道复合式衬砌的设计参数

围岩级别	初期支护							二次衬砌厚度(cm)	
	喷射混凝土厚度(cm)		锚杆			钢筋网	钢架	拱、墙	仰拱
	拱、墙	仰拱	位置	长度(m)	间距(m)				
Ⅱ	5～8	—	局部设置	2.0～2.5	1.5	—		30	
Ⅲ	8～10	—	拱、墙	2.0～2.5	1.2～1.5	必要时设置@25×25	—	35	45
Ⅳ	15～22	15～22	拱、墙	2.5～3.0	1.0～1.2	必要时设置@25×25	必要时设置	40	45
Ⅴ	20～25	20～25	拱、墙	3.0～3.5	0.8～1.0	拱、墙、仰拱@20×20	拱、墙、仰拱	45	45
Ⅵ	通过试验确定								

注：1. 采用钢架时，宜选用格栅钢架，刚架设置间距宜为 0.5～1.5 m。
2. 对于Ⅳ、Ⅴ级围岩，可视情况采用钢筋束支护，喷射混凝土厚度可取小值。
3. 钢架与围岩之间的喷射混凝土保护层厚度不应小于 4 cm；临空一侧的混凝土保护层厚度不应小于 3 cm。

影响二次衬砌受力状态的因素很多，除围岩级别、地下水状态、隧道埋置深度外，还有初期支护的刚度及其施作时间等，故设计二次衬砌时，应综合考虑各种因素的影响，以达到安全、经济的目的。目前，二次衬砌设计多采用工程类比法。二次衬砌一般受力比较均匀，为防止应力集中，宜采用连接圆顺、等厚的马蹄形断面。

(4) 预留变形

隧道开挖后，周边变形量随围岩条件、隧道宽度、埋置深度、施工方法和支护(一般指初期支护)刚度等影响而有所不同。一般Ⅰ、Ⅱ级围岩变形量小，并且多有超挖，所以可不预留变形量；而Ⅲ、Ⅳ级围岩则有不同程度的变形量，特别是软弱围岩(含浅埋隧道)时的情况较复杂，要确定标准预留变形量是困难的，必须通过现场监控测量，得出结果后加以分析才能设定。因此规定采用工程类比法确定；当无类比资料时，可按规范中表 4-4 先设定预留变形量，再在施工过程中通过量测予以修正。

表 4-4　预留变形量　(mm)

围岩级别	单线隧道	双线隧道
Ⅱ	—	10～30
Ⅲ	10～30	30～50
Ⅳ	30～50	50～80
Ⅴ	50～80	80～120
Ⅵ	由设计确定	由设计确定

注：1. 深埋、软岩隧道取大值；浅埋、硬岩隧道取小值。
2. 有明显流变、原岩应力较大和膨胀性围岩，应根据量测数据反馈分析确定。

4.1.2 浅埋暗挖法隧道结构与构造

采用浅埋暗挖法修建的交通隧道，其隧道结构与矿山法类似，一般包括超前支护、初期支护、防水层和二次衬砌四部分，如图 4-4 所示。

超前支护的作用是稳定开挖面土体、提高开挖面土体的自立性和稳定性。稳定地层的主要手段一般是用管棚或注浆小导管预加固隧道拱部及其周边地层。

初期支护的作用是加固围岩，控制围岩变形，防止围岩松动失稳，一般在开挖后立即施作，并应与围岩密贴。所以，最适宜采用喷锚支护，根据具体情况，选用锚杆、喷射混凝土、钢筋网和钢支撑等单一或并用而成。

二次衬砌和防水层的作用及常用材料同矿山法修建的隧道结构和构造。

采用浅埋暗挖法施工的城市交通隧道，一般采用拱形或马蹄形结构，其基本断面形式以单拱为多，也有双拱和多跨连拱，前者多用于单线或双线隧道，后两者多用在多车道城市公路隧道或地铁隧道的停车线、渡线、折返线或喇叭口岔线上。

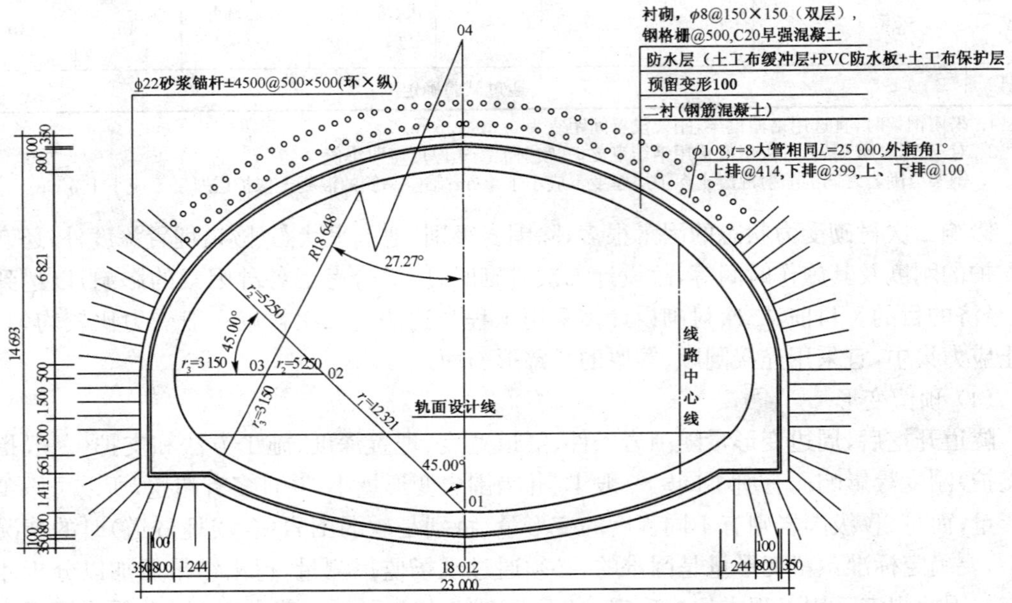

图 4-4　浅埋暗挖法修建的衬砌结构形式

4.1.3　盾构法隧道结构与构造

盾构法修建的隧道衬砌有预制装配式衬砌和挤压混凝土整体式衬砌两大类，如图 4-5 所示。

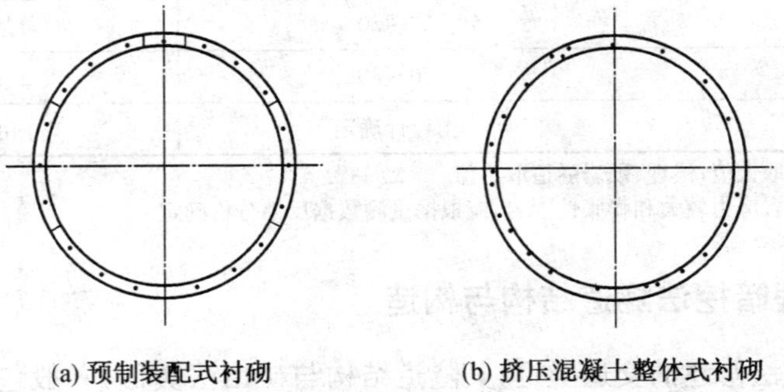

(a) 预制装配式衬砌　　(b) 挤压混凝土整体式衬砌

图 4-5　盾构法修建的衬砌结构

1. 预制装配式衬砌

预制装配式衬砌，又称管片，它是在盾构尾部拼装而成的，管片种类按材料可分为钢筋混凝土、钢、铸铁以及由几种材料组合而成的复合管片。

在城市交通隧道的特殊地段如需要开口的衬砌环或预计将承受特殊荷载的地段，一般采用钢和铸铁管片；其他地段，均采用钢筋混凝土管片。

按管片螺栓手孔成型大小，可将管片分为箱型和平板型两类。箱型管片是指因手孔较大而呈肋板型结构的管片，如图 4-6 所示，手孔较大不仅方便接头螺栓的穿入和拧紧，而且也可节省材料，使单块管片重量减轻，便于运输和拼装。但因截面削弱较多，在盾构千斤顶推力作用下容易开裂，故只有强度较大的金属管片才采用箱型结构。当然，直径和厚度较大的钢筋混凝土管片也有采用箱形结构的。

在箱型管片中纵向加劲肋是传递千斤顶推力的关键部位，一般沿衬砌环向等距离布置，加劲肋的数量应大于盾构千斤顶的台数，其形状应根据管片拼装和是否需要灌注二次衬砌的施工要求而定。

平板型管片是指因螺栓手孔较小或无手孔而呈曲板型结构的管片，见图 4-7。由于管片截面削弱少或无削弱，故对盾构千斤顶推力具有较大的抵抗力，对通风的阻力也较小。无手孔的管片也称为砌块，目前钢筋混凝土管片多采用平板型结构。

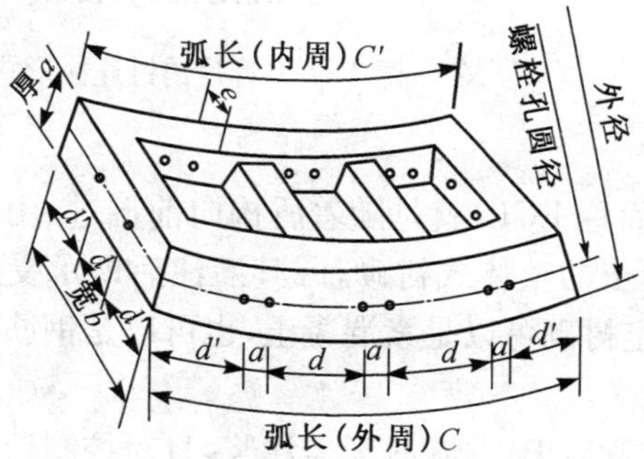

图 4-6 箱型管片

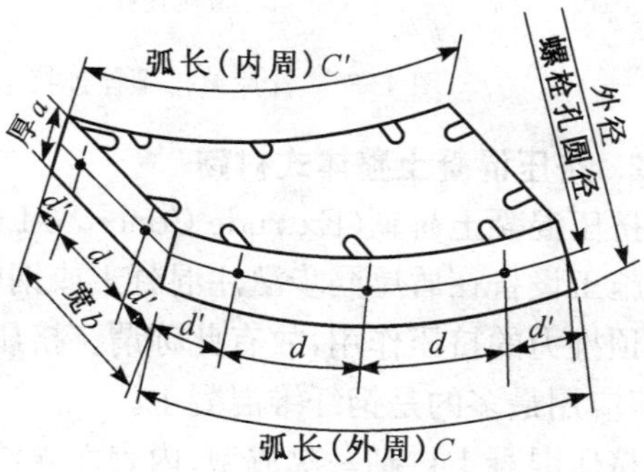

图 4-7 平板型管片

衬砌环内管片之间以及各衬砌环之间的连接方式，从其力学特性来看，可分为柔性连接和刚性连接，前者允许相邻管片间产生微小的转动和压缩，使衬砌环能按内力分布状态产生相应的变形，以改善衬砌环的受力状态。后者则通过增加连接螺栓的排数，力图在构造上使接缝处的刚度与管片本身相同。实践证明，刚性连接不仅拼装麻烦、造价高，而且会在衬砌环中产生较大的次应力，带来不良后果，因此，目前较为通用的是柔性连接，常用的有以下几种形式：

① 单排螺栓连接。按螺栓形状又可分为弯螺拴连接、直螺栓连接和斜螺栓连接三种，见图 4-8。其中弯螺栓连接多用于钢筋混凝土管片平面形接缝上，由于它所需螺栓手孔小，截面削弱少，原以为接缝刚度可以增加，能承受较大的正负弯矩，但实践表明，弯螺栓连接容易变形，且拼装麻烦，用料又多，近年来已逐渐被其他螺栓连接方式所取代。

② 销钉连接。销钉连接可用于纵向接缝，亦可用于横向接缝，如图 4-9 所示。所用的销钉可在管片预制时埋入，亦可在拼装时安装。销钉的作用除为了临时稳定管片、保证防水

密封垫的压力外，在安装管片时还能起导向作用，将相邻衬砌环连在一起。用销钉连接的管片形状简单，截面无削弱，建成的隧道内壁光滑平整，与螺栓连接相比既省力、省时，价格又低廉，连接效果也相当好。销钉是埋在衬砌内的，不能回收，故通常都是用塑料制成。

③ 无连接件。在稳定的不透水地层中，圆形衬砌的径向接缝也可不用任何连接件连接。因管片沿隧道径向呈一楔形体，外缘宽内缘窄，在外部压力作用下，管片将相互挤紧，而形成一个稳定的结构。

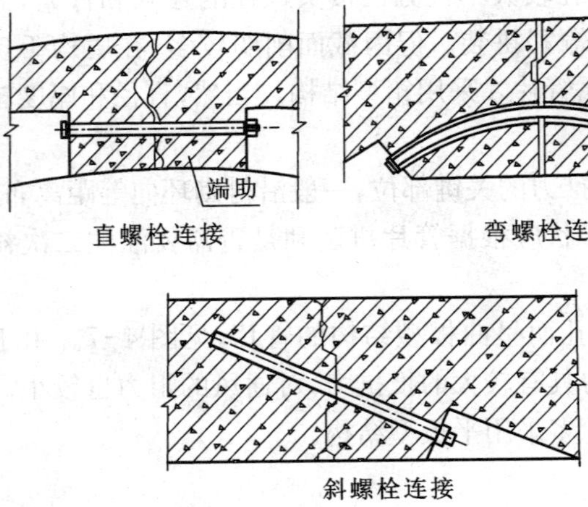

图 4-8　管片单排螺栓连接形式

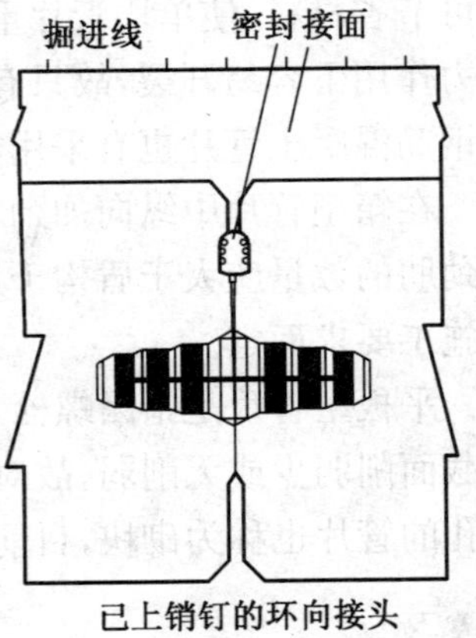

图 4-9　管片销钉连接形式

2. 挤压混凝土整体式衬砌

挤压混凝土衬砌(Extrude Concrete Lining，简称 ECL)就是随着盾构向前掘进，用一套衬砌施工设备在盾尾同步灌注混凝土或钢筋混凝土的整体式衬砌，因其灌注后即承受盾构千斤顶推力的挤压作用，故有此称谓。挤压混凝土衬砌可以是素混凝土，也可以是钢筋混凝土，但应用最多的是钢纤维混凝土。

挤压混凝土衬砌一次成型，内表面光滑，衬砌背后无空隙，故无需注浆，且对控制地层变形比较有效，但因挤压混凝土衬砌需要较多的施工设备，其中包括混凝土成型用的框模，拼拆框模的系统，混凝土配制车、泵、阀、管等组成的混凝土配送系统，而且，混凝土制备、配送，钢筋架立等工艺较为复杂，在渗漏性较大的土层中要达到防水要求尚有困难，故挤压混凝土衬砌的应用并不广泛。

4.1.4 沉管法隧道结构与构造

沉管法隧道的结构形式按断面形状分为圆形、矩形和混合形，如图 4-10 所示。一般来说，圆形断面多为钢壳形式，矩形断面多采用干坞方式制作。按断面布局方式分，有单孔式、双孔式、多孔式，矩形多孔断面如图 4-11 所示。

按制作材料分，主要有钢壳混凝土管段和钢筋混凝土管段两种。钢壳混凝土管段是钢壳与混凝土的组合结构。钢壳有单层和双层两种，单层钢壳管段的外层为钢板，内层为钢筋混凝土环；双层钢壳管段的内层为圆形钢壳，外层为多边形钢壳，内外层之间浇注抗浮压重混凝土。钢壳管段的内断面为圆形，外轮廓有圆形、八边形等多种，一般用于双车道，若需设 4 车道，则可采用双筒双圆形组合式断面。

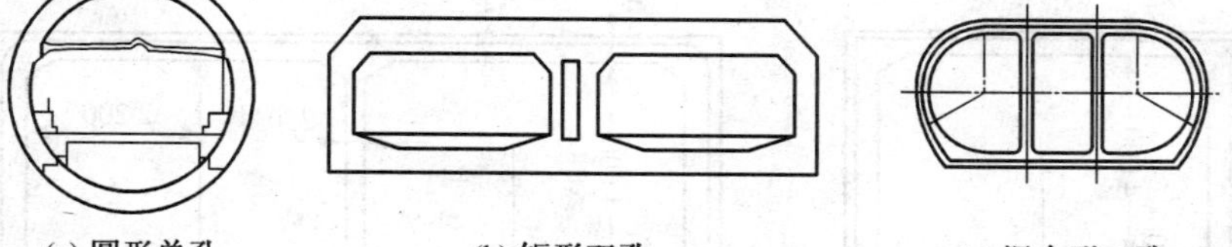

图 4-10　沉管法隧道断面形状

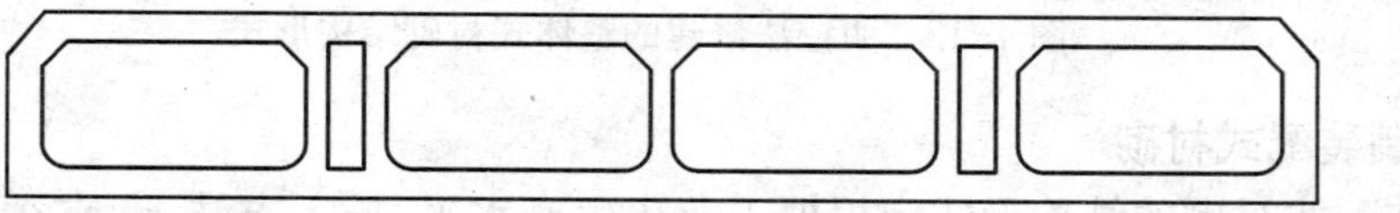

图 4-11　沉管法隧道矩形多孔断面

钢壳混凝土管段优点是：外轮廓断面为圆形或接近圆形，沉埋完毕后，荷载作用下所产生的弯矩较小；管段的底宽较小，基础处理的难度不大；管段外壳为钢板，浮运过程中不易碰损；钢壳可在造船厂的船台上制作，充分利用船厂设备，工期较短。缺点是：管段的规模较小，一般为 2 车道，内径一般不超过 10 m；圆形断面的空间利用率低，且由于车道上方必须空出一个限界之外的空间，车道的路面高程不得不相应压低，使隧道的深度增加，基槽浚挖量加大；管段耗钢量大，造价较高；钢壳存在焊接拼装的问题，防水质量难以保证；钢壳本身的防锈问题尚未妥善解决。

钢筋混凝土管段其横断面多为矩形，可同时容纳 2～8 个车道，有的还设置有维修、避险、排水设施的专用管廊。如上海外环路沉管隧道为 8 车道，设有 3 个车辆通行孔和 2 个管廊孔(设于每两个通行孔之间)。矩形管段一般比圆形管段经济，故目前国内外多采用矩形沉管。

钢筋混凝土矩形管段的优点是：隧道横断面空间利用率高，建造多车道(4～8 车道)隧道时，优势显著；车道路面最低点的高程较高，隧道的全长相应较短，所需浚挖的土方量亦较小；不用钢壳防水，节约大量钢材；利用管段自身防水的性能，能做到隧道内无渗漏水。缺点是：需要修建临时干坞，征地搬迁及施工费用高；制作管段时，对混凝土施工要求严格，且要保证干舷和抗浮安全系数；须另加混凝土防水措施。

4.1.5　明挖法隧道结构与构造

在城市交通隧道出入口地段通常采用明挖法施工；在建设场地开阔、建筑物稀少及环境条件允许的地区修建城市地铁区间隧道，也可采用明挖法施工。

明挖法修建的城市隧道结构通常采用矩形断面，一般为整体浇注或装配式结构，其优点是其内轮廓与城市交通隧道建筑限界接近，内部净空可以得到充分利用，结构受力合理，顶板上便于敷设城市地下管网和设施。

1. 整体式衬砌结构

结构断面分单跨、双跨等形式，见图 4-12。由于其整体性好，防水性能容易得到保证，故适用于各种工程地质和水文地质条件，但施工工序较多，速度较慢。

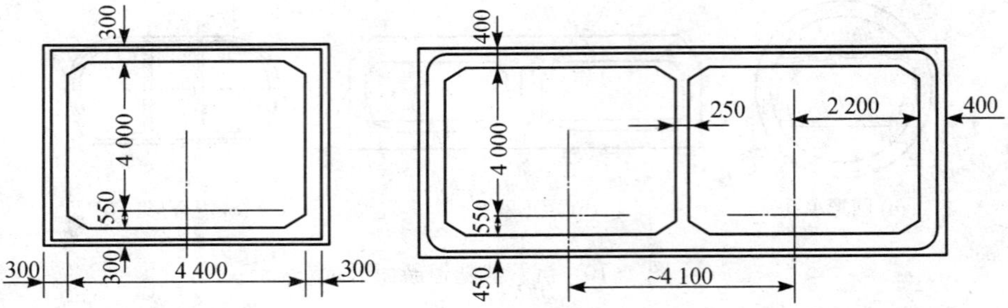

图 4-12 明挖法修建的整体式衬砌结构形式

2. 预制装配式衬砌

顶制装配式衬砌的结构形式应根据工业化生产水平、施工方法、起重运输条件、场地条件等因素进行选择，且以单跨和双跨较为通用，如图 4-13 所示。关于装配式衬砌各构件之间的接头构造，除了要考虑强度、刚度、防水性等方面的要求外，还要求构造简单、施工方便。由于装配式衬砌整体性较差，防水较困难，目前已较少采用。

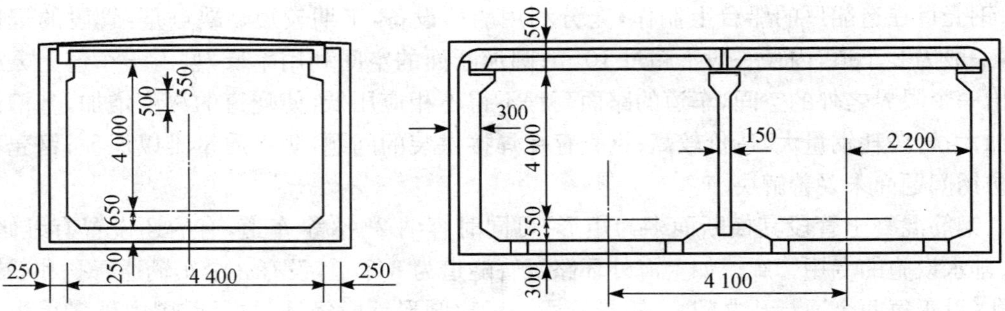

图 4-13 明挖法修建的预制装配式衬砌结构形式

4.2 围岩压力

4.2.1 围岩压力定义及分类

1. 围岩压力的定义

围岩压力是指引起地下开挖空间周围岩体和支护结构变形或破坏的作用力。它包括由地应力引起的围岩应力和围岩变形受阻而作用在支护结构上的作用力。因此，从广义角度来解释，围岩压力既包括围岩有支护的情况，也包括围岩无支护的情况；既包括作用在普通的传统支护上（如架设的支撑或施作的衬砌）所显示的力学效应，也包括在锚喷和压力灌浆等现代支护方法中所显示的力学效应。从狭义上来理解，围岩压力是指围岩作用在支护结构上的压力。工程中一般研究狭义上的围岩压力。

2. 围岩压力分类

围岩压力按作用力发生的形态，一般分为以下几种类型。

(1) 松动压力

由于隧道开挖而松动或坍塌的岩体以重力形式直接作用在支护结构上的压力称为松动压力。松动压力按作用在支护结构上力的位置不同,分为竖向压力、侧向压力和底压力。松动压力往往通过下列三种情况发生:

① 在整体稳定的岩体中,可能出现个别松动掉块的岩石;

② 在松散软弱的岩体中,坑道顶部和两侧边帮冒落;

③ 在节理发育的裂隙岩体中,围岩某些部位沿软弱面发生剪切破坏或拉坏等局部塌落。

(2) 形变压力

隧道开挖后,由于围岩变形受到与之密贴的支护结构的抑制,而使围岩与支护结构共同变形过程中,围岩对支护结构施加的接触压力称为形变压力。所以形变压力除与围岩压力状态有关外,还与支护时间和支护刚度有关。

(3) 膨胀压力

当岩体具有吸水膨胀崩解的特征时,由于围岩吸水而膨胀崩解所引起的压力称为膨胀压力。它与形变压力的基本区别在于它是因岩体吸水膨胀引起的。

(4) 冲击压力

冲击压力是指在围岩中积累了大量的弹性变形能以后,由于隧道的开挖,围岩的约束作用被解除,能量突然释放所产生的压力。

由于冲击压力涉及岩体能量的积累与释放,所以它与弹性模量直接相关。弹性模量较大的岩体,在高地应力作用下,易于积累大量弹性变形能,一旦遇到适宜的条件,它就会猛烈地大量释放。

4.2.2　影响围岩压力的因素

影响围岩压力的因素很多,通常可分为两大类。一类是地质因素,它包括初始应力状态、岩石力学性质、岩体结构状态、地下水状态等;另一类是工程因素,它包括施工方法、支护设置时间、支护刚度、坑道形状与尺寸等。

例如在隧道开挖过程中,由于受到开挖面的约束,其附近的围岩不能立即释放全部弹性位移,这种现象称为开挖面的“空间效应”。如在“空间效应”范围内(一般为 1～1.5 倍洞径)设置支护,就可减少支护前的围岩位移值。所以当采用紧跟开挖面支护的施工方法时,支护时间的迟早必然影响围岩的稳定和围岩压力值。因此,一般宜尽快地施作支护,封闭岩层。

4.2.3　围岩松动压力的形成

开挖隧道所引起的围岩松动和破坏范围有大有小,有的可达地表,有的则影响较小,对于一般裂隙岩体中的深埋隧道,其波及范围仅局限在隧道周围一定深度。所以作用在支护结构上的围岩松动压力远小于其上覆岩层自重所造成的压力。这可以用围岩的“成拱作用”来解释。下面以水平岩层中开挖一个矩形坑道,来说明坑道开挖后围岩由形变到坍塌成拱的整个变形过程,如图 4-14 所示。

① 隧道开挖后,在围岩应力重分布过程中,顶板开始沉陷,并出现拉断裂纹[图 4-14(a)],可视为变形阶段;

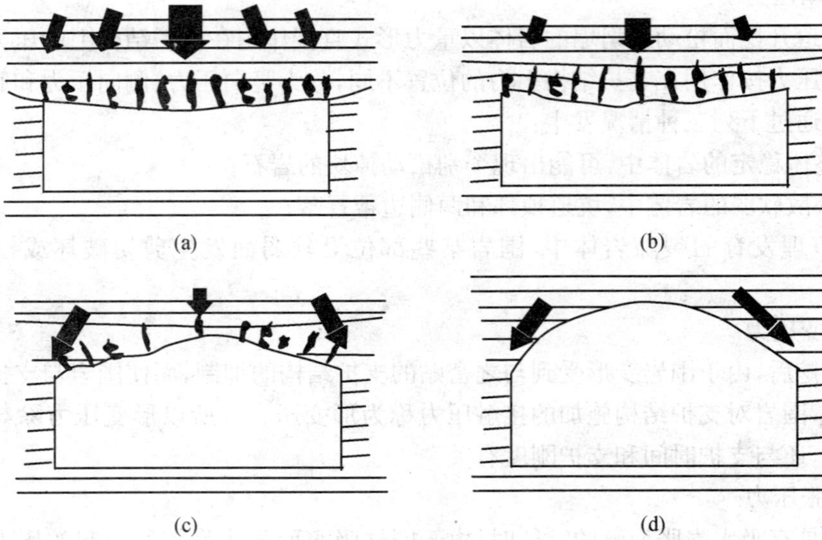

图 4-14　松动压力的形成过程

② 顶板的裂纹继续发展并且张开，由于结构面切割等原因，逐渐转变为松动[图 4-14(b)]，可视为松动阶段；

③ 顶板岩体视其强度的不同而逐步塌落[图 4-14(c)]，可视为塌落阶段；

④ 顶板塌落停止，达到新的平衡，此时其界面形成一近似的拱形[图 4-14(d)]，可视为成拱阶段。

工程实践证明，自然拱范围的大小除了受上述的围岩地质条件、支护结构施作时间、刚度以及它与围岩的接触状态等因素影响外，还取决于以下诸因素：

① 隧道断面形状和尺寸。隧道拱圈越平坦，跨度越大，则自然拱越高，围岩松动压力也越大。

② 隧道埋深。实践证明，只有当隧道埋深超过某一临界值时，才有可能形成自然拱。习惯上，将这种隧道称为深埋隧道，否则称为浅埋隧道。由于浅埋隧道不能形成自然拱，所以，它的围岩压力的大小与埋置深度直接相关。

③ 施工因素。如爆破的影响，爆破所产生的震动常常是引起塌方的重要原因之一，造成围岩压力过大。如分部开挖多次扰动围岩，也会引起围岩失稳，加大自然拱范围。

4.2.4　围岩松动压力的确定方法

围岩松动压力的确定方法有：现场实地量测法、理论公式计算法和统计法。应该说，实地量测法是今后的努力方向，但从量测手段和技术水平来看，量测结果尚不能充分反映真实情况。理论计算法则由于围岩地质条件的千变万化，所用计算参数难以准确取值，目前也还没有一种能综合考虑各种客观实际情况的统一理论。在大量施工塌方事件统计基础上建立起来的统计方法，在一定程度上能反映围岩压力的真实情况。目前，采用几种方法相互验证参照取值是确定围岩压力比较通用的方法。

1. 深埋隧道围岩松动压力的确定方法

当隧道的埋置深度超过一定限值后，由于围岩有“成拱作用”，其松动压力仅是隧道周边某一破坏范围（自然拱）内岩体的重量，而与隧道埋置深度无关。因此，解决这一破坏范围的大小就成为问题的关键。

(1) 统计法——我国《铁路隧道设计规范》所推荐的方法

确定围岩松动压力的关键是找出其破坏范围的规律性，而这种规律性只有通过大量的工程实践中实际破坏性态的统计分析才能发现。

围岩破坏的直接表现形式是在施工中产生塌方。因此，根据大量隧道塌方资料的统计分析，可以找出隧道围岩破坏范围形状和大小的规律性，从而得出计算围岩松动压力的统计公式。由于所统计的塌方资料有限，加上资料的相对可靠性，所以这种统计公式也只能在一定程度上反映围岩松动压力的真实情况。我国现行《铁路隧道设计规范》中推荐的计算围岩垂直均布松动压力 q 的公式，就是根据塌方资料的统计分析（如表 4-5 所示），再进行拟合分析得到的。

表 4-5　　围岩六级分类分析塌方值

规范名称	分类（级）名称	各分类级别下的塌方高度(m)					
		Ⅰ	Ⅱ	Ⅲ	Ⅳ	Ⅴ	Ⅵ
TB 10003—2001 TB 10003—99 1 046 个样本	塌方高度统计标准值	0.58	1.59	2.68	3.98	8.53	11.36
	回归公式计算标准值	0.73	1.31	2.34	4.19	7.49	13.39
TBJ3—85 417 样本	塌方高度值	0.45	0.90	1.80	3.60	7.20	14.40
	回归计算标准值	0.6	1.2	2.3	4.7	10.0	19.0
	原围岩类别	Ⅵ	Ⅴ	Ⅳ	Ⅲ	Ⅱ	Ⅰ

注：统计资料为单线铁路隧道，开挖跨度在 5.0～8.2 m 范围内变化。

① 垂直均布压力。单线隧道按概率极限状态设计时垂直压力公式为：

$$q = \gamma \times h_q = 0.41 \times 1.79^S \times \gamma \tag{4-1}$$

单线、双线及多线隧道按破损阶段设计时垂直压力公式为：

$$q = \gamma \times h_q = 0.45 \times 2^{S-1} \times \gamma w \tag{4-2}$$

式中 h_q——等效荷载高度值(m)；

S——围岩级别，如Ⅳ级围岩，则 $S = 4$；

γ——围岩的重度(kN/m^3)；

w——宽度影响系数，$w=1+i(B-5)$；

B——坑道宽度(m)；

i——以 $B=5$ m 为基准，B 每增加 1 m 时，围岩压力的增减率，当 $B<5$ m 时取 $i=0.2$，$B>5$ m 时取 $i=0.1$。

式(4-1)及式(4-2)的适用条件为：

A. $H/B<1.7$（H 为坑道的高度）；

B. 深埋隧道；

C. 不产生显著的偏压力及膨胀压力的一般围岩；

D. 采用钻爆法施工的隧道。

② 水平均布压力。隧道开挖在产生垂直压力的同时，侧向也会产生水平压力，围岩水平分布的松动压力 e，按表 4-6 中的经验公式计算（一般取平均值），其适用条件同式(4-1)及式(4-2)。

表 4-6　　围岩水平均布压力

围岩级别	Ⅰ—Ⅱ	Ⅲ	Ⅳ	Ⅴ	Ⅵ
水平匀布压力	0	$<0.15q$	$(0.15\sim0.3)q$	$(0.3\sim0.5)q$	$(0.5\sim1.0)q$

③ 围岩压力分布特征。实际计算中，除了要确定围岩压力大小外，还要考虑围岩压力的分布状态。我国隧道垂直围岩压力的一些量测结果表明：作用在支护结构上的荷载是很不均匀的。这是因为在Ⅰ级及Ⅱ级围岩中，局部塌方是主要的，而在其他级别的围岩中，岩体破坏范围的大小和形状，受岩体结构、施工方法等因素的影响极不规则。根据统计资料，围岩垂直松动压力的分布图大概分为 6 种，如图 4-15 所示，用等效荷载，即非均布压力的总和应与均布压力的总和相等的方法来确定各荷载图形的高度值。另外，还应考虑围岩水平松动压力非均匀分布情况。

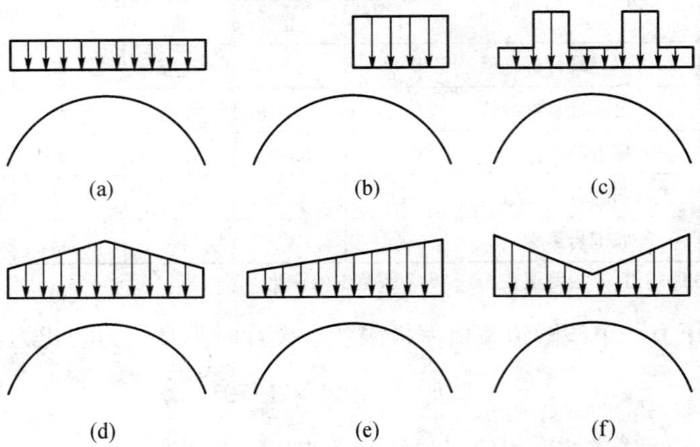

图 4-15　围岩垂直松动压力分布图式

需要说明的是，上述压力分布图形只概括了一般情况，当地质、地形或其他原因可能产生特殊荷载时，围岩松动压力和分布应根据实测情况分析确定。

(2) 普氏理论

普洛托季雅克诺夫认为，所有的岩体都不同程度被节理、裂隙所切割，因此可视为散粒体。但岩体又不同于一般的散粒体，其结构面上存在着不同程度的黏结力。基于这种认识，普氏提出了岩体的坚固性系数（又称似摩擦系数）的概念。

岩体的抗剪强度 $\tau=\sigma\tan\varphi+c$，现将岩体视为散粒体，但又要保证其抗剪强度不变，则 $\tau=\sigma\cdot f$，即：

$$f=\tau/\sigma=(\sigma\cdot\tan\varphi+c)/\sigma=\tan\varphi+c/\sigma=\tan\varphi_0 \tag{4-3}$$

式中　φ，φ_0——岩体的内摩擦角和似摩擦角；

τ，σ——岩体的抗剪强度和剪切破坏时的正应力；

c——岩体的黏结力。

由此可见，岩体的坚固性系数 f 是一个表征岩体特性（如强度、抗钻性、抗爆性、构造、地下水等）的综合指标。

为了确定围岩的松动压力，普氏进一步提出了基于“自然拱”概念的计算方法。他认为在具有一定黏结力的松散介质中开挖坑道后，其上方会形成一个抛物线形的自然拱，作用在支护结构上的围岩压力就是自然拱内松散岩体的重力。而自然拱的形状和尺寸（即它的高度 h 和跨度 B）与岩体的坚固性系数 f 有关。具体表达式为：

$$h = b/f \tag{4-4}$$

式中　h——自然拱的高度；

b——自然拱的半跨度，即 $b = B/2$。

在坚硬的岩体中，坑道侧壁较稳定，自然拱的跨度等于坑道的跨度，即：$B = B_t$，如图 4-16(a) 所示。在松散和破碎的岩体中，坑道的侧壁受到扰动而产生滑移，自然拱的跨度也相应加大，如图 4-16(b) 所示，此时的自然拱跨度 B 值为：

$$B = B_t + 2H_t \tan\left(45° - \frac{\varphi_0}{2}\right) \tag{4-5}$$

式中　B_t——坑道的净跨度；

H_t——坑道的净高度；

φ_0——岩体的似摩擦角，$\varphi_0 = \arctan f$。

围岩垂直均布松动压力为：

$$q = \gamma h \tag{4-6}$$

围岩水平均布松动压力可按朗金公式计算，即：

$$e = \left(q + \frac{1}{2}\gamma \cdot H_t\right)\tan^2\left(45° - \frac{\varphi_0}{2}\right) \tag{4-7}$$

按普氏理论计算的软质围岩松动压力，与实际情况相比偏小，对坚硬围岩则偏大，一般在松散、破碎围岩中较为适用。

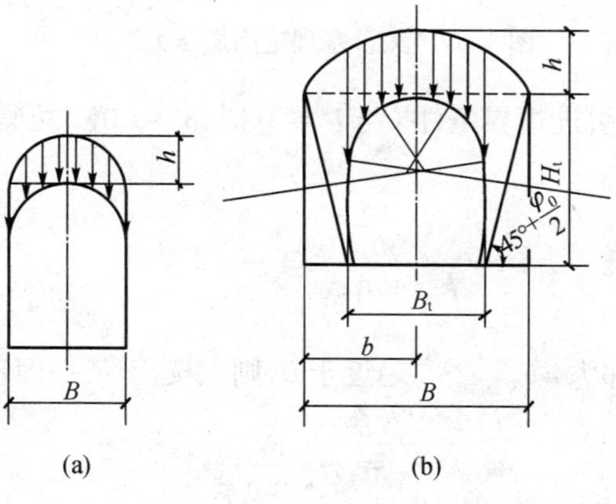

图 4-16　普氏理论自然拱计算图式

(3) 太沙基理论

太沙基也将岩体视为散粒体，并认为坑道开挖后，其上方的岩体因坑道的变形而下沉，并产生如图 4-17 所示的错动面 OAB。假定作用在任何水平面上的竖向压应力 σ_v 是均匀的，相应的水平力 $\sigma_h = k\sigma_v$（k 为侧压力系数）。在地面深度为 h 处取出一厚度为 dh 的水平条带单元体。考虑其平衡条件 $\sum V = 0$，得出：

$$2b(\sigma_v + d\sigma_v) - 2b\sigma_v + 2k\sigma_v \tan\varphi_0 \, dh - 2b\gamma \, dh = 0 \tag{4-8}$$

展开后，得到：

$$\frac{d\sigma_v}{\gamma - \frac{k\sigma_v \tan\varphi_0}{b}} - dh = 0 \tag{4-9}$$

式 4-9 中，b 为坑道洞顶松动宽度之半，$b = \frac{B_t}{2} + H_t \tan\left(45° - \frac{\varphi_0}{2}\right)$；$\varphi_0$ 为岩体的似摩擦角。

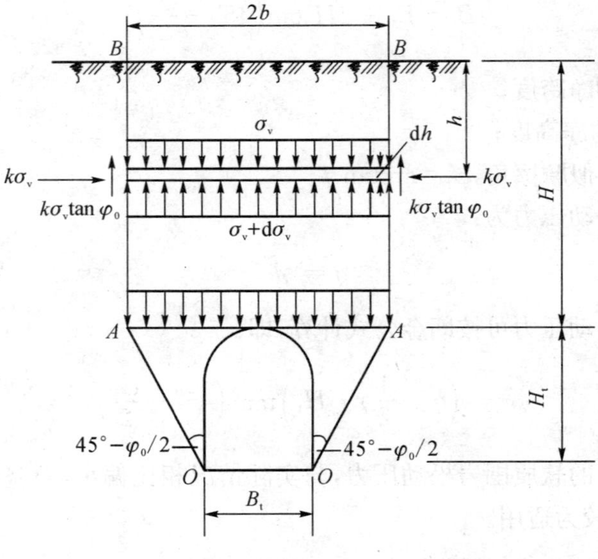

图 4-17　太沙基理论围岩压力图式

解上述微分方程，并引进边界条件（当 $h = 0$ 时，$\sigma_v = 0$），可得到隧道顶岩层中任意点的垂直压力：

$$\sigma_v = \frac{\gamma b}{k \cdot \tan\varphi_0}\left(1 - e^{-k \cdot \tan\varphi_0 \frac{h}{b}}\right) \tag{4-10}$$

随着坑道埋深 h 的加大，$e^{-k \cdot \tan\varphi_0 \frac{h}{b}}$ 趋近于 0，则 σ_v 趋于某一固定值，且有：

$$\sigma_v = \frac{\gamma b}{k \cdot \tan\varphi_0} \tag{4-11}$$

太沙基根据实验结果，得出 $k = 1 \sim 1.5$，取 $k = 1$，则有：

$$\sigma_v = \frac{\gamma b}{\tan\varphi_0} \tag{4-12}$$

如以 $\tan\varphi_0 = f$ 代入，得到：

$$\sigma_v = \frac{\gamma b}{f} = \gamma \cdot h$$

此时便与普氏理论计算公式一致。太沙基认为当 $H \geqslant 5b$ 时为深埋隧道。围岩水平均布压力仍可按朗金公式计算，即：

$$e = \left(\sigma_v + \frac{1}{2}\gamma H_t\right)\tan^2\left(45° - \frac{\varphi_0}{2}\right) \tag{4-13}$$

2. 浅埋隧道围岩松动压力的确定方法

(1) 深、浅埋隧道的判定原则

如上所述，隧道埋深不同，确定围岩压力的计算方法也应不同，因此有必要分清深埋与浅埋隧道的界限。一般情况下应以隧道顶部覆盖层能否形成"自然拱"为原则，但要确定出界限是困难的，因为它与许多因素有关，因此只能按经验作出概略的估计。深埋隧道围岩松动压力值是以施工塌方高度(等效荷载高度值)为根据，为了能形成此高度值，隧道上覆岩体就应有一定的厚度，否则塌方会扩展到地面。为此，深、浅埋隧道分界深度至少应大于塌方的平均高度且有一定余量。根据经验，这个深度通常为 2～2.5 倍的塌方平均高度值，即

$$H_p = (2 \sim 2.5)h_q \tag{4-14}$$

式中 H_p——深、浅埋隧道分界的深度；

h_q——等效荷载高度值。

一般情况下，Ⅰ—Ⅲ级围岩 $H_p = 2.0h_q$，Ⅳ—Ⅵ级围岩 $H_p = 2.5h_q$。

当隧道覆盖层厚度 $h \geqslant H_p$ 时为深埋，$h < H_p$ 时为浅埋。

(2) 浅埋隧道围岩松动压力的确定方法

当隧道浅埋时，地层多为松散堆积物，"自然拱"无法形成，此时的围岩压力计算不能引用上述深埋情况的计算公式，而应按浅埋情况进行分析计算。

前已述及当隧道埋深不大时，开挖的影响将波及地表而不能形成"自然拱"。从施工过程中岩体的运动情况可以看到，隧道开挖后如不及时支撑，岩体即会大量坍落移动。这种移动会影响到地表并形成一个塌陷区域，此时岩体将会出现两个滑动面，如图 4-18 所示。对于这样的情况，可以采用松散介质极限平衡理论进行分析。当滑动岩体下滑时，受到两种阻力作用：一是滑面上阻止滑动岩体下滑的摩擦阻力；二是支护结构的反作用力，这种反作用力在数值上应等于滑动岩体对支护结构施加的压力，也就是我们所要确定的围岩松动压力。

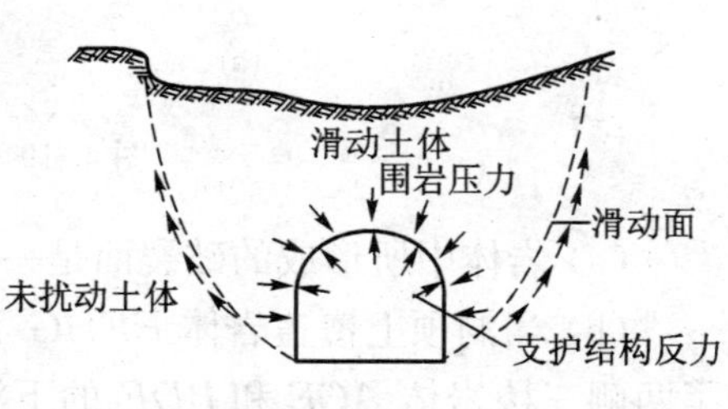

图 4-18 浅埋隧道上覆土体滑动图示

根据受力的极限平衡条件：

滑动岩体重量 ＝ 滑面上的阻力＋支护结构的反作用力(围岩松动压力)

则有:围岩松动压力 = 滑动岩体重量一滑面上的阻力

计算浅埋隧道围岩松动压力分两种情况。

① 隧道埋深 h 小于或等于等效荷载高度 h_q。

因上覆岩体很薄,沿滑动面上的阻力很小,为安全起见,计算时可忽略滑动面上的摩擦阻力,则围岩垂直均布压力为:

$$q = \gamma h \tag{4-15}$$

式中 γ——围岩容重;

h——隧道埋置深度。

围岩水平均布压力 e 按朗金公式计算

$$e = \left(q + \frac{1}{2}\gamma H_t\right)\tan^2\left(45° - \frac{\varphi_0}{2}\right) \tag{4-16}$$

② 隧道埋深 h 大于等效荷载高度 h_q 且小于 H_p。

随着隧道埋置深度增加,上覆岩体逐渐增厚,滑动面的阻力也随之增大。因此,在计算围岩压力时,必须考虑滑面上阻力的影响。

A. 计算假定。

施工中,上覆岩体的下沉和位移与许多因素有关,如支护是否及时、岩体的性质、坑道的尺寸及埋置深度的大小、施工方法是否合理等等。为方便计算,根据实践经验作如下简化假定,如图 4-19 所示。

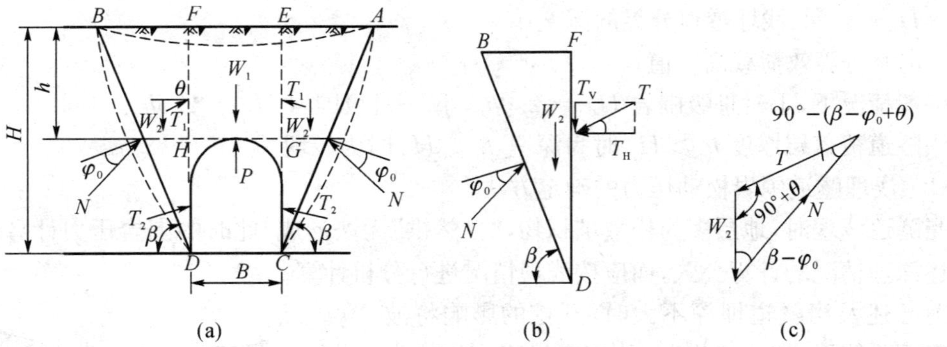

图 4-19 浅埋隧道围岩压力计算图示

(a) 岩体中所形成的破裂面是一个与水平面成 β 角的斜直面,如图 4-19 中的 AC、BD。

(b) 当洞顶上覆盖岩体 $EFHG$ 下沉时受到两侧岩体的挟持,应当强调它反过来又带动了两侧三棱岩体 ACE 和 BDF 的下滑,而当整个下滑岩体 $ABDHGC$ 下滑时,又受阻于未扰动岩体。据此所形成的作用力有:洞顶上覆盖岩体 $EFHG$ 的重量 W_1;两侧三棱体 ACE、BDF 的重量 W_2;两侧三棱体给予下沉岩体 $EFDC$ 的阻力 T(对整个下滑岩体来说为内力),$T=T_1+T_2$;整个下滑岩体滑动时,两侧未扰动岩体给予的阻力 N。

(c) 斜直面 AC、BD 是一个假定破裂滑面。该滑面的抗剪强度决定于滑面的摩擦角 φ 及黏结力 c,为简化计算采用岩体的似摩擦角 φ_0。应注意,洞顶岩体 $EFHG$ 与两侧三棱体之间的摩擦角 θ 与 φ_0 是不同的。因为 EG、FH 面上并没有发生破裂面,所以它介于零与岩体摩擦角之间，即 $0<\theta<\varphi_0$。显然 θ 值与岩体的物理力学性质有着密切的关系，在计算时可以取一个经验数字，此处假定 θ 与 φ_0 有关(见表 4-7)。表中所推荐的数值，是根据隧道的埋深情况、地质和地形资料，通过验算一些发生地表沉陷和衬砌开裂的隧道以后提出的，可供实际工作时使用。另外，各类围岩具体的 θ 及 φ_0 值如表 4-8 所示。

表 4-7　岩体两侧摩擦角 θ 与似摩擦角 φ_0 的关系

岩体似摩擦角 φ_0	θ	岩体似摩擦角 φ_0	θ
<20°	$(0\sim0.1)\varphi_0$	45°～50°	$(0.5\sim0.6)\varphi_0$
20°～30°	$(0.1\sim0.2)\varphi_0$	50°～55°	$(0.6\sim0.7)\varphi_0$
30°～35°	$(0.2\sim0.3)\varphi_0$	55°～60°	$(0.7\sim0.8)\varphi_0$
35°～40°	$(0.3\sim0.4)\varphi_0$	60°～65°	$(0.8\sim0.9)\varphi_0$
40°～45°	$(0.4\sim0.5)\varphi_0$	>65°	$0.9\varphi_0$

表 4-8　各级围岩的 θ 及 φ_0

围岩级别	Ⅰ	Ⅱ	Ⅲ	Ⅳ	Ⅴ	Ⅵ
θ	73°	60°	43°	23°	12.5°	7.5°
φ_0	>78°	67°～78°	55°～66°	43°～54°	31°～42°	≤30°

B. 围岩松动压力值推导计算。

基于上述假定，按力的平衡条件，可推导求出作用在隧道支护结构上的围岩松动压力值，其步骤如下：

由图 4-19(a)可知，作用在支护结构上总的垂直压力 P 为：

$$P=W_1-2T_1\sin\theta \tag{4-17}$$

式中，W_1 为已知的 $EFHG$ 的土体重，$T_1\sin\theta$ 为 $EFHG$ 土体下滑时受两侧土体挟制所产生的摩擦力，其中 θ 已作假定可知，但 T_1 是未知的，必须先算出 T_1 值，才能求出 P。

(a) 求两侧三棱体对洞顶土体的挟制力 T_1。

取三棱体 BDF(或 ACE)作为脱离体分析[如图 4-19(b)所示]，作用在其上的力有 W_2、T、N，其中 W_2 为 BDF 的土体自重，T 为隧道与上覆土体下沉而带动两侧土体 BDF 和 ACE 随着下滑时在 FD 面产生的带动下滑力，N 为 BD 面上的摩擦阻力。由图 4-19(a)可知，$T=T_1+T_2$，T_1、T_2 分别为上覆土体部分和衬砌部分带动 FD 和 EC 面下滑时的带动力，其方向如图所示。因此为了求出 T_1，必须先求 T。根据力的平衡条件，由图 4-19(c)所示的力三角形可求出 T 值。

三棱体 BDF 重量 W_2 为：

$$W_2=\frac{1}{2}\gamma\times BF\times DF=\frac{1}{2}\gamma H^2\frac{1}{\tan\beta} \tag{4-18}$$

式中，γ 为围岩重度；H、β 含义见图 4-19(a)。

根据正弦定理有：

$$\frac{T}{\sin(\beta-\varphi_0)}=\frac{W_2}{\sin[90°-(\beta-\varphi_0+\theta)]} \tag{4-19}$$

将式(4-18)代入上式,化简后得到:

$$T=\frac{1}{2}\gamma H^2\frac{\tan\beta-\tan\varphi_0}{\tan\beta[1+\tan\beta(\tan\varphi_0-\tan\theta)+\tan\varphi_0\tan\theta]}\cdot\frac{1}{\cos\theta}$$

令
$$\lambda=\frac{\tan\beta-\tan\varphi_0}{\tan\beta[1+\tan\beta(\tan\varphi_0-\tan\theta)+\tan\varphi_0\tan\theta]} \tag{4-20}$$

则有:
$$T=\frac{1}{2}\gamma H^2\cdot\frac{\lambda}{\cos\theta} \tag{4-21}$$

分析式(4-21)的物理含义,从散体极限平衡理论可知,T 为 FD 面的带动下滑力,则 λ 即为 FD 面上侧压力系数,而 T 又为 T_1 和 T_2 之和,衬砌上覆土体下沉时受到两侧摩阻力为 T_1,这是我们所需要求的数值。T_1 值根据上述概念可直接写出,为

$$T_1=\frac{1}{2}\gamma h^2\cdot\frac{\lambda}{\cos\theta} \tag{4-22}$$

欲求 T_1 必须先求 λ。但是从式(4-20)中可以看出,λ 为 β、φ_0、θ 的函数。前面已说明,φ_0、θ 为已知,而 β 为 BD 与 AC 滑动面与隧道底部水平面的夹角,由于 BD 和 AC 滑动面并非极限状态下的自然破裂面,它是假定与土体 $EFHG$ 下滑带动力有关的,而其最可能的滑动面位置必然是 T 力为最大值时带动两侧土体 BDF 和 ACE 的位置。基于这一概念,应当利用求 T 的极值来求得 β 值。

(b) 求破裂面 BD 的倾角 β。

根据前述,令 $\frac{d\lambda}{d\beta}=0$,经简化得到:

$$\tan\beta=\tan\varphi_0+\sqrt{\frac{(\tan^2\varphi_0+1)\tan\varphi_0}{\tan\varphi_0-\tan\theta}} \tag{4-23}$$

由上式可知,在 T 极值条件下的 β 值仅与 φ_0、θ 有关,而 φ_0、θ 是随围岩级别而定的已知值。在求得 β 后则 T_1 亦可求得。

(c) 求围岩总的垂直压力 P。

将求得的 T_1 值代入式(4-17),得 P 值为

$$P=W_1-2\times\frac{1}{2}\gamma h^2\frac{\lambda}{\cos\theta}\sin\theta \tag{4-24}$$

而 $W_1=Bh\gamma$,则有:

$$P=Bh\gamma-\gamma h^2\tan\theta\cdot\lambda$$

即:
$$P=\gamma h\cdot(B-h\tan\theta\cdot\lambda) \tag{4-25}$$

(d) 求围岩垂直均布松动压力 q。

$$q=\frac{P}{B}=\gamma h\left(1-\frac{h\lambda\tan\theta}{B}\right)=\gamma hK \tag{4-26}$$

式中　K—— 压力缩减系数，其值为 $K=1-\dfrac{h\lambda\tan\theta}{B}$；

B——隧道开挖宽度；

h——洞顶岩体覆盖层厚度。

(e) 求围岩水平均布松动压力。

若水平压力按梯形分布，则作用在隧道顶部和底部的水平压力为：

$$\left.\begin{aligned} e_1 &= \gamma h\lambda \\ e_2 &= \gamma H\lambda \end{aligned}\right\} \tag{4-27}$$

式中，λ 为侧压力系数，可由式(4-20)求得。

若水平压力按均匀分布时，则有：

$$e=\frac{1}{2}(e_1+e_2) \tag{4-28}$$

对于傍山隧道，由于受有偏压，更易发生山体变形及滑动。当山体基岩稳定时，开挖隧道不至于发生滑动或坍塌，但会引起山体的沉陷变形。对于地面坡度陡斜的浅埋隧道，在围岩松动压力的计算公式中，应考虑地形的影响，公式推导方法与地表水平时的原则相同，在此不再推导，直接将结果给出。但应当注意，由于地表的倾斜，隧道两侧土体破裂面倾角将为 β' 和 β，则与之相对应的 λ'、λ 和 T'、T 也分别不同。围岩垂直松动压力强度(见图 4-20)为：

$$q_i=\left[1-\frac{\frac{1}{2}\gamma\tan\theta(h^2\lambda+h'^2\lambda')}{W_1}\right]\gamma h_i \tag{4-29}$$

式中　q_i——讨论点围岩垂直压力强度；

h_i——讨论点隧道洞顶高度；

W_1——纵向每延米隧道洞顶岩体重量。

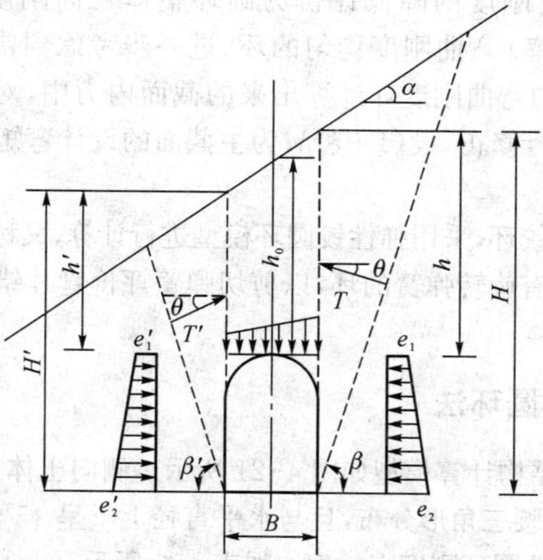

图 4-20　浅埋偏压计算图式

$$\lambda=\frac{1}{\tan\beta-\tan\alpha}\times\frac{\tan\beta-\tan\varphi_0}{1+\tan\beta(\tan\varphi_0-\tan\theta)+\tan\varphi_0\tan\theta}\tag{4-30}$$

$$\lambda'=\frac{1}{\tan\beta'+\tan\alpha}\times\frac{\tan\beta'-\tan\varphi_0}{1+\tan\beta'(\tan\varphi_0-\tan\theta)+\tan\varphi_0\tan\theta}\tag{4-31}$$

$$\tan\beta=\tan\varphi_0+\sqrt{\frac{(\tan^2\varphi_0+1)(\tan\varphi_0-\tan\alpha)}{\tan\varphi_0-\tan\theta}}\tag{4-32}$$

$$\tan\beta'=\tan\varphi_0+\sqrt{\frac{(\tan^2\varphi_0+1)(\tan\varphi_0+\tan\alpha)}{\tan\varphi_0-\tan\theta}}\tag{4-33}$$

隧道水平压力强度为：

$$\left.\begin{aligned}e_1=\gamma h\lambda,\ e_2=\gamma H\lambda\\ e_1'=\gamma h'\lambda',\ e_2'=\gamma H'\lambda'\end{aligned}\right\}\tag{4-34}$$

式(4-34)中符号的意义如图 4-20 所示。

4.3 盾构隧道结构设计计算

盾构法隧道的结构内力计算通常采用荷载-结构模型，并应用信息反馈法来监控设计。

对于单圆盾构隧道来说，通常有以下几种结构计算模型：

① 假定管片环是弯曲刚度均匀的圆环，采用弹性匀质圆环模型进行计算，又称弹性匀质圆环法。

A. 不考虑管片接头部分的刚度降低，管片环是具有和管片主截面相同刚度且弯曲刚度均匀的环。

B. 将接头部分弯曲刚度的降低评价为圆环整体弯曲刚度的降低，管片环是具有 ηEI（η 为弯曲刚度有效率）弯曲刚度均匀的环。进一步考虑到错缝接头的接头部分弯矩的分配，在根据 ηEI 均匀弯曲刚度环计算出来的截面内力中，对弯矩考虑一个增减 ξ（弯矩的提高率 $\xi\leqslant 1$）值进行修正，设 $(1+\xi)M$ 为主截面的设计弯矩值，$(1-\xi)M$ 为接头的设计弯矩值。

② 假设管片环是多铰环，采用弹性铰圆环模型进行计算，又称弹性铰圆环法。

③ 假设管片环是具有旋转弹簧的环，以剪切弹簧评价管片错缝接头的拼接效应，采用梁-弹簧模型进行计算。

4.3.1 弹性匀质圆环法

弹性匀质圆环法的结构计算模型如图 4-21 所示。侧向土体抗力按文克尔局部变形理论计算，抗力假定为一等腰三角形分布，且与水平直径上下呈 45°角。管片为错缝拼装时的弯矩传递系数 ξ、传递后的圆环刚度有效率 η 如表 4-9 所示。

表 4-9 刚度有效率 η 和弯矩传递系数 ξ

管片种类	η	ξ
铸铁管片	0.9	0.1
复合管片	0.8	0.2
钢筋混凝土管片(箱型、平板型)	0.7	0.3

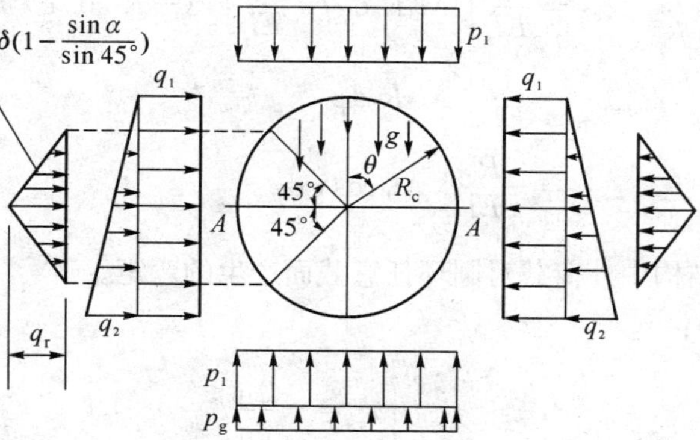

图 4-21 弹性匀质圆环计算模型

图中衬砌圆环所受的荷载为:

$$p_1 = p_e + p_w \tag{4-35a}$$

$$q_1 = q_{e1} + q_{w1} \tag{4-35b}$$

$$q_2 = q_{e2} + q_{w2} - q_1 \tag{4-35c}$$

$$q_r = K\delta = K \cdot \frac{(2p_1 - q_1 - q_2 + P_g)R_c^4}{24(EI\eta + 0.045KR_c^4)} \tag{4-35d}$$

$$p_g = \pi g = \pi \cdot \frac{W}{2\pi R_c} = \frac{W}{2R_c} \tag{4-35e}$$

式中,p_e、p_w 分别为垂直土压和水压(kPa);q_{e1}、q_{e2} 为水平土压(kPa);q_{w1}、q_{w2} 为水平水压(kPa);q_r 为水平向土体抗力(kPa);K 为水平向土体抗力系数(kN/m^3);δ 为 A 点的水平位移(m);p_g 为结构自重反力(kPa);W 为圆环单位长度的重量(kN);EI 为衬砌圆环抗弯刚度(kN·m^2);R_c 为衬砌圆环的计算半径(m)。

该结构为超静定结构,内力计算采用弹性中心法,当荷载对称时,取基本结构如图 4-22 所示。

由于结构及荷载对称,拱顶剪力等于零,整个圆环为二次超静定结构。根据弹性中心处的相对角变位和相对水平位移等于零的条件,便可列出力法方程:

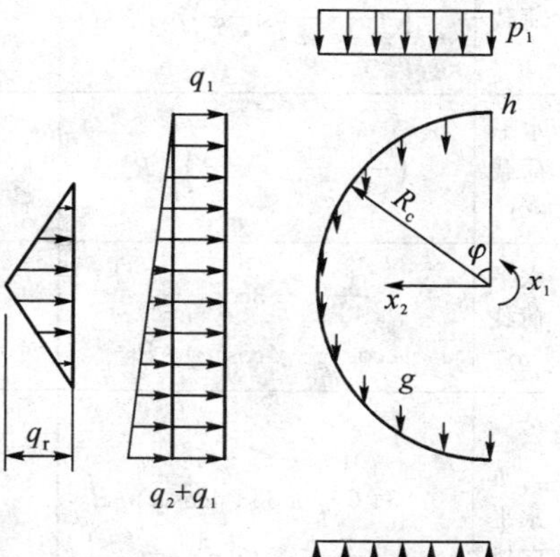

图 4-22 基本结构

$$\begin{cases}\delta_{11}x_1+\Delta_{1P}=0\\ \delta_{22}x_2+\Delta_{2P}=0\end{cases} \tag{4-36}$$

其中：

$$\delta_{11}=\frac{1}{EI}\int_0^{\pi}M_1^2R_c\mathrm{d}\varphi=\frac{1}{EI}\int_0^{\pi}R_c\mathrm{d}\varphi=\frac{\pi R_c}{EI} \tag{4-37a}$$

$$\delta_{22}=\frac{1}{EI}\int_0^{\pi}M_2^2R_c\mathrm{d}\varphi=\frac{1}{EI}\int_0^{\pi}(-R_c\cos\varphi)^2R_c\mathrm{d}\varphi=\frac{\pi R_c^3}{EI} \tag{4-37b}$$

$$\Delta_{1P}=\frac{1}{EI}\int_0^{\pi}M_PR_c\mathrm{d}\varphi \tag{4-37c}$$

$$\Delta_{2P}=-\frac{R_c^2}{EI}\int_0^{\pi}M_P\cos\varphi\mathrm{d}\varphi \tag{4-37d}$$

式中，M_P 为基本结构中外荷载对圆环任意截面产生的弯矩。

由式(4-36)得：

$$\begin{cases}x_1=-\dfrac{\Delta_{1P}}{\delta_{11}}\\ x_2=-\dfrac{\Delta_{2P}}{\delta_{22}}\end{cases} \tag{4-38}$$

由式(4-38)得出多余未知力 x_1、x_2 后，圆环中任意截面上的内力由下式计算：

$$M_\varphi=x_1-x_2R_c\cos\varphi+M_P \tag{4-39a}$$

$$N_\varphi=x_2\cos\varphi+N_P \tag{4-39b}$$

最后得到各截面的内力计算公式如表 4-10 所示。

表 4-10　　内力计算表

荷载形式	内力			水平变位
	弯矩	轴力	剪力	弯矩引起的变位
垂直荷载 p_1	$\left(\frac{1}{4}-\frac{1}{2}\sin^2\varphi\right)p_1R_c^2$	$\sin^2\varphi p_1R_c$	$-\sin\varphi\cos\varphi p_1R_c$	$\frac{1}{12}\frac{p_1R_c^4}{\eta EI}$
水平荷载 q_1	$\left(\frac{1}{4}-\frac{1}{2}\cos^2\varphi\right)q_1R_c^2$	$\cos^2\varphi q_1R_c$	$-\sin\varphi\cos\varphi q_1R_c$	$-\frac{1}{12}\frac{q_1R_c^4}{\eta EI}$
水平荷载 q_2	$\frac{1}{48}(6-3\cos\varphi-12\cos^2\varphi+4\cos^3\varphi)q_2R_c^2$	$\frac{1}{16}(\cos\varphi+8\cos^2\varphi-4\cos^3\varphi)q_2R_c$	$\frac{1}{16}(\sin\varphi+8\sin\varphi\cos\varphi-4\sin\varphi\cos^2\varphi)q_2R_c$	$-\frac{1}{24}\frac{q_2R_c^4}{\eta EI}$
水平向抗力 q_r	$0\leqslant\varphi\leqslant\pi/4$：$(0.2346-0.3536\cos\varphi)q_rR_c^2$；$\frac{\pi}{4}\leqslant\varphi\leqslant\frac{\pi}{2}$：$(-0.3487+0.5\sin^2\varphi+0.2357\cos^3\varphi)q_rR_c^2$	$0\leqslant\varphi\leqslant\pi/4$：$0.3536\cos\varphi q_rR_c$；$\frac{\pi}{4}\leqslant\varphi\leqslant\frac{\pi}{2}$：$(-0.7071\cos\varphi+\cos^2\varphi+0.7071\sin^2\varphi\cos\varphi)q_rR_c$	$0\leqslant\varphi\leqslant\pi/4$：$0.3536\sin\varphi q_rR_c$；$\frac{\pi}{4}\leqslant\varphi\leqslant\frac{\pi}{2}$：$(\sin\varphi\cos\varphi-0.7071\cos^2\varphi\cdot\sin\varphi)q_rR_c$	$-\frac{1}{22}\frac{q_rR_c^4}{\eta EI}$

续表

<table>
<tr><th rowspan="2">荷载形式</th><th colspan="3">内　力</th><th>水平变位</th></tr>
<tr><th>弯　矩</th><th>轴　力</th><th>剪　力</th><th>弯矩引起的变位</th></tr>
<tr><td>自重 g</td><td>$0\leqslant\varphi\leqslant\frac{\pi}{2}$:
$\left(\frac{3}{8}\pi-\varphi\sin\varphi-\frac{5}{6}\cos\varphi\right)gR_c^2$
$\frac{\pi}{2}\leqslant\varphi\leqslant\pi$:
$\left\{-\frac{1}{8}\pi+(\pi-\varphi)\sin\varphi-\frac{5}{6}\cos\varphi-\frac{\pi}{2}\sin^2\varphi\right\}gR_c^2$</td><td>$0\leqslant\varphi\leqslant\frac{\pi}{2}$:
$\left(\varphi\sin\varphi-\frac{1}{6}\cos\varphi\right)gR_c$
$\frac{\pi}{2}\leqslant\varphi\leqslant\pi$:
$\left\{-(\pi-\varphi)\sin\varphi+\pi\sin^2\varphi-\frac{1}{6}\cos\varphi\right\}gR_c$</td><td>$0\leqslant\varphi\leqslant\frac{\pi}{2}$:
$\left(\varphi\cos\varphi+\frac{1}{6}\sin\varphi\right)gR_c$
$\frac{\pi}{2}\leqslant\varphi\leqslant\pi$:
$\left\{(\pi-\varphi)\cos\varphi-\pi\sin\varphi\cdot\cos\varphi-\frac{1}{6}\sin\varphi\right\}gR_c$</td><td></td></tr>
</table>

荷载计算时应注意以下几点：

① 土体侧向抗力计算：管片自重引起的侧向变形不应考虑土体抗力；采用松动圈土压时，一般不考虑侧向土体抗力。土抗力系数 K 的取值可参考表 4-11。

表 4-11　土的抗力系数 K 值

地层 / 指标	优良地基					软土地基		
	非常密实砂	固结黏土	密实砂	硬黏土	一般黏土	松砂	软黏土	非常软弱黏土
N 值	$N\geqslant30$	$N\geqslant25$	$10<N<30$	$8\leqslant N<25$	$4<N<8$	$N\leqslant10$	$2<N<4$	$N\leqslant2$
K 值（kN/m^3）	50 000	40 000	30 000	20 000	10 000	10 000	5 000	0

② 管片自重 g 是沿管片的计算半径等分布的，其作用方向垂直向下，自重所产生的弯矩一般约占总弯矩的 20%。

③ 地面荷载包括路面车辆、隧道上部建筑物以及其他构筑物等的荷载。通常，当隧道的覆土大于 7.0 m 时，路面上车辆的荷载可忽略不计。

④ 管片计算时一般不考虑地震荷载，但下列条件下应进行验算：

A. 当圆隧道附近有构筑物相邻时，拟对管片作地震影响的验算。

B. 沿隧道的线路方向，结构有突变的地方（竖井、车站等交界处），地震时结构易产生震动相位差。

C. 隧道沿线有覆土厚度突变和可能产生土体液化的砂土层时。

⑤ 两条相邻隧道施工时，互相有一定的影响，该荷载与通常所指的荷载不同。当双行隧道的间隔较小（小于 0.5 倍洞径）时，先行隧道需考虑其对相邻后行隧道的影响。

⑥ 隧道穿越建筑物下部时，需考虑建筑物对隧道的影响，荷载作用位置按最不利的条件考虑。在考虑其他结构物的影响时，不但要考虑已有构筑物，还要考虑将来可能建造构筑物的荷载影响。

4.3.2　弹性铰圆环法

在实际工程中，装配式圆形管片结构的接头能够承担一定的弯矩、轴力和剪力，且位移与相应的内力基本上呈线性关系，可以将接头简化为理想的弹性铰，用接头的刚度系数 K

表示弹性铰的刚度特征。K 可分为接头弯曲刚度系数K_θ、接头轴向刚度系数K_ε 和接头剪切刚度系数K_τ，K_θ(K_ε、K_τ) 的定义为单位转角(单位轴向位移、单位剪切变形) 作用下，在变形的方向上引起的弯矩(轴向力、剪力)。它们的倒数 $1/K_\theta$ 称为接头弯曲柔度系数、$1/K_\varepsilon$ 称为接头轴向柔度系数、$1/K_\tau$ 称为接头剪切柔度系数。

为了能正确反映接头刚度特性，需进行管片接头的模拟试验和足尺试验，以反映其刚度的大小。现有试验资料表明钢筋混凝土管片接头刚度系数的取值范围为 $K_\theta = 1\ 000 \sim 10\ 000$ kN · m/rad。

1. 不考虑水平抗力时的内力计算公式

衬砌结构所受荷载与图 4-21 相似，假定铰沿圆周均匀布置，并且结构对称于 X、Y 轴，此衬砌结构为均匀弹性铰接圆形结构，不考虑抗力时基本结构如图 4-23 所示。

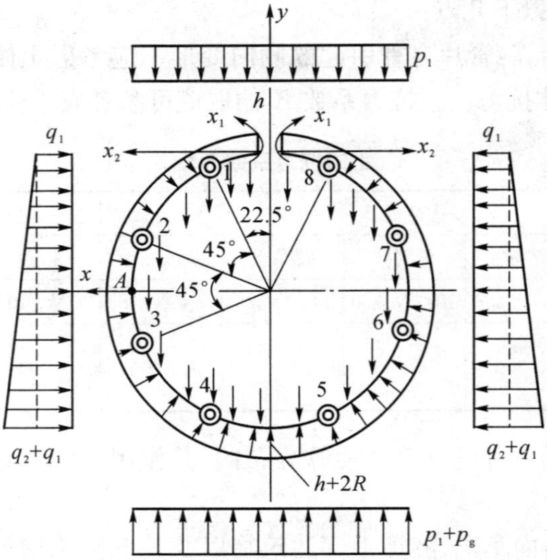

图 4-23　衬砌的基本结构(不考虑抗力)

建立的力法方程为：

$$\begin{cases}\delta_{11}\, x_1 + \delta_{12}\, x_2 + \Delta_{1p} = 0 \\ \delta_{21}\, x_1 + \delta_{22}\, x_2 + \Delta_{2p} = 0\end{cases} \tag{4-40}$$

用行列式解得：

$$\Delta = \delta_{11}\, \delta_{22} - \delta_{12}\, \delta_{21} \tag{4-41a}$$

$$\Delta_x = \delta_{12}\Delta_{2p} - \delta_{22}\Delta_{1p} \tag{4-41b}$$

$$\Delta_y = \delta_{12}\, \Delta_{1p} - \delta_{11}\, \Delta_{2p} \tag{4-41c}$$

$$x_1 = \frac{\Delta_x}{\Delta} \tag{4-41d}$$

$$x_2 = \frac{\Delta_y}{\Delta} \tag{4-41e}$$

由于结构、荷载均对称于 Y 轴(竖直轴)，故取结构一半进行分析。由于轴力 N、剪力 Q 对变形影响很小，一般在实际工程的变形计算中，都予忽略，故有：

$$\delta_{11}=\frac{R_c\pi}{EI}+\sum_{i=1}^{4}\frac{1}{K_\theta^i} \tag{4-42a}$$

$$\delta_{12}=\frac{R_c^2\pi}{EI}+R_c\sum_{i=1}^{4}\frac{1}{K_\theta^i}(1-\cos\varphi_i) \tag{4-42b}$$

$$\delta_{22}=\frac{3R_c^3\pi}{EI}+R_c^2\sum_{i=1}^{4}\frac{1}{K_\theta^i}(1-\cos\varphi_i)^2 \tag{4-42c}$$

式中，φ_i 为弹性铰的角度，它们分别是 $\varphi_1=\frac{\pi}{8}$，$\varphi_2=\frac{3}{8}\pi$，$\varphi_3=\frac{5}{8}\pi$，$\varphi_4=\frac{7}{8}\pi$。φ_1、φ_4 处受正弯距作用，φ_2、φ_3 处受负弯距作用，而K_θ^i 是对应φ_i 处弹性铰的弯曲刚度系数，φ 是以垂直直径线为 0°时量取的角度。

变位表达式分为管片本身变形产生的变位和弹性铰转动产生的变位两部分，忽略径向水压荷载后，可得：

$$\begin{aligned}\Delta_{1P}=&\frac{-p_1R_c^3\pi}{4EI}-\frac{p_gR_c^3}{2EI}\left(\frac{3}{4}\pi-2\right)-\frac{3q_1\pi R_c^3}{4EI}-\frac{5q_2R_c^3\pi}{24EI}-\frac{p_1R_c^2}{2}\sum_{i=1}^{4}\frac{1}{K_\theta^i}\sin^2\varphi_i-\\&\frac{p_gR_c^2}{2}\left[\frac{1}{K_\theta^3}(1-\sin\varphi_3)^2+\frac{1}{K_\theta^4}(1-\sin\varphi_4)^2\right]-\frac{q_1R_c^2}{2}\sum_{i=1}^{4}\frac{1}{K_\theta^i}(1-\cos\varphi_i)^2-\\&\frac{q_2R_c^2}{12}\sum_{i=1}^{4}\frac{1}{K_\theta^i}(1-\cos\varphi_i)^3-gR_c^2\sum_{i=1}^{4}\frac{1}{K_\theta^i}(\cos\varphi_i+\varphi_i\sin\varphi_i-1)\end{aligned} \tag{4-43a}$$

$$\begin{aligned}\Delta_{2P}=&\frac{-p_1R_c^4\pi}{4EI}-\frac{p_gR_c^4}{2EI}\left(\frac{3\pi}{4}-\frac{5}{3}\right)-\frac{5q_1\pi R_c^4}{4EI}-\frac{35q_2R_c^4\pi}{96EI}+\frac{gR^4\pi_c}{4EI}-\\&\frac{p_1R_c^3}{2}\sum_{i=1}^{4}\frac{1}{K_\theta^i}(1-\cos\varphi_i)\sin^2\varphi_i-\frac{p_gR_c^3}{2}\left[\frac{1}{K_\theta^3}(1-\cos\varphi_3)(1-\sin\varphi_3)^2+\right.\\&\left.\frac{1}{K_\theta^4}(1-\cos\varphi_4)(1-\sin\varphi_4)^2\right]-\frac{q_1R_c^3}{2}\sum_{i=1}^{4}\frac{1}{K_\theta^i}(1-\cos\varphi_i)^3-\\&\frac{q_2R_c^3}{12}\sum_{i=1}^{4}\frac{1}{K_\theta^i}(1-\cos\varphi_i)^4-gR_c^3\sum_{i=1}^{4}\frac{1}{K_\theta^i}(1-\cos\varphi_i)(\cos\varphi_i+\varphi_i\sin\varphi_i-1)\end{aligned} \tag{4-43b}$$

由式(4-43)可求出变位系数，将这些变位系数代入力法方程，可以解出 x_1、x_2。再将 x_1、x_2 代入用叠加法得到的结构任意截面上的内力计算公式，得到：

$$\begin{cases}M_i=x_1+R_c(1-\cos\varphi)x_2+\sum\limits_{j=1}^{5}M_{Pj}\\N_i=x_2\cos\varphi+\sum\limits_{j=1}^{5}N_{Pj}\\Q_i=-x_2\sin\varphi+\sum\limits_{j=1}^{5}Q_{Pj}\end{cases} \tag{4-44}$$

其中 M_{Pj}、N_{Pj}、Q_{Pj} 为各种荷载作用下的内力，其公式为：

$$\begin{cases} M_{P1} = -\dfrac{1}{2} p_1 R_c^2 \sin^2 \varphi \\ N_{P1} = p_1 R_c \sin^2 \varphi \\ Q_{P1} = p_1 R_c \sin \varphi \cos \varphi \end{cases} (0 \leqslant \varphi \leqslant \pi) \tag{4-45}$$

$$\begin{cases} M_{P2} = -\dfrac{1}{2} p_g R_c^2 (1-\sin \varphi)^2 \\ N_{P2} = -p_g R_c (1-\sin \varphi) \sin \varphi \\ Q_{P2} = -p_g R_c (1-\sin \varphi) \cos \varphi \end{cases} \left(\frac{\pi}{2} \leqslant \varphi \leqslant \pi\right) \tag{4-46}$$

$$\begin{cases} M_{P3} = -\dfrac{1}{2} q_1 R_c^2 (1-\cos \varphi)^2 \\ N_{P3} = -q_1 R_c (1-\cos \varphi) \cos \varphi \\ Q_{P3} = q_1 R_c (1-\cos \varphi) \sin \varphi \end{cases} (0 \leqslant \varphi \leqslant \pi) \tag{4-47}$$

$$\begin{cases} M_{P4} = \dfrac{1}{12} q_2 R_c^2 (1-\cos \varphi)^3 \\ N_{P4} = -\dfrac{1}{4} q_2 R_c (1-\cos \varphi)^2 \cos \varphi \\ Q_{P4} = \dfrac{1}{4} q_2 R_c (1-\cos \varphi)^2 \sin \varphi \end{cases} (0 \leqslant \varphi \leqslant \pi) \tag{4-48}$$

$$\begin{cases} M_{P5} = -g R_c^2 (\cos \varphi + \varphi \sin \varphi - 1) \\ N_{P5} = g R_c \varphi \sin \varphi \\ Q_{P5} = g R_c \varphi \cos \varphi \end{cases} (0 \leqslant \varphi \leqslant \pi) \tag{4-49}$$

由于轴力和剪力对位移影响很小，可略去，因此，在上述各种荷载作用下，水平直径 A 处的位移为：

$$\begin{aligned} \delta_A = \sum_{j=1}^{6} \delta_{Aj} = & -\frac{p_1 R_c^4}{6EI} + \frac{p_1 R_c^3}{2} \sum_{i=3,\,4} \frac{1}{K_\theta^i} \sin^2 \varphi_i \cos \varphi_i - \\ & \frac{p_g R_c^4}{6EI} + \frac{p_g R_c^3}{2} \sum_{i=3,\,4} \frac{1}{K_\theta^i} \cos \varphi_i (1-\sin \varphi_i)^2 - \\ & \frac{q_1 R_c^4}{2EI}\left(\frac{\pi}{2}+\frac{5}{3}\right) + \frac{q_1 R_c^3}{2} \sum_{i=3,\,4} \frac{1}{K_\theta^i} \cos \varphi_i (1-\cos \varphi_i)^2 - \\ & \frac{q_2 R_c^4}{4EI}\left(1+\frac{5\pi}{16}\right) + \frac{q_2 R_c^3}{12} \sum_{i=3,\,4} \frac{1}{K_\theta^i} \cos \varphi_i (1-\cos \varphi_i)^3 + \\ & \frac{g R_c^4}{EI}\left(1-\frac{\pi}{8}\right) + g R_c^3 \sum_{i=3,\,4} \frac{1}{K_\theta^i} \cos \varphi_i (\cos \varphi_i + \varphi_i \sin \varphi_i - 1) + \\ & \frac{R_c^2 x_1}{EI} + \frac{R_c^3 x_2}{EI}\left(1+\frac{\pi}{2}\right) - R_c \sum_{i=1}^{4} \frac{1}{K_\theta^i} \cos \varphi_i [x_1 + R_c x_2 (1-\cos \varphi_i)] \end{aligned} \tag{4-50}$$

计算过程中可近似地认为各弹性铰的弯曲刚度系数 K_θ^i 是相等的。实际上，接头构造对截面的几何中心轴是非对称的，因而正、负弯距作用下的接头张角是不同的。例如，处于正弯矩作用位置上的接头，其螺栓位于受拉一侧，在固紧螺栓时又给接头施加了预压应力，当接头在弯矩作用下产生拉应力时，首先要抵消原有的预压应力，然后随着弯距的增加，受拉区才开始受拉，因而推迟了张角的出现，而由螺栓承担拉力，又可延缓张角的发展。正弯距处的接头张角值受到了一定的限制，表现为接头的抗变形能力较大，即接头刚度较大。但处于负弯矩作用位置上的接头，其螺栓位于受压区或距受压区很近，限制变形的能力极小，受拉一侧的张角不仅出现得早，开口也较大，说明正负弯距处的K_θ是不等的。既有接头模型试验证实了负弯矩处的接头刚度比正弯距处的接头刚度小得多，在数值上前者约为后者的1/3。所以在内力计算中考虑正、负弯矩处K_θ不等更符合工程实际情况。

2. 考虑抗力时的内力计算公式

当衬砌是刚性无变形时，隧道圆周承受的压力为：

$$P(\theta)=\frac{1}{2}(P_V+P_H)+\frac{1}{2}(P_V-P_H)\cos 2\theta \tag{4-51}$$

衬砌与地层间的剪力为 $\tau(\theta)=\frac{1}{2}(P_V-P_H)\sin 2\theta$

式中 P_V、P_H——衬砌所受的垂直、水平向荷载；

θ——截面与垂直轴的夹角。

当衬砌产生变形时，还受到被动抗力。若不计剪力，采用图 4-24 所示的荷载分布计算图式。

任一截面主动荷载为：

$$P(\theta)=\frac{1}{2}(P_V+P_H)+\frac{P_0}{2}\cos 2\theta \tag{4-52}$$

式中，$P_0=P_V-P_H$。

被动荷载（抗力）为：

$$S(\theta)=-K\delta_A\cos 2\theta$$

$$\left(\frac{\pi}{4}\leqslant\theta\leqslant\frac{3}{4}\pi,\ -\frac{3}{4}\pi\leqslant\theta\leqslant\frac{\pi}{4}\right) \tag{4-53}$$

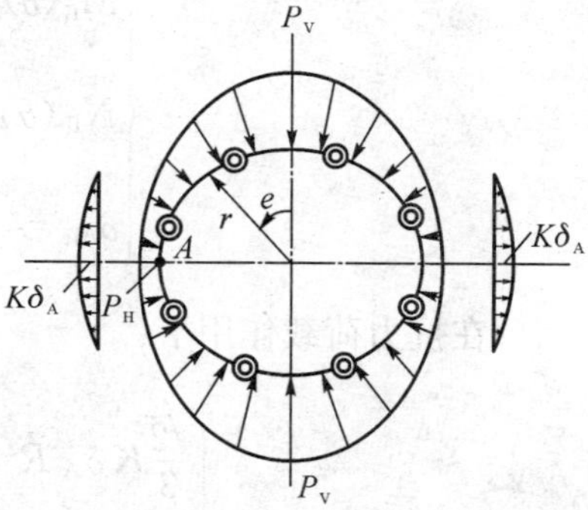

图 4-24 结构计算的荷载分布图

式中 K——地层的抗力系数(kN/m^2)；

δ_A——衬砌水平直径 A 处的位移(m)。

为简化计算，利用结构和荷载的对称性，取 1/4 圆周进行计算。由叠加原理，可得图 4-25所示的计算简图。

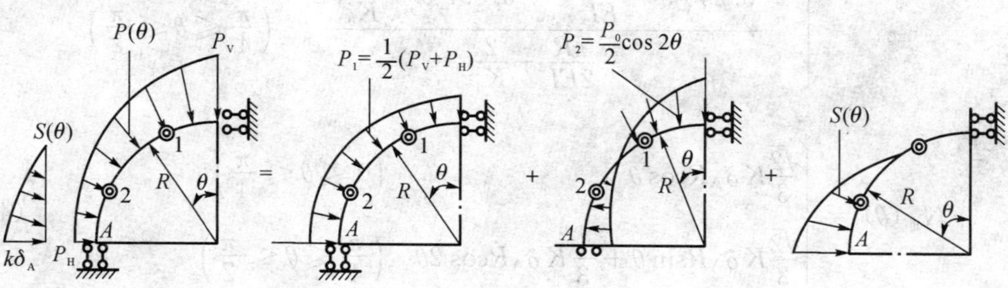

图 4-25 计算图和荷载分解图

假定整个圆环均匀分布着 8 个弹性铰，如图 4-25(a)所示的计算简图，铰的位置分别在 $\theta=\frac{\pi}{8}$ 和 $\theta=\frac{3\pi}{8}$ 处，且各弹性绞的弯曲刚度系数 K_θ 是相等的。由结构力学的方法计算，可得：

在荷载 $P_1=\frac{1}{2}(P_V+P_H)$ 的作用下：

$$\begin{cases} M_I(\theta)=\theta \\ N_I(\theta)=P_1R \\ \delta_{AI}=-\frac{R^2P_1}{EF} \end{cases} \tag{4-54}$$

式中 E——衬砌的弹性模量(kN/m^2)；

F——衬砌的截面积(m^2)；

R——圆形衬砌的计算半径(m)。

在 $P_2=\frac{P_0}{2}\cos 2\theta$ 作用下：

$$\begin{cases} M_{II}(\theta)=\frac{1}{6}P_0R^2\cos 2\theta & \left(0\leqslant\theta\leqslant\frac{\pi}{2}\right) \\ N_{II}(\theta)=-\frac{1}{6}P_0R\cos 2\theta & \left(0\leqslant\theta\leqslant\frac{\pi}{2}\right) \\ \delta_{AII}=\left(\frac{R^4}{18EI}+0.063\,8\frac{R^3}{K_\theta}\right)P_0 \end{cases} \tag{4-55}$$

在抗力荷载作用下：

$$M_{III}(\theta)=\begin{cases} \frac{\sqrt{2}}{3}K\delta_AR^2(1-\cos\theta)-\dfrac{0.240\,5\frac{K\delta_AR^3}{EI}+0.307\,5\frac{K\delta_AR^2}{K_\theta}}{\frac{\pi R}{2EI}+\frac{2}{K_\theta}} & \left(0\leqslant\theta\leqslant\frac{\pi}{4}\right) \\ \frac{\sqrt{2}}{3}K\delta_AR^2(1-\sin\theta)-\frac{1}{3}K\delta_AR^2\cos 2\theta-\dfrac{0.240\,5\frac{K\delta_AR^3}{EI}+0.307\,5\frac{K\delta_AR^2}{K_\theta}}{\frac{\pi R}{2EI}+\frac{2}{K_\theta}} & \left(\frac{\pi}{4}\leqslant\theta\leqslant\frac{\pi}{2}\right) \end{cases} \tag{4-56}$$

$$N_{III}(\theta)=\begin{cases} \frac{\sqrt{2}}{3}K\delta_AR\cos\theta & \left(0\leqslant\theta\leqslant\frac{\pi}{4}\right) \\ \frac{\sqrt{2}}{3}K\delta_AR\sin\theta+\frac{1}{3}K\delta_AR\cos 2\theta & \left(\frac{\pi}{4}\leqslant\theta\leqslant\frac{\pi}{2}\right) \end{cases} \tag{4-57}$$

$$\delta_{A\text{Ⅲ}} = \frac{-2K\delta_A R^3}{1.5708\frac{R}{EI}+\frac{2}{K_\theta}}\left[\frac{R}{EI}\left(0.0443\frac{R}{EI}+0.0560\frac{1}{K_\theta}\right)+\frac{1}{K_\theta}\left(0.0506\frac{R}{EI}+0.0640\frac{1}{K_\theta}\right)\right] \tag{4-58}$$

任意截面的内力为：

$$\begin{aligned} M(\theta) &= M_{\text{Ⅰ}}(\theta)+M_{\text{Ⅱ}}(\theta)+M_{\text{Ⅲ}}(\theta) \\ N(\theta) &= N_{\text{Ⅰ}}(\theta)+N_{\text{Ⅱ}}(\theta)+N_{\text{Ⅲ}}(\theta) \end{aligned} \tag{4-59}$$

A 点的总变形为：

$$\delta_A = \delta_{A\text{Ⅰ}} + \delta_{A\text{Ⅱ}} + \delta_{A\text{Ⅲ}} \tag{4-60}$$

解方程(4-60)或试算即可求出 A 点的实际位移，然后代到弯矩、轴力的计算公式并进行叠加，即可求出任一截面的内力。

4.3.3 梁-弹簧模型计算法

梁-弹簧模型是将管片主截面简化为圆弧梁或直线梁，将管片接头考虑为旋转弹簧，将管片环接头考虑为剪切弹簧。在计算中采用这样的模型，是考虑由接头引起管片环的刚度降低和错缝接头的拼装效应，计算模型如图 4-26 所示。

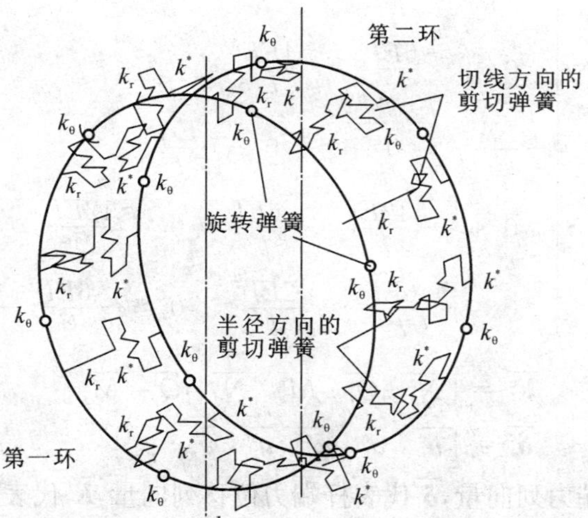

图 4-26 梁-弹簧计算模型

采用该方法计算时，如将剪切弹簧常数和旋转弹簧常数同时设定为零时，则基本上与多铰环计算方法相同。所以可以认为这一方法不但包含了弹性匀质圆环法和弹性铰圆环法两种方法，同时还可以根据管片环接头的剪切刚度的大小，表现错缝接头的拼装效应。所以，从力学机理上看，它是解释管片环承载机制的有效方法。根据弹性匀质圆环法，对于与管片接头相邻管片主截面，根据管片接头的旋转弹簧系数和环接头的剪切弹簧系数的大小，邻接管片传递过来的弯矩大小会有差异，该弯矩值能通过数值求解，这是梁-弹簧模型法与弹性匀质圆环法不同的地方。

用梁-弹簧模型可以对任意一种错缝拼装的管片环接头位置的影响进行考虑，也可以计算出管片环接头上产生的剪力。该计算方法的旋转弹簧系数和剪切弹簧系数取值很重要，如果剪切弹簧常数取值偏小，则主截面的计算弯矩也会偏小，所以为了安全起见，常采用将其设定为无穷大的方法，不过最为准确可靠的方法是通过试验来确定。

如果满足相应条件，也可考虑由衬砌自重产生的地基反力。当不考虑衬砌自重产生的地基反力时，可分别求出衬砌自重产生的截面内力，土压力、水压力及水土压作用管片环发生变位和变形而伴生的地基反力作用时产生的截面内力，以它们的和作为设计截面内力。另一方面，当采用适当的壁后注浆和形状保持装置、考虑衬砌自重产生的地基反力时，要同时对管片环施加水、土压荷载和衬砌自重，确定在这些荷载作用下管片环变位和变形所伴生的地基反力，最终计算所有上述荷载作用下的截面内力。

1. 梁单元

由于管片呈曲线状，在计算分析过程中，如果单元长度取得足够小，可用直梁单元代替曲梁单元，这样可在保证计算精度的前提下提高计算效率。将管片离散成若干直梁单元，可知：

$$\overline{\boldsymbol{F}^{e}} = \overline{\boldsymbol{K}^{e}}\,\overline{\boldsymbol{\delta}^{e}} \tag{4-61}$$

$$\overline{\boldsymbol{K}^{e}} = \begin{bmatrix} \frac{EA}{l} & & & \text{对} & & \\ 0 & \frac{12EI}{l^3} & & & \text{称} & \\ 0 & \frac{6EI}{l^2} & \frac{4EI}{l} & & & \\ -\frac{EA}{l} & 0 & 0 & \frac{EA}{l} & & \\ 0 & -\frac{12EI}{l^3} & -\frac{6EI}{l^2} & 0 & \frac{12EI}{l^3} & \\ 0 & \frac{6EI}{l^2} & \frac{2EI}{l} & 0 & -\frac{6EI}{l^2} & \frac{4EI}{l} \end{bmatrix} \tag{4-62}$$

$$\overline{\boldsymbol{F}^{e}} = [\overline{N_i^e} \quad \overline{Q_i^e} \quad \overline{M_i^e} \quad \overline{N_j^e} \quad \overline{Q_j^e} \quad \overline{M_j^e}]^{T} \tag{4-63}$$

$$\overline{\boldsymbol{\delta}^{e}} = [\overline{u_i^e} \quad \overline{v_i^e} \quad \overline{\varphi_i^e} \quad \overline{u_j^e} \quad \overline{v_j^e} \quad \overline{\varphi_j^e}]^{T} \tag{4-64}$$

$\overline{\boldsymbol{F}^{e}}$代表单元的杆端力列向量，$\overline{\boldsymbol{\delta}^{e}}$代表杆端力位移列向量，$\overline{\boldsymbol{K}^{e}}$代表单元对应于局部坐标系下的单元刚度矩阵。在得到局部坐标系下的单元刚度矩阵后，通过坐标转换矩阵 $\boldsymbol{T}$ 将其转换到整体坐标系下。

2. 管片环向接头单元

盾构隧道是由盾构机开挖后在盾尾拼装而成，每环管片由若干块管片拼装组成，管片间依靠螺栓接头连接起来。对于管片间接头可采用三个虚拟的非线性弹簧来分别模拟接头的转动、剪切、轴压受力性态，这些弹簧具有两个节点，分别与接头两侧的梁单元相连。

(1) 旋转弹簧

旋转弹簧的受力与位移关系为：

$$\begin{cases} M_i = k_\theta(\theta_i - \theta_j) \\ M_j = k_\theta(\theta_j - \theta_i) \end{cases} \tag{4-65}$$

式(4-65)可写成矩阵形式：

$$\begin{Bmatrix} M_i \\ M_j \end{Bmatrix} = \begin{bmatrix} k_\theta & -k_\theta \\ -k_\theta & k_\theta \end{bmatrix} \begin{Bmatrix} \theta_i \\ \theta_j \end{Bmatrix} \tag{4-66}$$

记 $[\overline{K}]_\theta^e = \begin{bmatrix} k_\theta & -k_\theta \\ -k_\theta & k_\theta \end{bmatrix}$，此矩阵即为旋转弹簧在单元局部坐标系下的单元刚度矩阵。

大量实验与工程实践表明，管片接头的转动是呈非线性变形的，因此计算中的接头刚度 K 不会是一个恒定值，而是随着管片的轴力和弯矩值的变化而变化的。

(2) 轴压弹簧及剪切弹簧

类似旋转弹簧，可以得到轴压弹簧和剪切弹簧受力与位移关系的矩阵形式如下式：

$$\begin{Bmatrix} N_i \\ N_j \end{Bmatrix} = \begin{bmatrix} k_n & -k_n \\ -k_n & k_n \end{bmatrix} \begin{Bmatrix} u_i \\ u_j \end{Bmatrix} \tag{4-67}$$

$$\begin{Bmatrix} Q_i \\ Q_j \end{Bmatrix} = \begin{bmatrix} k_s & -k_s \\ -k_s & k_s \end{bmatrix} \begin{Bmatrix} v_i \\ v_j \end{Bmatrix} \tag{4-68}$$

记 $[\overline{K}]_n^e = \begin{bmatrix} k_n & -k_n \\ -k_n & k_n \end{bmatrix}$，$[\overline{K}]_s^e = \begin{bmatrix} k_s & -k_s \\ -k_s & k_s \end{bmatrix}$，则此分别为轴压弹簧以及剪切弹簧在局部坐标系下的单元刚度矩阵，其中 k_n、k_s 分别为接头轴压刚度和剪切刚度。

3. 管片纵向接头单元

在设计过程中，对于管片采用错缝拼装形式的可采用剪切模型来模拟，剪切模型包括沿管片体的径向剪切和环向剪切，剪切力与剪切位移的关系表示为：

$$\begin{Bmatrix} f_{nq} \\ f_{sq} \end{Bmatrix} = \begin{bmatrix} k_{nq} & \\ & k_{sq} \end{bmatrix} \begin{Bmatrix} \Delta u' \\ \Delta v' \end{Bmatrix} \tag{4-69}$$

式中，f_{nq}、f_{sq} 分别为环向和径向剪切力；$\Delta u'$、$\Delta v'$ 分别为与 f_{nq}、f_{sq} 相应的管片环间接头的相对变形；k_{nq}、k_{sq} 为相应的环向和径向剪切刚度系数。

记 $[\overline{K}]_q^e = \begin{bmatrix} k_{nq} & \\ & k_{sq} \end{bmatrix}$，此矩阵即为管片纵向接头单元在局部坐标系下的单元剪切刚度矩阵。

4.3.4 管片截面设计计算

管片内力计算完成后，依据内力计算结果对管片截面进行设计计算。管片设计计算的依据是《混凝土结构设计规范》(GB 50010—2010)和《铁路隧道设计规范》(TB 10003—2005)。

管片横截面内力有轴向压力和弯矩，因此管片按偏心受压构件进行设计计算。

1. 承载能力极限状态计算

(1) 衬砌构件大、小偏压的判断

$$\xi_b = \frac{\beta_1}{1 + \dfrac{f_y}{E_s \varepsilon_{cu}}} \tag{4-70}$$

式中 ξ_b ——极限状态时混凝土受压区的相对计算高度，该值与混凝土强度等级和钢筋级别有关，具体取值参考《混凝土结构设计规范》(GB 50010—2010)；

ξ——混凝土受压区的相对计算高度；

E_s——钢筋弹性模量；

ε_{cu}——混凝土极限压应变；

β_1——截面等效矩形应力图形高度系数；

f_y——钢筋抗拉强度设计值。

当 $\xi \leqslant \xi_b$ 时，属大偏心受压；当 $\xi > \xi_b$ 时，则为小偏心受压。

(2) 钢筋混凝土大偏心受压构件承载力计算公式为：

$$\gamma_s N \leqslant \alpha_1 f_c bx + f'_y A'_s - f_y A_s \tag{4-71}$$

$$\gamma_s M = \gamma_s Ne \leqslant \alpha_1 f_c bx\left(h_0 - \frac{x}{2}\right) + f'_y A'_s (h_0 - a'_s) \tag{4-72}$$

式中 N——管片横断面轴力标准值；

M——管片横断面弯矩标准值；

γ_s——钢筋混凝土衬砌构件抗压检算分项系数，单线深埋隧道取 1.8，单线偏压隧道取 1.6；

e——压力作用点至受拉钢筋合力点的距离，该值与压力偏心距、附加偏心距、管片厚度、管片混凝土抗压强度、钢筋保护层厚度等因素有关，计算方法与相关取值参考《混凝土结构设计规范》(GB 50010—2010)；

α_1——等效混凝土矩形压应力分布系数，管片混凝土强度等级不大于 C50 取 1.0，强度等级为 C80 取 0.94，其间按插值法取用；

f_c——管片混凝土抗压强度设计值；

b——管片幅宽；

x——等效矩形应力图形的宽度，$x = \beta_1 x_n$，管片混凝土强度等级不大于 C50 时 β_1 取 0.8，强度等级为 C80 时 β_1 取 0.74，其间按插值法取用；x_n 为受压区混凝土高度；

h_0——管片混凝土有效受压区高度；

a'_s——管片环向受压钢筋保护层厚度；

f_y，f'_y——钢筋抗拉和抗压强度设计值；

A_s，A'_s——受拉钢筋和受压钢筋面积，由于管片采用对称配筋，即 $A_s = A'_s$。

(3) 钢筋混凝土小偏心受压构件承载力计算公式为：

$$\gamma_s N \leqslant \alpha_1 f_c bx + f'_y A'_s - \sigma_s A_s \tag{4-73}$$

$$\gamma_s M = \gamma_s Ne \leqslant \alpha_1 f_c bx\left(h_0 - \frac{x}{2}\right) + f'_y A'_s (h_0 - a'_s) \tag{4-74}$$

式中，σ_s 为小偏心受压时受拉钢筋的拉应力，可按下式计算：

$$\sigma_s = \frac{0.8 - \xi}{0.8 - \xi_b} f_y \tag{4-75}$$

其他符号含义同上。

(4) 混凝土偏心受压构件承载力计算

对于混凝土偏心受压构件,其受压承载能力可按下式进行检算:

$$\gamma_{sc} N \leqslant \varphi \alpha b h f_{ck} / \gamma_{Rc} \tag{4-76}$$

式中 N—— 轴力标准值,由各种作用标准值计算得到;

γ_{sc}—— 混凝土衬砌构件抗压检算时作用效应分项系数;

γ_{Rc}—— 混凝土衬砌构件抗压检算时抗力分项系数;

φ—— 构件纵向弯曲系数,隧道衬砌可取 1.0;

f_{ck}—— 混凝土轴心抗压强度标准值;

b—— 衬砌宽度;

h—— 衬砌厚度;

α—— 轴向力偏心影响系数,具体可参考《铁路隧道设计规范》(TB 10003—2005)。

2. 正常使用极限状态计算

从抗裂要求出发,混凝土矩形偏心受压构件,其抗裂承载能力按下式检算:

$$\gamma_{st} N(6e_0 - h) \leqslant 1.75 \varphi b h^2 \frac{f_{ctk}}{\gamma_{Rt}} \tag{4-77}$$

式中 N——轴力标准值,由各种作用标准值计算得到;

γ_{st}——混凝土衬砌构件抗裂检算时的作用效应分项系数;

γ_{Rt}——混凝土衬砌抗裂检算时的抗力分项系数;

e_0——检算截面偏心距(m);

f_{ctk}——混凝土轴心抗拉强度标准值。

其他符号含义同前,具体可参考《铁路隧道设计规范》(TB 10003—2005)。

钢筋混凝土偏心受压构件最大裂缝宽度可按下式计算(对 $e_0 \leqslant 0.55h_0$ 的偏压构件可不检算):

$$\omega_{max} = \alpha \psi \gamma (1.9C_s + 0.08\, d/\rho_{te}) \sigma_s / E_s \tag{4-78}$$

$$\sigma_s = N_s(e - z)/(A_s z) \tag{4-79}$$

式中 ω_{max}——最大裂缝宽度(mm);

α——构件受力特征系数,偏心受压构件取 $\alpha = 2.1$;

ψ——裂缝间环向受拉钢筋应变不均匀系数,$\psi = 1.1 - 0.65 f_{ck}/(\rho_{te}\sigma_s)$,其中 ρ_{te} 为按有效受拉混凝土面积计算的环向受拉钢筋配筋率,即 $\rho_{te} = A_s/A_{ce}$;当 $\rho_{te} < 0.01$ 时,取 $\rho_{te} = 0.01$(当 $\psi < 0.4$ 时,取 $\psi = 0.4$;当 $\psi > 1.0$ 时,取 $\psi = 1.0$;对直接承受重复荷载的构件,取 $\psi = 1.0$);

A_s——受拉钢筋面积;

A_{ce}——有效受拉混凝土截面面积,对偏压构件取 $A_{ce} = 0.5bh + (b_f - b)h_f$;对矩形截面取 $A_{ce} = 0.5bh$;

γ——环向受拉钢筋表面特征系数,变形钢筋取 0.7,光面钢筋取 1.0;

C_s——最外层环向钢筋外边缘至受拉区底边的距离(mm),当 $C_s < 20$ 时,取 $C_s =$

20；当 $C_s > 20$ 时，取 $C_s = 65$；

d——钢筋直径(mm)，当采用不同直径钢筋时，$d = 4A_s/u$，此处 u 为环向受拉钢筋截面周长总和；

σ_s——环向受拉钢筋的应力(MPa)；

N_s——按荷载组合计算出的轴力值；

z——环向受拉钢筋合力点至受压区合力点之间的距离(m)，$z = [0.87 - 0.12(h_0/e)^2]h_0$，且 $z < 0.87h_0$；

E_s——钢筋弹性模量；

其他符号含义同前。

4.4 矿山法隧道结构设计计算

矿山法隧道结构是由围岩和支护结构共同组成，两者作为一个统一的受力体系相互影响、共同作用，如何反映隧道支护结构与围岩相互作用的力学特性，正是隧道结构设计计算理论需要解决的重要课题。目前从隧道与地下结构的计算理论发展和设计实践来看，其设计计算方法有:结构力学方法、岩体力学方法、信息反馈与经验方法等。下面主要介绍结构力学方法和岩体力学方法。

4.4.1 结构力学方法

1. 基本原理

结构力学方法是将支护结构与围岩分开考虑，支护结构是承载主体，围岩作为产生作用于支护结构上的荷载和弹性支承，以此计算衬砌支护结构在荷载作用下产生的内力和位移，又称荷载-结构模型。在这类模型中隧道支护结构与围岩的相互作用是通过弹性支承对支护结构施加约束来体现的，而围岩的承载能力则在确定围岩压力和弹性支承的约束能力时间接地考虑。

该方法主要适用于围岩因变形而发生松弛和崩塌，以及支护结构主动承担围岩“松动”压力的情况。由于结构力学法概念清晰，计算简便，易于被工程师们所接受，故至今仍很通用，尤其是对整体式混凝土衬砌。但它没有真实地反映出隧道开挖后围岩与支护结构的相互作用关系。

结构力学方法虽然是以承受岩体松动、崩塌而产生的竖向和侧向主动压力为主要特征，但在围岩与支护结构相互作用的处理上有以下三种方法：

① 主动荷载模型，如图 4-27(a)所示。此模型不考虑围岩与支护结构的相互作用，因此，支护结构在主动荷载作用下可以自由变形。它主要适用于围岩对结构变形的约束能力较差，且没有能力去约束衬砌变形的情况，如采用明挖法施工的城市隧道工程。

② 主动荷载加围岩约束(弹性抗力)模型，如图 4-27(b)所示。该模型认为围岩不仅对支护结构施加主动荷载，而且由于围岩与支护结构的相互作用，还对支护结构施加被动的弹性抗力。因此，支护结构在主动荷载和弹性抗力共同作用下进行工作。这种模型适用于各种类型的围岩，只是不同围岩所产生的弹性抗力大小有差异。

③ 现场量测荷载模型,如图 4-27(c)所示。这是当前正在发展的一种荷载模型。它采用量测仪器实地量测到的作用在支护结构上的荷载值,是围岩与支护结构相互作用的综合反映,既包含围岩的主动荷载,也含有弹性反力。在支护结构与围岩牢固接触时,不仅能量测到径向荷载,而且还能量测到切向荷载,切向荷载的存在可减少荷载分布的不均匀程度,从而改善结构的受力情况;当结构与围岩松散接触时,就只有径向荷载。但应该指出,实际量测到的荷载值除与围岩性质有关外,还与支护结构刚度、支护结构背后回填质量有关。因此,实地量测的荷载,只适用于条件类似的工程。

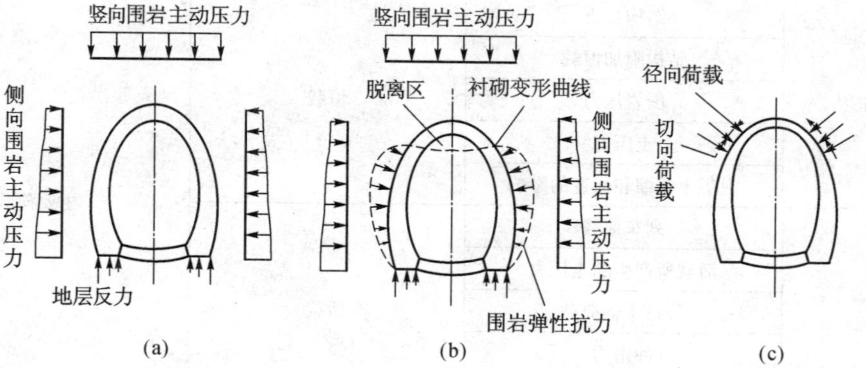

图 4-27 荷载结构模型

2. 衬砌受力变形特点

隧道衬砌在围岩压力作用下要产生如图 4-28 所示的变形,变形用虚线表示。在隧道拱顶,其变形背向围岩,不受围岩的约束而自由地变形,这个区域称为“脱离区”。而在隧道两侧及底部,结构产生朝向围岩的变形,受到围岩的约束作用阻止其变形,因而围岩对隧道衬砌结构产生了弹性抗力,这个区域称为“抗力区”。由此可见,围岩对衬砌结构的变形起着双重作用:围岩产生主动压力使衬砌结构变形,同时又产生被动抗力阻止衬砌结构变形。这种效应的前提条件是围岩与隧道衬砌必须紧密地接触。而实际的接触状态是相当复杂的,受到围岩性质、施工方法、衬砌类型等因素的影响。为了便于计算,一般假定衬砌与围岩紧密接触。

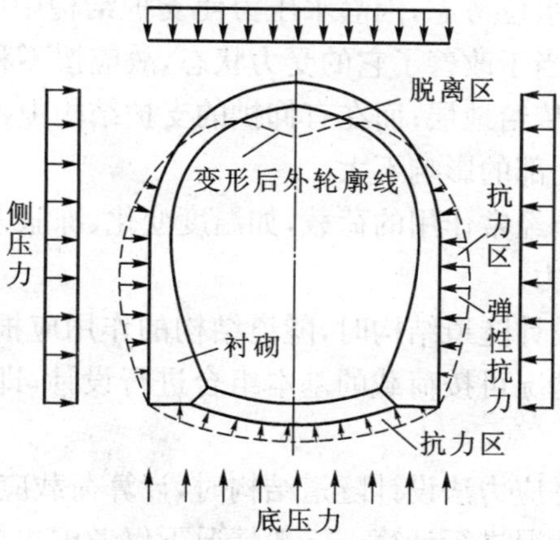

图 4-28 衬砌结构受力变形特点

3. 作用荷载的确定

采用荷载-结构模型分析隧道支护结构内力时，作用在支护结构上的荷载有主动荷载和被动荷载两大类。

(1) 主动荷载

主动荷载按其作用情况又分为主要荷载和附加荷载，如表 4-12 所示。

表 4-12　　作用(荷载)分类

<table>
<tr><th>作用分类</th><th>结构受力及影响因素</th><th colspan="2">荷载分类</th></tr>
<tr><td rowspan="5">永久作用</td><td>结构自重</td><td rowspan="5">恒载</td><td rowspan="10">主要荷载</td></tr>
<tr><td>结构附加恒载</td></tr>
<tr><td>围岩压力</td></tr>
<tr><td>土压力</td></tr>
<tr><td>混凝土收缩和徐变的影响</td></tr>
<tr><td rowspan="10">可变作用</td><td>列车荷载</td><td rowspan="5">活载</td></tr>
<tr><td>活载所产生的土压力</td></tr>
<tr><td>公路车辆荷载</td></tr>
<tr><td>冲击力</td></tr>
<tr><td>渡槽流水压力(设计渡槽明洞时)</td></tr>
<tr><td>制动力</td><td colspan="2" rowspan="7">附加荷载</td></tr>
<tr><td>温度变化的影响</td></tr>
<tr><td>灌浆压力</td></tr>
<tr><td>冻胀力</td></tr>
<tr><td>施工荷载</td></tr>
<tr><td rowspan="2">偶然作用</td><td>落石冲击力</td></tr>
<tr><td>地震力</td></tr>
</table>

主要荷载，指长期及经常作用的荷载，如围岩压力、结构自重、列车荷载等。其中最重要的是围岩的松动压力，支护结构自重可按预先拟定的结构尺寸和材料重度计算确定。在含水层中，静水压力可按最低水位考虑，因静水压力使支护结构中的轴力加大，对抗弯性能差的混凝土支护结构来说，相当于改善了它的受力状态，故应按不利情况考虑。在没有仰拱的支护结构中，列车活载直接传给地层；而在有仰拱的支护结构中，仰拱一般要迟做一段时间，因而列车活载对支护结构上部的影响不大。

附加荷载，指偶然的、非经常作用的荷载，如温度变化、冻胀力、灌浆压力、施工荷载及地震力等，其中主要考虑地震力。

采用概率极限状态法设计隧道结构时，隧道结构的作用应根据不同的极限状态和设计状况进行荷载组合。一般情况可按荷载的基本组合进行设计，即结构自重＋围岩压力或土压力。

采用破损阶段法或容许应力法设计隧道结构时，计算荷载应根据表 4-12 所列的荷载同时存在并就最不利组合的情况进行计算。一般情况下仅考虑主要荷载，在特殊情况下(如 7 度以上地震区；严寒地区冻胀性岩土应考虑冻胀力等)才考虑特殊组合(主要荷载＋附加荷载)来进行验算。

(2) 被动荷载(弹性抗力)

所谓的弹性抗力是指由于支护结构发生朝围岩方向的变形而引起的围岩对支护结构的约束反力。

支护结构变形引起的弹性抗力值大小,目前多用文克尔(Winkler)假定的局部变形理论计算。局部变形理论把围岩简化为一组彼此独立的弹簧(即弹性支承),某一弹簧受到压缩时产生的反力值,只和其自身压缩量成正比,和其他弹簧无关,如图 4-29(a)所示。用公式表达为:

$$\sigma_i = K\delta_i \tag{4-80}$$

式中 δ_i——支护结构表面某点 i 的位移(即对应的围岩表面某点的压缩变形)(m);

σ_i——在该点处围岩和结构相互作用的反力(kPa);

K——围岩的弹性反力系数(kPa/m)。

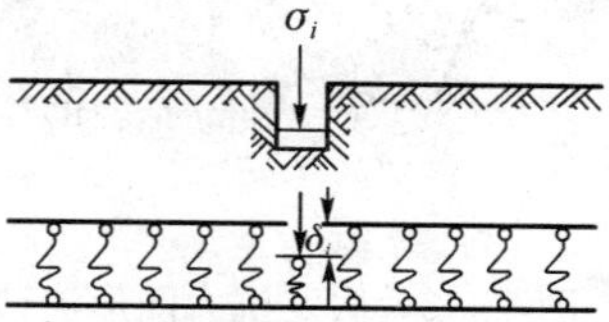

(a) 局部变形假设

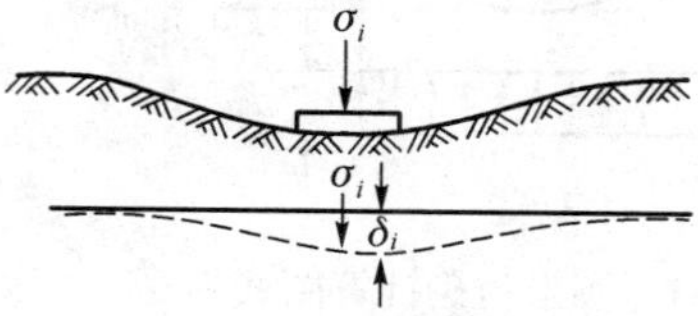

(b) 整体变形假设

图 4-29 变形引起反力的计算

这样的假定和实际情况会有些出入,实际围岩变形如图 4-29(b)所示。但局部变形理论简单明了,便于应用,也可满足一般工程设计的精度要求,故得到了广泛应用。

4. 衬砌结构计算方法

在荷载-结构模型中,分析计算的对象是支护结构,即衬砌。因此,要根据衬砌的受力特点,进一步研究它的力学模型和计算图式的问题。由于隧道长度较之断面尺寸要大得多,而且又假设荷载和结构特性沿隧道长度方向是不变的,因此,可以认为隧道衬砌不会产生纵向位移,即处于平面变形状态。

(1) 主动荷载模型

① 弹性固定无铰拱。首先介绍半衬砌的概念,拱圈直接支撑在洞室围岩侧壁墙上时,称为半衬砌,常用于坚硬、较完整的围岩中,施工方法采用先拱后墙法时,拱圈已经完成,但下半断面尚未开挖之前,拱圈也处于半衬砌工作状态。

半衬砌适用于弹性固定无铰拱模型,拱圈的拱脚支承在弹性围岩上,故称弹性固定无铰拱。半衬砌拱圈的拱矢和跨度比值一般是不大的,当竖向荷载作用时,大部分情况下,拱圈都是向坑道内变形,不产生弹性抗力。其结构模型可以简化成图 4-30 所示弹

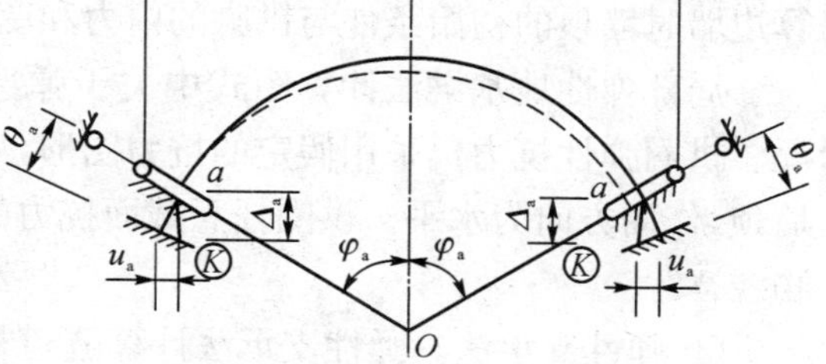

图 4-30 弹性固定无铰拱计算图式

性固定无铰拱，拱脚产生变位，对结构内力有影响。

② 圆形衬砌。修建在软土地层中的圆形衬砌，也常常按主动荷载模式进行结构计算，承受的荷载主要有土压力、水压力、结构自重和与之相平衡的地基反力。结构计算图式如图 4-31 所示。

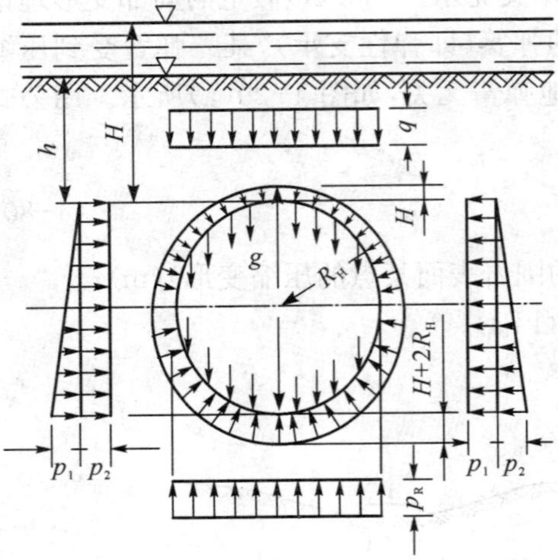

图 4-31　圆形衬砌计算图式

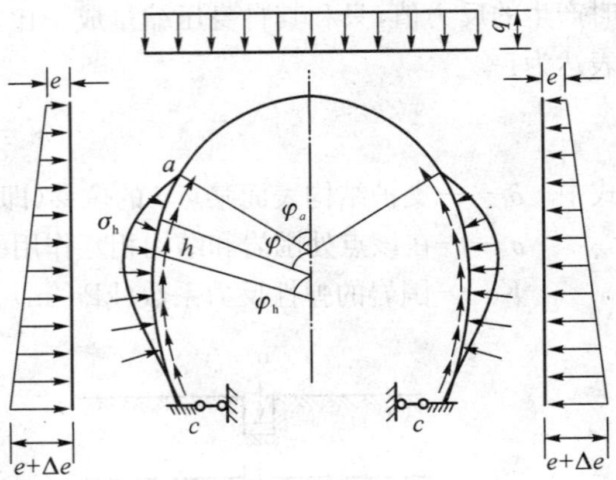

图 4-32　假定抗力图形法计算图式

(2) 主动荷载加被动荷载模型

① 假定抗力计算图式。该方法的计算特点是假定抗力的分布范围和分布规律，如上、下零点和最大值的位置，而抗力的最大值与结构由主动荷载和被动荷载共同作用在该点产生的变位有关，因此，是一个非线性问题。只要能附加一个以最大抗力点的抗力与其位移成正比为条件列出的方程即可求出最大抗力值和多余未知力，将主动荷载与被动荷载求出的内力值进行叠加，即为结构内力。计算图式如图 4-32 所示。

该法计算拱形衬砌内力时，假定拱部正中为脱离区，以下为抗力区。脱离区范围约为 90°，抗力区上零点在 $\varphi_a \approx 45°$ 的 a 点，下零点在墙脚，最大抗力发生在 h 点，h 点的位置大约在抗力区的 2/3 高度处或最大跨度处附近，抗力图式按二次抛物线分布。

② 局部弹性地基梁法。局部弹性地基梁法一般用于计算直墙拱形衬砌的内力，计算图式如图 4-33 所示。

该方法计算拱形直墙衬砌内力的特点是，将拱圈和边墙分为两个单元分别进行计算，而在各自的计算中考虑相互影响。计算中拱圈视为弹性固定无铰拱，边墙视为弹性地基梁。拱圈和边墙受力变形的相互影响，表现为计算拱圈时拱脚的变位与边墙墙顶的变位相同，计算边墙时墙顶的初始条件与拱脚的内力和变位一致。

局部弹性地基梁法计算图式中关于弹性抗力的考虑方法也按拱圈和边墙分为两种情况。拱圈弹性抗力仍采用假定的抗力图形，零点位于拱顶两侧约 45°附近，最大抗力发生在墙顶，作用方向为水平。拱圈任意截面抗力的作用方向为径向，抗力分布图形假定为二次抛物线。

③ 弹性支承法。弹性支承法计算隧道衬砌结构内力的基本思想是：采用符合“局部变形原理”的弹簧来模拟隧道围岩，而将衬砌与围岩所组成的隧道结构体系离散成有限个衬砌

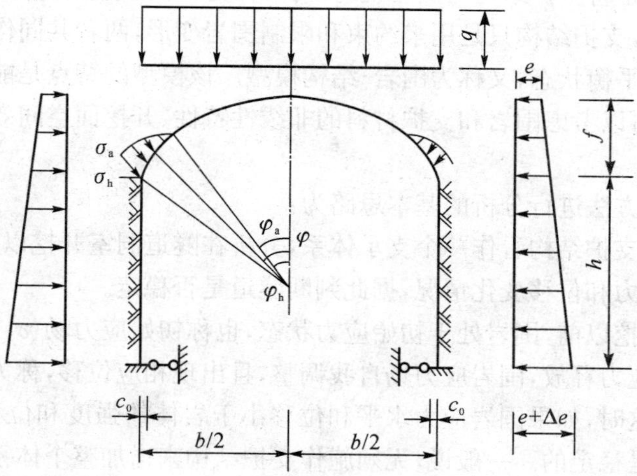

图 4-33 局部弹性地基梁法计算图式

单元和弹簧单元(如图 4-34 所示),在确定结构所受的荷载后,可以按结构力学方法求解得到衬砌内力。

由于离散化的隧道结构是一个多次超静定结构,用理论解析法难以求解,目前多采用矩阵位移法,为计算简便,通常根据对称性取半跨计算分析。

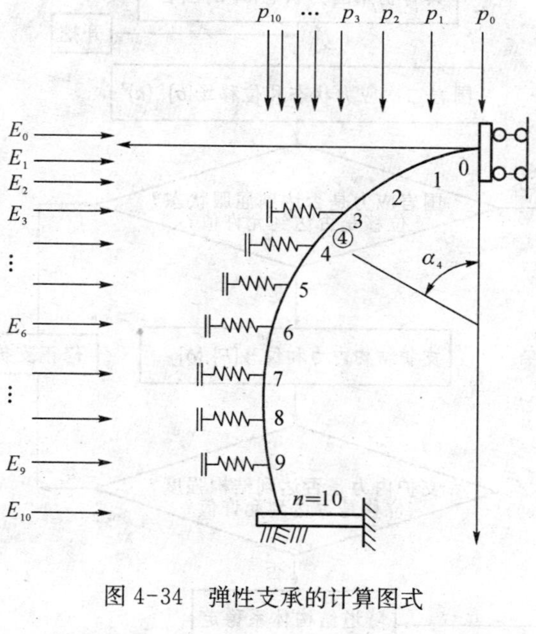

图 4-34 弹性支承的计算图式

4.4.2 岩体力学方法

随着现代隧道施工技术的发展,隧道在开挖后可以立即给围岩施以必要的约束,抑制围岩变形,避免围岩产生过度变形而引起松动坍塌。此时隧道开挖所引起的应力重分布,可由围岩和支护结构体系共同承受,从而达到新的应力平衡状态。

岩体力学方法是将支护结构与围岩视为一体，作为共同承载的隧道结构体系，其中围岩是直接的承载单元，支护结构只是用来约束和限制围岩变形，两者共同作用的结果是使支护结构体系达到新的平衡状态，又称为围岩-结构模型。该模型的特点是能反映出隧道开挖后围岩的应力状态，可以考虑围岩和支护材料的非线性特性、开挖面空间效应以及围岩不连续面等特性。

应用岩体力学方法进行分析的基本思路为：

首先把围岩和支护结构看作一个支承体系，分析在隧道洞室开挖以后，支护结构施作前后这个体系中的应力和位移变化情况，据此判断隧道是否稳定。

在隧道洞室开挖以前，围岩处于初始应力状态，也称初始应力场$\{\sigma\}^0$，它通常是稳定的。开挖以后，随着地应力释放，围岩应力场自我调整，且出现相应位移，称为二次应力场及位移场（$\{\sigma\}^2$ 及$\{u\}^2$），这时，如果围岩应力水平和位移小于岩体的强度和位移允许值，那么围岩处于弹性状态，仍是稳定的。一般说，无须施作支护结构来增加整个体系的支撑能力。如果围岩一部分出现塑性以至松弛，就要适时修筑支护，给围岩施加反力并约束其自由位移，这样两者组成一个共同作用体系，这时应力再次调整，围岩出现三次应力场及位移场（$\{\sigma\}^3$，$\{u\}^3$），支护结构中相应出现了内力及位移（$\{F\}$，$\{\delta\}$），此时根据支护结构内力和位移（$\{F\}$，$\{\delta\}$），判断支护结构的安全状况。计算分析流程如图 4-35 所示。采用岩体力学方法分析隧道围岩应力状态的主要计算方法有：解析法和数值法。

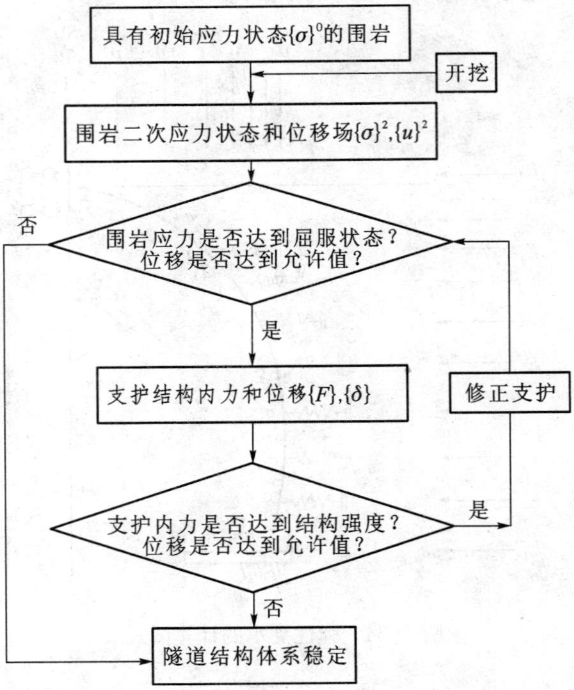

图 4-35　岩体力学方法分析流程

1. 用解析法求解

解析法，即根据给定的边界条件，对问题的平衡方程、几何方程和物理方程直接求解。由于数学上的困难，目前只能对少数几个问题求解。下面介绍圆形隧道问题的求解。

(1) 隧道围岩处于弹性阶段的二次应力场和位移场

由于围岩性质十分复杂多变，隧道开挖引起的应力调整也是十分复杂的，加上不同的隧道尺寸及开挖方法的影响，使得理论分析计算十分困难。因此，不得不借助一些简化假设，尽管简化后和工程实际有所差异，但仍可定性地反映其变化规律，目前所用假设有：

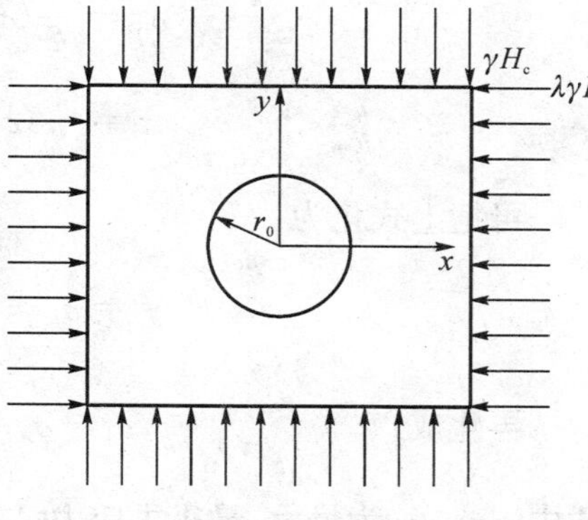

图 4-36　岩体力学法的计算模型

① 围岩为均质、各向同性的连续介质；

② 只考虑自重形成的初始应力场；

③ 隧道形状假定为圆形；

④ 隧道埋设于相当深度，看作无限平面中的孔洞问题。

在这样假设下，计算模型如图 4-36 所示，根据弹性力学理论，可推导得到围岩的应力和位移表达式为：

$$\left.\begin{aligned}
\sigma_r &= \gamma H_c\left(1-\frac{r_0^2}{r^2}\right)\\
\sigma_\theta &= \gamma H_c\left(1+\frac{r_0^2}{r^2}\right)\\
\tau_{r\theta} &= 0\\
u &= \frac{\gamma H_c r_0^2}{2Gr}\\
v &= 0
\end{aligned}\right\} \tag{4-81}$$

围岩处于弹性阶段时的二次应力分布特征(见图 4-37)如下：

① 随着深向岩体内部，应力变化幅度减小，回复到初始应力状态，如 $r=6r_0$ 处，其变化只有 3%左右，因此可以大致认为在此范围以外的岩体不受工程的影响。

② 变化最大的部位在孔壁，法向正应力 σ_r 从 γH_c 变到 0，而切向正应力 σ_θ 从 γH_c 变到 $2\gamma H_c$，而且呈单向受压状态。当该值大于岩体的单轴抗压强度 R_c 时，就可能出现破坏。$\gamma H_c/R_c$ 于是成为反映岩体状态的一个指标。

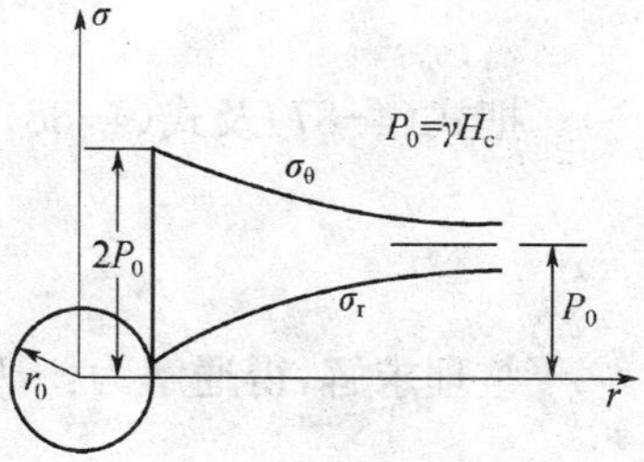

图 4-37　岩体挖开后的二次应力状态

(2) 围岩处于塑性阶段的应力场和位移场

岩体内应力增大到某一程度，会出现塑性性质，这时应力及位移的计算更加复杂。首先要判断，应力达到哪一水平，岩体将出现塑性，这称为塑性判据或称屈服准则。摩尔-库伦(Mohr-Coulomb)屈服条件为剪切强度判据，是一种常用的岩土屈服准则，可表示为下式：

$$\tau-\sigma\cdot\tan\varphi-c=0 \tag{4-82}$$

利用材料力学中莫尔圆应力关系式：

$$\left.\begin{aligned}\sigma_n &= \frac{1}{2}(\sigma_1+\sigma_3)+\frac{1}{2}(\sigma_1-\sigma_3)\cos 2\theta \\ \tau &= \frac{1}{2}(\sigma_1-\sigma_3)\sin 2\theta\end{aligned}\right\} \tag{4-83}$$

可把上式化为：

$$f=\sigma_1-\frac{1+\sin\varphi}{1-\sin\varphi}\sigma_3-\frac{2\cos\varphi}{1-\sin\varphi}c=0 \tag{4-84}$$

再化成：
$$\sigma_1-\sigma_3=\frac{2\sin\varphi}{1-\sin\varphi}(\sigma_3+c\cdot\cot\varphi) \tag{4-85}$$

式中，σ_1，σ_3 为最大、最小主应力。

要推导塑性区的应力计算公式，除应用塑性判据的表达式外，还要增加塑性区内单元体的受力平衡条件。利用上述圆形洞室双向受压的条件，用极坐标系表达单元体受力状态，如图 4-38 所示。

以 $\sum F_r=0$，得方程：

$$\sigma_{rp}r\mathrm{d}\theta-(\sigma_{rp}+\mathrm{d}\sigma_{rp})(r+\mathrm{d}r)\mathrm{d}\theta+2\sigma_{\theta p}\mathrm{d}r\sin\frac{\mathrm{d}\theta}{2}=0 \tag{4-86}$$

整理，令 $\sin\frac{\mathrm{d}\theta}{2}=\frac{\mathrm{d}\theta}{2}$，消去高阶微量可得：

$$\sigma_{\theta p}-\sigma_{rp}=r\frac{\mathrm{d}\sigma_{rp}}{\mathrm{d}r} \tag{4-87}$$

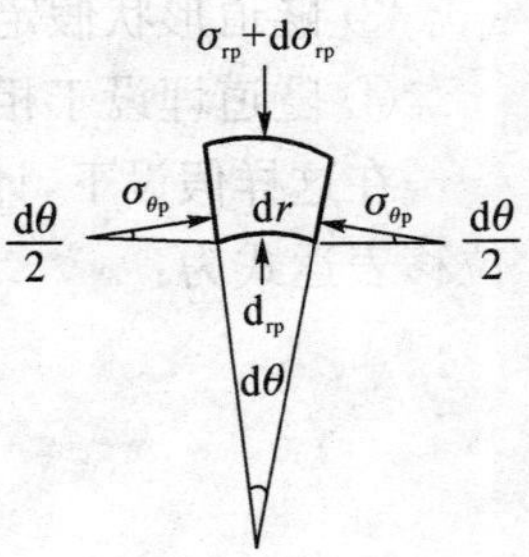

图 4-38 单元体受力平衡图

显然，式(4-87)中 $\sigma_{\theta p}$ 相当于该质点上的大主应力，σ_{rp} 为小主应力。再看上述从塑性判据导出的公式(4-85)，用一致的符号，改写成下式：

$$\sigma_{\theta p}-\sigma_{rp}=\frac{2\sin\varphi}{1-\sin\varphi}(\sigma_{rp}+c\cdot\cot\varphi) \tag{4-88}$$

把式(4-87)及式(4-88)联立，稍加变化，化为一个 σ_{rp} 随半径 r 变化的微分方程：

$$r\frac{\mathrm{d}\sigma_{rp}}{\mathrm{d}r}=\frac{2\sin\varphi}{1-\sin\varphi}(\sigma_{rp}+c\cdot\cot\varphi) \tag{4-89}$$

整理求解，得通解为：

$$\sigma_{rp}+c\cdot\cot\varphi=c_1\times r^{\frac{2\sin\varphi}{1-\sin\varphi}} \tag{4-90}$$

式中，c_1 为积分系数。

利用边界条件，当 $r=r_0$，$\sigma_{rp}=0$ 代入式(4-90)求得：

$$c_1=\frac{c\cdot\cot\varphi}{r_0^{\frac{2\sin\varphi}{1-\sin\varphi}}} \tag{4-91}$$

再代回式(4-90)，则有：

$$\sigma_{rp}=c\cdot\cot\varphi\left[\left(\frac{r}{r_0}\right)^{\frac{2\sin\varphi}{1-\sin\varphi}}-1\right] \tag{4-92}$$

将式(4-92)代入式(4-88)得：

$$\sigma_{\theta p}=c\cdot\cot\varphi\left[\frac{1+\sin\varphi}{1-\sin\varphi}\left(\frac{r}{r_0}\right)^{\frac{2\sin\varphi}{1-\sin\varphi}}-1\right] \tag{4-93}$$

注意，在此推导过程的边界条件是 $r=r_0$，$\sigma_{rp}=0$，即孔壁无抗力即无支护的情况，如果 σ_{rp} 不等于 0，则相当于修筑了支护，将出现三次应力。

塑性多出现在靠近洞壁、应力变化大的一个区域内，往岩体深部，仍保持弹性。实际工作中，我们希望知道这一范围，如仍以简单的圆形洞室双向等压的假设，则即为求解一个同心圆的半径，称塑性区半径 R_p。

如图 4-39 所示，在弹塑性两区域的界面上，按弹性区的应力计算公式为：

$$\sigma_{re}+\sigma_{\theta e}=2\gamma H_c \tag{4-94}$$

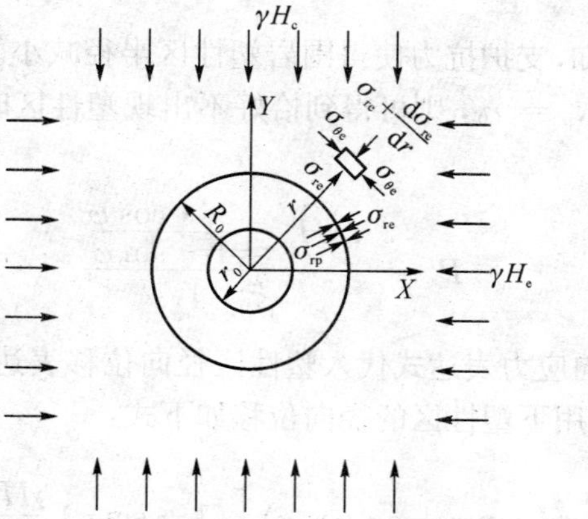

图 4-39 弹塑性区交面的应力平衡

按塑性区的应力计算公式为上述式(4-84)：

$$\sigma_{\theta p}-\frac{1+\sin\varphi}{1-\sin\varphi}\sigma_{rp}-\frac{2\cos\varphi}{1-\sin\varphi}c=0 \tag{4-95}$$

在弹塑性两区域的界面上 σ_r、σ_θ 应分别相等。

利用 $\sigma_{\theta p}=\sigma_{\theta e}$ 的关系，再将 $\sigma_{\theta p}$ 代入算式(4-94)，最后可导出：

$$R_p=r_0\left[(1-\sin\varphi)\frac{\gamma H_c+c\cdot\cot\varphi}{c\cdot\cot\varphi}\right]^{\frac{1-\sin\varphi}{2\sin\varphi}} \tag{4-96}$$

除此以外，还可以导出塑性区内某点处的径向位移，推导过程从略。

$$u_p=\frac{R_p^2}{2Gr}\gamma H_c-\frac{R_p^2}{2Gr}\frac{R_c}{\xi-1}\left[\left(\frac{R_p}{r_0}\right)^{\xi-1}-1\right] \tag{4-97}$$

式中，G 为围岩剪切模量，$G=\dfrac{F}{2(1+\mu)}$；R_c 为围岩单轴抗压强度，$R_c=\dfrac{2\cos\varphi}{1-\sin\varphi}\cdot c$；$\xi=\dfrac{1+\sin\varphi}{1-\sin\varphi}$。

围岩处于弹塑性阶段时应力分布特征：

① 径向应力在开挖边界处由初始应力释放为零，随半径增大而增加，并渐进在无限远处恢复为初始应力；

② 环向应力由于围岩的屈服在开挖边界处降为围岩的单轴极限抗压强度，在开挖边界与塑性半径之间(塑性区)随半径的增大而增加；在塑性半径以外(弹性区)与完全弹性阶段时具有相同的特征，即环向应力随半径增大而减小，并渐进在无限远处恢复为初始应力。

(3) 支护抗力对围岩位移的控制

假设塑性区已经形成，如果沿隧道边界设置均质等厚度的支护，设其沿圆周的均布径向抗力为 P_a，可以推导出塑性区半径为：

$$R_p = r_0 \left[\frac{2}{\xi+1} \cdot \frac{\gamma H_c(\xi-1) + \dfrac{2c \cdot \cos\varphi}{1-\sin\varphi}}{P_a(\xi-1) + \dfrac{2c \cdot \cos\varphi}{1-\sin\varphi}} \right]^{\frac{1}{\xi-1}} \tag{4-98}$$

与式(4-96)相比可知，支护抗力使得围岩塑性区半径减小。当支护及时并具有足够刚度时，围岩形成塑性区，$R_p = r_0$，则可得到恰好不出现塑性区时的临界状态所需要的最小支护抗力为：

$$P_a = \frac{2\gamma H_c - \dfrac{2c \cdot \cos\varphi}{1-\sin\varphi}}{\xi+1} \tag{4-99}$$

将塑性区半径处径向应力表达式代入塑性区径向位移表达式，再把塑性区半径表达式代入，即可得到在支护作用下塑性区的径向位移如下式：

$$u_p \Big|_{r=r_0} = \frac{r_0}{2G}(\gamma H_c \sin\varphi + c \cdot \cos\varphi) \left[(1-\sin\varphi) \frac{\gamma H_c + c \cdot \cot\varphi}{P_a + c \cdot \cot\varphi} \right]^{\frac{1-\sin\varphi}{\sin\varphi}} \tag{4-100}$$

对于给定的地层和隧道条件，支护时间和支护刚度是影响三次应力状态和位移变化的决定性因素。

2. 用数值法求解

解析法的求解过程采用了许多假设条件而使得求解过程变得简单，同时也使其适用范围受到限制。对于几何形状、围岩初始应力状态和围岩物理力学性质都比较复杂的隧道，应用解析法难以获得精确解。这时就必须采用数值法求解。

随着电子计算机的迅速发展，数值计算方法也得到了很大发展。其中有限单元法是一种发展最快的数值方法，它可以考虑隧道特殊截面、围岩非均质和材料各种非线性特性，并且可以模拟隧道开挖效果。该方法是把围岩和支护结构都划分为单元，然后根据能量原理建立起整个系统的虚功方程，也称刚度方程，从而求出系统中各节点的位移以及单元的应力。其解题步骤如图 4-40 所示。

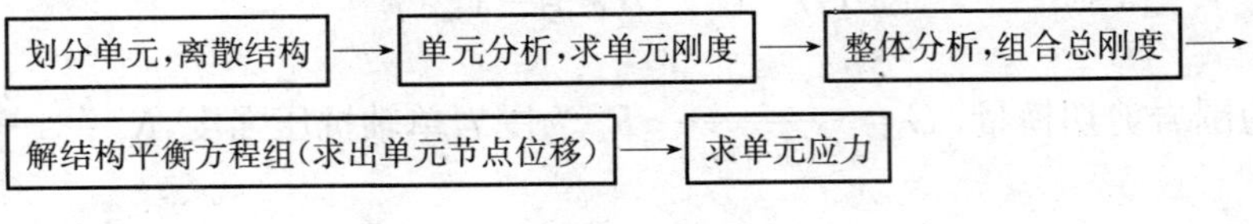

图 4-40　数值方法求解步骤

有限单元法模拟隧道开挖的计算分析过程如下。

(1) 计算范围的选取

无论是深埋或浅埋隧道都属于半无限空间问题,简化为平面应变问题时,则为半无限平面问题。实践证明,隧道开挖仅仅对一定的有限范围内岩土体才有明显的影响,在距开挖部位较远一些的地方,其应力变化是微不足道的。平面有限元分析时计算范围可取为 6～10 倍的隧道宽度,如图 4-41(a)所示。此外,根据对称性的特点,分析区域可以取一半(一个对称轴),这样可大大减少计算工作量和计算时间,如图 4-41(b)所示。

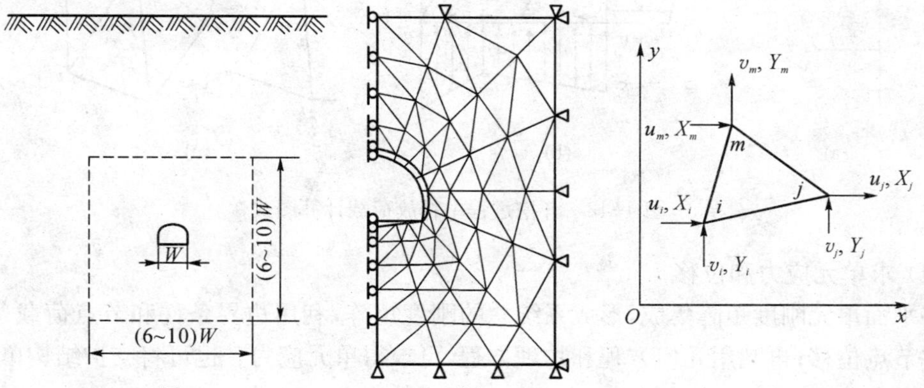

图 4-41　计算范围与单元划分

(2) 单元类型的选用

在平面问题中,围岩假定为二维连续介质,一般可采用四边形或三角形单元模拟,对于三角形单元,它有 3 个节点 6 个自由度,如图 4-41(c)所示。

支护结构中的喷混凝土层或者模筑混凝土衬砌,如果采用与围岩相同的单元类型,则两者单元能正常连接,程序处理大大简化。但混凝土层通常较薄,不易划分成和围岩相同、形状合理的四边形或三角形单元,而且计算结果得不到结构的内力值,难以和结构强度检算方法相衔接。另一处理方法是把混凝土层仍处理为承受轴力的直梁单元,该方法可以解决上述矛盾,但由于出现了转角,不能和平面单元的节点位移相协调,必须作特殊处理,比如在其中加一杆单元(模拟回填层)等。

支护结构中的锚杆,对岩体和结构的稳定有重要作用,但计算中如何体现是一个难题,目前都把它模拟为轴力杆单元,如果施加预应力,则还要相应地加上一对集中外力。

(3) 开挖效果的模拟

岩体在开挖隧道之前都具有一定的初始应力状态,开挖以后,洞室周壁上各点处应力释放,从而引起围岩应力场变化。如果在开挖的同时,设置了支护结构,能与围岩密贴结合、共同作用,那么支护结构等同于刚挖去的岩体,能约束周围岩体因应力场变化而产生的位移,而支护结构自身也产生相应的应力和位移。这种开挖效果在进行围岩-结构模型的有限元分析时应该反映出来。通用的方法就是在隧道洞室周边各节点上施加"等效释放荷载"。这些等效释放荷载是由隧道洞室周边节点的应力释放而产生,其值根据洞室周边节点上的初始应力来确定。如图 4-42 所示。

如果分部开挖,则要把前部开挖后的应力重分布状态作为初始应力,再用同样方法,计算后部开挖造成的“等效释放荷载”。

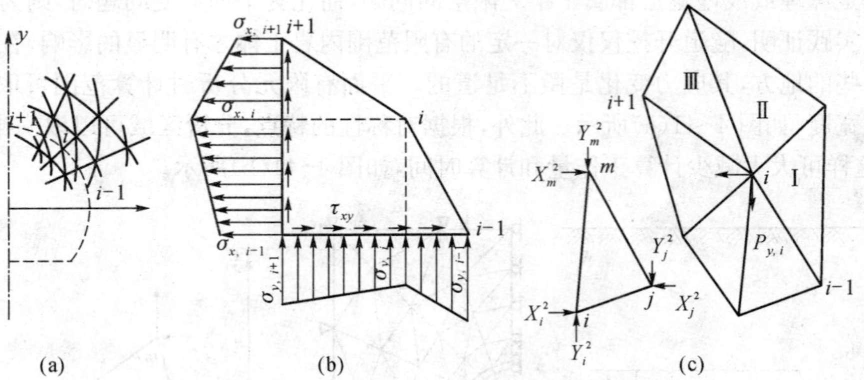

图 4-42　开挖过程中释放荷载计算图式

(4) 求单元应力和位移

将平面单元刚度矩阵集成，形成系统总的刚度矩阵，利用边界条件和节点荷载条件，即可求解节点位移；再利用几何方程和物理方程，可求得单元应力。也可将支护结构单元应力转化为内力。

(5) 支护结构强度校核

在求得支护结构内力后，利用混凝土结构设计理论，校核支护强度和抗裂性。

3. 岩体力学法计算中的其他问题

通常计算中，我们都假设围岩处于弹性状态，这时各单元的应力和应变呈线性关系。这样计算会比较简单，而且在应力水平不高的情况下也比较接近实际。但是当应力达到一定水平，围岩会呈现塑性状态，这个应力水平就是屈服准则，此时，弹性矩阵值将随应力变化而变化；此外，有的围岩还有明显的黏性，这又把时间因素引了进来，这些问题均为非线性问题。如何恰当地考虑围岩的各种力学性质，并在应力与应变关系中反映出来，即是岩体的非线性本构模型。各国学者针对不同岩体，提出过不少非线性本构模型，这些非线性本构模型的计算比线性模型要复杂得多，但如今的力学理论和计算工具是能够解决的。

在上面的分析中，我们一直把岩体视为连续介质，其实工程实践中岩体节理通常是客观存在的，有时还比较发育，这时岩体介质具有明显的各向异性和软弱面，不能简单地使用连续介质条件下导出的公式。为了模拟这种节理分布状态，国内外学者们提出过无拉应力本构模型、节理单元模型、接触单元模型等，这样计算会变得更复杂些。

总之，岩体力学法的基本理论是科学的、正确的，它用开挖洞室过程中岩体的应力状态变化来分析岩体的失稳和破坏，提出岩体本身具有相当的自承能力，指出支护结构可以和岩体形成一个整体，共同作用，这些比之传统的徘徊于经验水平的地下工程学科，无疑是一大进步。

但也要指出，在岩体力学基础上发展起来的众多计算理论和方法，其考虑岩体的复杂因素愈益周密，计算技巧愈益成熟，但是计算结果并没有得到期望的满意程度。究其原因，一是设计的模型仍不能准确反映岩体的真实状态，二是很难准确提供诸如初始应力、岩体强度等物理力学参数。目前，学科发展的方向是，一方面继续从事计算方法及勘测方法的研究，逐步改善上述两个薄弱环节；另一方面则是设想突破原有的那一整套应力分析思路，更多依赖于现场实测。根据现场实测的应力、变形等参数来判断围岩及支护结构的稳定状况，并决定是否需要修改或变更设计方法，这样的流程称为信息反馈设计法。也有根据实测的数据，来反推求出岩体的基本物理力学参数，这称之为"反分析"或"逆分析"，它是反映地下工程特点的一个学科分支。

4.4.3 衬砌截面设计计算

现行隧道规范规定：隧道结构设计计算分为"概率极限状态法"和"破损阶段法或容许应力法"两种形式。铁路隧道规范规定：一般地区单线隧道整体式衬砌及洞门、单线隧道偏压衬砌及洞门、单线拱形明洞及洞门，可以采用概率极限状态法；对于铁路隧道的一般双线隧道和明洞衬砌，以及公路隧道衬砌仍可采用破损阶段法或容许应力法。

1. 概率极限状态法

隧道结构极限状态可以分为承载能力极限状态和正常使用极限状态两种。

承载能力极限状态是指结构或构件达到最大承载能力或达到不适于继续承载的较大变形的极限状态；正常使用极限状态是指结构或构件达到使用功能上允许的某一限值的极限状态。通常应根据它们各自的要求分别进行检算。

(1) 承载能力极限状态计算

隧道衬砌在横断面上存在轴力和弯矩，其受力情况与管片衬砌相似，需要进行承载力计算。在进行承载力极限状态计算时，其计算原理与管片承载力计算基本相似。

混凝土矩形截面中心及偏心受压构件，其受压承载能力应按下式检算：

$$\gamma_{sc} N \leqslant \varphi \alpha b h f_{ck} / \gamma_{Rc} \tag{4-101}$$

式中 N——轴力标准值，由各种作用标准值计算得到；

γ_{sc}——混凝土衬砌构件抗压检算时作用效应分项系数，按表 4-13 选用；

γ_{Rc}——混凝土衬砌构件抗压检算时抗力分项系数，按表 4-13 选用；

φ——构件纵向弯曲系数，隧道衬砌可取 1.0；

f_{ck}——混凝土轴心抗压强度标准值；

b——截面宽度；

h——截面高度；

α——轴向力偏心影响系数，具体取值参考《铁路隧道设计规范》(TB 10003—2005)。

表 4-13　混凝土衬砌构件抗压检算各分项系数

分项系数	单线偏压隧道衬砌	单线明洞混凝土衬砌	单线深埋隧道衬砌
作用效应分项系数 γ_{sc}	3.95	1.60	2.67
抗力分项系数 γ_{Rc}	1.85	1.83	1.35

(2) 正常使用极限状态计算

① 从抗裂要求出发，衬砌混凝土矩形截面偏心受压构件，其抗裂承载能力应按下式检算：

$$\gamma_{st} N(6e_0 - h) \leqslant 1.75\varphi bh^2 \frac{f_{ctk}}{\gamma_{Rt}} \tag{4-102}$$

式中 N——轴力标准值，由各种作用标准值计算得到；

γ_{st}——混凝土衬砌构件抗裂检算时的作用效应分项系数，按表4-14选用；

γ_{Rt}——混凝土衬砌抗裂检算时的抗力分项系数，按表4-14选用；

e_0——检算截面偏心距(m)；

f_{ctk}——混凝土轴心抗拉强度标准值；

其他符号含义同前，具体可参考《铁路隧道设计规范》(TB 10003—2005)。

表4-14　　混凝土衬砌构件抗裂检算各分项系数

分项系数	单线偏压隧道衬砌	单线明洞混凝土衬砌	单线深埋隧道衬砌
作用效应分项系数 γ_{st}	3.10	1.40	1.52
抗力分项系数 γ_{Rt}	1.45	2.51	2.70

注：当 $e/h<1/6$ 时可不进行抗裂检算。

② 钢筋混凝土偏心受压构件最大裂缝宽度可按下式计算（对 $e_0 \leqslant 0.55h_0$ 的偏压构件可不检算）：

$$\omega_{max} = \alpha\psi\gamma(1.9C_s + 0.08\,d/\rho_{te})\sigma_s/E_s \tag{4-103}$$

式中 ω_{max}——最大裂缝宽度(mm)；

α——构件受力特征系数，偏心受压构件取 $\alpha=2.7$；

ψ——裂缝间纵向受拉钢筋应变不均匀系数；

γ——纵向受拉钢筋表面特征系数；

C_s——最外层纵向受拉钢筋外缘至受拉区底边的距离(mm)；

d——钢筋直径(mm)；

ρ_{te}——按有效受拉混凝土面积计算的纵向受拉钢筋配筋率；

σ_s——纵向受拉钢筋的应力(MPa)；

E_s——钢筋的弹性模量(MPa)；

其他符号含义同前，具体可参考《铁路隧道设计规范》(TB 10003—2005)。

2. 破损阶段法或容许应力法

隧道和明洞衬砌按破损阶段检算构件截面强度时，应根据结构所受的不同荷载组合，在计算中选用不同的安全系数，安全系数可根据表4-15及表4-16选用。拱形隧道和明洞衬砌属于偏心构件，须进行抗压强度和抗裂性检算。

表4-15　　混凝土和砌体结构的强度安全系数

材料类型		混凝土		砌体	
荷载组合		主要荷载	主要荷载+附加荷载	主要荷载	主要荷载+附加荷载
破坏范围	混凝土和砌体达到抗压极限强度	2.4	2.0	2.7	2.3
	混凝土和砌体达到抗拉极限强度	3.6	3.0	—	—

表 4-16 钢筋混凝土结构的强度安全系数

荷载组合		主要荷载	主要荷载+附加荷载
破坏范围	钢筋达到计算强度或混凝土达到抗压或抗剪极限强度	2.0	1.7
	混凝土达到抗拉极限强度	2.4	2.0

(1) 钢筋混凝土结构强度计算

大、小偏压的判别方法同 4.3.4 节。

钢筋混凝土矩形截面的大偏压构件，其截面强度应按下列公式计算：

$$KN \leqslant R_w bx + R_g(A_s - A_s') \tag{4-104a}$$

或

$$KM = KNe \leqslant R_w bx\left(h_0 - \frac{x}{2}\right) + R_g A_s'(h_0 - a_s') \tag{4-104b}$$

式中 N——轴力标准值；

K——安全系数；

M——弯矩标准值；

R_w——混凝土弯曲抗压极限强度；

R_g——钢筋的抗拉或抗压计算强度；

其他符号含义同前。

钢筋混凝土矩形截面的小偏压构件，其截面强度应按下列公式计算：

$$KNe \leqslant 0.5R_a bh_0^2 + R_g A_s'(h_0 - a_s') \tag{4-105}$$

当轴力 N 作用于钢筋 A_s 与 A_s' 的重心之间，尚应符合下列要求：

$$KNe' \leqslant 0.5R_a b h_0'^2 + R_g A_s(h_0' - a_s) \tag{4-106}$$

式中，e' 为压力作用点至受压钢筋合力点的距离。

其他符号含义同前，具体可参考《铁路隧道设计规范》(TB 10003—2005)。

(2) 混凝土结构抗压强度检算 ($e_0 \leqslant 0.2h$)

混凝土矩形截面中心及偏心受压构件，抗压强度按下式计算：

$$KN \leqslant \varphi\alpha R_a bh \tag{4-107}$$

式中 N——轴向力；

K——安全系数；

α——轴向力的偏心影响系数；

R_a——混凝土抗压极限强度；

其他符号含义同前，具体可参考《铁路隧道设计规范》(TB 10003—2005)。

(3) 混凝土结构抗拉强度检算 ($e_0 > 0.2h$)

从抗裂要求出发，混凝土矩形截面偏心受压构件的抗拉强度按下式计算：

$$KN(6e_0 - h) \leqslant 1.75\varphi b h^2 R_l \tag{4-108}$$

式中 R_l——混凝土抗拉极限强度；

e_0——检算截面偏心距(m)；

其他符号含义同前，具体可参考《铁路隧道设计规范》(TB 10003—2005)。

(4) 城市公路隧道衬砌检算

新版《公路隧道设计细则》(JTG/T D70—2010)中对公路隧道混凝土衬砌的检算要求和方法做了修改和补充，它与地铁和铁路隧道规范有所不同，下面针对城市公路隧道的检算要求和方法进行说明。

偏心受压混凝土结构的抗压强度验算应符合下式：

综合安全系数法：
$$KN_z \leqslant \varphi \alpha b h R_{hy} \tag{4-109a}$$

分项安全系数法：
$$\gamma_0 \gamma_1 N_F \leqslant \varphi \alpha b h \frac{R_{hy}}{\gamma_{hy}} \tag{4-109b}$$

式中 K——安全系数；

N_z——验算截面的轴向合力；

φ——构件纵向弯曲系数；

α——轴向力偏心影响系数；

b——计算截面宽度；

h——计算截面高度；

R_{hy}——混凝土抗压极限强度；

N_F——构件验算截面的轴力组合设计值(kN)；

γ_0——构件工作条件系数；

γ_1——地下结构附加安全系数；

γ_{hy}——混凝土材料极限抗压强度分项系数；

其他符号含义参见《公路隧道设计细则》(JTG/T D70—2010)。

偏心受压混凝土结构的抗拉强度验算应符合下式：

综合安全系数法：
$$KN_z(6e_0 - h) \leqslant 1.75\varphi b h^2 R_{hl} \tag{4-110a}$$

分项安全系数法：
$$\gamma_0 \gamma_1 N_F(6e_0 - h) \leqslant 1.75\varphi b h^2 \frac{R_{hl}}{\gamma_{hl}} \tag{4-110b}$$

式中 R_{hl}——混凝土抗拉极限强度；

γ_{hl}——混凝土材料极限抗拉强度分项系数；

其他符号含义参见《公路隧道设计细则》(JTG/T D70—2010)。

在《公路隧道设计细则》(JTG/T D70—2010)中对混凝土结构的抗剪强度有新的要求，应按下式进行检算：

综合安全系数法：
$$K_{hj} Q_z \leqslant 0.82 R_{hl} b h_0 \tag{4-111a}$$

分项安全系数法：
$$\gamma_0 \gamma_1 Q_F \leqslant 0.82 \frac{R_{hl}}{\gamma_{hj}} b h_0 \tag{4-111b}$$

式中 Q_z——验算截面上最大剪力(kN)；

Q_F——验算截面上剪力组合设计值；

h_0——计算截面有效高度；

K_{hj}——抗剪安全系数；

γ_{hj}——混凝土材料极限抗剪强度分项系数；

其他符号含义及相关系数取值参见《公路隧道设计细则》(JTG/T D70—2010)。

钢筋混凝土偏心受压构件强度计算与铁路隧道规范类似，此处不再赘述，具体参见《公路隧道设计细则》(JTG/T D70—2010)。

4.5　明挖法隧道结构设计计算

4.5.1　结构计算模型

明挖法隧道结构多为箱形截面或槽形截面，其施工一般分顺作法和逆作法两种。采用顺作法施工时，在基坑内由下而上地做好主体结构，然后回填土和恢复路面交通。由于回填土的密实度远不如地层原始状态，故在侧向不能提供必要的弹性抗力，明挖箱形结构一般按底板支承在弹性地基上的框架结构计算(图 4-43)。为使结构偏于安全，计算时可以采用主动荷载模型进行分析。箱形结构基底反力可假设为 Winkler 弹性地基梁，根据地基变形计算基底每一点的反力。弹性地基上的箱形结构一般按平面问题考虑，计算时通常都是沿隧道纵向取单位长度进行分析。

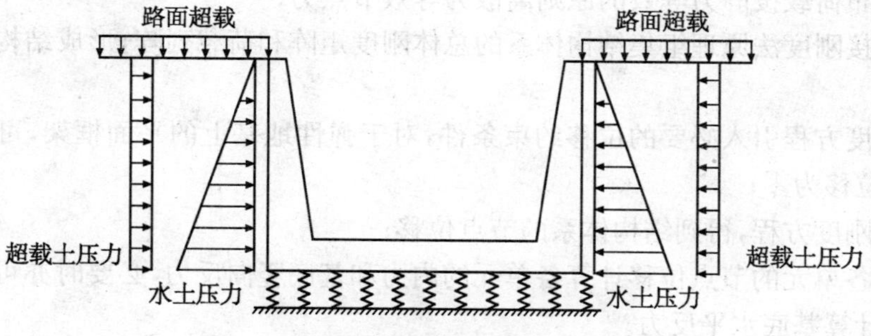

(a) 明挖敞开段结构计算模型

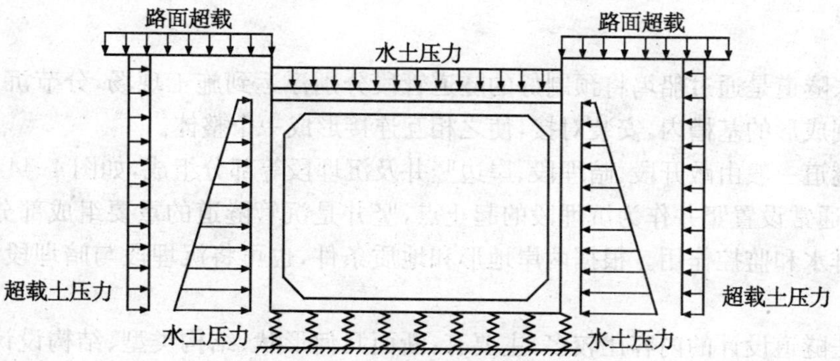

(b) 明挖回填段结构计算模型

图 4-43　明挖隧道结构计算图式

在计算时分两阶段进行，按两阶段最不利情况进行结构设计。两阶段分别为：

① 施工阶段：施工阶段考虑结构在各施工荷载作用下结构的强度、稳定性验算，只考虑基本组合，按增量法计算。

② 使用阶段：按承载力极限状态进行强度、刚度、稳定性验算，按正常使用极限状态进行变形及裂缝宽度验算，考虑基本组合及偶然组合。

4.5.2 荷载作用模式

明挖法隧道的荷载计算图式如图 4-43 所示。箱形框架顶板所受垂直压力可按全土柱理论计算，箱形结构两侧的土压力施工阶段可按主动土压力理论计算，使用阶段可按静止土压力理论计算；且要考虑地面超载引起的侧向附加压力。水压力根据实际地下水位确定。

4.5.3 结构计算方法

明挖法隧道结构受力计算一般采用矩阵位移法，应用矩阵位移法分析弹性地基上平面框架结构内力的基本步骤为：

① 将框架的上部分离散为梁单元，将框架的底板离散为弹性地基上的梁单元；

② 计算局部坐标系下的普通梁单元刚度矩阵；

③ 计算局部坐标系下弹性地基上梁单元刚度矩阵；

④ 将分布荷载按静力等效的原则离散为等效节点力；

⑤ 按直接刚度法原理组集结构体系的总体刚度矩阵和荷载列阵，形成结构体系的刚度方程；

⑥ 对刚度方程引入必要的位移约束条件，对于弹性地基上的平面框架，可假设其底板中点的水平位移为零；

⑦ 求解刚度方程，得到结构体系的节点位移；

⑧ 根据各单元的节点位移计算各单元的内力和基底竖向反力，必要时亦可根据底板节点水平位移计算基底水平反力。

4.6 沉管法隧道结构设计计算

沉管法隧道是通过船坞将预制好的隧道管段分别浮运到施工现场，分节沉放在水下河床预先挖掘成形的基槽内，安装对接，使之相互连接形成一个整体。

沉管隧道一般由敞开段、暗埋段、岸边竖井及沉埋段等部分组成，如图 4-44 所示。在沉埋段两端，通常设置竖井作为沉埋段的起止点，竖井是沉管隧道的重要组成部分，它起到通风、供电、排水和监控作用。根据两岸地形和地质条件，也可将沉埋段与暗埋段直接相接而不设竖井。

沉管法隧道设计的内容比较多，主要有：断面几何形状、结构类型、结构设计与计算、起浮抗浮设计、接头与防水设计、通风设计、照明供电设计、给排水设计、运营与安全设施设计、基础处理及回填设计等等。其中，沉管隧道的断面形状、结构类型见第 4.1 节，沉管隧道的

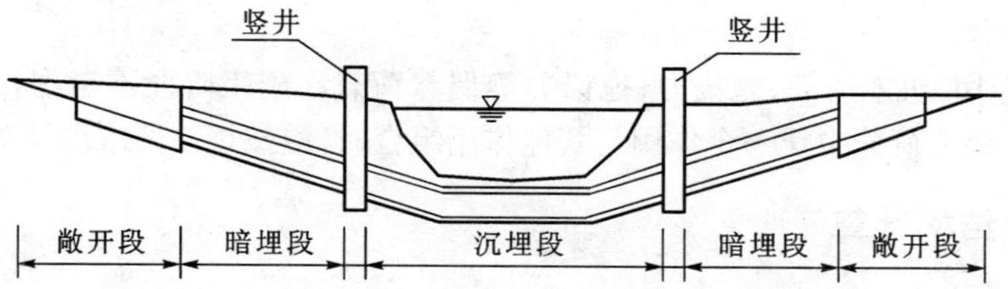

图 4-44 沉管隧道纵断面

防水设计见第 4.7 节。下面主要介绍沉管法隧道结构设计荷载、结构断面计算和结构抗浮计算。

4.6.1 作用荷载

作用在沉管隧道结构上的荷载有：结构自重、水压力、土压力、浮力、施工荷载、波浪和水流压力、沉降摩擦力、车辆活载、沉船荷载、地基反力、变温影响、不均匀沉降影响、地震影响等，如表 4-17 所示。

表 4-17 沉管荷载分类表

序号	荷载分类	荷载名称	组成及解释
1	永久荷载	一期恒载	结构自重及防锚层重
2		二期恒载	线路道床重
3		水压力	分最高水位、平均水位、最低水位时的水压力
4		土压力	包括管顶覆土及回淤土压力、两侧土压力及基底地基压力
5		设备重量	沉管内各种运营监控设备重量
6		混凝土收缩及徐变影响力	可简化成结构降温处理
7		地基基础沉降影响力	与地基及基础特性有关
8		水力压接荷载	与压接时水位高度及管段断面积有关
9		列车静荷载	指可移动活载，但不考虑冲击与振动
10		列车动荷载	主要为冲击力
11	可变荷载	施工荷载	主要由施工阶段临时结构的重量和有关施工机械重量组成
12		拖运力	指管段在浮运沉放过程中通过缆索作用在系缆柱上的力
13		压载水荷载	荷载大小与抗浮系数值有关
14		温度作用力	主要应考虑年温度变化和水温变化的影响
15	偶然荷载	地震作用	应按小区域地震烈度确定
16		沉船荷载	指沉船压在管段顶部的荷载
17		抛锚力	指船舶上的铁锚掷到沉管顶板上产生的冲击力
18		拖锚力	铁锚钩住管段拖拉时应加给管段的一个横向力

荷载作用组合应遵循以下原则：

① 应按施工阶段和运营阶段分别进行作用组合，施工阶段的安全系数可比运营阶段酌情降低。

② 荷载作用组合除按常规办法进行外，高温作用应与最高水位作用组合，低温作用应

与最低水位组合。

③ 地震作用、沉船荷载、抛锚力、拖锚力等偶然荷载在施工阶段不考虑，在运营阶段亦不同时组合。偶然荷载中任一个作用与其他作用组合时，应按规范要求酌情降低安全系数。

4.6.2 结构计算

1. 沉管结构横断面计算

沉管隧道横断面结构形式大多为多孔箱形框架，其结构内力分析必须经过“假定构件尺度→分析（内力）→修正（尺度）→复算（内力）”的几次循环，计算工作量很大。为避免采用剪力钢筋，改善结构受力性能，减少裂缝出现，在沉管隧道结构中，常采用变截面或折拱型结构。结构横向计算模型如图4-45 所示。

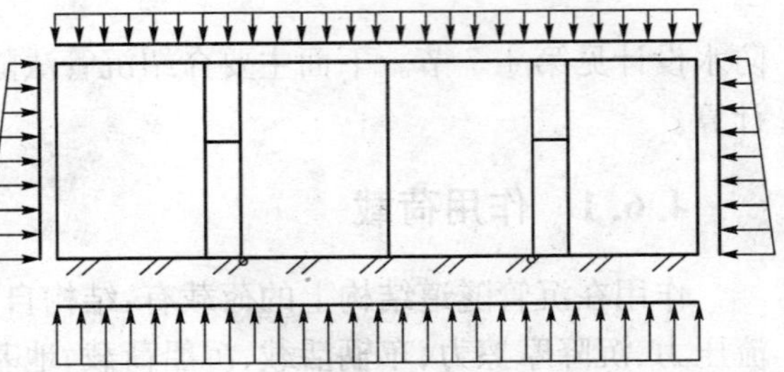

图 4-45 横向结构计算模型

2. 沉管结构纵向计算

施工阶段的沉管纵向受力分析，主要是计算浮运、沉设时，施工荷载、波浪力所引起的内力。使用阶段的沉管纵向受力分析，一般按弹性地基梁理论进行计算。

3. 结构验算及配筋

沉管隧道结构一般采用较高强度等级的混凝土，通常为C30—C50。沉管结构不容许出现任何通透性（即管壁内、外穿透的）裂缝，非通透性裂缝开展宽度应控制在 0.15～0.2 mm 以下。因此，不宜采用Ⅲ级及Ⅲ级以上的钢筋。

设计时，混凝土与钢筋的容许应力可参照《铁路设计规范》或《公路设计规范》，计算时应考虑下列一些荷载。

① 水压力是主要荷载之一。在覆土比较小的区段中，水压力常是最大的荷载。设计时要分别计算正常的高、低潮水位的压力，以及当地最大台风或特大洪水位的压力。

② 垂直土压力，一般为河床底到沉管顶面间的土体重量。在河床不稳定地区，还应考虑变迁的影响。侧向土压力，并非常量，在隧道建成初期，土体侧压力较大，以后随着土的固结发展而逐渐减小。设计时要按最不利组合分别取其最大或最小值。

③ 施工荷载有压载、端封墙、定位塔等施工设施的重量，为非均匀荷载，在计算浮运阶段的纵向弯矩时，这些荷载将是主要荷载。如这些施工荷载引起的管段纵向正负弯矩差过大，则可调整压载水箱（或水罐）的位置以减小此弯矩，使之受力合理。

④ 沉降摩擦力系指回填土之后，沟槽底部受荷不匀，沉降不均匀引起的。

⑤ 波浪力一般不大，不致影响配筋，水流压力对结构设计影响亦不大，但必须进行水工模型试验予以确定，以便据此设计沉设工艺及设备。

⑥ 沉船荷载是指船只失事后恰巧沉在隧道顶上时的一种特殊荷载，设计时只能作假设估定，因发生机率极小，近年来对设计时是否考虑此荷载已有不同观点。

4.6.3 浮力计算

在沉管结构设计中，必须进行结构浮力计算，其内容包括干舷的选定和抗浮安全系数的验算。通过浮力设计可以最终确定沉管结构的高度和外廓尺寸。

1. 干舷

管段在浮运时为了保持稳定，必须使管顶面露出水面，其露出高度称为干舷。具有一定干舷的管段遇风浪发生侧倾后，会自动产生一个反倾力矩，使管段恢复平衡。

一般矩形断面的管段干舷多为 10～15 cm，而圆形、八边形或花篮形断面的管段则多为 40～50 cm。干舷高度不宜过小，否则稳定性差；但也不宜过大，干舷越大，所需压载水箱的容量就越大，不经济。我国广州珠江隧道沉管干舷为 14.22 cm，而宁波甬江隧道则采用 10.14 cm。

管段制作时，混凝土重度和模壳尺寸常有一定幅度的变动，而河水比重也有一定幅度的变化。所以，设计干舷时应按最大的混凝土重度、最大的混凝土体积和最小的河水比重来计算。

2. 抗浮安全系数

在沉管施工阶段，应采用 1.05～1.1 的抗浮安全系数。施工阶段的抗浮安全系数要在 1.05 以上，否则易导致复浮。在计算施工阶段的抗浮安全系数时，临时施工设备（如定位塔、端封墙等）的重量均可不计。

在回填完成之后的使用阶段，抗浮安全系数应采用 1.2～1.5，计算时可考虑两侧填土对管壁的摩擦力。设计时应按最小的混凝土重度和体积、最大的河水比重来计算抗浮安全系数。

3. 沉管结构外轮廓尺寸

根据沉管隧道使用阶段的通风要求及行车限界等确定隧道洞孔的内净宽度，以及车行道净空高度。而沉管结构的全高以及其他外轮廓尺寸的确定必须满足沉管的抗浮设计要求，因此这些尺寸都必须经过浮力计算和结构分析的多次检算。

4.7 城市隧道防排水设计

隧道是穿越地下岩土体或水体的通道，是生命线工程。当城市隧道穿越或靠近含水地层时，会长期受到地下水的影响。若隧道防排水设施不完善，地下水就会浸入隧道，发生隧道渗漏水病害，将影响到隧道内部结构及附属设施，降低其使用寿命；严重时会影响到隧道的安全运营和正常使用，甚至危害到地面建筑物安全。因此，城市隧道的防水要求应贯彻在勘察、设计、施工和维修每个环节，并根据工程地质与水文地质条件、施工方法、结构形式、施工技术水平、防水原则、防水等级、材料造价等因素综合考虑确定，以便采用合理的方法和工艺，进行防排水设计。

4.7.1 城市隧道防排水原则与等级

1. 防排水原则

现行国家标准《地下工程防水技术规范》(GB 50108—2008)规定：地下工程的设计和施工应遵循“防、排、截、堵相结合，刚柔并济，因地制宜，综合治理”的原则，同时强调必须符合环境保护的要求，并采取相应措施；应采用经过试验、检测和鉴定并经实践检验质量可靠的新材料，行之有效的新技术、新工艺。

《铁路隧道防排水技术规范》(TB 10119—2000)规定：铁路隧道防排水应采取“防、排、截、堵结合，因地制宜，综合治理”的原则。

“防”是要求隧道衬砌结构具有一定的自防水能力，能防止地下水渗入，如采用防水混凝土或塑料防水板等。

“排”是指隧道应有排水设施并充分利用，以减少渗水压力和渗水量，但必须注意大量排水后引起的后果，如围岩颗粒流失、降低围岩稳定性及造成当地农田灌溉和生活用水困难等，应事先妥善处理。

“截”是指隧道顶部如有地表水易于渗漏水处所或有坑洼地积水，应设置截、排水沟和采取清除积水的措施。

“堵”是指在隧道施工过程中，有渗漏水时，可采用注浆、喷涂等方法堵水；运营后渗漏水地段也可采用注浆、喷涂，或用嵌填材料、防水抹面方法堵水。

隧道衬砌应具有一定的防水能力，防止地下水渗入。地表水应截流、汇集排除，防止积水下渗。隧道衬砌背后的地下水宜引排，减少衬砌的渗水压力和渗水量；堵水应归槽，使地下水按预定路径排除。

《公路隧道设计规范 》(JTD D70—2004) 规定，公路隧道防排水应遵循“防、排、截、堵结合，因地制宜，综合治理”的原则。

《地铁设计规范》(GB 50175—2003) 规定，城市地铁隧道防排水应遵循“以防为主、刚柔结合、多道防线、综合治理”的原则。

2. 防水等级与标准

城市地下工程的防水等级分为四级，各级的标准应符合表 4-18 的规定。地下工程的不同防水等级的适用范围，应根据工程的重要性和使用中对防水的要求按表 4-19 选定。

表 4-18　　地下工程防水等级标准

防水等级	标　准
一级	不允许渗水，结构表面无湿渍
二级	不允许渗水，结构表面有少量湿渍 总湿渍面积不应大于总防水面积的 2/1 000；任意 100 m^2 防水面积上的湿渍不超过 3 处，单个湿渍的最大面积不大于 0.2 m^2
三级	有少量漏水点，不得有线流和漏泥砂 任意 100 m^2 防水面积上的漏水点数不超过 7 处，单个漏水点的最大漏水量不大于 2.5 L/d，单个湿渍的最大面积不大于 0.3 m^2
四级	有漏水点，不得有线流和漏泥砂 整个工程平均漏水量不大于 2.0 L/(m^2·d)；任意 100 m^2 防水面积的平均漏水量不大于 4 L/(m^2·d)

表 4-19　　不同防水等级的适用范围

防水等级	适用范围
一级	人员长期停留的场所；因有少量湿渍会使物品变质、失效的储物场所及严重影响设备正常运转和危及工程安全运营的部位；极重要的战备工程
二级	人员经常活动的场所；在有少量湿渍的情况下不会使物品变质、失效的储物场所及基本不影响设备正常运转和工程安全运营的部位；重要的战备工程
三级	人员临时活动的场所；一般战备工程
四级	对渗漏水无严格要求的工程

一般来讲，电气化铁路隧道、寒冷地区铁路隧道、地铁运行区间隧道和城市公路隧道应按二级防水等级设计；非电气化铁路隧道、一般公路隧道和水下隧道应按三级防水等级设计；取水隧道、污水排放隧道和人防疏散干道应按四级防水等级设计。

4.7.2 城市隧道工程防水要求

随着城市隧道工程的用途和重要性不同，其防水要求也不一样。

铁路隧道规范要求：新建和改建城市铁路隧道，应对地表水和地下水作妥善处理，洞内外应有完整的防排水设施，以保证结构和设备的正常使用和行车安全。并应做到：①衬砌不滴水、安装设备的孔眼不渗水；②电力牵引的隧道拱部基本不渗水；③有冻害地段的隧道，拱部和边墙基本不渗水，衬砌背后不积水；④道床不积水。

公路隧道规范要求：高速公路、一级公路、二级公路隧道防排水应满足下列要求：①拱部、边墙、路面、设备箱洞不渗水；②有冻害地段的隧道衬砌背后不积水，排水沟不冻结；③车行横通道、人行横通道等服务通道拱部不滴水，边墙不淌水。三级公路、四级公路隧道应做到：①拱部、边墙不滴水，路面不积水，设备箱洞不渗水；②有冻害地段的隧道衬砌背后不积水，排水沟不冻结。此外，隧道采取防排水工程措施时，应注意保护自然环境；当隧道内渗水引起地表水减少，影响居民生产、生活用水时，应对围岩采取堵水措施，减少地下水的渗漏。

地铁规范对地下结构防水要求作了以下规定：①地下车站及机电设备集中区段的防水等级应为一级，不允许渗水，结构表面无湿渍；②区间隧道及连接通道等附属的隧道结构防水等级应为二级，顶部不允许滴漏，其他不允许渗水，结构表面可有少量湿渍，总湿渍面积不应大于总防水面积的 6/1 000；任意 100 m^2 防水面积上的湿渍不超过 4 处，单个湿渍的最大面积不大于 0.2 m^2。

采用明挖法、暗挖法和盾构法施工的城市地下工程的防水设防要求见表 4-20—表 4-22。

表 4-20　　明挖法地下工程防水设防要求

工程部位		主体结构							施工缝							后浇带					变形缝					
防水措施		防水混凝土	防水卷材	防水涂料	塑料防水板	膨润土防水材料	防水砂浆	金属防水板	遇水膨胀止水条(胶)	外贴式止水带	中埋式止水带	外抹防水砂浆	外涂防水涂料	水泥基渗透结晶型防水涂料	预埋注浆管	补偿收缩混凝土	外贴式止水带	预埋注浆管	遇水膨胀止水条(胶)	防水密封材料	中埋式止水带	外贴式止水带	可卸式止水带	防水密封材料	外贴式防水卷材	外涂防水涂料
防水等级	一级	应选	应选 1～2 种						应选 2 种							应选	应选 2 种				应选	应选 1～2 种				
	二级	应选	应选 1 种						应选 1～2 种							应选	应选 1～2 种				应选	应选 1～2 种				
	三级	应选	宜选 1 种						宜选 1～2 种							应选	宜选 1～2 种				应选	宜选 1～2 种				
	四级	宜选	—						宜选 1 种							应选	宜选 1 种				应选	宜选 1 种				

表 4-21　　暗挖法地下结构防水设防要求

工程部位		衬砌结构						内衬砌施工缝						内衬砌变形缝（诱导缝）				
防水措施		防水混凝土	塑料防水板	防水砂浆	防水卷材	防水涂料	金属防水层	外贴式止水带	预埋注浆管	遇水膨胀止水条（胶）	防水密封材料	中埋式止水带	水泥基渗透结晶型防水涂料	中埋式止水带	外贴式止水带	可卸式止水带	防水密封材料	遇水膨胀止水条（胶）
防水等级	一级	必选	应选 1～2 种					应选 1～2 种						应选	应选 1～2 种			
	二级	应选	应选 1 种					应选 1 种						应选	应选 1 种			
	三级	宜选	宜选 1 种					宜选 1 种						应选	宜选 1 种			
	四级	宜选	宜选 1 种					宜选 1 种						应选	宜选 1 种			

表 4-22　　盾构法隧道衬砌防水设防要求

措施选择 / 防水措施 / 防水等级	高精度管片	接缝防水				混凝土内衬或其他内衬	外防水涂料
		密封垫	嵌缝	注入密封剂	螺孔密封圈		
一级	必选	必选	全隧道或部分区段应选	可选	必选	宜选	对混凝土有中等以上腐蚀的地层应选，在非腐蚀地层宜选
二级	必选	必选	部分区段宜选	可选	必选	局部宜选	对混凝土有中等以上腐蚀的地层宜选
三级	应选	必选	部分区段宜选	—	应选	—	对混凝土有中等以上腐蚀的地层宜选
四级	可选	宜选	可选	—	—	—	—

4.7.3　暗挖法隧道防排水技术

1. 暗挖隧道防排水一般要求

暗挖隧道防排水的一般要求如下：

① 隧道防水应充分利用混凝土自防水能力，并根据需要可采用防水混凝土或设防水层及其他防水措施。

② 在初期支护与二次衬砌之间宜设置防水板或设系统盲管（沟）。

③ 施工缝、变形缝应采用可靠的堵、排、防水措施。

④ 隧道电气化区段接触网支架、照明灯具支架等孔眼，应作防水处理。隧道衬砌结构中的埋设件宜预埋。

⑤ 围岩破碎、渗水、易坍塌地段宜采用注浆防水；在注浆地段，应采取防止堵塞排水设施的措施。

⑥ 隧道地表沟谷和坑洼的积水、渗水对隧道有影响时，宜采用疏导、勾补、铺砌和填平等措施，防止地表水下渗。

⑦ 隧道附近河流、水库、溪流的水，当有可能渗入隧道时，应采取措施处理。

⑧ 侵蚀性地下水应针对其侵蚀类型，采用抗侵蚀性混凝土、压注抗侵蚀浆液或敷设防

水、防蚀层。

2. 暗挖隧道防水技术

(1) 防水混凝土

混凝土是一种微孔结构材料，其中的部分开放式毛细孔、各种缝隙及混凝土自身收缩形成的开裂是造成混凝土结构渗漏水的主要原因。

防水混凝土是一种通过调整配合比，掺入少量外加剂、掺合料等方法，来抑制混凝土孔隙率，改善孔结构，提高自身密实度和抗渗性，达到防水目的的混凝土。

防水混凝土按其组成不同，分为普通防水混凝土、外加剂防水混凝土、膨胀水泥防水混凝土和纤维防水混凝土四大类。

防水混凝土在工程结构中不仅承担防水层的作用，而且还起着承重和围护的作用，使结构的防水与承重合为一体，因而能节约材料，降低工程造价，加快施工速度。目前，国内外大量采用防水混凝土做隧道衬砌，实现结构自防水。

隧道规范规定，防水混凝土的抗渗等级不得小于 P8；同时要求防水混凝土衬砌结构厚度不应小于 30 cm，迎水面主筋保护层厚度不应小于 5 cm，表面裂缝宽度不得大于 0.2 mm，并不得贯通。

(2) 附加防水层

附加防水层是附加在围护结构上的防水层，既可作外防水层，又能作内防水层或夹层防水层，在工程上可以单独使用，也可以复合使用。

附加防水层包括塑料防水板防水层、卷材防水层、涂料防水层、水泥砂浆防水层、金属防水层。按施作位置分为：外贴防水层、夹层防水层和内贴防水层。规范推荐：附加防水层宜设在迎水面或复合衬砌之间。在结构迎水面或复合衬砌之间做附加防水层，防水效果一般比设在背水面好。

下面主要介绍一下塑料防水板防水层、卷材防水层和涂料防水层。

① 塑料防水板防水层。目前，暗挖法隧道基本采用复合式衬砌夹层防水，其做法就是在喷混凝土初期支护上铺设塑料防水板作为主体结构的防水隔离层，然后再进行二次衬砌混凝土的浇注。实践证明，塑料防水板防水层不仅防水效果好，而且可以减少二次衬砌的收缩裂缝。

选择塑料防水板时应符合下列要求：幅宽宜为 2～4 m；厚度宜为 0.8～1.5 mm；耐刺穿性好；耐久性、耐水性、无毒性、耐腐蚀性、耐菌性好；抗拉强度不小于 10 MPa；断裂延伸率不小于 200%；水压 0.2 MPa，维持 24 h 不渗漏。常用的塑料防水板材料性能指标如表 4-23 所示。

表 4-23　　塑料防水板主要性能指标

项目	性能指标			
	乙烯-醋酸乙烯共聚物	乙烯-沥青共混聚合物	聚氯乙烯	高密度聚乙烯
拉伸强度(MPa)	≥16	≥14	≥10	≥16
断裂延伸率(%)	≥550	≥500	≥200	≥550
不透水性，120 min(MPa)	≥0.3	≥0.3	≥0.3	≥0.3
低温弯折性	−35℃无裂纹	−35℃无裂纹	−20℃无裂纹	−35℃无裂纹
热处理尺寸变化率(%)	≤2.0	≤2.5	≤2.0	≤2.0

铺设塑料防水板时，基层应平整、无尖锐物。铺设前应先铺缓冲层，缓冲层宜采用聚乙烯泡沫塑料毡或土工合成材料，缓冲层应用暗钉固定在基层上，见图 4-46。此外，铺设防水板时，应边铺边将其与暗钉圈焊接牢固；防水板的铺设应超前二次衬砌混凝土的施工，其距离宜为 5～20 m，并设临时挡板防止机械损伤和电火花灼伤防水板。

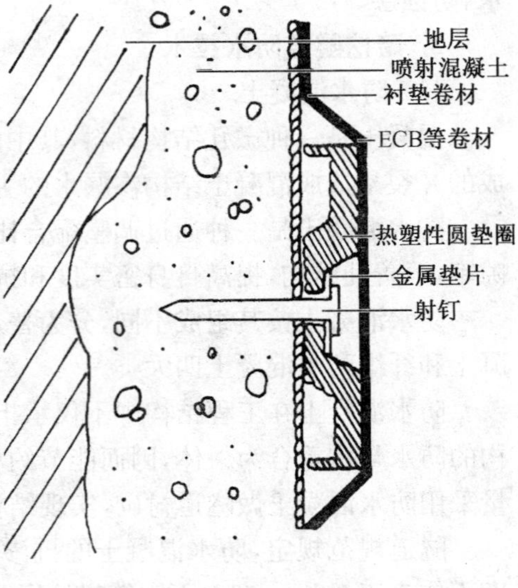

图 4-46　塑料防水板防水构造图

② 卷材防水层。卷材防水层属柔性防水，能适应结构的一定变形。外贴时，除起到防水作用外，还能防止有害水质对钢筋混凝土结构产生化学侵蚀作用。卷材防水尽管施工比较复杂，但对防大面积的有压水有可靠的保证。目前我国采用的卷材防水层种类大致有以下几种：

A. 沥青卷材防水层：一般采用多层卷材，防水层的卷材层数可根据地下水压大小和工程要求来确定。原西柏林地下铁道防水说明书中规定水压与卷材层数的关系见表 4-24 所示。

采用沥青防水卷材的优点是有良好的耐水性和耐腐蚀性，但它们有热流冷脆性的弱点，因此，隧道工程中一般不用。目前一般采用改性沥青防水卷材，改性沥青防水卷材可分为塑性体的(以无规聚丙烯 APP 为代表)、弹性体的(以 SBS 为代表)、自黏结的、聚乙烯沥青的、橡胶粉改性的等等。国际上常用的为 APP 和 SBS 改性剂。

表 4-24　　水压与卷材层数关系

水压(MPa)	0～0.05	0.05～0.1	0.1～0.2	0.2～0.3
卷材层数	3	4	5	6

B. 高分子材料卷材防水层：按防水卷材的母材性质可分为：橡胶类(如三元乙丙橡胶、氯丁橡胶、丁基橡胶防水卷材等)、塑料类(如聚氯乙烯、氯化聚乙烯、低密度聚乙烯防水卷材等)、胶塑混合类(如氯化聚乙烯-橡胶共混防水卷材等)以及合成树脂类(如乙烯醋酸乙烯共聚物、乙烯共聚物沥青等防水卷材)。

这种橡胶、塑料、合成树脂类卷材与沥青类卷材相比，具有重量轻、材质性能好的特点，对建筑物开裂、错动的适应性强，而且又是冷作业，施工简便，受到施工操作者欢迎。但这类卷材彼此之间的接头以及卷材与基层黏结不密实，就不能发挥其防水功能。因此，这类防水材料需要解决与此相匹配的黏结剂和人工铺贴技术以及片材之间的搭接技术等问题。

目前，橡胶、塑料类卷材常用一层，可根据工程使用要求及水文地质条件来选择不同厚度卷材。如防有压水，层厚不小于 1.5 mm。铺贴橡胶、塑料卷材时，必须选择与卷材材质相容的黏结剂。

③ 涂料防水层。涂料防水层是用高分子化学材料或沥青类防水材料涂抹在结构防水面上，在结构表面形成覆盖膜的防水方法。涂料防水层一般在基面复杂部位或因卷材不易

施工的地方采用，也有用于构筑物或装饰工程的防渗、堵漏。防水涂料应选用防水、抗菌、无毒或低毒、刺激性小的涂料。

目前防水涂料种类比较多，按涂料类型划分，有溶剂型、水乳型和反应型三类；按成膜物质的主要成分划分，有合成树脂类、橡胶类、橡胶沥青类、沥青类和水泥类五大类。其中水泥基防水涂料，近年来在广州、北京、成都等城市的地下工程防渗、堵漏施工中收到良好效果，该防水涂料具有无味、无毒、耐久性好的特点，与混凝土、砖、石等建筑材料黏结力强，防渗、防漏效果好。对于涂料防水层，施工时，结构基面应平整、清洁，并注意保证涂料防水厚度的均匀一致性。选用可溶剂型涂料时，基面含水率应小于 9%。

(3) 细部结构防水

隧道的施工缝、变形缝、后浇带、穿墙管、埋设件等处是整个工程防水的薄弱环节，隧道的渗漏水，除结构本身缺陷外，大多是由于这些部位处理不当引起的，因此必须做好细部构造的设计和施工。

我国早期修建的隧道工程各种接缝(包括施工缝)均未作防水处理。因此接缝漏水占隧道漏水的绝大部分，且最为常见。尤其是早期施工的隧道衬砌，每环 3～6 m，环向接缝多，漏水严重。长期漏水的接缝处混凝土都质地疏松，整治处理困难。

① 施工缝防水。施工缝是防水工程的薄弱环节，为保证防水结构的整体性、抗渗性，混凝土和防水混凝土应连续浇筑，宜少留施工缝；拱圈、仰拱不宜留纵向施工缝，当留设施工缝时，应符合下列规定：

A. 墙体水平施工缝不宜留在剪力与弯矩最大处或铺底与边墙的交接处，应留在高出铺底面不小于 300 mm 的墙体上。拱墙结合的水平施工缝，宜留在拱墙接缝线以下 150～300 mm 处。墙体若有预留孔洞时，施工缝距孔洞边缘不宜小于 300 mm。

B. 垂直施工缝应避开地下水和裂隙水较多的地段，并宜与变形缝相结合。施工缝的防水构造形式见图 4-47。垂直施工缝应避开地下水和裂隙水较多的地段，并宜与变形缝相结合。施工缝的防水质量除了与选用的构造措施是否合理有关外，还与施工质量有很大关系。

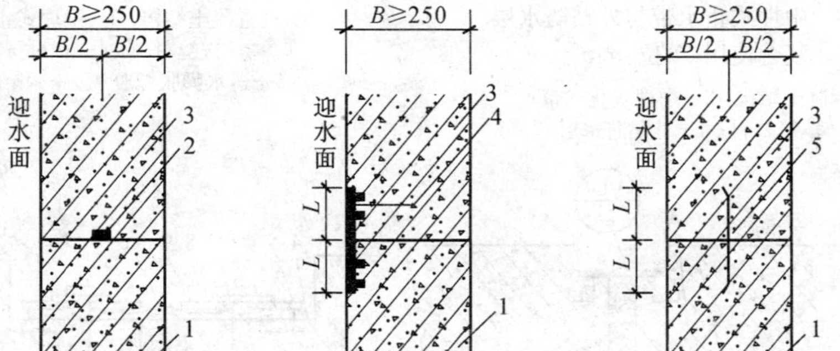

图 4-47 施工缝防水基本构造

1—先浇混凝土；2—遇水膨胀止水条；3—后浇混凝土；4—外贴防水层；5—中埋止水带

② 变形缝防水。设置变形缝的目的是：结构发生伸缩、沉降变形时不至于损坏。因此，变形缝防水设计首先要满足密封防水、适应变形，在此前提下还应考虑施工、检查、维修方

便、材料易得等；其次，用于伸缩的变形缝宜不设或少设，可根据工程类别及工程地质情况采用诱导缝、后浇带等代替；此外，变形缝处混凝土结构厚度不应小于 300 mm。

变形缝的构造形式和材料应根据水压、水质、工程埋深、环境温度、变形量和防水等级综合确定。其材料应采用柔性或弹性材料，当工程处在侵蚀性介质中，宜用相应的耐侵蚀材料。其构造形式一般按以下方法选用：

A. 水压小于 0.03 MPa，变形量小于 10 mm 的变形缝可用弹性密封材料嵌填密实或粘贴橡胶片；

B. 水压小于 0.03 MPa，变形量为 20～30 mm 的变形缝宜用附贴式止水带；

C. 水压大于 0.03 MPa，变形量为 20～30 mm 的变形缝应采用埋入式橡胶或塑料止水带；

D. 对于防水要求高的工程可用多种方法综合处理，采用复合防水构造形式，如图 4-48～图 4-50 所示；

E. 环境温度高于 50℃的变形缝，可采用 2 mm 厚的紫铜片或 3 mm 厚不锈钢等金属止水带，如图 4-51 所示。

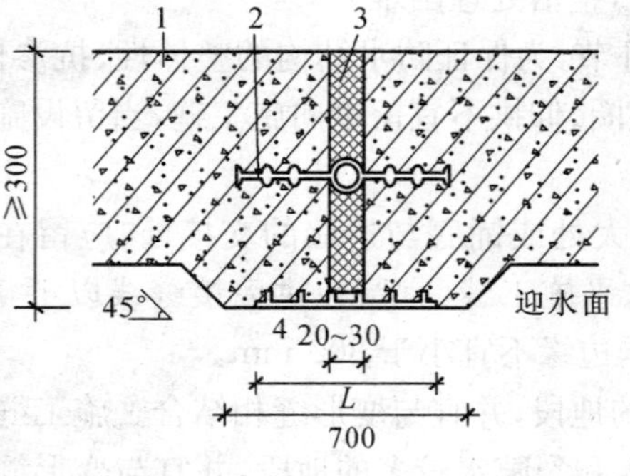

外贴式止水带 $L \geqslant 300$，外贴防水卷材 $L \geqslant 400$，外贴防水涂层 $L \geqslant 300$

图 4-48 中埋式止水带与外贴防水层复合使用(单位:mm)

1—混凝土结构；2—中埋式止水带；3—填缝材料；4—外贴防水层

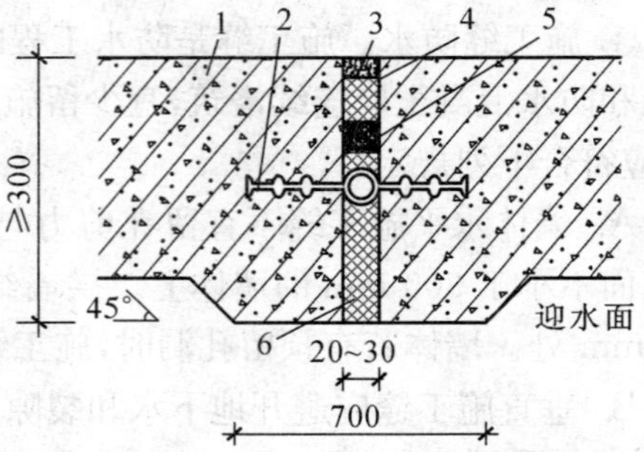

图 4-49 中埋式止水带与膨胀橡胶条、嵌缝材料复合使用(单位:mm)

1—混凝土结构；2—中埋式止水带；3—嵌缝材料；4—背衬材料；5—遇水膨胀橡胶条；6—填缝材料

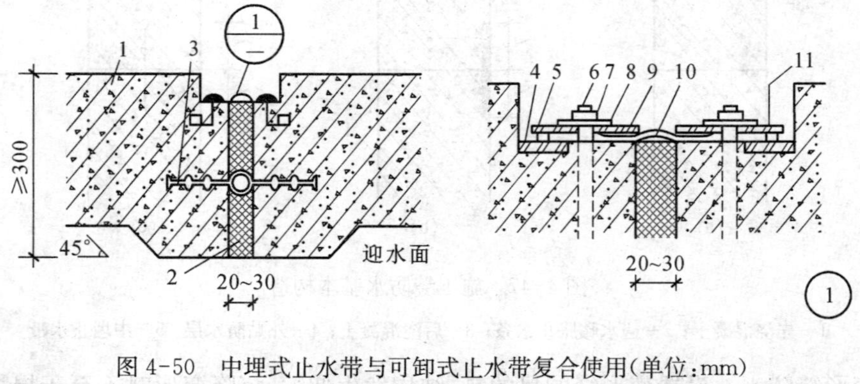

图 4-50 中埋式止水带与可卸式止水带复合使用(单位:mm)

1—混凝土结构；2—填缝材料；3—中埋式止水带；4—预埋钢板；5—紧固件压板；6—预埋螺栓；7—螺母；8—垫圈；9—紧固件压板；10—Ω形止水带；11—紧固件圆钢

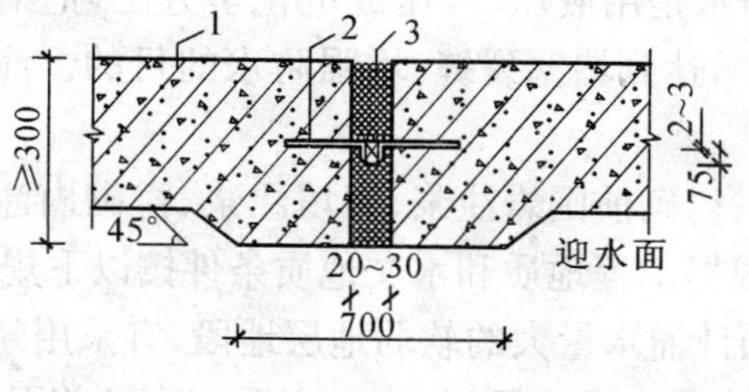

图 4-51 中埋式金属止水带(单位:mm)

1—混凝土结构；2—金属止水带；3—填缝材料

③ 后浇带防水。混凝土后浇带是一种刚性接缝,适用于不允许留设柔性变形缝的工程。后浇带应设在受力和变形较小的部位,间距一般为 30～60 m,宽度为 700～1 000 mm;可做平直缝或阶梯缝,结构主筋不宜在缝中断开。后浇带的防水构造见图 4-52。

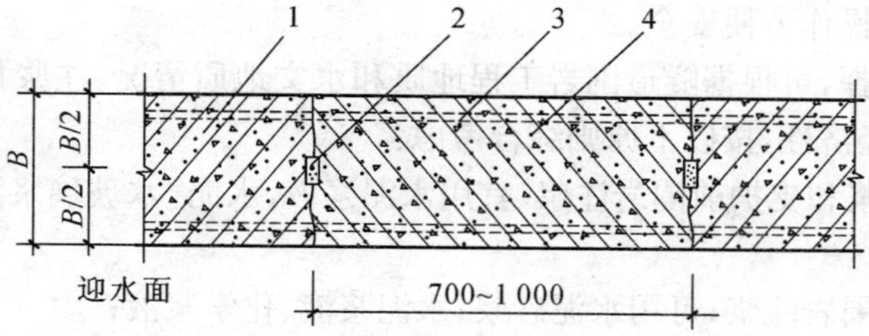

(a) 后浇带防水构造(一)

1—先浇混凝土；2—遇水膨胀止水条(胶)；3—结构主筋；4—后浇补偿收缩混凝土

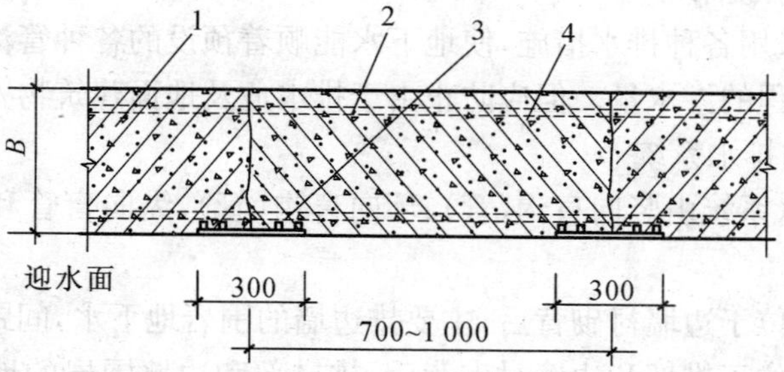

(b) 后浇带防水构造(二)

1—先浇混凝土；2—结构主筋；3—外贴式止水带；4—后浇补偿收缩混凝土

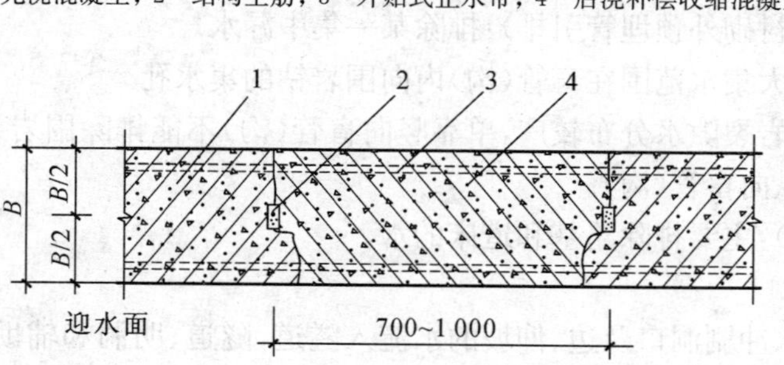

(c) 后浇带防水构造(三)

1—先浇混凝土；2—遇水膨胀止水条(胶)；3—结构主筋；4—后浇补偿收缩混凝土

图 4-52 后浇带防水构造(单位:mm)

④ 注浆防水。注浆防水是用液压、气压或电化学方法，把某些能凝固的浆液注入到围岩、衬砌裂隙或壁后空隙中，达到堵塞裂缝、增强防水的目的。注浆具有防渗、堵水、加固的作用。

注浆包括超前预注浆、衬砌前围岩注浆、回填注浆、衬砌内注浆、衬砌后围岩注浆等，在选择注浆防水方案时，应根据工程地质和水文地质条件按以下规定进行：

(a) 在工程开挖前，预计涌水量大的软弱地层地段，宜采用超前预注浆；

(b) 开挖后有大面积渗漏水或大股涌水时，宜采用支护前围岩注浆；

(c) 衬砌（支护）后渗漏水严重的地段或充填衬砌背后的空隙地段，宜采用回填注浆；

(d) 衬砌后或回填注浆后仍有渗漏水时，宜采用衬砌内注浆或衬砌后围岩注浆。

注浆材料应具有以下特点：具有良好的可灌性；凝胶时间可根据需要调节；固化时收缩小，与岩石、混凝土、砂土等有一定的黏结力；固化后有一定的抗压、抗拉强度等级和抗渗性、耐久性；稳定性好；如地下水有侵蚀性时还应具有相应的耐侵蚀性；无毒或低毒，对环境污染小；注浆工艺简单，操作方便安全。

注浆材料的选择，可根据隧道围岩工程地质和水文地质情况、注浆目的、注浆工艺和设备等因素，并结合经济性，按以下原则综合考虑：

(a) 超前预注浆和支护前围岩注浆，宜用水泥浆液、水泥-水玻璃浆液，必要时可用化学浆液；

(b) 衬砌背后围岩注浆，可用水泥砂浆、水泥浆液、化学浆液；

(c) 回填注浆宜选用水泥浆液、水泥砂浆或掺有石灰、黏土、粉煤灰的水泥浆液；

(d) 衬砌内注浆宜选用水泥浆液、特种水泥浆和超细水泥浆、化学浆液。

3. 暗挖隧道排水技术

隧道排水是指采用各种排水措施，使地下水能顺着预设的各种管沟排出洞外，以降低地下水位，减少地下工程的渗水量。但应防止由于排水危及地面建筑物安全。

(1) 衬砌背后的排水系统

衬砌背后的排水系统由竖向盲沟(管)、环向盲沟(管)、纵向盲管和排水沟等组成，如图4-53所示。

竖向盲沟(管)：位于边墙衬砌背后，主要排边墙的围岩地下水，间距10～30 m。

环向盲沟(管)：位于拱部和边墙衬砌背后，排拱部和边墙围岩的地下水，间距一般不大于10 m。

排水管(槽)(衬砌外预埋管引排)：排除某一集中漏水。

集水钻孔：扩大集水范围在盲管(沟)内向围岩钻的集水孔。

纵向盲管：围岩裂隙水分布较广，单靠竖向盲管(沟)不能排除围岩裂隙水，故在两道竖向盲管(沟)间设纵向盲管(沟)。

隧底盲管(沟)：主要排除路基和道床的水。

(2) 洞口排水

为防止地表水冲刷洞口及边、仰坡的水流入隧道，隧道、明洞和辅助坑道的洞口应设置截水沟和排水沟，设计沟槽截面时，其过水量按洪水频率1/25设计。

(3) 洞内排水

水沟坡度一般与线路坡度一致，不小于3‰。

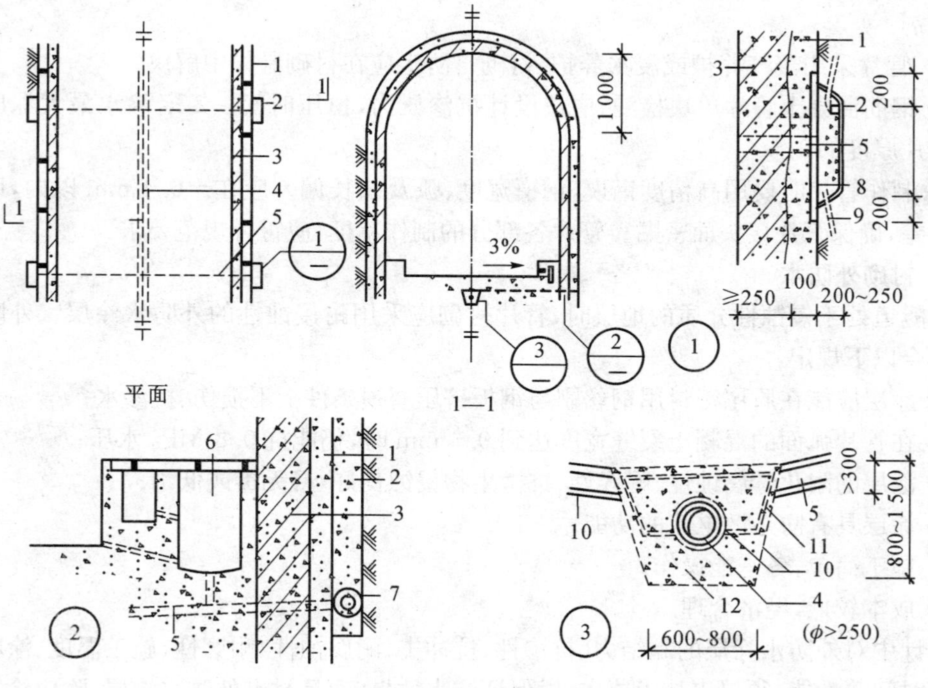

图 4-53　隧道衬砌排水构造(单位:mm)

1—初期支护；2—盲沟；3—主体结构；4—中心排水盲沟；5—横向排水管；6—排水明沟；7—纵向集水盲沟；8—隔浆层；9—引液孔；10—无纺布；11—无砂混凝土；12—管座混凝土

水沟位置:单线隧道一般采用双侧水沟;当地下水水量小,又采用碎石道床时,可采用单侧水沟,设于地下水来源一侧。双线隧道一般两侧及中心均设水沟,不得单独采用中心水沟。双线特长、长隧道,两侧及中心均设水沟,并增设各排水沟间横向联系水沟(间隔 200~500 m,视水量而定,以均匀各水沟水量)。

4.7.4　盾构法隧道防水技术

盾构法隧道的施工工艺、衬砌类型等与暗挖法隧道显著不同,结构防水也有其特点。

盾构法施工的隧道,一般采用钢筋混凝土管片、复合管片、砌块等装配式衬砌或现浇混凝土衬砌,其防水工作包括:管片衬砌自防水、衬砌外防水、衬砌接缝防水、衬砌与盾尾注浆防水、盾构法隧道与竖井接头防水,特殊情况下还需采用内衬砌防水。其中,衬砌接缝防水应是重点。

1. 管片衬砌自防水

管片结构的自防水是盾构法隧道防水的首要措施,在设计和施工中,主要通过满足管片混凝土的抗渗要求和管片预制精度要求来实现。

制作高抗渗性、高精度混凝土管片应满足下列要求。

① 混凝土试块强度和抗渗等级均必须大于等于设计值。抗渗等级应等于隧道埋深水压力的 3 倍,且不得低于 0.8 MPa。其主要要求与措施应是:

A. 保证强度;

B. 生产时不允许产生裂缝;

C. 限制水泥用量,控制水灰比、坍落度,控制砂石含泥量,添加高效减水剂和活性填料等外掺剂；

D. 管片采用蒸气养护或浸水养护，衬砌自防水应在衬砌制作中解决。

② 钢筋混凝土管片单块检漏，应按设计抗渗压力，恒压时间≥2 h，渗水最大深度不得超过管片厚度的 1/50。

③ 制作管片时要用高精度钢模，钢模宽度、弧及弦长偏差应在±0.4 mm 以内，以减少管片误差，确保管片接头面密贴。管片各部分的制作精度，应符合规范要求。

2. 衬砌外防水

当隧道处于侵蚀性介质的地层时，管片衬砌应采用耐侵蚀性的外防水涂层。外防水涂层应符合以下规定：

① 涂层应能在盾尾密封用钢丝刷与钢板挤压磨损条件下不损伤、抗渗水；

② 在管片弧面的混凝土裂缝宽度达到 0.3 mm 时，仍能抗 0.8 MPa 水压；

③ 涂层的耐化学腐蚀性、耐候性、抗微生物侵蚀良好，且无毒或低毒；

④ 涂层具有防杂散电流的功能；

⑤ 施工简单，冬季能操作；

⑥ 成本较低，经济合理。

设计中对外防水涂层的黏结力、抗渗性、抗冲击、耐腐蚀性、耐磨性、施工温度、涂料厚度与成膜时间等性能，须提出技术要求，以保证防水效果；而且衬砌外防水涂层，除应涂抹于衬砌背面外，还应涂抹在环、纵面橡胶密封条外侧混凝土上。

3. 管片衬砌接缝防水

盾构法隧道防水的核心就是衬砌接缝防水，而衬砌接缝防水的关键是接缝面防水密封材料及其设置。管片接缝防水措施包括：密封垫防水、螺栓孔防水、嵌缝防水。

(1) 弹性密封垫防水

20 多年来的工程实践证明，采用弹性密封原理、线性密封方式、密封材料预制成型的防水施工方法是合理的、成功的，它几乎成为盾构法隧道衬砌接缝防水的唯一方法。

① 弹性密封垫选型。弹性密封垫选型的关键是材质与配合比必须恰当，构造形式必须合理。

弹性密封垫应沿环、纵面兜绕成框形，也可设计成"门"形或 L 形。图 4-54 为几种新型防水弹性密封垫，这种预制成型的橡胶弹性密封垫由工厂制作，现场套裹，既能保证质量，又能简化现场施工和减少施工场地。

密封垫沟槽形式、截面尺寸应与弹性密封垫形式和尺寸相匹配。按防水要求可设单密封垫沟槽、双密封垫沟槽、三道密封垫沟槽。一般管片至少设置 1 道密封垫沟槽，含水丰富或薄弱部位可设 2 道，大直径隧道设置 3 道。

为能使密封垫完全压密(环缝张开量为 0 mm)，密封垫沟槽截面积应大于等于密封垫的截面积，能承受实际水压的 3 倍。

② 弹性密封垫材料要求。弹性密封垫材料应具有良好的弹性或遇水膨胀性、耐久性、耐水性、耐动力疲劳性、耐干湿疲劳性、耐化学侵蚀性。

选择密封垫材料，主要考虑硬度、伸长率、扯断强度、恒定压缩永久变形、老化系数、防霉等级等技术性能指标，对于水膨胀橡胶还应增加吸水膨胀率。密封垫材料应符合表 4-25 的规定。

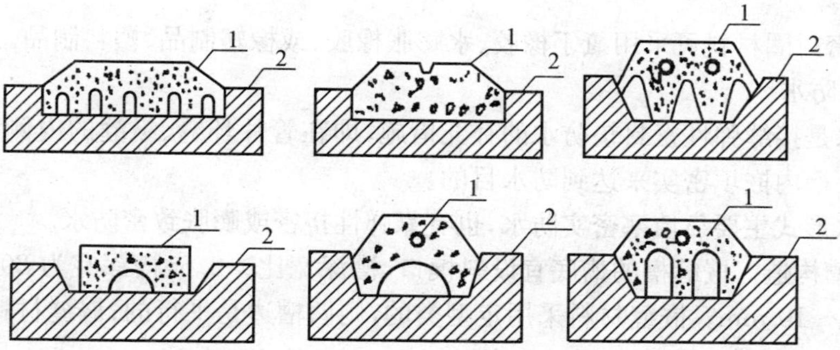

图 4-54 防水弹性密封垫构造形式

1—弹性密封垫；2—钢筋混凝土管片

表 4-25 氯丁橡胶、水膨胀橡胶性能指标

性 能	氯丁橡胶	水膨胀橡胶	性 能	氯丁橡胶	水膨胀橡胶
硬度	(45±5)～(65±5)	(35±5)～(50±5)	老化系数	≥0.85	≥0.85
伸长率(%)	450～700	450～600	防霉等级	1～2	1～2
扯断强度(MPa)	8～14	4～8	吸水膨胀率(%)		150～300
恒定压缩永久变形(%)	≤20～28	≤25			

在我国使用较多的弹性密封垫为：氯丁橡胶类(包括掺部分天然橡胶或三元乙丙橡胶)；掺有遇水膨胀树脂的膨胀橡胶类，其基料也是氯丁橡胶等；丁基橡胶腻子和氯丁橡胶或海绵橡胶复合类。

③ 弹性密封垫其他技术要求：

A. 密封垫在盾构千斤顶顶力作用下必须保持其弹性变形的能力；

B. 密封垫在长期压应力作用下，应限制其塑性变形量(永久压缩变形≤25%)；

C. 密封垫在长期水压作用下，当环缝纵缝达到预定的张开量(3～10 mm)时仍能满足止水要求；

D. 压应力与压缩变形的关系应是环缝张开 0 mm 对密封材料的压缩力小于千斤顶最大顶力。

(2) 螺栓孔防水

螺栓孔防水也是管片接缝防水的一种补充方式。管片拼装完成后，若管片接缝外侧的防水弹性密封垫止水效果好，一般不会从接缝内侧的螺栓孔发生渗漏。但在密封垫失效和管片拼装精度差的部位，螺栓孔处会发生渗漏，因此，必须对螺栓孔进行专门的防水处理。

管片上的螺栓孔应采用螺孔密封圈防水，密封圈的外形应与螺孔、螺栓相配合。螺孔密封圈应符合如下规定：

① 螺孔密封圈应设置在肋腔螺孔口，通常制成锥形倒角；特殊需要也可设置在环纵面螺孔口。

② 螺孔密封圈与衬砌螺孔密封圈沟槽匹配，它在螺帽与垫圈的作用下挤入螺孔内起到压密或膨胀止水。

③ 螺孔密封圈的外形，应利于压入密封圈沟槽，使密封圈与螺栓、螺孔混凝土都压密

止水。

④ 螺孔密封圈材料可采用氯丁橡胶、水膨胀橡胶，或橡塑制品、塑料制品。

(3) 嵌缝防水

嵌缝防水是接缝弹性密封垫防水的补充措施，即在管片环缝、纵缝的内侧设置嵌缝槽，用止水材料在槽内嵌填密实来达到防水目的。

嵌缝防水形式主要靠填塞密实防水，也有靠弹性挤密或膨胀致密防水。

① 嵌缝槽构造。嵌缝槽的槽底宜设斜楔口，槽深宽比>2.5，槽深宜为 20～55 mm，单面槽宽宜为 3～10 mm。嵌缝材料采用定型类的，则两槽边是平行的；嵌缝材料用未定型类的，可以是槽口小型的。

② 嵌缝填料。嵌缝材料有两大类，一是未定型类，多为密封胶，其应有较好的不透水性、潮湿基面黏结性、耐久性、延伸性、抗下坠性。目前常用材料有合成纤维水泥、环氧煤焦油、氯丁密封胶、聚硫密封胶、聚氨醋密封胶类。二是预制成型类，采用膨胀橡胶、特殊外形橡胶及其控制膨胀材料、扩张芯材等。应有与嵌缝槽混凝土面紧密接合的合适构造外形、膨胀性、耐久性。

嵌缝作业宜在管片拼装完成后过一段时间再进行，即在盾构推进力对它无影响，衬砌变形相对稳定时进行。

4. 内衬砌防水

当管片衬砌的上述防水措施不能完全满足止水要求时，可在其内侧再浇筑一层素混凝土或钢筋混凝土二次衬砌，构成复合式(双层)衬砌。二次衬砌设计要求如下：

① 二次衬砌应在外层装配式衬砌已趋于基本稳定时浇筑。

② 二次衬砌的防水等级，应较第一层衬砌的防水等级提高 1～2 级。内衬混凝土应是满足抗渗大于 0.8 MPa 的防水混凝土。

③ 为使盾构法隧道完全不漏水，除采用复合式(双层)衬砌外，为防止二次衬砌发生裂缝与施工缝渗漏，在两层衬砌中间应设防水层，即夹层防水层。应采用橡胶沥青、合成橡胶、塑料类防水材料。

④ 复合式衬砌的混凝土内衬，沿隧道结构纵向，应每隔 10 m 左右设置收缩缝，此内衬伸缩缝必须设置防水带。

目前，大多数国家都致力于研究解决单层衬砌防水技术，逐步以单层衬砌防水取代二次衬砌防水，从而提高盾构法隧道建造的经济效益。

5. 衬砌与盾尾注浆防水

充填注浆具有改善衬砌受力性能、增强衬砌防水效果的重要作用。若地层条件较差，盾尾出现空隙就会产生土体坍塌，此时要求盾尾空隙内始终保持一定的压力，并应立即压注充填材料。注浆时要注意以下几点：

① 注浆要对称均匀进行，尽量避免单点超压注浆，以减少衬砌环上的不均匀荷载，注浆压力一般为 0.6～0.8 MPa。

② 预埋注浆孔应设止水圈，堵头宜用金属材料制作，并加有密封圈。注浆后孔应封堵密实。

③ 注浆材料可采用水泥浆或掺有膨润土、黏土、黄砂、粉煤灰、石青灰浆、水玻璃等的水泥类浆液。

6. 盾构隧道与竖井接头防水

由于盾构隧道与竖井结合处的沉降变形不一致，在软土地层的接头处，时常会发生开裂和渗漏水的现象，因而宜在接头处采用特殊的构造形式，以柔性材料(橡胶、Ω形铜片、弹性聚氨酯等)处理，以适应较大的不均匀沉降变形。

靠近竖井一定距离的管片环缝宜设置适应变形量较大的密封条(垫)，如水膨胀橡胶条(垫)或厚度较大的橡胶条(垫)，或在管片环间增设变形缝，越靠近竖井变形缝越密。此外，加固竖井周围土体不仅对稳定基础、减少沉降有利，而且可减少土体的渗水性。

4.7.5 沉管隧道防水技术

沉管隧道防水具有三个特点。第一，采用水密型的防水技术，即将沉管管段预制成水密性能良好的结构物。研究表明，管段施工接缝的数量是盾构隧道的1/118，渗漏机会大大减少。第二，采用柔性接头，即采用性能优异、使用寿命长的GINA型橡胶止水带和OMEGA型橡胶止水带所组成的柔性接头形式。第三，管段自防水、管段外防水和管段接头防水技术的综合运用，能增强沉管隧道的防水效果和使用寿命，它们组成了沉管隧道严密的防水体系，保证沉管隧道具有良好的防水性能。

1. 管段自防水

管段自防水就是采用防水抗渗混凝土，合理选用原材料和施工工艺，提高混凝土的密实性和耐久性，达到防水抗渗的目的。管段防水要求高，管段结构不允许出现贯穿裂缝。尽量避免和控制表面裂缝，使其宽度小于0.2 mm，混凝土抗渗强度要求达到0.8 MPa。

大型沉管管段的制作是沉管法隧道中技术含量很高、质量要求很严的项目。沉管管段体型庞大，属大体积混凝土施工。施工时受气温变化、水泥水化热、收缩及管段拖运沉放时复杂的应力应变条件等不利因素的影响，管段预制浇筑的结构应尽量避免产生裂缝或将裂缝宽度控制在设计允许的范围内(一般允许裂缝宽度为0.15～0.20 mm)。一般采取的主要措施有：

① 优化混凝土的级配、水泥标号与用量、水灰比、外掺剂等。在满足强度和抗渗要求的条件下，确定最小的水泥用量，采用较小水灰比、控制大骨料粒径等措施，以改变毛细管的分布状态，增加混凝土的黏滞性，提高混凝土的密实度。

② 管段分节浇筑，改善约束条件；减少干坞基础对管段底板的约束作用，减少管段底板对侧墙的约束作用。

③ 控制混凝土的浇筑时间，避免产生过大的拉应力导致裂缝出现。

④ 改善施工工艺，严格实行各作业段间隔分层浇筑混凝土的制度，以利振捣密实和加快热量散发，使混凝土温度分布均匀；对混凝土采用二次振捣法，同时在管段混凝土初凝后、终凝前进行多次抹压，以提高其表面强度和密实性。

⑤ 降低混凝土水化热温升，降低混凝土出机及入模温度。在构件中预埋水管，实施混凝土冷却工艺。

⑥ 采用大刚度、高精度及操作简便的模板系统，以确保施工工序流程、施工质量及施工工期。国外一般采用将侧墙与顶板模板连成一体的、可整体式走行的钢模台车系统。

⑦ 其他技术措施：在水泥中掺入膨胀剂；适当增加构造配筋，提高混凝土的抗裂性；加强混凝土养护等。

施工缝是管段的薄弱环节，在复杂的应力环境下很容易引起裂缝，这种裂缝一般是通透的，对管段的防水很不利，必须设置施工缝止水带以防水。在施工缝处浇筑混凝土之前还应将已结硬的混凝土表面凿毛洗净，铺设 10～15 mm 厚的与混凝土相同配合比的水泥砂浆。

2. 管段外防水

管段外防水是用防水材料在防水结构表面形成一薄层，能适应微小变形以及抵抗酸碱介质的侵蚀而达到防水防腐的要求。它经历了防水钢壳、刚性防水层、柔性防水层三个发展阶段，已逐渐形成防水钢底板和外防水层相结合的外防水新技术。

防水钢底板具有适应性强，施工比较容易，能作底模使用，减少管底的吸附力，使管段起浮顺利，在拖运沉放安装时对多种冲击起到保护作用等优点。

侧壁和顶板的外防水一般采用柔性防水层，其具有良好的抗冲击性和延伸率，适用于沉管隧道这种对水深要求较高的结构物。柔性防水层为沥青油毡或合成橡胶卷材类的粘贴式防水层，具有延伸率好、能适应管段变形等优点。

3. 管段接头防水

沉管隧道的接头包括：沉管隧道各节管段之间的永久接头，称之为中间接头；两岸第一节管段与竖井(无竖井时与岸坡隧道段)之间的永久接头，称之为岸边接头；沉管隧道段串联一体时的最后接头，称之为合龙接头。

管段的接头防水是沉管隧道防水的关键部位，而沉管管段接头的设计不仅要满足接头部位在施工及运营阶段各种工况下的防水要求，还要满足沉管管段沉放对接施工中接头的水力压接功能以及管段间接头的柔性功能。

柔性接头具有三种功能：一是能使各管段沉放对接时进行接头处的水力压接；二是能吸收各管段间的相对位移的变形能；三是能确保隧道的防水性能。

一般来说，构成柔性接头的构件有如下几种：①GINA 橡胶止水带，既能防水又能承受轴向拉伸及压缩的类似弹簧作用的构件；②二次防水橡胶(Ω 形橡胶止水带)，进一步提高防水性，且安全可靠的防水材料；③水平和垂直抗剪键，用来防止管段在水平及垂直方向相互错位，是一个夹入衔接的缓冲橡胶，也是一个起到类似弹簧作用的构件；④接头连接钢缆或 W 形钢板，与 GINA 止水带一起形成组合弹簧系统，以阻止接头部位的开口位移；⑤GINA 止水带闭锁装置，控制 GINA 止水带压缩位移量在容许范围内的钢制防水材料；⑥端部钢壳，既是管段的一部分，又是安装、补强 GINA 橡胶止水带和使端面平坦的构件。

4.7.6 明挖法隧道防水技术

采用明挖法施工的隧道结构防水，一般由主体结构自防水和附加防水层所组成。附加防水层可以用卷材、涂料或防水砂浆等做成。通常附加防水层都设在隧道主体结构外侧(迎水面)，且要求与结构的表面黏结良好。附加防水层沿隧道采用何种形式(封闭式或非封闭式)、何种施工方法(先贴法或后贴法)，主要根据隧道结构、基坑施工方法等确定。

1. 主体结构防水层设计

(1) 选材

明挖法隧道主体结构防水层材料选择，应根据水文条件、工程埋深、结构特点、施工的季节性和经济性等方面因素综合考虑，尤其注意材料的抗水压性、耐腐蚀性、黏结性、抗撕裂性等技术性能指标。一般从防水砂浆、改性沥青自黏性卷材及可潮湿施工的聚氨酯涂料这三类防水材料中选定。选用的原则是:大面积平面以卷材为主;结构复杂者和围护结构墙面均可以采用潮湿施工的聚氨酯涂料为主;在雨季需要满足工期要求的明挖隧道附加防水层材料可采用聚合物砂浆。

(2) 保护层

隧道结构顶板、底板以及放坡开挖或工字钢桩支护开挖的侧墙部分的防水层都应在其外侧设置保护层,以免后续工序施工时弄坏防水层。保护层一般由素混凝土、防水砂浆、预制混凝土板或砖块组成,设计中应规定保护层内表面平整、光滑,不允许有凸出的“水泥钉”,以免在侧向压力作用下将防水层压穿。

2. 主体结构防水层施工

明挖隧道主体结构防水层施工的一般步骤为:先在底板的找平层及边墙下部(永久保护墙与卷材接槎高度)用先贴法按规定施作防水层,并抹防水砂浆予以保护,然后立模灌注主体结构,拆模后接长卷材用后贴法将其粘贴于边墙和顶板的外侧,最后施作顶板保护层。防水层施工过程中要注意以下几点:

① 基面要平整、牢固、清洁、干燥,湿度小于 9%。结构的阴阳角均应抹成圆弧形或钝角,对沥青类卷材圆弧半径不小于 150 mm,高分子类卷材不小于 100 mm。后贴法部位的基面应涂刷打底料。

② 卷材防水层的层数应根据场地的水文地质情况、工程的重要性、卷材的质量和厚度等因素确定。卷材间的搭接长度不应小于 100 mm(长边)和 150 mm(短边),上下两层和相邻两幅卷材接缝应错开 1/3 幅宽。平、立面转角处卷材如需接缝,则应将接缝放在平面上,距立面不小于 300 mm。转角处应用同等材料或抗拉和延伸性较高的材料加强。

③ 黏结卷材时,无论是外防外贴或外防内贴均应先在保护墙上用白灰砂浆或水泥砂浆找平,达到强度后再贴卷材。

④ 采用热熔法施工时,温度过低影响黏结质量,过高则烧坏防水层;采用溶剂型施工时,要严格注意溶剂挥发程度,过早或过迟黏合都会影响黏结强度。

⑤ 采用涂料防水,施工前必须检测涂料性能是否符合规定,配料要准确,搅拌要均匀。涂刷时必须保持涂料厚度一致,第二层涂料与前一层涂料的涂刷方向相垂直。当与玻璃布、玻璃毡片、土工布等材料复合使用时,布材铺贴不得皱折。

3. 变形缝等防水构造和施工要求

(1) 变形缝

隧道主体结构变形缝是防水中的薄弱环节,为防止变形缝处内、外防水层被拉破,防水层应具有适应变形的构造。断缝处的防水层是在经受伸缩、错动变形的情况下承受水压,这比其他部分的防水层所处的环境要差得多,因此,对变形缝的防水处理,在选用材料、结构形式及做法上,应考虑地基和隧道主体结构变形、水压、水质和防水等级等因素,并且还应保证在变形时的不透水性。

变形缝防水构造形式常采用嵌缝式、埋入式、粘贴式及综合式四种。实际工程中常采用埋入式,埋入橡胶止水带的变形缝,防水效果较好,适用于水压较大、伸缩和沉降量大的变形缝。

对防水要求较高的隧道,可采用综合式处理的变形缝,利用多道设防,增强变形缝的防水性能。除埋入橡胶或塑料止水带外,在结构的迎水面嵌缝和在接缝处增贴 2～3 层高质量防水片材，使其达到密封防水，适应伸缩和沉降变形的目的。

(2) 施工缝

明挖法施工的隧道，主体结构侧墙与顶、底板之间的接缝均是防水薄弱环节，宜在墙体段接缝处设置止水物。墙体与后浇顶、底板连接处由于混凝土收缩而可能产生收缩裂缝，一般采用的止水办法是在结构顶、底板相接处的墙体上进行凿槽，在槽内嵌填遇水膨胀橡胶腻子条并使其紧压在顶、底板迎水面设置的附加防水层上，并用保护防水层的豆石混凝土压实保护。

(3) 后浇缝

明挖法隧道施筑后浇缝时要注意以下几点：

① 应在其两侧结构混凝土的龄期达 28 d 以后再进行施工。

② 施工前应将接缝处的混凝土凿毛，清洗干净，保持润湿并刷水泥浆，或凿毛清洗待其干燥后，在结构断面中部附近安放遇水膨胀腻子条。

③ 采用补偿混凝土浇注后浇缝，其强度等级和抗渗标号均不低于两侧主体结构混凝土，且养护时间不小于 28 d。

第 5 章　城市隧道工程施工

在城市中修建隧道，其施工方法的选择，要根据隧道地层、地质、埋深、环境条件和城市环境要求，从技术和经济等方面综合考虑。目前，修建城市隧道工程常用的施工方法有新奥法、浅埋暗挖法、盾构法、沉管法、明挖法和掘进机法等。

5.1　新奥法施工

“新奥法”(New Austrian Tunnelling Method，NATM)是奥地利的隧道工程专家 Von Rabcewicz，Pacher，Müller-Salzburg 等人创立的，形成于 1957—1965 年。开始只是设想和笼统的原则，直到喷射混凝土、锚杆和监控量测技术出现后，才变为现实。因此，公认的观点是“新奥法的产生源于喷射混凝土、锚杆支护取代传统支护”。

虽然，在新奥法的推广应用中也出现过失败的例子，学术界也对新奥法的观点和应用范围进行过争议；但是，新奥法的确有其科学性、先进性，正确理解和运用新奥法及其基本原则是成功推广应用的关键，特别对软弱围岩、浅埋地段和大断面隧道工程。

5.1.1　概念与发展

1. 新奥法定义

奥地利工程师和建造师联合会中的道路工程研究会试图定义新奥法，其中包含 5 个基本原则、3 个一般原则和 8 个特殊原则，定义为：“新奥法是一种隧道设计施工方法，其目的是，在岩石或土层中开挖隧道时，使围岩形成一个整体环状自支承结构，成为支护结构的一部分。”

这个定义存在一定缺陷，因为任何岩石洞室——至少部分地——都依靠拱效应实现自支撑，不管它用“新奥法”还是其他方法。

2000 年版《中国土木工程指南》定义“新奥法”为：“当隧道埋深超过一定限度后，常用暗挖法施工。暗挖法最初采用传统的矿山法。20 世纪中叶创造了新奥法，此法尽量利用围岩的自承能力，用柔性支护如锚喷支护控制围岩的变形及应力重分布，使其达到新的平衡，目前已用于修建各种用途的隧道。”

H. Lauffer 给出的定义是：“新奥法的开挖、支护方法和施工过程建立在监控量测之上，并随围岩与支护状态变化而不断调整，施工中应尽可能保持地层的自承能力。”

也有定义为：“新奥法施工的基本思想是充分利用围岩的自承能力和开挖面的空间约束作用，采用锚杆和喷射混凝土为主要支护手段，及时对围岩进行加固，约束围岩的松弛和变形，并通过对围岩和支护的量测、监控来指导隧道和地下工程设计施工。”

以上这些定义揭示了新奥法最核心的问题——利用围岩支护隧道，使围岩本身形成支承环。

2. 新奥法内涵

对“新奥法”一词内涵的认识有一个过程。新奥法的创始人最初是将它作为一种隧道修建方法提出来的。但后来发现，将新奥法拘泥于某一种特定的施工方法或具体的支护技术将会使新奥法的推广受到很大的局限。于是，在一些文献中强调新奥法是一种“概念”、“原则”或“途径”，而不是一种固定不变的具体施工方法或技术。

目前的认识是，新奥法是隧道设计和施工的技术法则，而不是一般意义上的施工技术或施工方法，不应将新奥法理解为一种隧道“工法”。新奥法有其自成体系的工程原理和技术指导原则，不以“工艺为核心”；新奥法既有特定的技术指导原则，又有较大的机动灵活性，不能当作一成不变的施工方法来执行，这要求隧道工程师既要有系统的理论知识水平，又要有丰富的现场工作经验。

认识新奥法的内涵具有重要的现实意义。事实上，在一些工程中，由于照搬某些新奥法工程中具体的施工方法而不注意结合该工程的实际情况来体现新奥法的原则而遭到失败。例如，某个软弱围岩中的特浅埋隧道施工，在应用新奥法施工的过程中曾发生坍通至地表的大坍塌，其原因种种，其中有一条就是照搬某些高地应力隧道中的做法，片面强调支护的柔性，强调在初期支护施作后尽可能让变形释放，而没有及时施作二次支护。

3. 新奥法发展

20 世纪 60 年代，“新奥法”取得专利并在奥地利、瑞典、意大利等国的多个工程实践中得到证明并取得成功之后，各国竞相仿效，在西欧、北欧、美国和日本等地的许多隧道及地下工程中获得了极为迅速的发展。它的成功与锚喷支护、钻爆技术进步密切相关；也和隧道工程信息化施工密不可分，通过施工信息收集和信息反馈，建立围岩、支护的变形及位移与应力分布及其变化之间的关系，为隧道设计和施工提供可靠的依据。目前，用新奥法施工的地下工程难以数计，在欧洲、日本、中国等国家和地区，新奥法已成为普遍应用的技术，并推广应用到地下铁道、矿山巷道、地下厂房、水工隧洞等地下工程中。

4. 新奥法优点

(1) 适用范围广

新奥法的适用范围很广泛，从铁路隧道、公路隧道、城市地下铁道、地下贮库、地下厂房一直到水电站输水隧洞、矿井井巷等都可以采用新奥法建造；从山岭隧道到城市隧道都可以应用新奥法修建；从地质条件来讲，由坚硬岩、软岩、土砂质地层中的隧道，一直到具有强大膨胀性地压的地层中的隧道，都可以用新奥法修建，特别是在膨胀性地层和在软弱的土砂质地层中，采用新奥法可以有效地克服塌方事故。在城市隧道工程中，采用新奥法可以成功地控制地表下陷，如慕尼黑地下铁道应用新奥法建造，把地表沉降量成功地控制在 5～10 mm 范围内。

(2) 充分发挥围岩自承能力

采用新奥法构筑隧道可以使围岩与支护结构共同工作，最大限度地发挥围岩本身原有的支承能力，这是新奥法独到的优点。

(3) 施工安全性好

新奥法施工过程中，通过量测手段来掌握围岩稳定状态，发现情况可以及时采取措施，因而可以保证安全施工。在隧道长期使用过程中，还可以通过经常性量测来预测和监视隧道的稳定状态。

(4) 省人力、省资源、成本低

新奥法支护结构是以锚杆、喷射混凝土、可缩性钢拱架等材料构成的薄壁柔性的支护结构，这一薄壁柔性结构是在受剪状态下工作，而旧的厚壁结构则是在受弯状态下工作，见图 5-1；前者可以充分利用混凝土的抗剪强度，大幅度降低材料用量。另外，由于薄壁衬砌，开挖石方量也大大减少，因此，采用新奥法具有省人力、省资源、成本低等优点。

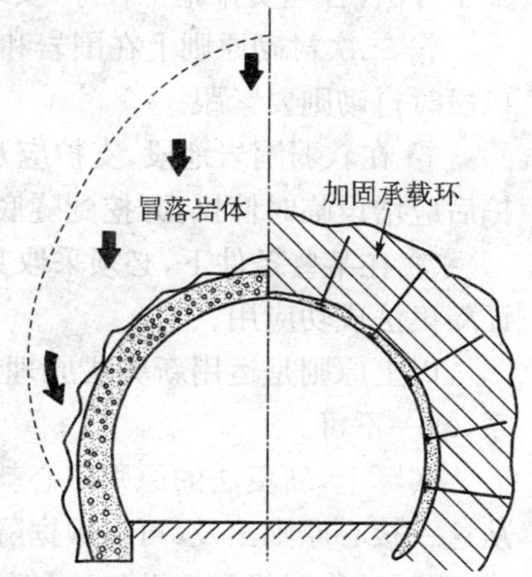

图 5-1 新奥法与传统隧道支护方法比较

(5) 便于机械化施工，加快施工速度

在新奥法施工中，不论采用全断面开挖.还是采用分台阶开挖，使用喷射混凝土、锚杆或钢拱架构筑的临时支护结构就是永久性支护结构的主要部分，不用拆除，不占有效空间，因而施工作业面空间宽敞，便于组织大型机械化施工，加快施工速度。

(6) 防水效果好

传统方法构筑隧道是在凹凸不平的岩层表面构筑防水层，难以得到可靠的防水效果。新奥法的衬砌是通过两次支护来完成，可以先在一次支护后的光滑表面上构筑防水层，然后再做二次支护，从而大大提高防水效果。

(7) 动态化设计、施工，灵活性好

在施工过程中，通过对围岩不断地进行量测，可以随时判断出围岩和结构物的安全状态，并据此采取临时措施，或变更设计，或变更施工方法，使设计和施工具有极大的灵活性。

5.1.2 新奥法基本原则

新奥法被一些人误解为只是在隧道中采用喷射混凝土和锚杆支护，把它视为一种支护形式，而不当作一种设计和施工方法。所以持这种观点的人，仅期望锚杆和喷射混凝土的支护作用，而不注意怎样充分发挥围岩的承载能力。根据新奥法创始人之一米勒教授(Müller)的说明，新奥法不完全是一种开挖和支护的方法，它是一种新的概念。新奥法开挖隧洞是否成功，取决于是否很好地遵循一系列原则。

新奥法原理是应用岩体力学的理论，以维护和利用围岩的自承能力为基点，采用锚杆和喷射混凝土为主要支护手段，及时地进行支护、控制围岩的变形和松弛，使围岩成为支护体系的组成部分，并通过对围岩和支护结构的监控量测来指导隧道设计施工。新奥法原理可以归纳为以下七条基本原则：

① 隧道支护和围岩是整体化的结构物，围岩是承载结构的一部分，因此，应合理地利用围岩的自承能力，保持围岩稳定。

② 以喷射混凝土、锚杆为主要支护手段，及时支护和封闭围岩，尽量避免出现二向应力状态，松动范围愈小愈好，以保护和发挥围岩的强度和承载能力，使围岩成为支护体系的重要组成部分。

③ 开挖作业应减少对围岩的扰动，尽量采用大断面开挖，减少围岩应力多次分布的危害，并保持隧道开挖轮廓圆顺，避免应力集中。

④ 施工中必须对围岩和支护进行观察、量测，根据量测结果及时修改初期支护参数或施工方法，合理安排施工程序，实现动态化设计。

⑤ 二次衬砌原则上在围岩和初期支护变形基本稳定后进行，但遇软弱围岩，特别是洞口段时衬砌则要紧跟。

⑥ 在软弱围岩地段，支护应及早闭合。围岩特别软弱时，上半断面开挖完做好初期支护后应增设临时仰拱，开挖到隧底后应及时施作仰拱。

⑦ 在某些条件下，必须采取其他辅助措施或工法，如超前预注浆、冻结、排水等，才能保证新奥法成功应用。

以上原则是运用新奥法原理制定隧道开挖方法的基本指导思想。这七条原则相互联系，缺一不可。

实际上，新奥法的原则核心就只有一条，那就是保护围岩，调动和发挥围岩的自承能力。从这一核心原则出发，可以根据隧道工程具体条件灵活地选择开挖方法、爆破技术、支护形式、支护施作时机和辅助工法(例如地层注浆)。至于对围岩变形的控制，根据不同情况，有时应强调释放，有时应强调限制，其目的都是为了“保护围岩，调动和发挥围岩的自承能力”。

实践证明，遵循上述基本原则，隧道施工会更加安全和经济；反之，未遵循上述原则，会造成技术上的失败或经济上的损失。

5.1.3 新奥法支护系统

最大限度地利用围岩的自承能力，使围岩形成承载拱支护岩体本身的荷载，新奥法这一目标的实现有赖于选用合理的支护方案和支护参数。

新奥法常用的支护方案分为两次支护。一次支护构筑一个柔性外拱支护，一般采用锚杆和喷射混凝土，必要时用轻型钢拱架加强，同时封闭仰拱。柔性外拱支护和围岩在应力重新分布过程中的性状，由完善的量测系统进行控制。二次支护是用混凝土构筑一个内拱衬砌，一般在外拱支护达到稳定状态后施工。内拱衬砌的作用是增加隧道所必要的安全度等。

新奥法的主要支护方法是喷射混凝土、锚杆、钢筋网和轻型钢拱架，必要时可加背板或灌浆。

1. 喷射混凝土

喷射混凝土是一种柔性支护结构，但同时具有一定的强度，是新奥法施工中的标准支护手段。其最大的特点是能立即封闭新开挖暴露出的岩面，能很快获得较高强度，从而迅速发挥支护作用。

喷射混凝土具有很多优点，首先是能迅速保护围岩，使其与大气隔绝，防止风化，对破碎围岩进行补强。其次是可以填补岩石缝隙和凹凸不平，减少应力集中，增强支护的拱效应。喷射混凝土还对锚杆之间的岩体有重要支护作用。

为了增强吸收软弱围岩的变形能力，可通过采用钢纤维喷射混凝土和增加钢纤维含量或钢纤维质量来提高喷射混凝土强度；对于高应力区，可采用强度高、耐久性好的玻璃纤维，而不是盲目增加喷射混凝土厚度。发展纤维喷射混凝土已成为一种趋势。

2. 锚杆

锚杆支护可以促进围岩承载环的迅速形成。

根据岩层的具体情况，选择锚杆类型和参数。在硬岩和中硬岩中可以采用端部锚固的锚杆，如端部药卷式或楔缝式锚杆。在较差的岩层中，包括膨胀性地层，可采用全长锚固锚杆，如全长灌浆锚固锚杆。树脂锚杆使用方便，能在短时间内达到很强的锚固力，使用日益普遍，已在矿山软弱围岩支护中得到大量应用，值得在铁路隧道中推广。

实践证明，采用喷射混凝土＋锚杆＋钢拱架联合支护，锚杆具有重要作用，特别是在隧道拱部，有利于在发生大变形时，防止剪切失稳；在没有仰拱时，在拱脚处应安装锁脚锚杆，可以控制墙底部发生大变形和坍塌。

3. 钢拱架

钢拱架有格栅钢架、槽钢和工字钢等型钢钢架等类型。由于钢拱架不仅可承受其上部围岩荷载，而且承受钢拱架之间的围岩荷载，所以采用钢拱架可以控制隧道发生大的变形，这对软弱岩层加固有重要作用。钢拱架还可以防止掉块，有利于保护作业面工作人员的安全。

为了更好地发挥钢拱架的作用，必须提高隧道成型质量，保证钢拱架与隧道开挖轮廓线密贴。

钢拱架和锚杆与喷射混凝土联合使用，能分担锚杆的荷载。

4. 二次衬砌

二次衬砌作为结构安全的长期储备、饰面和防水作用层，是在初期支护变形基本稳定后施做，施工时应保证现浇混凝土的强度、密实性、耐久性以及施工缝的防水。随着喷射混凝土技术的发展，国外已有采用喷射混凝土作为二次衬砌的实例，这样可以大大减小衬砌厚度，提高施工速度，降低工程造价。采用高性能混凝土可提高混凝土强度、密实性、耐久性，特别是提高混凝土的早期强度，以减少脱模时间，提高二次衬砌施工速度。

5. 辅助施工措施

在使用新奥法的过程中，隧道随时有遇到开挖工作面不能自稳，或地表沉陷过大的情况，为了确保隧道工程顺利进行和施工安全，必须采取一定的工程措施对地层进行预支护或预加固，称之为辅助施工措施。预支护措施主要有：预留核心土、喷射混凝土封闭开挖工作面、超前锚杆、管棚、临时仰拱封底。预加固措施有：预注浆加固地层、地表喷锚预加固、兼有双重功能的超前小导管注浆。

辅助施工措施推动了新奥法在浅埋、大断面及软弱地层中的应用和发展。选择辅助施工措施的原则是，在满足工程安全的条件下，优先选择简单易行、有效、经济的辅助措施。不同的辅助施工措施具有不同的适用条件，应综合分析各种辅助施工措施对地质条件的适用性、安全性、经济性和工期等。

5.2 浅埋暗挖法施工

“浅埋暗挖法”技术最早于 1987 年在北京地铁修建复兴门折返线工程时，针对埋置深度较浅、松散不稳定土层和软弱破碎岩层的开挖施工而提出来，施工流程见图 5-2。由于该工法施工具有占地少、拆迁少、对周围环境污染少、对城市交通干扰小、造价低等特点，目前已在北京、广州、南京等城市地铁隧道施工中得到应用。

浅埋暗挖法整个工艺流程从地质调查开始，包括设计、施工、监测反馈等过程，与新奥法的总原则相似，不过浅埋暗挖法更强调地层的预支护和预加固技术。由于地铁隧道在城区施工，对地表沉降的控制要求比较严格，因此，该法的支护结构刚度较大，初期支护允许变形量小，这样对发挥周围地层的自承作用和减少对地层的扰动是必要的。

浅埋暗挖法施工中，“管超前、严注浆、短开挖、强支护、快封闭、勤量测”，这 18 个字基本概括了其施工工艺的技术要求。

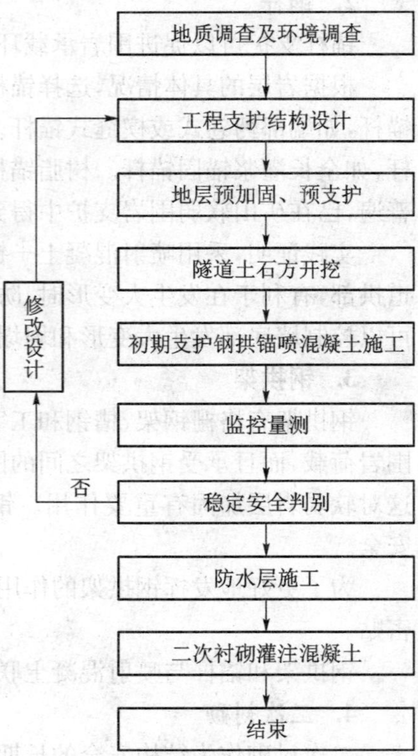

图 5-2 浅埋暗挖法施工流程图

5.2.1 地层预加固和预支护技术

在城市地铁隧道浅埋暗挖法施工中，经常遇到砂砾土、砂性土、黏性土或强风化岩层等不稳定地层。这类地层在隧道开挖过程中自稳时间短，常常初期支护尚未施作，或喷射混凝土尚未获得足够强度时，拱墙的局部地层已开始变形坍塌，因此，需采用地层预加固、预支护技术，以稳定地层、改造地层和提高地层自稳能力。

1. 小导管超前预注浆

注浆小导管采用 ϕ38～ϕ50 mm 的焊接钢管制成，导管沿上半断面周围轮廓线布置，间距 0.3～0.5 m，仰角控制在 10°～15°（如图 5-3 所示）。注浆小导管管头为 25°～30°的锥体，管长 3～5 m，其中端头花管长 2.0～2.5 m，花管部分钻有 ϕ6～ϕ10 mm 孔眼，每排 4 个孔，交叉排列，间距为 10～20 cm。注浆小导管用风钻打入。注浆材料及配比应根据地质条件和施工要求，通过现场试验确定。

控制注浆压力是这项作业的又一个重要技术环节，应根据地质条件、周围建筑物情况及施工要求，通过现场试验确定，一般控制在 0.3～0.7 MPa 之间。

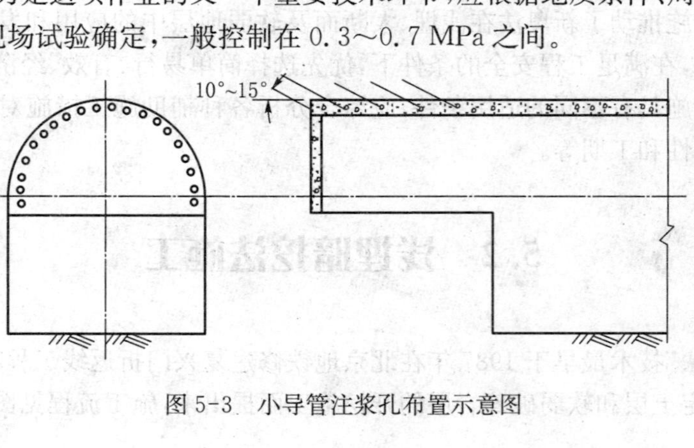

图 5-3 小导管注浆孔布置示意图

2. 开挖面深孔注浆

对于断面比较大的双线交通隧道或跨度较大的地铁渡线隧道，因注浆小导管加固范围有限，故一般采用开挖面深孔注浆。对于 70～100 m^2 断面的隧道可布置 12～18 个注浆孔，其中 15 m 左右的长孔布置 6～11 个，5 m 左右的短孔布置 6～7 个（图 5-4），并采用隔孔注浆的方法。水泥浆的配合比及注浆压力通过现场试验确定。

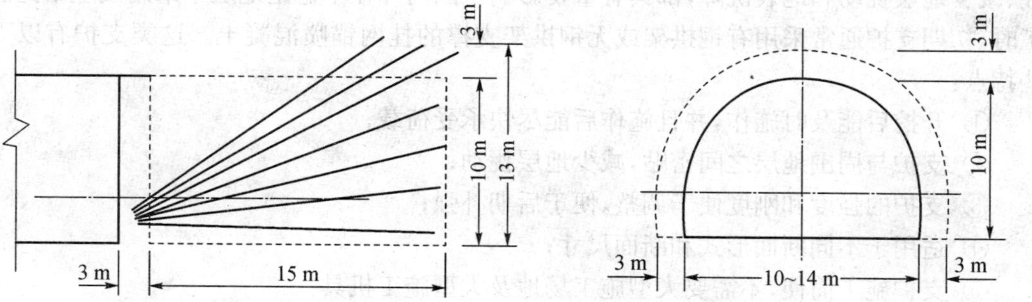

图 5-4　开挖面深孔注浆孔布置示意图

3. 管棚超前支护

所谓管棚，就是把一系列直径为 10～60 cm 的钢管，沿隧道外轮廓线或部分外轮廓线，顺隧道轴线方向依次打入开挖面前方的地层内，以支撑来自外侧的围岩压力。管棚排列的形状，有帽形、一字形、方形及拱形，如图 5-5 所示，可依据工程需要及断面形式确定。而管棚设置的范围、间距、管径则应根据工程地质、水文地质条件以及隧道埋深等因素选择确定。

管棚施工的工艺流程分为：封闭开挖面→设置钻机平台→铺设钻机走行轨→测定孔位→钻机就位→钻孔作业→钻机退出→注浆封孔。

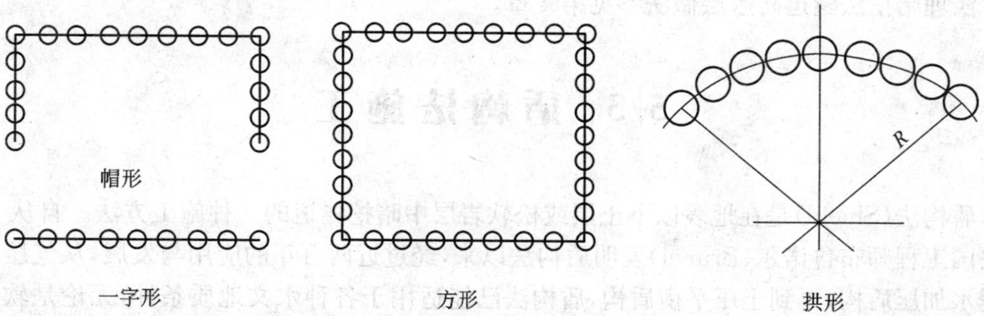

图 5-5　管棚超前支护布管形式示意图

5.2.2　隧道开挖

在松散不稳定地层中采用浅埋暗挖法施工时，所选用的开挖方法及工艺流程，应保证最大限度地减少对地层的扰动，提高周围地层自承能力和减少地表沉降。根据不同的地质条件及隧道断面，选用不同的开挖方法，其总的原则是预支护、预加固一段，开挖一段；开挖一段，支护一段；支护一段，封闭成环一段。初期支护封闭成环后，隧道处于暂时稳定状态，通过监控量测，确认达到基本稳定状态时，可以进行二次衬砌施工。如监测结果证明尚未稳定,则需继续监测;如有失稳趋势时,须采取加固措施,确保隧道稳定安全。

5.2.3 初期支护

在软弱破碎、松散不稳定的地层中采用浅埋暗挖法施工时。除需对地层进行预加固和预支护外,隧道初期支护施作的及时性和支护结构的强度与刚度,对保证隧道开挖后的稳定性、减少地层扰动和地表沉降,都具有重要影响。国内外在不稳定地层中采用浅埋暗挖法施工时,初期支护通常采用有钢拱架或无钢拱架支撑的挂网锚喷混凝土。这类支护有以下一些特点:

① 开挖后能及时施作,并且施作后能尽快承受荷载;

② 支护与周围地层之间密贴,减少地层扰动;

③ 支护的强度和刚度便于调整,便于后期补强;

④ 适用于不同断面形式和断面尺寸;

⑤ 支护施工简便,不需要大型施工场地及大型施工机具。

有关喷混凝土、锚杆、钢筋网和钢拱架等支护构件的设计、施工可参见有关规范。

5.2.4 二次衬砌

在浅埋暗挖法施工中,初期支护的变形达到基本稳定后,可以进行二次衬砌混凝土施工。通过监控量测,随时掌握隧道变化状态,提供监测信息,指导二次衬砌施作时机。其混凝土灌注工艺和机械设备与一般新奥法隧道衬砌施工基本相同。

由于交通区间隧道的断面尺寸一般基本不变,所以二次衬砌模板常用移动式模板台车,这样有利于加快立模及拆模速度,衬砌所用的模板、墙架、拱架,均要求式样简单、拆装方便、表面光滑、接缝严密。使用前应在样板台上进行校核。重复使用时,应随时检查并整修。

浅埋暗挖法隧道防水层做法参见第4章。

5.3 盾构法施工

盾构法(Shield)是在地表以下土层或松软岩层中暗挖隧道的一种施工方法。自从1818年法国工程师布鲁诺尔(Brunel)发明盾构法以来,经过近两百年的应用与发展,从气压盾构到泥水加压盾构,再到土压平衡盾构,盾构法已能适用于各种水文地质条件,无论是软松的或坚硬的,有地下水或无地下水的暗挖隧道工程基本都可以采用盾构法施工。

世界各国广泛应用盾构法修建了许多城市交通隧道,如水底公路隧道、地下铁道及铁路隧道。美国仅纽约一地自1900年起用气压盾构就建成数十条水底隧道。苏联自1932年开始在莫斯科等地用盾构法修建地下铁道的区间隧道及车站。日本于1922年开始使用盾构技术修筑国铁奥羽线折渡隧道,20世纪60年代,盾构法在日本得到迅速发展,到1978年初,日本已拥有100台泥水加压盾构,同时开发出了土压平衡式盾构和微型盾构,广泛应用于城市地铁、城市公路和铁路等隧道工程中。

20世纪60年代,我国在上海开始应用盾构法修建黄浦江水底交通隧道及地铁隧道,先后在第四纪软弱含水饱和地层中用直径4.2 m、5.6 m、6.34 m、10.0 m等多种盾构进行了城市水底公路隧道、地下人防通道及地下铁道的施工。广州地铁、南京地铁的部分区间隧道也采用了盾构法施工，此后，北京、武汉、杭州、苏州、无锡、宁波等城市地铁隧道也采用了盾构法施工。总之，近十几年来盾构法在全国大中城市地下隧道工程中，特别是在软土地区的城市轨道交通建设中已被广泛采用，并取得了可喜的成果。

盾构法施工之所以被世界各国广泛采用，除了近代城市地下工程发展的客观需要外，还由于该方法本身具有以下几方面优点：

① 盾构法施工除竖井施工外，其他施工作业均在地下进行，既不影响地面交通，又可减少对附近居民的噪声和振动影响；

② 盾构推进、出土、拼装衬砌、压浆等主要工序循环进行，施工易于管理，施工人员也较少；

③ 隧道的施工费用不受覆土量多少影响，适宜于建造覆土较深的隧道；

④ 盾构施工不受风雨等气候条件影响；

⑤ 当隧道穿过河底或其他建筑物时，不影响施工；

⑥ 只要设法使盾构的开挖面稳定，则隧道埋深越深，地基越差，盾构法在经济上、施工进度上的优势就越明显。

当然，盾构法施工也存在一些问题，如隧道曲线半径过小时，横断面施工较为困难；隧道覆土太浅，盾构施工开挖面难于稳定，而在水下施工时，覆土太浅则盾构施工不够安全；盾构施工隧道上方一定范围内的地表沉陷尚难完全防止，需采取严密的技术措施。

5.3.1 盾构构造与分类

1. 盾构构造

盾构的通用标准外形是圆筒形，也有矩形、马蹄形、双圆和多圆形等与隧道断面相近的特殊形状，盾构的种类繁多，其基本构造包括盾构壳体及开挖系统、推进系统、衬砌拼装系统和辅助注浆系统等四大部分。

(1) 盾构壳体及开挖系统

盾构的壳体由切口环、支承环和盾尾三部分组成，借外壳钢板连成整体，见图 5-6。

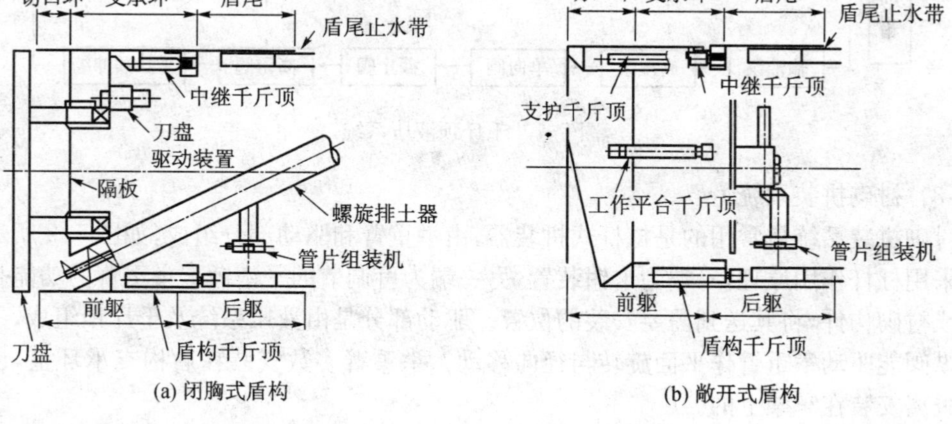

图 5-6 盾构的构成

① 切口环部分：它位于盾构的最前端，施工时切入地层并掩护开挖作业。切口环前端设有刃口，以减少切土时对地层的扰动，切口环的长度主要决定于支撑、开挖方法以及槽上机具和操作人员的工作回旋余地等，大部分手掘式盾构切口环的顶部比底部长，犹如帽檐，有的还设有千斤顶操纵的活动前檐，以增加掩护长度。

盾构开挖系统设于切口环中。采用人工开挖方式的盾构，切口环的顶部比底部长，有的不须设由千斤顶操纵的活动前檐，以增加掩护长度。泥水盾构中的切削刀盘、搅拌器、吸头和土压平衡式盾构的刀盘、搅土器、螺旋运土机的进口等部件均设在切口环中。在局部气压或泥水加压及土压平衡式盾构中，因切口环部位的压力要高于常压，故在切口环与支承环间必须设密封隔板。

② 支承环部分：紧接于切口环后，位于盾构的中部，是一个刚性较好的圆环结构。地层土压力、所有千斤顶的顶力以及切口、盾尾、衬砌拼装时传来的施工荷载均由支承环承担。支承环的外沿布置盾构推进千斤顶。大型盾构的所有液压、动力设备、操纵控制系统、衬砌拼装机具等均设在支承环位置。中、小型盾构则可把部分设备移到盾构后部的车架上。正面局部加压盾构，当切口环内压力高于常压时，支承环内要设置人工加压与减压闸室。

③ 盾尾部分：一般由盾构外壳钢板延长构成，主要用于掩护隧道衬砌的安装工作。盾尾末端设有密封装置，以防止水、土及注浆材料从盾尾与衬砌之间进入盾构内。盾尾密封装置损坏时，还要在盾尾部分进行更换。因此，盾尾长度要满足以上各项工作的进行。盾尾厚度从结构上考虑应尽可能减薄，但盾尾除承受地层土压力外，遇到隧道纠偏及弯道施工时，还有一些难以估计的施工荷载，受力情况复杂，所以其厚度应综合多种因素来确定。

(2) 推进系统

盾构的推进系统由液压设备和千斤顶组成，如图5-7所示。其工作原理是：启动输油泵，将油供给高压泵，使油压升高至要求值；启动控制油泵，待控制油压升至额定压力后，由电磁控制阀将总管内高压油输入千斤顶，使其按要求伸出或缩回，驱动盾构。在小型盾构中，可采用直接手动的高压操纵阀，直接控制千斤顶动作，但安全性较差。

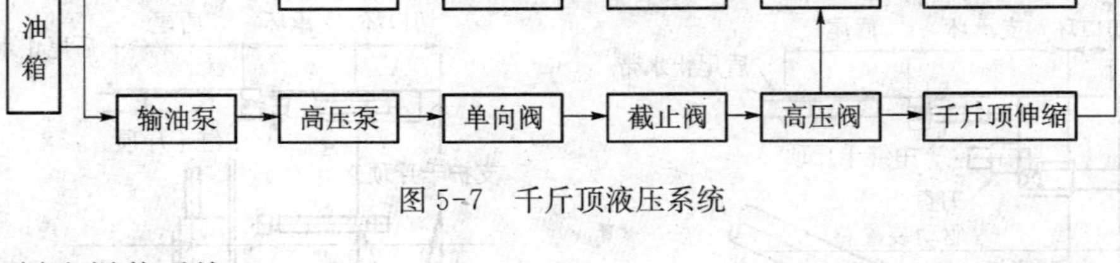

图5-7 千斤顶液压系统

(3) 衬砌拼装系统

衬砌拼装系统最常用的是杠杆式拼装器，由举重臂和驱动部分组成，如图5-8所示。举重臂采用杠杆作用原理，一端为卡钳装置，另一端为可调节的平衡锤。举重臂的功能是夹住管片或衬砌构件，将其送到需要安装的位置。驱动部分是由液压系统及千斤顶组成，采用手动操纵阀能驱动举重臂作平面旋转与径向移动。举重臂多数安装在盾构支承环上，也有与盾构脱离安装在车架上的。

近年来国外多采用环向回转式拼装机，在拼装衬砌时由油马达驱动大转盘，控制环向旋转，其径向及纵向移动由液压千斤顶控制。

(4) 辅助注浆系统

辅助注浆系统包括浆液搅拌机、注浆泵等设备。管片衬砌离开盾尾时，要利用注浆设备压注浆液充填盾壳和环向衬砌间的建筑间隙，以减少地面沉降。

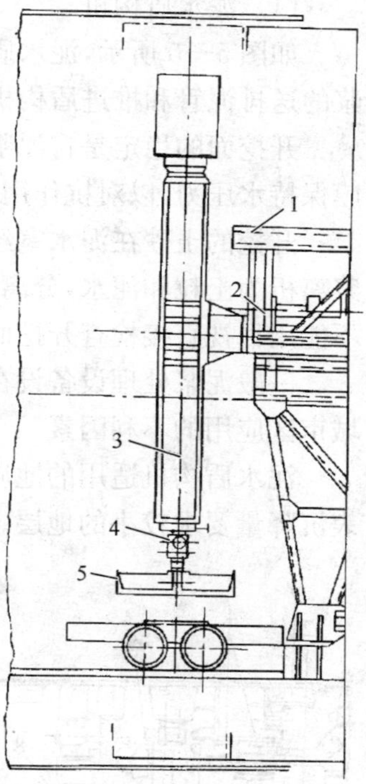

图 5-8　杠杆式拼装器示意图

1—工作平台；2—旋转驱动装置；3—举重臂；4—衬砌卡钳装置；5—衬砌

2. 盾构的分类

盾构的形式比较多，其分类方法也较多，一般根据盾构开挖面与作业室之间的隔墙构造可分为以下几类：

① 全敞开式——指没有隔墙，大部分开挖面呈敞露状态，并能直接看到开挖面的盾构机。

② 半敞开式——指挤压式盾构，这种盾构机的特点是在隔墙的某处设置可调节开口面积的排土口。

③ 密闭式——在机械开挖式盾构机内设置隔板，将土、砂送入开挖面和隔墙间的刀盘腔内，由泥水或土压提供足以使开挖面保持平衡的压力。这种形式的盾构，其开挖面不能直接看到，主要靠各种装置间接地掌握开挖面情况进行开挖。

全敞开式盾构根据开挖方式可分为以下几类：

① 手掘式盾构——开挖和出土用人工进行；

② 半机械式盾构——大部分的开挖工作和出土由机械进行；

③ 机械式盾构——从开挖到出土均采用机械。

密闭式盾构根据开挖面加压方式可分为以下几类：

① 气压式——向开挖面加压缩空气，现已较少使用；

② 泥水式——用泥水向工作面加压；

③ 土压平衡式——用开挖下来的土使开挖面平衡。

盾构具体分类见图 5-9。下面简单介绍当前城市隧道施工中常用的泥水盾构和土压平衡盾构。

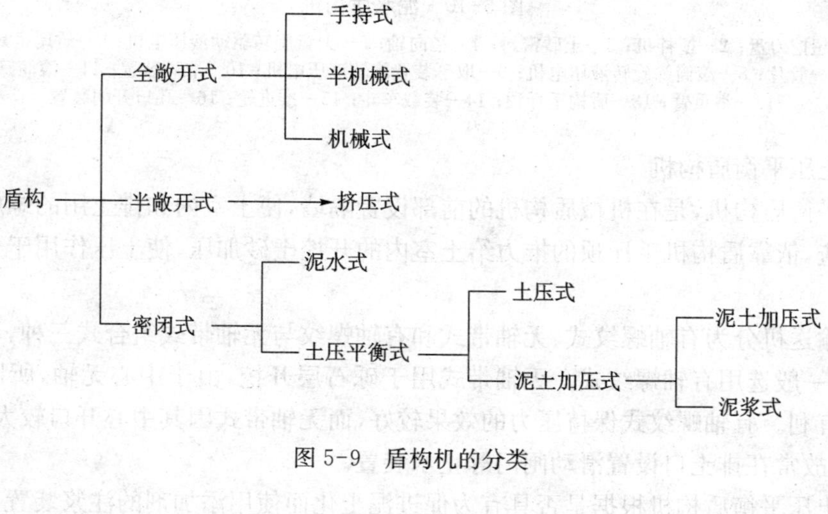

图 5-9　盾构机的分类

(1) 泥水盾构机

如图 5-10 所示，泥水盾构机是在机械式盾构机的前部设置隔墙，装备刀盘面板、输送泥浆的送排泥管和推进盾构机的盾构千斤顶，在地面上还配有分离排出泥浆的泥浆处理设备。

开挖面的稳定是将泥浆送入泥水室内，在开挖面上用泥浆形成不透水的泥膜，通过该泥膜保持水压力，以对抗作用于开挖面的土压力和水压力。

开挖的土砂在泥水室经搅拌器充分搅拌后，以泥浆形式输送到地面，通过处理设备将泥浆离析为土粒和泥水，分离后的泥水经质量调整，重新输送到开挖面，土粒同时排出。由于不能用目视直接检查开挖面围岩状态，所以采用一系列掘进管理系统进行集中管理。

一般泥浆处理设备设在地面，比其他施工方法需要更大的用地面积，这是该种盾构机在城市区应用的不利因素。

泥水盾构机适用的地质范围很大，从软弱砂质土层到砂砾层都可以使用，尤其适用于地表沉降量要求较小的地层。

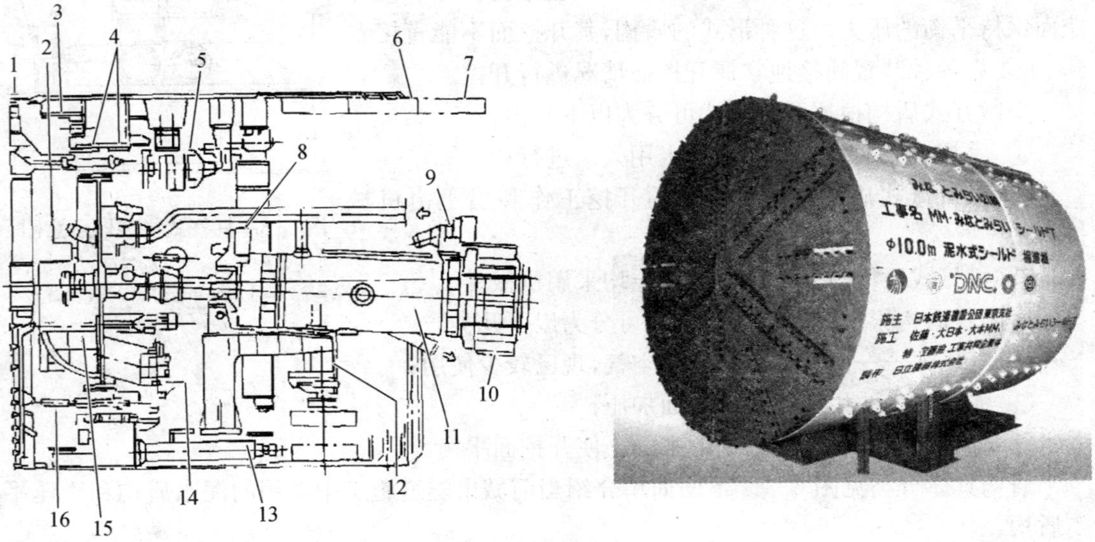

图 5-10　泥水盾构机

1—侧超挖刀盘；2—搅拌机；3—土砂密封；4—径向轴；5—刀盘旋转驱动液压电机；6—盾尾密封；7—管片；8—滚筒筛旋转液压电机；9—取砾装置旋转液压电机；10—取砾装置；11—滚筒筛；12—举重臂；13—盾构千斤顶；14—装载车斗；15—推进轮；16—孔口开闭装置

(2) 土压平衡盾构机

土压平衡盾构机，是在机械盾构机的前部设置隔墙，使土室内和排土用的螺旋输送机内充满开挖渣，依靠盾构机千斤顶的推力给土室内的开挖土砂加压，使土压作用于开挖面以使其稳定。

螺旋输送机分为有轴螺纹式、无轴带式和有轴螺纹与无轴带式组合式三种，可根据地质条件选用，一般选用有轴螺纹式。无轴带式用于砾石层开挖，由于中心无轴，所以对挖除大砾石非常有利。有轴螺纹式保持压力的效果较好，而无轴带式因其中心开口较大，保持压力效果不佳，故常在排土口设置滑动闸门等止水装置。

这种土压平衡盾构机根据是否具有为促进泥土化而使用添加剂的注浆装置又可分为土

压式盾构机和泥土加压式盾构机。

① 土压式盾构机。如图 5-11 所示，土压式盾构机是将刀盘开挖的土砂充满土室，由盾构千斤顶的推进力加压，使土压作用于整个开挖面，以稳定开挖面，同时由螺旋输送机进行排土。

这种盾构机是在挤压式盾构机上安装刀盘进行开挖，同时使开挖的土砂流动，以便排土。这种盾构机适用于仅仅可用切削刀开挖且含砂量小的塑性流动性软黏土。

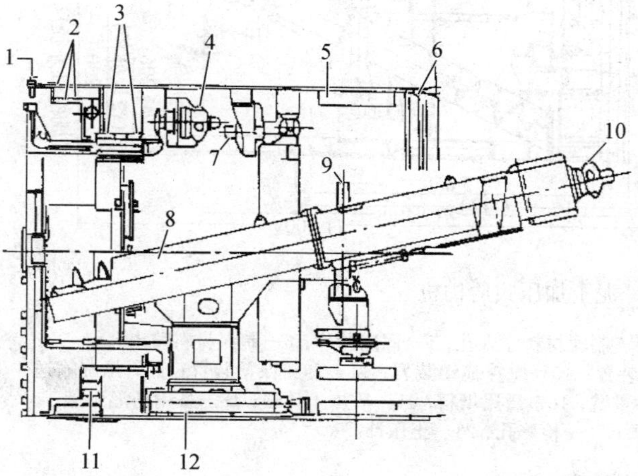

图 5-11　土压式盾构机

1—超挖刀盘；2—土砂密封；3—径向轴；4—切削刀盘驱动电机；5—管片；6—盾尾密封；7—举重臂旋转驱动电机；8—螺旋输送机；9—举重臂；10—螺旋旋转液压电机；11—推进轮；12—盾构千斤顶

② 泥土加压式盾构机。泥土加压式盾构机装备有注入添加材料促进开挖土砂塑性流动的机构和强力搅拌添加材料及开挖土砂的搅拌机构，通过盾构千斤顶的推进力对土室内搅拌后的土砂(泥土)加压，并使该泥土压力作用于整个开挖面，使开挖面获得稳定，同时用螺旋输送机排土。

添加材料有膨润土、CMC(羧甲基纤维素)、黏土、高吸水树脂、发泡剂等，可根据土质选用。

这种盾构机适用范围较广，可用于冲积黏土、洪积黏土、砂质土、砂、砂砾、卵石等土层，以及这些土层的互层。

由于泥土加压式盾构机适用的土质范围广，竖井用地比较少，所以最近采用的最多。

这种盾构机又分成搅拌全部开挖土的泥土加压式盾构机和搅拌部分开挖土的泥浆加压盾构机。

A. 泥土加压式盾构机。如图 5-12 所示，在泥土加压式盾构机刀盘后部设置了强制搅拌整个土室的搅拌翼。在开挖土砂中添加膨润土、CMC、黏土或起泡材料等，将开挖土砂变成塑性流动性和防渗性的泥土，这种泥土充满土室和螺旋输送机内，通过盾构千斤顶的推力使泥土受压，使与开挖面土压和水压平衡，稳定开挖面。

这种盾构机的刀盘形状多为轮辐形的，设有面板，故开挖面是开敞的，容易进行土压管理，适用于大范围的土质。

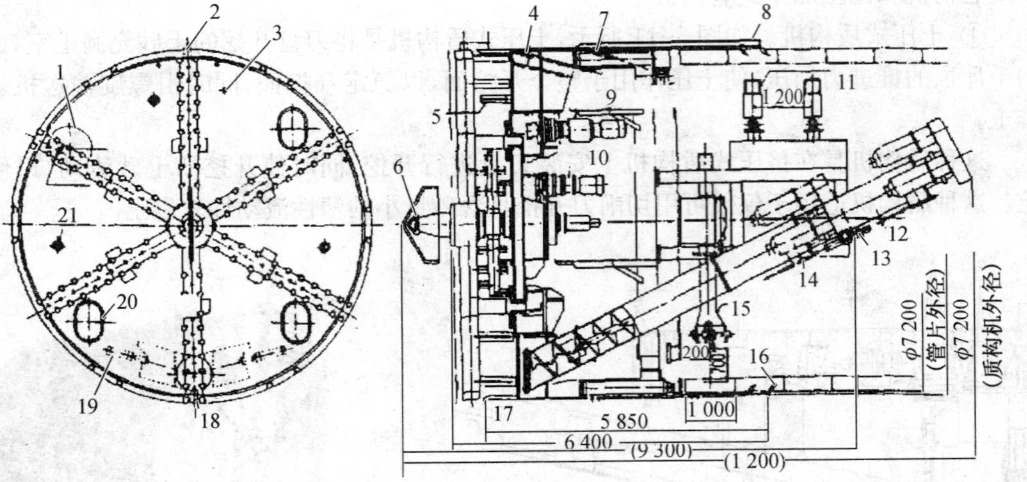

图 5-12　泥土加压式盾构机

1—人员进出闸；2—仿形刀盘；3—土砂取样孔；4—制泥材料注入孔；5—固定叶片；6—制泥材料喷出孔；7—药液注入孔；8—回填注浆装置；9—刀盘拖动装置；10—搅拌拖动装置；11—真圆保持装置；12—螺旋输送机；13—闸门千斤顶；14—掘进时排土口；15—举重臂；16—盾尾填料；17—盾构千斤顶；18—备用仿形刀盘；19—闸门千斤顶；20—检修孔；21—土压计

B. 泥浆盾构机。如图 5-13 所示，泥浆盾构机是在刀盘开挖的土砂内注入膨润土、CMC、黏土或起泡剂等泥浆材料，在土室内搅拌，使开挖土变成泥浆；将成为浆状的泥土充填到无轴带式螺旋机内并对其加压，在其压力与地下水压力和围岩土压力达到平衡的状态下进行排土。

这种盾构机主要适用于巨砾层。由于土室内的搅拌效果仅限于无轴带式螺旋机的前部，对整个土室不起作用，且保持压力的效果和止水性均不太好，故在开挖面坍塌几率较大的地基中使用这种盾构机值得进一步研究。

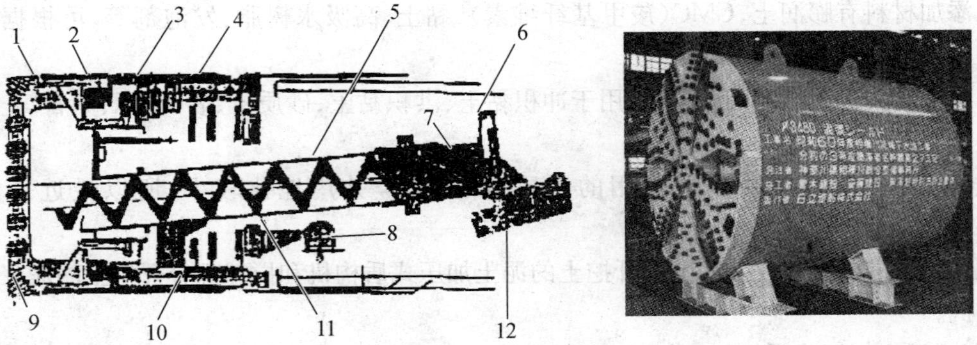

图 5-13　泥浆盾构机

1—切削刀盘；2—旋转台基础轴承；3—刀盘拖动液压电机；4—曲折千斤顶；5—旋转排土机；6—滑动闸门；7—砂塞；8—举重臂装置；9—齿式钻头；10—盾构千斤顶；11—无轴带式旋转输送机；12—皮带输送机

5.3.2 盾构选型

1. 盾构基本尺寸的确定

(1) 盾构外径

盾尾的内径要比隧道的外径略大，并且盾构与衬砌之间须形成必要的建筑间隙，这是考虑盾构制造和衬砌拼装的可能误差。这个空隙能使盾构在线路曲线部分旋转和使盾构具有与隧道纵剖面相应的坡度。此外，盾构发生偏离隧道设计轴线时，如果具有这种空隙便能校正盾构的位置。如果这种间隙过大，事必会增大盾构直径，引起坑道体积和衬砌背后空隙体积的增加，也使压入这些空隙的灰浆数量增加；同时，在盾构与衬砌之间有间隙存在，会使以高压将灰浆压入衬砌背后的作业复杂化；在使用压缩空气作业时，也会增加空气的泄漏量，因此，在确定建筑间隙尺寸时，应使其尽可能最小。这个间隙(一般称尾隙)如图 5-14 所示，用公式表达为：

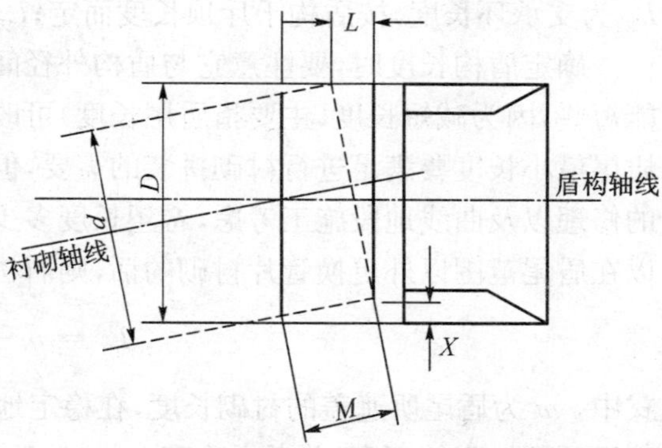

图 5-14 盾构直径计算简图

$$X = ML/d \tag{5-1}$$

式中，M 为盾尾与衬砌块的重叠长度；L 为最大导程；d 为衬砌环的外径。

通常采用 $L = d/80 = 0.0125d$，即：

$$X = 0.0125M \tag{5-2}$$

盾构外径即可按下式计算：

$$D = d + 2X + 2\delta \tag{5-3}$$

式中 X、d——意义同上式；

δ——盾构厚度，即盾尾厚度。

经大量的工程实践，从装配衬砌的条件出发，尾隙通常为衬砌外径的 8%～10%，因此盾构外径为：

$$D = (1.08 \sim 1.10)d + 2\delta \tag{5-4}$$

盾尾部分的受力状态较为复杂，是三向受力状态，是一段固定，一端自由的薄壁圆筒，不易求得精确解答，通常由类比和经验公式确定，常用的公式为：

$$\delta = 0.02 + (D - 4) \times 0.01 \tag{5-5}$$

式中，D、δ 含义同前。公式计算结果偏大，因此常常以类比法决定其厚度，但希望较薄些。决定盾尾厚度时，要检查一下变形，应满足不致有明显的变形。

(2) 盾构的长度

盾构的长度由前檐部、切口环、支承环、盾尾几部分的长度组成，必须考虑适合土质、易于运转操作等因素后，再进行确定。盾构长度计算公式为：

$$L = L_c + L_g + L_r \tag{5-6}$$

式中，L 为盾构长度（从盾尾到保护前檐长度）；L_c 为刃口部分长度，按作业空间长度而定；L_g 为支承环长度，按盾构千斤顶长度而定；L_r 为盾尾长度，按衬砌块宽度而定。

确定盾构长度时，要注意它与盾构外径间的关系，从运转操作这点出发，希望盾构尽可能短些，因为减短长度（主要指盾尾长度）可改善盾构的受力状况和提高盾构操纵的灵活度。盾尾最小长度要满足进行衬砌拼装的需要，但从拼装完衬砌遇有破损要更换和盾构千斤顶的修理以及曲线地段施工考虑，希望长度多少有点余量。如果衬砌管片没有损坏可能，或可以在盾尾范围以外更换管片衬砌的话，则盾构长度可减至最小。一般盾尾长度由下式计算：

$$L_r = m + m_1 + m_2 \tag{5-7}$$

式中，m 为盾尾所遮盖的衬砌长度，在稳定地层中等于一环衬砌宽度 b，在不稳定地层中可等于两环衬砌的宽度，并考虑略有余量，一般采用 $m=(1.2\sim2.2)b$；m_1 为盾构千斤顶顶块与刚拼装好的衬砌前端面的间隙，一般为 0.15～0.20 m；m_2 为千斤顶活塞杆回收后，露在支承环外的长度，由千斤顶规格而定，一般为 0.6～0.7 m。

（3）盾构外径与长度的关系

为了适应控制盾构推进方向、纠偏和曲线推进，盾构直径与长度应具有一定的比例关系，这个比例（L/D）常称为盾构的灵敏度。普通圆形盾构灵敏度与直径的关系可按下式考虑：

$$\begin{aligned} &D \geqslant 6.0\ \text{m}, && L/D = 0.75 \sim 0.8 \\ &3.5\ \text{m} < D < 6.0\ \text{m}, && L/D = 0.8 \sim 1.2 \\ &D \leqslant 3.5\ \text{m}, && L/D = 1.2 \sim 1.8 \end{aligned} \tag{5-8}$$

式中，D 为盾构外径；L 为盾构长度。这些数值是根据工程实践统计而得来，它除了保证灵敏度外，还能保证推进时的稳定性。对于机械化盾构和专用盾构，其长度还与内部设备形式和尾隙采用的封闭方式有关。

2. 盾构选型根据

根据不同的工程地质、水文地质条件、施工环境和工期的要求，合理地选择盾构机类型，对于保证施工质量，保护地面与地下建筑物安全和加快施工进度是至关重要的，因为只有在施工中才能发现所选用的盾构是否适用，一种不适用的盾构将对工期和造价产生严重影响，但此时想更换已不可能了。因此，盾构选型时应考虑以下因素：

① 工程地质与水文地质条件。

A. 隧道沿线地层围岩分类、各类围岩的工程特性以及不良地质现象。

B. 地下水位、穿越透水层和含水砂砾透镜体的水压力、围岩的渗透系数以及地层在动水压力作用下的流动性。

② 地层的参数。

A. 表示地层固有特性的参数：颗粒级配、最大土粒粒径、液限 W_L、塑限 W_P、塑性指数 I_P。

B. 表示地层状态的参数：含水量 ω、饱和度 S_r、液性指数 I_L、孔隙比 e、渗透系数 K、湿

土重度 γ。

C. 表示地层强度和变形特性的参数：不排水抗剪强度 S_u、黏聚力 c、内摩擦角 φ、标准贯入度 N、压缩系数 α、压缩模量 E_s。

③ 沿线地形、地面建筑物、地下构筑物和地下管线等环境条件，以及周围环境对地层变形的敏感度。

④ 隧道功能，隧道外径、长度、埋深、永久衬砌的厚度等。

⑤ 造价和工期。

从上述盾构选型的根据来看，盾构选型要考虑的项目很多，且相互联系。因此，盾构选型是一项复杂性工作，必须在综合分析比较的基础上，从技术、经济和企业施工能力等多方面来探讨适宜的盾构类型。

5.3.3 盾构施工技术

采用盾构法施工，其施工工序主要有：修建始发井和接受井，拼装盾构，加固进出洞门土体，盾构掘进，衬砌拼装，隧道壁后注浆等。施工概貌如图 5-15 所示。

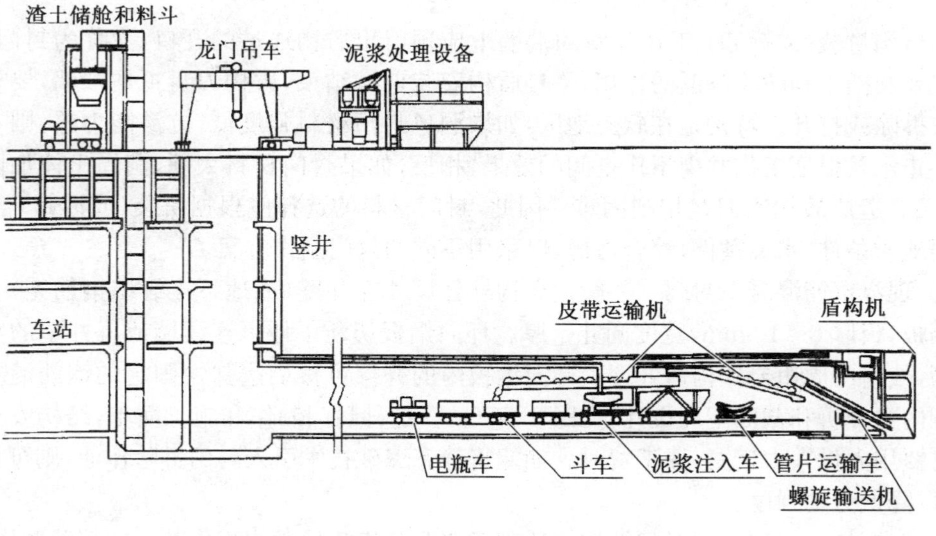

图 5-15 盾构法施工概貌

1. 修建盾构始发工作井和接受工作井

盾构掘进前，必须先在地下建造一个足够大的空间即工作井，以便在其中拼装（或拆卸）盾构、附属设备和后续车架以及出土、运料、测量投点等；同时，盾构掘进是从工作井开始，盾构工作井除需要承受背后水土压力和地面超载外，还需承受盾构推进时的后座推力。盾构工作井的净空尺寸要根据盾构直径、长度及运营功能需要而定，根据实践经验，一般盾构工作井宽度比盾构直径大 1.5～2.0 m，长度比盾构结构大三环以上，深度比隧道底板低 0.7 m 左右。

对于城市地铁隧道，盾构工作井一般建于隧道正线上，为方便施工、降低工程造价，多在明挖车站两端头修建，这样既满足区间隧道盾构施工需要，又可做车站结构的一部分，以得到充分利用。目前，盾构工作井结构多采用地下连续墙、钻孔灌注桩、钢板桩及沉井等形式，并且常与地铁车站结构一起施工，但这部分结构暂不封顶和覆土，留作盾构施工时的运输井。图 5-16 表示了这种拼装(或拆卸)工作井的布置图。

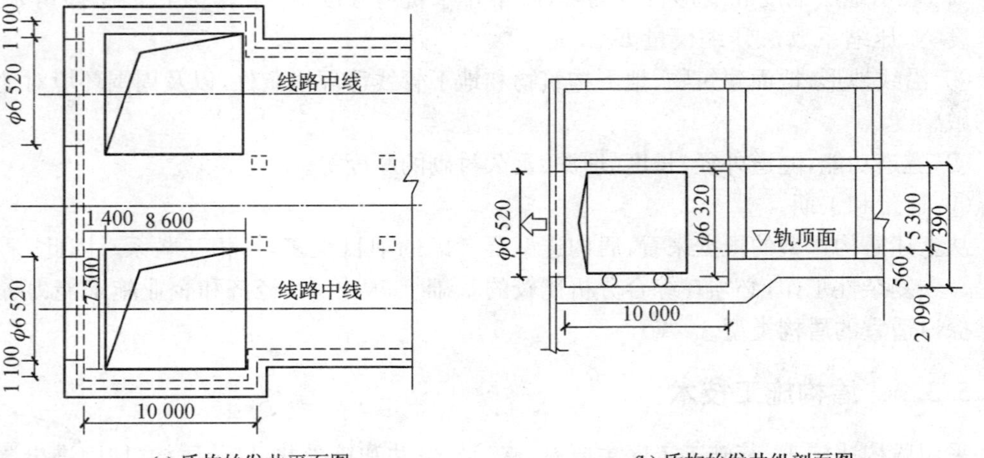

(a) 盾构始发井平面图

(b) 盾构始发井纵剖面图

图 5-16　盾构工作井平面和纵面布置图(单位:mm)

在盾构拼装(或拆卸) 工作井室的端墙上应预留出盾构通过的开口,又称为封门,这些封门主要起挡土和防止渗漏的作用,一旦盾构安装调试结束,盾构刀盘抵住端墙,要求封门能尽快拆除或打开。特别是在软土地区,如果洞口封门材料强度低,抗渗能力差,则不能起到挡土止水及保证工作井内工作空间的效果,相反,如果封门材料太硬,洞周土体加固强度太高,又会造成盾构大刀盘切削困难。因此,封门材料的选择应根据拼装(或拆卸) 工作井周围的地质条件、水文条件,综合考虑,以采用不同的封门制作方案。

① 现浇钢筋混凝土封门。一般按盾构外径尺寸在井壁(或地下连续墙钢筋笼)上预埋环形钢板,板厚 8～10 mm,宽度同井壁厚。环向钢板切断了地下连续墙或沉井壁的竖向受力钢筋,故封门周边要作构造处理。环向钢板内的井壁可按周边弹性固定的钢筋混凝土圆板进行内力分析和截面配筋设计,见图 5-17(a)。这种封门制作和施工简单,结构安全。但拆除时要用大量人力铲凿,费工费时。如能将静态爆破技术引入封门拆除作业,则可加快施工速度,降低劳动强度。

② 钢板桩封门。这种封门结构较适宜于用沉井修建的盾构工作井。在沉井制作时,按设计要求在井壁上预留圆形孔洞,沉井下沉前,在井壁外侧密排钢板桩,封闭预留的孔洞,以挡住侧向水土压力。沉井较深时,钢板桩可接长。盾构刀盘切入洞口靠近钢板桩时,用起重机将其逐根拔起,见图 5-17(b)。用过的钢板桩经处理后可以重复使用。钢板桩通常按简支梁计算。钢板桩封门受埋深、地层特性、环境条件等影响较大。

③ 预埋 H 型钢封门。将位于预留孔洞范围内的地下连续墙或沉井壁的竖向钢筋用塑料管套住,以免与混凝土黏结;同时,在连续墙或沉井壁外侧预埋 H 型钢,封闭孔洞,抵抗侧向水土压力。盾构刀盘抵住墙壁时,凿除混凝土,切断钢筋,逐根拔起 H 型钢,见图 5-17(c)。

④ 素混凝土封门。将素混凝土材料填充在预留孔洞内,以代替传统方法——现浇钢筋混凝土封门,可避免人工凿除地下连续墙或采用低药量密孔松动爆破,不但可节约拆除钢筋混凝土结构封门的劳动力,而且盾构机可直接进入土体,从而加快施工进度。

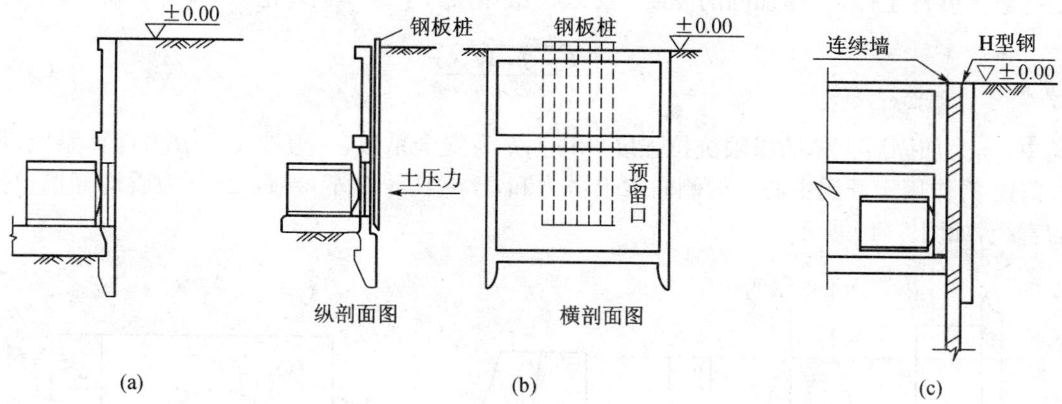

图 5-17 盾构井封门结构形式

⑤ 其他材料封门：除上述封门材料外，同济大学地下工程系和上海市基础工程公司曾试验研究用膨胀珍珠岩、砂和水泥制作封门填充材料，并成功应用于上海闸北电厂引水隧道东取水井盾构封门，该封门既能抵抗较大的侧向水土压力，又便于刀盘切削。

2. 盾构拼装

在盾构拼装前，先在拼装室底部铺设 50 cm 厚的混凝土垫层，其表面与盾构外表面相适应，在垫层内埋设钢轨，轨顶伸出垫层约 5 cm，可作为盾构推进时的导向轨，并能防止盾构旋转。若拼装室将来要作他用，可改用由型钢拼成的盾构支承平台，其上亦需有导向和防止旋转的装置。

由于起重设备和运输条件的限制，通常盾构都拆成切口环、支承环、盾尾三节运到工地，然后用起重机将其逐一放入井下的垫层或支承平台上。切口环与支承环用螺栓联成整体，并在螺栓连接面外圈加薄层电焊，以保持其密封性。盾尾与支承环之间则采用对接焊连接。

在拼装好的盾构后面，尚需设置由型钢拼成的、刚度很大的反力支架和传力管片。根据推出盾构需要开动的千斤顶数目和总推力进行反力支架的设计和传力管片的排列。一般来说，这种传力管片都不封闭成环，故两侧都要将其支撑住。

3. 加固洞门外土体

当盾构工作井周围地层为自稳能力差、透水性强的松散砂土或饱和含水黏土时，如不对其进行加固处理，则在凿除封门后，将会有大量土体和地下水向工作井内坍陷，导致洞周大面积地表下沉，危及地下管线和附近建筑物。目前，常用的加固方法有：注浆、旋喷、深层搅拌、井点降水、冻结法等，可根据土体种类（黏性土、砂性土、砂砾土、腐殖土）、渗透系数和标贯值、加固深度和范围、加固目的（防水或提高强度）、工程规模和工期、环境要求等条件进行选择。加固后的土体应有一定的自立性、防水性和强度，一般以单轴无侧限抗压强度 q_u=0.3～1.0 MPa 为宜，太高则刀盘切土困难，易引发机器故障，太低则洞口土体整体稳定性不易保证。图 5-18 为盾构进出洞口外土体加固示意图，加固土体的范围可参照下列方法计算。

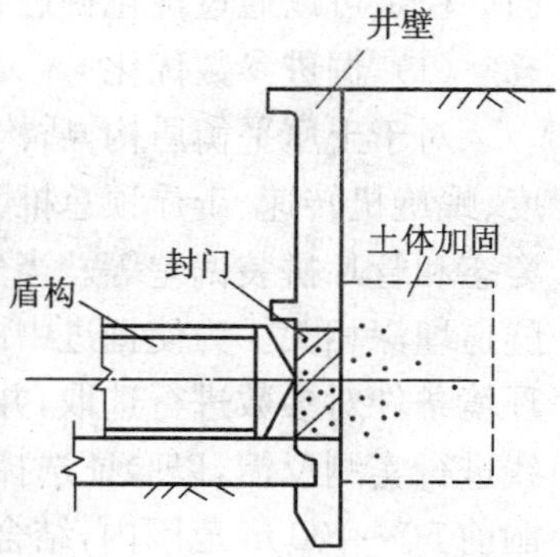

图 5-18 盾构进出洞口加固示意图

对于砂性土体，土体加固的厚度 t 可以根据弹性力学的厚板理论求得，公式如下：

$$t=\sqrt{\frac{k\cdot\beta\cdot W\cdot r^2}{\sigma_t}} \tag{5-9}$$

式中，σ_t 为加固后土体的极限抗拉强度(kPa)；k 为安全系数，一般取 1.5；β 为计算系数，取 1.2；W 为作用于开洞中心处的侧向水土压力和，$W=P_a+P_w$；$r=D/2$，D 为盾构开挖土体的直径，如图 5-19 所示。

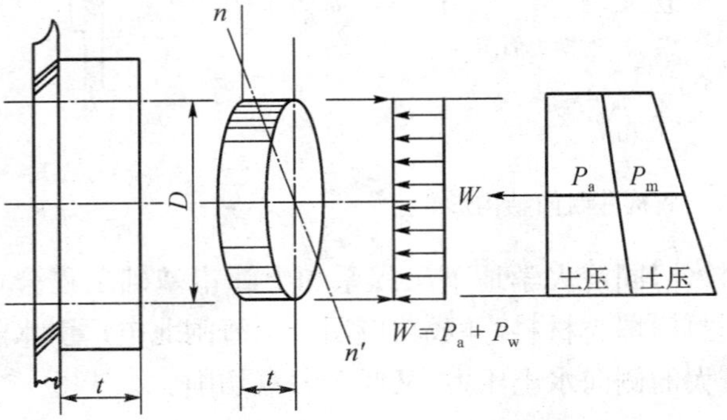

图 5-19 水土侧压力计算简图

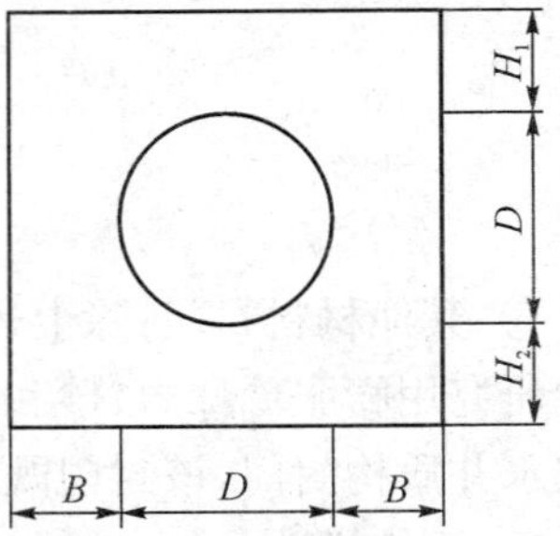

图 5-20 土体加固范围示意图

若采用摩尔包络线破坏条件及塑性松动圈的平衡微分方程，可求出改良土体的宽和高，对于如图 5-20 的示意图，对砂性土改良尺寸如表 5-1 所示。与砂性土体破坏形式不同，利用黏性土体在洞口整体滑移失稳的计算理论，推导出相应加固土体的厚、宽和高。

表 5-1 砂性土体改良尺寸 (m)

D	$D<1.0$	$1.0\leqslant D<3.0$	$3.0\leqslant D<5.0$	$5.0\leqslant D<8.0$
B	1.0	1.0	1.5	2.0
H_1	1.0	1.5	2.0	2.5
H_2	1.0	1.0	1.0	1.0

4. 盾构掘进

为减少盾构施工对周围环境的影响，在施工中尽可能地减少对周围土体的扰动，其主要技术关键是保持盾构开挖面的稳定和管片脱出盾尾后及时充填盾尾后建筑空隙。盾构开挖面的稳定可以通过优化掘进参数来控制，建筑空隙的充填则采用同步与二次压浆来实现。

(1) 掘进参数优化

对于土压平衡盾构，盾构掘进主要由以下参数控制：刀盘和土舱压力、排土量和推进速度、螺旋机转速、千斤顶总推力、注浆压力与时间、注浆量与方式、浆液性能、盾构坡度、盾构姿态和管片拼装偏差等。当然，这些施工参数与隧道所处区域工程地质、水文地质条件以及隧道埋深相关。为使掘进中的参数优化，必须熟练掌握盾构操作，并根据隧道埋深、地质和环境条件对参数进行选取，并作预测计算。同时紧随盾构推进对盾构轴线上方地面变形曲线进行实测反馈，以验证选择施工参数的合理性或据以再调整优化施工参数。在盾构进出洞前 50～100 m 范围内，结合地表沉降、土体的水平垂直变形、孔隙水压力、比贯入阻力、标贯指数等参数的量测，对盾构推进的施工参数优化选择和实验，其目的在于使盾构达到最佳的推进状态，即周围地层及地表面扰动小，地层强度、超孔隙水压力变化小，盾构推进速度快，轴线控制和管片拼装质量好。

① 盾构推进顶力计算。盾构的前进及方向的调整靠千斤顶推力来实现。因此盾构千斤顶必须具有足够的顶力，以克服推进过程中所遇到的各种阻力。盾构推进中所遇阻力有：

(a) 盾构外表面与周围土层间摩擦阻力 F_1：

$$F_1 = \mu_1[2(P_v + P_h)LD] \tag{5-10}$$

式中 μ_1——盾构壳体与土体间的摩擦系数，其值一般为 0.3～0.5；

P_v——盾构顶部的竖向土压力，可取覆盖土的 γH 值(kPa)；

H——盾构覆盖土厚度；

γ——土的重度；

P_h——水平土压力值；

L、D——盾构的长度和外径。

(b) 切口环切入土层阻力 F_2：

$$F_2 = D\pi L(P_v \tan\varphi + c) \tag{5-11}$$

式中 φ——土体的内摩擦角；

c——土体的黏聚力。

(c) 衬砌与盾尾间的摩擦阻力 F_3：

$$F_3 = \mu_2 G' N \tag{5-12}$$

式中 μ_2——盾尾与衬砌之间的摩擦系数，取值为 0.4～0.5；

G'——每环衬砌重量；

N——盾尾中衬砌的环数。

(d) 盾构自重产生的摩擦阻力 F_4：

$$F_4 = \mu_1 G'_0 \tag{5-13}$$

式中，G'_0 为盾构自重。

(e) 开挖面正面支撑阻力 F_5。

若盾构推进时切口环不切入地层，则需要克服开挖面支撑上的地层主动土压力：

$$F'_5 = \frac{\pi D^2}{4} P_h \tag{5-14}$$

若盾构推进时切口环切入地层，则切口环部分产生的阻力：

$$F''_5 = \pi D_k \delta_k P_p \tag{5-15}$$

式中 D_k——切口环部分平均直径；

δ_k——切口环部分厚度；

P_p——被动土压力，$P_p = \gamma H' \tan^2\left(45° + \frac{\varphi}{2}\right)$；

H'——盾构 1/2 直径高度处的地层高度。

故在开挖地层时，要支撑开挖面的盾构阻力为：

$$F_5 = F'_5 + F''_5 \tag{5-16}$$

对于闭胸挤压盾构，其正面阻力为：

$$F_5^{B} = \frac{\pi D^2}{4} P_p + F_5 \tag{5-17}$$

总之，盾构阻力计算，应根据施工实际情况而定，一般在确定盾构千斤顶的总顶力时，应采用1.5～2.0的安全系数。

② 正面压力。对于土压平衡盾构，要实现开挖面的稳定，可以通过两条途径：一是控制土舱压力与开挖面地层压力的差值；二是控制排土量。土压平衡盾构是借助土舱压力来平衡来自工作面的水土压力，以减少推进对地层的扰动。工程实践表明，这是一个动态平衡状态，由于推进速度和排土量的变化，土舱压力也会在地层侧压力值附近波动。因此，应特别注意调整推进速度和排土量，使压力波动控制在最小幅度，始终保持：

$$p = p_z + p_w \leqslant p_i \tag{5-18}$$

式中，p_i 为土舱压力；p_z 为侧向土压力；p_w 为侧向水压力。由于超挖使土舱压力减少到地层主动土压力，欠挖使土舱压力增大到地层被动土压力，土体均可产生塑性滑移和失稳。对气压盾构、泥水盾构和早期开敞胸板的网格盾构也有类似的情况。实践证明，只有满足 $p_i \geqslant (1.15 \sim 1.20)(p_z + p_w)$ 时，地表变形比较小。盾构未到达时，地表略有3～5 mm隆起，随后为沉降所抵消。

对于黏性土，土压平衡盾构的土舱压力 p_i，常取盾构刀盘中心处地层的静止土压值。实际施工中，为防止地面沉降，先使盾构推进前上方的地面略呈微抬之势，使设定压力值 p_i 略大于静止土压值 p_0：

$$p_i = K \cdot p_0 \tag{5-19}$$

$$p_i = K \cdot K_0 \cdot \gamma H' = K(1 - \sin\varphi')\,\gamma H' \tag{5-20}$$

式中 γ——土体重度；

H'——盾构中心处地层高度；

φ'——土体内摩擦角；

K——修正系数；

K_0——静止土压力系数。

上海地铁工程实践表明，在流塑性黏性土为主的地层中推进时，修正系数 K 取为1.1～1.3，而选定 K 值要通过在一定距离的盾构推进中，进行按上述优化施工参数的测试和分析。在整个推进过程中要根据地质和埋深变化适当地进行这种测试反馈和适时调整优化 p_i 值等施工参数，以确保隧道引起的地面变形控制在规范允许范围内。土舱压力波动一般可控制在0～0.02 MPa范围。当盾构进入加固区时，正面土压力设定值可根据加固土体的强度而适当降低。

③ 推进速度。盾构推进时通过对土压传感器检测的数据来控制盾构千斤顶的推进速度，以减少对开挖面前方的土体扰动。上海地铁盾构推进速度一般控制在3～5 cm/min时

能保持进出土量相等,此时,盾构的液压系统各性能指标均正常,螺旋机转速保持在 8～12 r/min 的正常范围。推进速度与出土速度相匹配,如大于出土速度,地面会隆起;反之,则土舱压力会骤然下跌,不能维持土体正面稳定,会导致地面沉降。

④ 出土控制。盾构排土量多少直接影响到盾构开挖面稳定,控制排土量是控制地表变形的重要措施。盾构正面土压力一定时,其排土量取决于螺旋输送机的转速,而螺旋输送机转速则和盾构千斤顶推进速度自动协调控制。按国外统计如图 5-21 所示,在主动破坏和被动破坏限界之间的开挖面稳定区间内,压力差和排土量大致成比例关系。上海地铁盾构推进速度为 3～5 cm/min、排土量大致在 98%时,可较好地保持土压平衡。

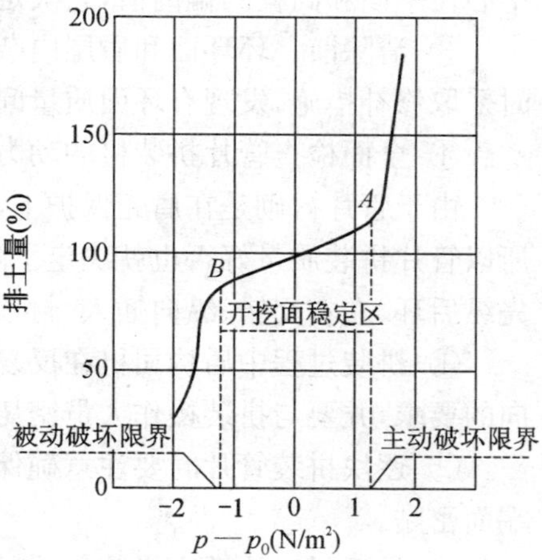

图 5-21 压力差($p-p_0$)与排土量关系

(2) 同步注浆与二次压浆

盾构施工引起的地层损失和盾构隧道周围受扰动或受剪切破坏的重塑土的再固结,是导致地表沉降的重要原因。为了减少和防止地表沉降,在盾构掘进中,要尽快在脱出盾尾后的衬砌环建筑空隙中充填足量的浆液材料,但土体和浆体固结需要一段时间,所以同步注浆后往往还须进行二次(或多次)压浆,它可弥补同步注浆的不足,减少地表沉降。上海地铁施工实践经验表明,在盾尾后第 6～8 环施加二次注浆,可使盾构穿越地下管线、铁路和重要建筑物时,大大减少地表沉降,起到保护环境的重要作用。

(3) 盾构纠偏

由于地层土质的不均质和差异性、地质钻探资料的不全或误差、惰性浆液的采用、盾构操作时的人为误差等因素,实际上盾构是在不断进行纠偏中才能保持隧道轴线与设计轴线的偏离不大于允许的误差。纠偏是通过选用各种千斤顶编组及其不同的液压大小来实施的。盾构内设有的千斤顶,一般分编成四组,分布在盾构衬砌环的底部、上部、左部和右部。每组千斤顶前设一电磁比例减压阀,通过调节每组千斤顶的工作压力,借此纠正或控制盾构前进的方向和坡度。这种纠偏方法不同于以往用增减千斤顶工作台数来操作的情况,避免了因减少开启千斤顶、顶力过大而使管片局部承受过大压力而碎裂。当正面地层变化时,推进纠偏速度宜放缓,但正面土压要适时适量调整,以保证土体的流动性和止水性,使开挖面保持稳定和平衡。当发现盾构偏离轴线时,要避免突纠,保持平缓和顺。盾构掘进中要加强纠偏测量工作。

5. 衬砌拼装

衬砌拼装是采用盾构法施工的一个重要工序,是用环、纵向螺栓逐块将高精度预制钢筋混凝土管片组装成整体,整个工序由盾构司机、举重臂操作工和拼装工等三种特殊工种配合完成。在整个施工过程中必须由专人负责指挥,拼装前要全面检查管片材料质量、盾构姿态、拼装机械设备、工具、索具等,以确保其安全可靠性。衬砌拼装前,首先要做好以下准备工作:

① 将隧道管片在地面上按拼装顺序排列堆放,并粘贴好管片接缝密封衬垫等防水材

料，准备好管片接缝的连接件和配件、防水垫圈等，并随第一块管片运送至工作面。

② 对盾构姿态进行检查，主要包括三方面：一是盾构千斤顶顶块与前一环管片环面的净距必须大于 $b+10$ cm，b 是管片宽度；二是管片与盾壳四周空隙；三是盾构纵坡及举重臂中心在平面和高程的偏离值，它决定管片拼装位置的调整措施和纠偏值。

③ 清除前一环环面和盾尾内杂物，检查前一环环面防水材料是否完好，如有损坏应及时采取修补措施，发现有环面质量问题，必要时在新一环管片拼装时采用纠正措施。

④ 全面检查管片拼装机的动力及液压设备是否正常，举重钳子是否灵活、安全可靠。

由于管片衬砌是在盾壳保护下，并在盾壳空间内进行拼装的，拼装后将直接形成隧道，所以管片拼装质量好否也就决定了隧道工程质量等级。一般管片拼装的顺序为先下后上、先纵后环、左右交错、纵向插入、封顶成环，同时，拼装过程中要注意以下各点：

① 拼装过程中盾构司机在反复伸缩千斤顶时必须做到保持盾构不后退、不变坡、不变向的要求，并要与拼装操作人员密切配合。

② 逐块拼装管片时要注意确保相邻两管片接头的环面平正、内弧面平正、纵缝的管片端面密贴。

③ 最后封口块插入拼装前，要检查千斤顶顶块到前一环面净距，并且要检查已拼管片的开口尺寸。

④ 封顶成环后，由测量人员初步测定其各项指标，按测得指标值作圆环校正，并初步拧紧拼装环的所有纵向螺栓。

⑤ 拼装过程中遇有管片损坏，应及时用规定材料修补，管片损坏超过规范标准应拆下调换。

⑥ 曲线段隧道的拼装是依靠设置楔形环管片使拼装后管片环轴线纵向形成一曲线，并符合设计曲率半径，而每环管片的拼法与直线段施工相同。

6. 隧道壁后注浆

盾构法施工的隧道，其管片衬砌与周围土层间留有一定的建筑空隙，为防水和防止隧道结构及地面沉降的需要，盾构脱出盾尾后，应按一定顺序通过预留在管片上的注浆孔对管片壁后进行注浆；或在盾尾后部当盾构掘进出现空隙的同时，通过设置在盾构机上的喷嘴或注浆管进行同步注浆，尤其在地面建筑物和地下管线密集的地区，向衬砌壁后注浆是隧道施工必不可少的工序。

压浆不但是防止地层变形的一种有效方法，而且还可减少建成后隧道沉降，增加衬砌接缝防水性能，改善衬砌受力状态，在盾构施工时通过选择压浆位置还有利于盾构推进纠偏。

(1) 压浆材料及配比

压浆原材料的选用要按工程的地质条件、施工条件、地面超载条件、允许变形速率控制要求、材料来源等合理选定，一般常用的注浆浆液有豆石混凝土、水泥浆、砂浆和聚氨酯等，在粉性土中多采用稀软材料，而在砂土或砾石地层中多采用硬稠材料。但拌制后浆液必须满足工程使用要求，一般要求浆液在压浆作业的全过程中不易产生离析；具有较好的流动性；压注后浆液固化的体积变化小，即凝固收缩率小；有较好的不透水性能；压注后能很快超过土层的强度。

浆体配比应根据地表变形及隧道沉降控制要求、地面荷载、地层状况选定，在用于工程前必须进行材料测试，其结果符合要求后方可正式用于工程。

(2) 注浆压力

同步注浆时要求在压入口的压力大于该点的静止水压及土压力之和,做到尽量填补而不是劈裂,如图 5-22 所示。注浆压力过大,管片外的土层将会被浆液扰动而造成较大的后期地层沉降及隧道本身的沉降,并易造成跑浆。而注浆压力过小,浆液填充速度过慢,填充不充足,也会使地表变形增大。经过不断探索,按隧道的不同埋深采用同步注浆,其压入口的压力一般为 1.1～1.2 倍的静止土压力。

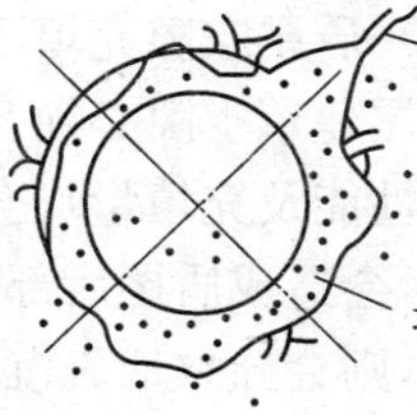

图 5-22 浆液充填与劈裂示

(3) 注浆起迄时间

衬砌背部注浆时间一般应在衬砌脱出盾尾及盾构掘进时同步进行,并在推进一环的时间(约 60 min)内完成。

(4) 注浆量

理论计算的压浆量为 $V=\frac{\pi}{2}\cdot L_1\cdot D\cdot G_p$ (L_1 为环宽;D 为盾构外径;G_p 为建筑总空隙),在施工中要按实际效果作调整,因为压浆量与盾构推进时扰动土层范围有直接关系,而这一扰动范围是一个变量,在不同条件下有较大差异,一般实际压浆量为 150%～180%V。

5.3.4 盾构施工地表沉降预测和控制

用盾构法施工时,一般在隧道上方均会引起地表沉降变形,这种现象在松软含水地层或其他不稳定地层中尤为显著。地表沉降变形的程度与隧道埋深、管片直径、刚度和材质、地层土质情况、地下水位分布、盾构施工方法及辅助施工法、地面建筑物基础形式等都有很大关系。隧道衬砌脱离盾尾以后,也会产生一些沉降变形,其大小与盾尾间隙量、地层的地质情况、施工方法、压浆工艺等有关。但盾构推进完成后,被扰动地层的重新固结,是隧道沉降变形的重要因素。

1. 导致地表沉降变形的原因

(1) 地层原始应力状态的改变

在原来处于稳定状态的地层中开挖隧道,不论采用何种形式的盾构机,对周围土体必有扰动影响,盾构掘进时开挖面土体的松动和坍塌,尤其是地下水位的变化,会导致地层原始应力状态的改变和土体极限平衡状态的破坏,从而引起地表下沉变形。

(2) 盾构的挤压扰动

各种开挖方式的盾构,掘进时都会不同程度地对土层产生挤压扰动,其中全闭胸挤压盾构扰动最大。此外,盾构掘进遇到曲线以及进行水平或垂直纠偏时,也会使周围的土体受到挤压扰动,从而引起地表变形,其变形大小与地层的土质及隧道的埋深有关。

(3) 降水、注浆等辅助施工的影响

盾构进出洞经常要采用降水、注浆等辅助施工措施,降水、注浆会使地层中原来的静水水位发生变化,使含水地层中土的有效应力增加;并且由于周围地下水的不断补充,在一定土层范围内产生动水压力,会导致土中有效应力增加,这就相当于使土层受到附加荷载的作用,而产生固结沉降。降水、注浆等辅助施工引起地表沉降的范围与地下水位受到影响的范围有关,其沉降量及沉降时间与土的孔隙比及渗透系数有关,在渗透系数较小的黏性土中,固结时间较长，因而沉降较慢。

(4) 盾尾空隙充填不足的影响

盾尾建筑空隙必须及时进行充填，在不稳定地层中施工时，这一点显得尤为重要。压浆材料的性能及充填量均会影响到地表沉降及其速率。盾构施工中的纠偏或弯道施工时的局部超挖，会造成盾尾后部建筑空隙的不规则扩大，其扩大量难以估计，若空隙又无法做到及时充填，则会导致地表沉降。

(5) 管片环的变形

管片衬砌脱出盾尾之后，在水土压力作用下管片环产生变形，也会导致地表的少量沉降。

2. 地表沉降变形的预测分析

根据盾构施工地表沉降变形的机理分析，可以发现，影响地表变形的因素比较多，其表现形式也是综合、复杂的。目前，分析、预测盾构开挖过程中地层变形的方法有多种，如设计阶段常用的有限单元法和边界单元法，以及根据实测数据的统计方法，其中比较实用的有 Peck 法、Attewell 法、O'Reilly-New 法等等。施工阶段地面沉降变形一般按 5 个阶段进行：盾构到达前、盾构到达时、盾构通过后、管片脱出盾尾及后期沉降变形。关于各个阶段地面沉降变形的预测，可以按固结理论、弹塑性理论和黏弹性理论分别计算。下面主要介绍得到广泛应用的派克(Peck)法。

派克(Peck)认为盾构施工引起的地面沉降是在不排水情况下发生的，所以沉降槽体积等于地层损失的体积。假定地层损失在隧道上均匀分布，地面沉降的横向分布近似正态分布曲线，如图 5-23(a)所示。

地面沉降量的横向分布预测(估算)公式为：

$$\begin{aligned} S(x) &= \frac{V}{\sqrt{2\pi}i}\exp\left(-\frac{x^2}{2i^2}\right) \\ S_{\max} &= \frac{V}{\sqrt{2\pi}i} \approx \frac{V}{2.5i} \end{aligned} \tag{5-21}$$

式中 $S(x)$——沉降量(m)；

V——地层损失量(m^3/m)；

x——距隧道中心线的距离(m)；

i——沉降槽宽度系数($x=i$ 处，出现最大沉降坡度 $S'_{\max}$，即反弯点的位置)。

在地下水位以下，砂性土中：$i=\dfrac{\tan\beta\cdot Z+R}{2.5}$，$\beta\geqslant 50°$；黏性土中：$i=R\left(\dfrac{Z}{2R}\right)^{0.8}$，式中，$2R$ 为盾构外径，Z 为盾构中心至地面之深度。

上式表示的沉降曲线，在 $x=i$ 处，出现最大沉降坡度 $S'_{\max}$；在 $x=\sqrt{3}i$ 及 $x=0$ 处，出现最小的曲率半径 $\rho_{\min}$。此两处的沉降量分别为 $0.22S_{\max}$ 及 $S_{\max}$。从沉降曲线的微分与曲率半径公式可得：

$$\begin{aligned} S'_{\max} &= \frac{0.61S_{\max}}{i} \\ \rho_{\min} &= \frac{i^2}{S_{\max}} \end{aligned} \tag{5-22}$$

地面沉降量的纵向分布估算公式为：

$$S(y)=\frac{V_{l1}}{\sqrt{2\pi}i}\left[\Phi\left(\frac{y-y_i}{i}\right)-\Phi\left(\frac{y-y_f}{i}\right)\right]+\frac{V_{l2}}{\sqrt{2\pi}i}\left[\Phi\left(\frac{y-y_i'}{i}\right)-\Phi\left(\frac{y-y_f'}{i}\right)\right] \tag{5-23}$$

$$y_f'=y_f-L \quad , \quad y_i'=y_i-L$$

式中，$S(y)$为沿隧道纵轴线分布的沉降量(m)，正值为沉降量，负值为隆起量；y 为沉降点至坐标原点 O 的距离(m)；y_i 为盾构推进起始点开挖面至坐标轴原点 O 的距离(m)；y_f 为盾构开挖面至坐标轴原点 O 的距离(m)；L 为盾构机的长度(m)；V_{l1} 为盾构开挖面引起的地层损失(m^3/m)(盾构欠挖时 V_{l1} 为负值)；V_{l2} 为盾构开挖面以后以盾尾空隙压浆不足及盾构改变推进方向为主的所有施工因素而引起的地层损失(m^3/m)；i 为沉降槽宽度系数；$\Phi(x)$ 函数可由标准正态函数表查得。纵向沉降曲线示意如图 5-23(b)所示。

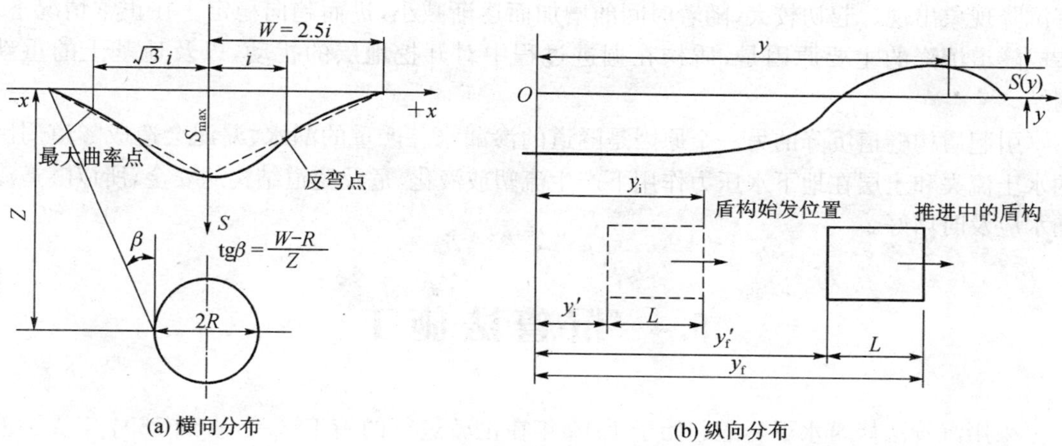

图 5-23 地面沉降及沉降范围预测分析图

3. 地表沉降变形的防治措施

采用盾构法修建隧道，地表产生沉降是不可避免的。但选择合理的盾构类型，采用先进的施工工艺，施工中不断优化施工技术参数，可以将地表沉降控制在较小的范围内(+1～−3 cm)。要减少盾构法施工对周围环境的影响，必须在施工中尽可能减少对隧道周围土体的扰动，保持开挖面的稳定和管片脱出盾尾后及时注浆充填建筑间隙。

(1) 减少对开挖面地层的扰动、保证开挖面稳定

① 施工中采取灵活合理的正面支撑或适当的土压或泥水压力，来防止土体坍塌，保持开挖面的稳定。

② 在盾构掘进时，严格控制开挖面的出土量，防止超挖。即使是对地层扰动较大的局部挤压盾构，只要严格控制其放土量，仍可以控制地表变形。

③ 控制盾构推进一环时的纠偏量，以减少盾构在地层中的摆动和对土层的扰动。同时应尽量减少纠偏需要的开挖面局部超挖。

④ 提高施工的速度和连续性。实践表明，盾构停止推进时，会因正面土压力的作用而产生后退，其后退量虽可采取措施减少一些，但后退总难避免。因此，提高隧道施工速度，避免盾构停搁，对减少地表变形有利。

(2) 保证做好盾尾建筑空隙的充填压浆

① 保证压注工作的及时性，尽可能缩短衬砌脱出盾尾的暴露时间，以防地层塌陷。

② 保证压注数量，控制注浆压力。注浆材料要产生收缩，因此压注量必须超过理论建筑空隙的体积，一般超过10%左右。过量的压注会引起地表隆起和局部跑浆等现象，对管片受力状态也有影响。盾构纠偏、局部超挖、地层存在孔隙等原因，往往使实际的建筑空隙无法正确估计，为此，还应以控制注浆压力，作为充填程度的标准。

③ 改进压浆材料的性能。施工时，地面拌浆站要严格掌握压浆材料的配合比，对其凝结时间、强度、收缩量要通过试验不断改进。提高注浆材料的抗渗性能，将有利于隧道防水，相应也会减少地表沉降。

4. 隧道沉降变形

同样，盾构隧道的施工沉降也是不可避免的，盾构隧道衬砌成环、脱离盾构以后，就开始有沉降现象出现。起初较大，随着时间的增加而逐渐减小，进而趋向稳定。在正常情况下，造成隧道沉降的主要原因是，盾构在掘进过程中对开挖地层的扰动，以及地基土的重新固结。

引起盾构隧道沉降的另一个原因是隧道的渗漏水。严重的漏水、漏泥会造成隧道周围的水土流失和土层在地下水压力作用下产生流塑或液化，危及隧道结构的安全，所以隧道渗漏水应及时堵好。

5.4 沉管法施工

采用沉管法修筑水下隧道起始于1810年在伦敦进行的施工试验，直到1894年美国波士顿采用此法建成一条城市下水道工程和1904年底特律建成水底铁路隧道，这才宣告沉管法的成果诞生。自1959年加拿大迪斯(Deas)隧道成功采用水力压接法进行管段水下连接后，这一方法很快被世界各国普遍采用，使得沉管法变得更加优越。

1993年广州珠江建成我国第一条沉管隧道，1995年宁波甬江建成第二条沉管隧道，这两条沉管隧道的建成为我国修建海底沉管隧道积累了丰富经验。

沉管法的主要优点是：①隧道可紧贴河床最低点设置，隧道较短；②隧道主体结构在干坞中工厂化预制，因而可保持良好的制作质量和水密性；③对地基的适应性强；④接头数量少，只有管节之间的连接接头，由于采用了GINA和Ω型橡胶止水带两道防水屏障，隧道防水性能好。

沉管法的主要缺点是：①需要一个占用较大场地的干坞，这在市区内有时很难实施，需在远离市区较远的地方建造干坞；②基槽开挖数量较大且需要进行清淤，对航运和市区环境的影响较大，另外，河(海)床地形地貌复杂的情况下，会大幅增加施工难度和造价；③管节浮运、沉放作业需要考虑水文、气象条件等影响，有时需短期局部封航；另外，水体流速会影响沉管段沉放的准确度，超过一定的流速可能导致沉管无法施工。

采用沉管法修建隧道时，其主要施工工序如图5-24所示。

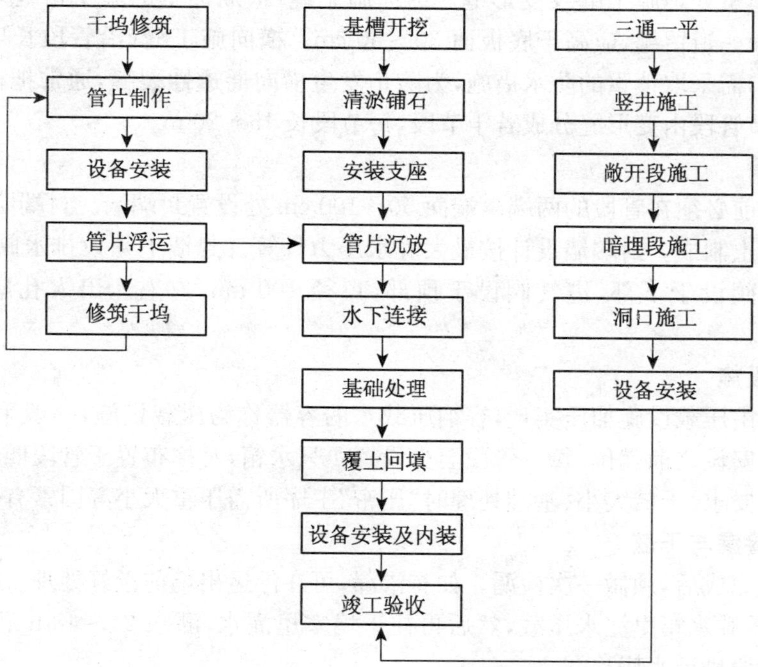

图 5-24 沉管施工的主要工序

5.4.1 干坞修筑

干坞是专门预制管段的场地，并且这个场地能在管段预制成后灌水浮起。干坞虽然是个临时性的工作土坑，但由于干坞一般需要距离沉管隧道较近的大面积场地，所以它在沉管隧道施工中占据重要地位。

干坞的规模应根据沉管隧道工程规模来确定，按其活动性有固定干坞和移动干坞两种形式；按预制的方式分一次预制管段干坞和分批预制管段干坞。干坞一般由坞墙、坞底、坞首及坞门、排水系统、车道等几部分组成。干坞内主要设备有混凝土搅拌站、起重设备、运输设备、托运管段设备、其他土建常用设备等。干坞施工通常采用“干法”进行土方开挖。

5.4.2 管段预制

1. 管段制作

管段制作在干坞中进行，其基本工艺与地面上预制混凝土构件基本相同。但考虑到浮运沉设对匀质性与水密性的特殊要求，应注意以下几点。

① 要保证混凝土的防水性及抗渗性。

② 要严格控制混凝土的重度，如果重度超过 1%以上，管段将浮不起来，不能满足浮运要求。

③ 必须严格控制模板的变形，以保证对混凝土匀质性的要求，否则，如果出现管段板、壁厚度的局部较大偏差，或前后、左右混凝土重度不均匀，浮运中会发生管段侧倾。

④ 必须慎重处理施工缝及变形缝。纵向施工缝(横断面上的施工留缝),对于管段下端,靠近底板面一道留缝,应高于底板面 30～50 cm。横向施工缝(沿管段长度方向上分段施工时的留缝)需采取慎重的防水措施,为防止发生横向通透性裂缝,通常把横向施工缝做成变形缝,每节管段由变形缝分成若干节段,每节段长 15～20 m。

2. 封端墙

管段浮运前必须在管段的两端离端面 50～100 cm 处设置封端墙。封端墙可用木料、钢材或钢筋混凝土制成。封端墙设计按最大静水压力计算。封墙上须设排水阀、进气阀以及入水孔。排水阀设于下部,进气阀设于顶部,口径 100 mm 左右。出入孔应设置防水密闭门。

3. 压载设施

管段下沉由压载设施加压实现,容纳压载水的容器称为压载设施,一般采用水箱形式,须在管段封墙安设之前就位,每一管段至少设置 4 只水箱,对称布置于管段四角位置。水箱容量与下沉力要求、干舷大小、基础处理时“压密”工序所需压重大小等因素有关。

4. 管段检漏与干舷

管段制作完成后,须做一次检漏。如有渗漏,可在浮运出坞前做好处理。一般在干坞灌水之前,先往压载水箱里注水压载,然后再往干坞室里灌水,灌水 24～48 h 后,工作人员进入管段内对管段进行水底检漏。

经检漏合格浮起管段,并在干坞中检查干舷是否合乎规定,有无侧倾现象。通过调整压载的办法,使干舷达到设计要求。

在一次制作多节管段的大型干坞中,经检漏和调整好干舷的管段,再加压载水,使之沉置坞底,待使用时再逐一浮升,拖运出坞。

5.4.3 管段浮运

管段预制完成后对干坞内灌水使管段浮起,利用在干坞四周预置的地锚固定上浮管段,然后利用绞车牵引管段出坞。管段向隧道位置浮运可采用绞车或拖轮牵引,拖轮布置形式有四船拖运和三船拖运两种,如:宁波甬江水底沉管隧道的预制沉管浮运时,由于江面窄水流急,且受潮水的影响,采用了绞车拖运“骑吊组合体”方法浮运过江;广州珠江沉管隧道施工时,由于干坞设在隧道的岸上段,江面宽只有 400 m 左右,浮运距离短,采用绞车和拖轮相结合的拖运方式。

此外,管段浮运应在临时航道设置导航系统,加强水面交通管理,且最好选择晴朗、风力较小的天气进行管段浮运。

5.4.4 沉管基槽施工

基槽施工主要是利用浚挖设备,在水底沿隧道轴线、按基槽设计断面挖出一道沟槽,用以安放管段。基槽浚挖是所有浚挖工作中最为重要的一环,应根据现场地质与水力资料确定合理的浚挖方式和浚挖设备。选择浚挖方式时应尽量使用技术成熟、生产效率高、费用低的浚挖方式。常用的浚挖方式有:

① 浚挖作业一般分层、分段进行。在基槽断面上,分几层逐层开挖;在平面沿隧道轴线方向,划分成若干段,分段分批进行浚挖。

② 管段基槽浚挖亦可分粗挖和精挖两次进行。粗挖挖到离管底标高约 1 m 处，精挖在临近管段沉放时超前 2～3 节管段进行，这样可以避免因管段基槽暴露过久、回淤沉积过多而影响沉放施工。

基槽开挖一般采用吸泥船进行，如链斗式挖泥船、绞吸式挖泥船、抓斗挖泥船、铲扬式挖泥船等等。

5.4.5 管段沉放

1. 沉设方法

预制管段沉设是整个沉管隧道施工中重要的环节之一。它不仅受气候、河流等自然条件的直接影响，还受到航道、设备条件的制约。因此，沉管施工中并没有统一的通用方案，须根据自然条件、航道条件、管段规模以及设备条件等因素，因地制宜选用经济合理的沉设方案。

沉设方法和工具设备，种类繁多，为便于了解作如下归纳。

(1) 分吊法

管段制作时，预先埋设 3～4 个吊点，分吊法沉设作业时分别用 2～4 艘 100～200 t 浮吊(即起重船)或浮箱提着各个吊点，逐渐将管段沉放到规定位置，如图 5-25 所示。

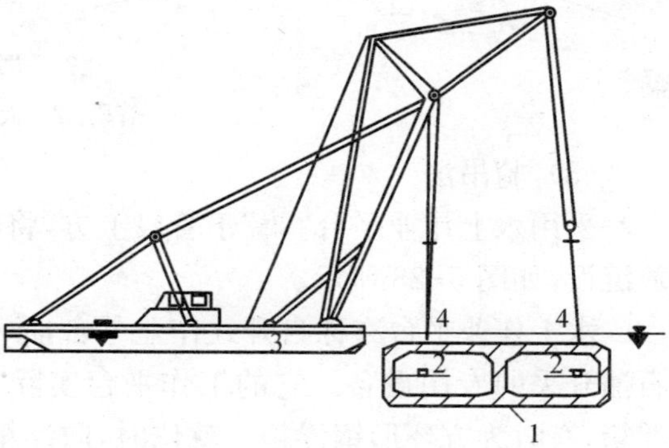

图 5-25 起重船吊沉法示意图

1—沉管；2—压载水箱；3—起重船；4—吊点

浮箱吊沉设备简单，适用于宽度特大的大型管段。沉放用 4 只 100～150 t 的方形浮箱(边长约 10 m，型深约 4 m)直接将管段吊起来，吊索起吊力作用在各个浮箱中心，4 只浮箱分成前后 2 组，如图 5-26 所示。

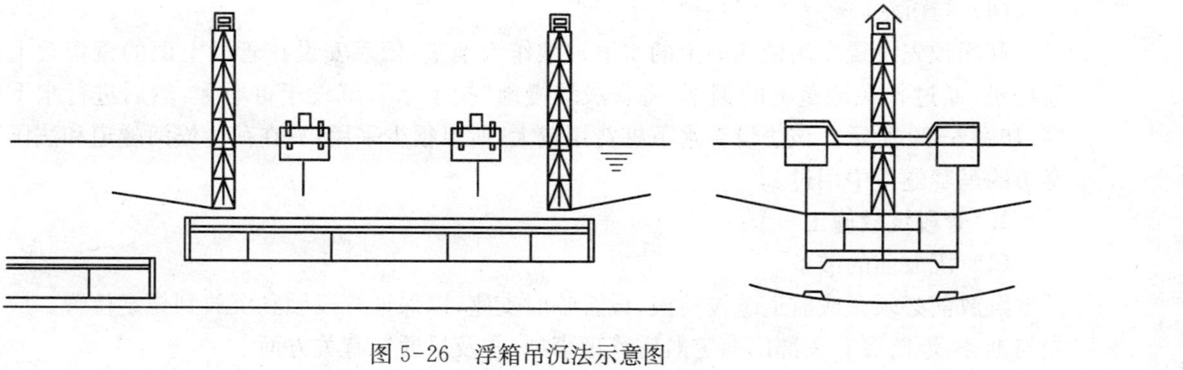

图 5-26 浮箱吊沉法示意图

(2) 扛吊法

亦称方驳扛吊法(图 5-27)。方驳扛吊法是以 4 艘方驳，分前后 2 组，每组方驳肩负一副“杠棒”，即这两副“杠棒”由位于沉管中心线左右的两艘方驳作为各自的两个支点；前后两组方驳用钢桁架连接起来，构成一个整体驳船组，“杠棒”实际上是一种型钢梁或是钢板组合梁，其上的吊索一端系于卷扬机上，另一端用来吊放沉管；驳船组由 6 根锚索定位，沉管管段另用6根锚索定位。

在美国和日本的沉管隧道工程中，习惯用“双驳扛沉法”，其所用方驳的船体尺度比较大(驳体长度为60～85 m，宽度为6～8 m，型深2.5～3.5 m)。“双驳扛沉法”的船组整体稳定性较好，操作较为方便，但大型驳船费用较高。管段定位索改用斜对角方向张拉的吊索，系定于双驳船组上。美国旧金山市地下铁道(Bart，1969)的港下水底隧道工程即采用此方法。

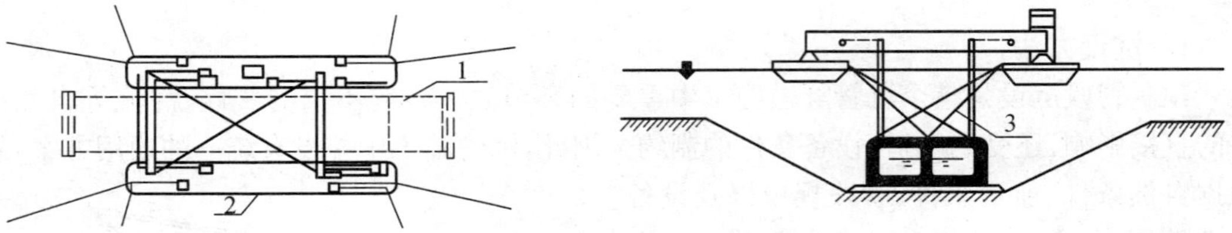

图5-27　方驳扛吊法示意图

1—管段；2—大型铁驳；3—定位索

(3) 骑吊法

采用水上作业平台“骑”于管段上方，将管段慢慢地吊放沉设，如图5-28所示。

水上作业平台亦称自升式作业平台，原是海洋钻探或石油开采的专用设备。它的工作平台实际上是个矩形钢浮箱，有时为方环形钢浮箱。就位时，向浮箱里灌水加载，使四条钢腿插入海底或河底；移位时则反之，排出箱内贮水使之上浮，将四条钢腿拔出。在外海沉设管段时，因海浪袭击只有采用此法施工；在内河或港湾沉设管段，如流速过大，亦可采用此法施工。它不需抛设锚索，作业时对航道干扰较小。由于设备费用很高，一般内河沉管施工时较为少用。

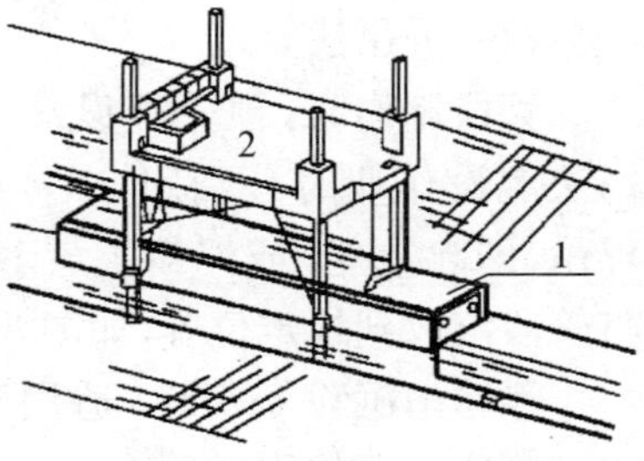

图5-28　骑吊法示意图

1—沉管；2—自升式平台(SEP)

(4) 拉沉法

利用预先设置在沟槽底面上的水下桩墩作为地垄，依靠安设在管段上面的钢桁架上的卷扬机，通过扣在地垄上的钢索，将管段缓慢地“拉下水”，沉设于桩墩上，然后进行水下连接，如图5-29所示。该法设置水下桩费用较大，所以很少采用，只在荷兰埃河隧道和法国马赛市的马赛隧道中用过。

2. 管段沉放施工

(1) 沉放前的准备

沉放前必须完成航道疏浚清淤，设置临时支座，以保证管段顺利沉放到规定位置。应事先与港务、港监等有关部门商定航道管理事项，并及早通知有关方面。

同时要做好水上交通管制准备工作，需抓紧时间做好封锁线标志(如浮标、灯号、球号等)。封锁的范围包括：上下游方向各100～200 m，沿隧道中线方向的封锁距离视定位锚索的布置方式而定。

(2) 管段就位

在高潮平潮之前，将管段浮运到指定位置，此时可距规定沉设位置10～20 m处，并挂好

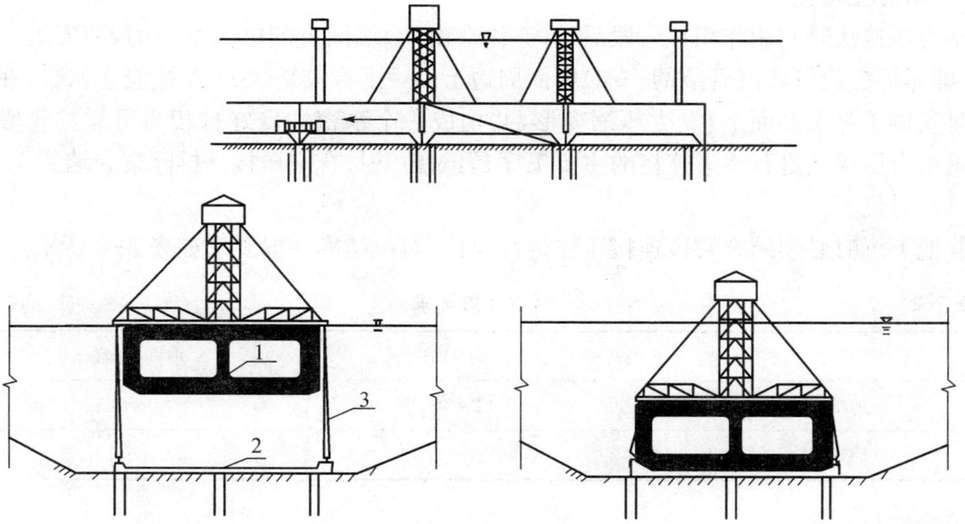

图 5-29 拉沉法示意图

1—沉管；2—桩墩；3—拉索

地锚，校正好方向，使管段中线与隧道轴线基本重合，误差不应大于 10 cm。管段纵向坡度调至设计坡度。定位完毕后，即可开始灌水压载，至消除管段的全部浮力为止。

(3) 管段下沉

下沉时的水流速度，宜小于 0.15 m/s，如流速超过 0.5 m/s，需采取措施。每段下沉分三步进行，即：初次下沉、靠拢下沉和着地下沉。

① 初次下沉。灌注压载水至下沉力达到规定值之 50%；随即进行位置校正，待前后左右位置校正完毕后，再灌水至下沉力规定值的 100%；而后按 40～50 cm/min 速度将管段下沉，直到管底离设计高程 4～5 m 止，下沉时要随时校正管段位置。

② 靠拢下沉。将管段向前平移，至距已设管段 2 m 左右处，然后再将管段下沉到管底离设计高程 0.5～1 m，并校正管位。

③ 着地下沉。先将管段前移至距已设管段约 30～50 cm 处，校正管位并下沉，最后 10～20 cm 的下沉速度要很慢，并应随沉随测。着地时先将前端搁在“鼻式”托座上或套上卡式定位托座，然后将后端轻轻地搁置到临时支座上。搁好后，各吊点同时分次卸荷至整个管段的下沉力全都作用在临时支座上为止。

5.4.6 水下连接

1. 水下混凝土连接

早期的沉管水底隧道，都采用灌注水下混凝土的方法进行管段间的连接，目前，这种方法仅在管段的最终接头时采用。

采用水下混凝土连接法时，先在接头两侧的端部安设平堰板（与管段同时制作），待管段沉放完后，在前后两块平堰板左右两侧水中安放圆弧形堰板，围成一个圆形钢围堰，同时在隧道衬砌的外边，用钢堰板把隧道内外隔开，最后往围堰内灌注水下混凝土，形成管段的连接。

2. 水力压接法

水力压接法是利用作用在管段后端(亦称自由端)端面上的巨大水压力,使安装在管段前端(即靠近已设管段或管节的一端)端面周边上的一圈橡胶垫(GINA 橡胶止水带,在制作管段时安设于管段端面上)发生压缩变形,并构成一个水密性良好且相当可靠的管段间接头。用水力压接法进行水下连接的主要工序是:对位→拉合→压接→拆除端封墙。

(1) 对位

着地下沉时必须结合管段连接工作进行对位,对位精度一般要求如表 5-2 所示。

表 5-2 对位精度要求

部　位	水平方向(cm)	垂直方向(cm)
前端	±2	±0.5
后端	±5	±1

(2) 拉合

拉合工序是用较小的机械力量,将刚沉设的管段拉向前节既设管段,使胶垫的尖肋部产生初步变形,起到初步止水作用。

拉合时所需机械拉力不大,一般为每延米胶垫长度 10～30N,通常用安装于管段竖壁(可为外壁或内壁)上带有锤形拉钩的拉合千斤顶进行拉合。拉合千斤顶总拉力一般为 1 000～3 000 kN,行程为 1 000 mm 左右。一个管段可设一具或两具拉合千斤顶,其位置应对称于管段的中轴线。通常采用 2 个 1 000～1 500 kN 拉力的拉合千斤顶设于管段两侧,以便调整管段。

(3) 压接

拉合完成后,打开既设管段后端封墙下部的排水阀,排出前后两节沉管封墙之间被胶垫所包围封闭的水。

排水完毕后,作用到整环胶垫上的压力,等于作用于新设管段后端封墙和管段周壁端面上的全部水压力。在此压力作用下,胶垫必然进一步压缩,其压缩量一般为胶垫本体高度的 1/3 左右。

(4) 拆除封端墙

压接完毕后,即可拆除前后两节管段间的封端墙。

5.4.7 基础处理及回填

1. 基础处理方法

沉管隧道,一般不需构筑人工基础,但为了平整槽底,施工时仍须进行基础处理。因任何挖泥设备,浚挖后槽底表面总留有 15～50 cm 的不平整度,会使槽底表面与管段表面之间存在着众多不规则空隙,导致地基土受力不匀,引起不均匀沉降,易使管段结构受到较高的局部应力以致开裂,故必须进行适当处理。沉管的基础处理方法大体上有先铺法和后填法两大类。

(1) 先铺法

先铺法是指在管段沉放前进行的处理方法,又叫刮铺法,包括刮砂法和刮石法。先铺法的基本程序是：

① 在浚挖沟槽时超挖 60～80 cm。

② 在沟槽两侧打数排短桩，安设导轨以控制高程、坡度。

③ 向沟底投放铺垫材料粗砂，或粒径不超过 100 mm 的碎石，铺宽比管段底宽 1.5～2.0 m，铺长为一节管段长度，在地震区应避免用黄沙作铺垫材料。

④ 按导轨所规定的厚度、高度以及坡度，用刮铺机刮平。刮平后的表面平整度，对于刮砂法，可在±5 cm 左右；对于刮石法，约在±20 cm 左右。

⑤ 为使管底和垫层密贴，管段沉设完毕后，可进行"压密"工序。"压密"可采用灌压载水，或加压砂石料的办法，使垫层压紧密贴。刮铺法费工费时，平整度不高，现逐渐被后填法所取代。

(2) 后填法

后填法是先将管段沉设在沟槽底的临时支座上，随后再补填垫实，它包括喷砂法、灌砂法、灌囊法、压砂法、压浆法等。后填法的优点是在处理过程中基本上不干扰航运，不需特殊的专用设备，不受气象条件的影响，不需大量潜水作业，便于日夜连续施工，操作简易、省工省费用，可全过程进行信息化控制。所以，目前大型沉管隧道的基础处理多用后填法，如喷砂法、压砂法、压浆法。后填法的基本工序：

① 在浚挖沟槽时，先超挖 100 cm 左右；

② 在沟底安设临时支座；

③ 管段沉设完毕(在临时支座上搁妥)后，往管底空间回填垫料。

后填法中，安设水底临时支座是一项重要工序。多用道渣堆上设置钢筋混凝土预制支承板的办法构成临时支座。道渣堆的常用尺度为 7 m×7 m×(0.5～1.0) m，预制支承板的尺度为 2 m×2 m×0.5 m。支承板可以浮吊沉设，近年已多改为随管段一起浇制一起沉设。预制支承板由液压千斤顶实现调整定位。

2. 基础加固

沉管隧道的地基土如果过于软弱，仅作垫平处理是不够的，应结合基槽地基的实际情况对沉管隧道的基础予以加固。

(1) 加固方法

常用的加固方法有以下四种：①以粗砂置换软弱土层；②打砂桩并加载预压；③减轻沉管重量；④采用桩基。

(2) 桩基施工

在沉管隧道中采用桩基时，会遇到桩顶标高不齐平的问题，必须设法使各桩顶与管底均匀接触，一般采用以下三种方法：

① 水下混凝土传力法。基桩打好后，先浇注一、二层水下混凝土，将桩顶裹住，而后在其上刮砂或刮石，使沉管荷载经砂、石垫层和水下混凝土层传递到桩基上。

② 灌囊传力法。在管底与桩群顶部之间，用大型化纤囊袋灌注水泥砂浆加以垫实，使所有基桩均能同时受力。

③ 活动桩顶法。在所有基桩上设一小段预制混凝土活动桩顶，活动桩顶与预制混凝土桩之间留有一空腔，空腔周围用尼龙织物裹住，形成一个囊袋；管段沉设完毕后，向空腔与囊袋里灌注水泥砂浆，将活动桩顶顶升，使之与管底密贴，待砂浆强度达到要求后，卸除千斤

顶,管段荷载便能均匀地传递到桩群上去。

3. 覆土回填

回填工作是沉管隧道施工的最终工序,回填工作包括沉管侧面回填和管顶压石回填。沉管外侧下半段,一般采用砂砾、碎石、矿渣等材料回填,上半段则可用普通土砂回填。覆土回填工作应注意以下几点:

① 全面回填工作必须在相邻的管段沉放完毕后方能进行,采用喷砂法进行基础处理或采用临时支座时,则要等到管段基础处理完,落到基床上再回填。

② 采用压注法进行基础处理时,先对管段两侧回填,但要防止过多的岩渣存落到管段顶部。

③ 管段上、下游两侧(即管段左右侧)应对称回填。

④ 在管段顶部和基槽的施工范围内应均匀地回填,不能在某些位置投入过量而造成航道障碍,也不得在某些地段投入不足而形成漏洞。

5.5 明挖法施工

在城市交通隧道出入口地段通常采用明挖法施工;在地面环境条件允许的地段,地铁区间隧道有时也采用明挖法施工。明挖法施工具有作业面多、速度快、工期短、易保证工程质量、工程造价低等优点。

明挖法是先从地表面向下开挖基坑至设计标高,然后在基坑内的预定位置由下而上地建造隧道主体结构及其防水措施,最后回填土并恢复路面。按基坑围护不同可分为敞口放坡明挖法和有围护结构明挖法两大类。

5.5.1 敞口放坡明挖法

敞口放坡明挖法修建交通隧道出入口段和地铁区间隧道一般是在地面宽阔、建筑物稀少、土质稳定的条件下采用,在软土地区、道路密集的市中心区很少采用,该方法的优点是施工进度快、造价低,但对周边建筑物和环境影响较大。采用敞口放坡基坑法修建交通隧道出入口段和地铁区间隧道时,保证基坑边坡的稳定是非常重要的,否则,一旦边坡坍塌,不但地基受到振动,影响承载力,而且也影响周围地下管线、地面建筑物和交通安全。

基坑边坡坡度是直接影响基坑稳定的重要因素,当基坑边坡土体中的剪应力大于土体的抗剪强度时,边坡就会失稳坍塌。施工不当也会造成边坡失稳,主要表现如下:

① 没有按设计坡度进行边坡开挖;

② 基坑边坡坡顶堆放材料、土方以及运输机械车辆等增加附加荷载;

③ 基坑降排水措施不力,地下水未降至基底以下,而地面雨水、基坑周围地下给排水管线漏水渗流到基坑边坡的土层中,使土体湿化,土体自重加大,增加土体中的剪应力;

④ 基坑开挖后暴露时间过长,经风化而使土体变松散;

⑤ 基坑开挖过程中,未及时刷坡,使土体失去稳定性。

为保持基坑边坡的稳定,在施工中可采取以下措施:

① 根据土层的物理力学性质确定基坑边坡坡度,并于不同土层处做成折线形或留置台

阶，特别是基坑纵向边坡，更应严格按设计要求分台阶、放坡开挖；

② 必须做好基坑降排水和防洪工作，保持基底和边坡的干燥；

③ 基坑放坡坡度受到一定限制而采用围护结构又不大经济时，为了确保基坑周围地面建筑物和地下管线的安全，可采用坡面土钉、分层注浆、挂金属网喷混凝土、施作旋喷桩等加固措施；

④ 严格控制基坑边坡坡顶 1～2 m 范围内堆放材料、土方和其他重物以及较大的机械等荷载；

⑤ 基坑开挖过程中，随挖随刷边坡，不得挖反坡，使土体失稳；

⑥ 暴露时间过长的基坑，为防止雨季浸泡冲刷，导致边坡失稳，一般应在边坡表面抹 1～2 cm 厚砂浆面层，或在坡面上覆一层塑料薄膜，以达到保护坡面不受侵蚀的目的。

5.5.2 具有围护结构的明挖法

目前，采用明挖法修建城市隧道出入口段或地铁区间隧道时，大多采用有围护结构的明挖法，施工中采用的围护结构种类很多，其施工方法、工艺和所用的施工机械也各异，因此，应根据基坑深度、工程地质和水文地质条件、施工速度、结构防水性能、地面环境条件、工程造价等，特别要考虑到城市施工这一特点，经综合比较后确定。

1. 工字钢桩和钢板桩围护结构

采用工字钢桩作为基坑的围护结构，其工字钢一般采用 50#、55# 和 60# 等大型工字钢。基坑开挖前，在地面用打桩机沿基坑设计边线逐根打入地下，桩间距一般为 1.0～1.2 m。基坑开挖时，随挖土方随在桩间插入 5 cm 厚的水平木背板，以挡住桩间土体。基坑开挖需要设置腰梁和横撑或锚杆(索)，腰梁多采用大型槽钢、工字钢制成，横撑则可采用钢管或组合钢梁，其支撑平面形式见图 5-30。工字钢桩围护结构，适用于黏性土、砂性土和粒径不大于 10 cm 的砂卵石地层。地下水位较高时，必须配合人工降水措施。这种围护结构只适用于地下水不丰富或环境控制不高的郊区隧道出入口段和地铁区间隧道明挖施工中。

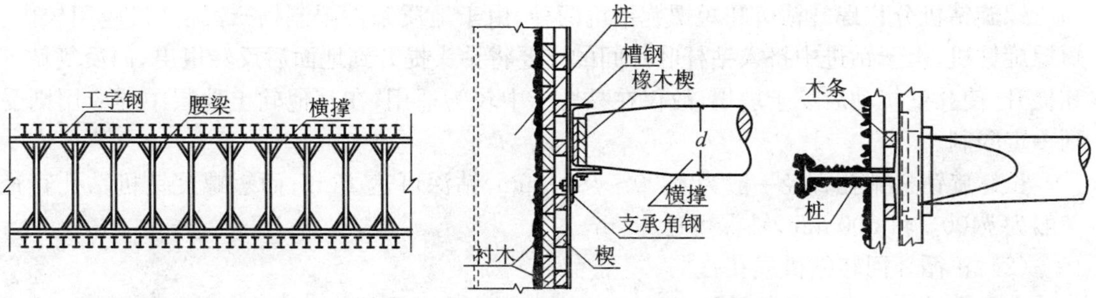

图 5-30　工字钢桩围护结构示意图

与工字钢桩围护结构相比，钢板桩围护结构强度高，桩与桩之间的连接紧密，隔水效果好，但工程造价较高。

钢板桩常用断面形式，多为 U 形或 Z 形，其沉放和拔除方法、使用的机械均与工字钢桩相同，但其构成方法则可分为单层钢板桩、双层钢板桩及屏幕等。为保证其垂直度，又方便施工，并使其能封闭合拢，工程中多采用屏幕式构造，如图 5-31 所示。

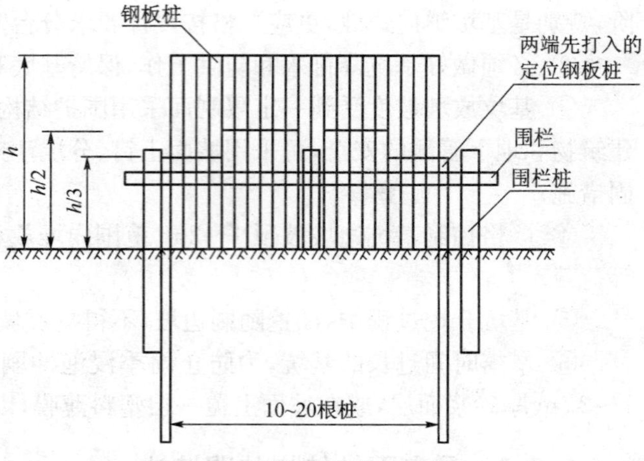

图 5-31 钢板桩围护结构示意图

2. 钻孔灌注桩围护结构

在地下水丰富的沿海地区，钻孔灌注桩常与搅拌桩一起构成围护结构，钻孔灌注桩位于基坑开挖侧，采用间隔桩、密排桩的形式，此时钻孔灌注桩主要是承受基坑外侧的水土压力及其他荷载；而搅拌桩位于钻孔灌注桩外侧，其作用主要是基坑止水，如图 5-32(a)所示。也有钻孔灌注桩采用咬合桩形式，见图 5-32(b)和(c)，即钢筋混凝土灌注桩与素混凝土灌注桩或搅拌桩交错排列，先施工素混凝土灌注桩或搅拌桩，再施工钢筋混凝土灌注桩，这种钻孔咬合桩不但可承受基坑外侧的水土压力，而且可以止水防渗。钻孔灌注桩一般采用机械成孔，成孔机械多为螺旋钻机、正反循环钻机、套管钻机和冲击钻机。由于正反循环钻机和冲击钻机采用泥浆护壁成孔，而泥浆处理会对城市环境带来不利影响，故无需泥浆护壁，成孔时噪声低，应是城区基坑施工首选方案。

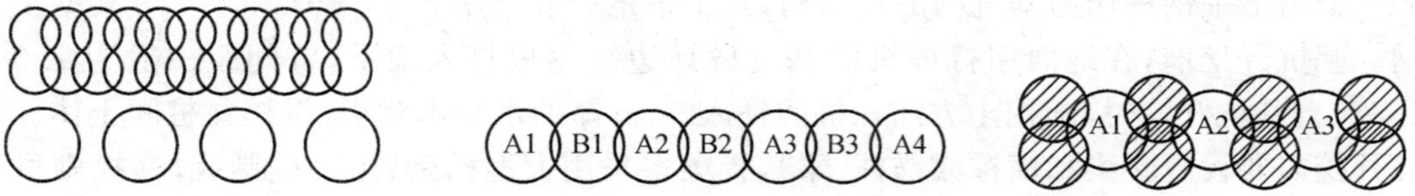

(a) 间隔式钻孔灌注桩加搅拌桩　(b) 一字形咬合式钻孔灌注桩　(c) “8”字形咬合式钻孔灌注桩

图 5-32 钻孔灌注桩围护结构示意图

(1) 螺旋钻机成孔

螺旋钻机分长螺旋钻机和短螺旋钻机两种，由于地质条件限制，长螺旋钻机应用较广。短螺旋钻机，由于钻进中挤入钻杆叶片间的土要将钻头提升到地面后反转甩出，而反复钻进和提升，使孔壁扰动后易于坍塌，故仅在黏性土中较为适用，在其他软土地层中的应用则受到一定限制。

长螺旋钻机钻孔直径一般为 ϕ300～ϕ800 mm，钻深可达 25 m；而短螺旋钻机钻孔直径一般为 ϕ400～ϕ1 500 mm，钻深可达 35 m。

(2) 正循环回转钻机成孔

它是在钻机驱动钻具回转钻进的同时，冲洗液沿钻杆与孔壁之间的环形空间上升，然后从孔口返回沉淀池，形成正循环回转钻进。钻机的主要部件有转盘、马达、卷扬机、钻架、钻杆、钻头和水管等。

(3) 反循环回转钻机成孔

反循环回转钻机成孔的冲洗液流向是从地面沿钻具与孔壁间的环形空间，或采用专门管线以及双壁钻杆的外环间隙流向孔底，然后沿钻杆的中心孔上升返回地面，形成反循环排渣回转钻进。其主要设备与正循环钻进成孔的设备基本相同，但一般不需要泥浆泵。按吸升泥浆和排渣方法不同，需配置吸泥泵与真空泵，或空气吸泥机和水力吸泥机等。

(4) 套管钻机成孔

利用钻机摇动装置的摇动，使钢套管与土层间的摩阻力大大减少，边摇动边压入，同时利用冲抓斗挖掘取土，直至套管下到桩端持力层为止。挖掘完毕后，立即进行挖掘深度的测定，并确认桩端持力层，然后清除虚土。成孔后将钢筋笼放入，接着将导管竖立在钻孔中心，最后灌注混凝土成桩。

比较而言，该法噪声低，振动小，用套筒护壁，孔壁不致坍落，易于控制桩断面尺寸，且不会造成泥浆污染，在软土地区的城区常常采用。

(5) 钢丝绳冲击钻机成孔

利用悬吊着的钻头的冲击力，将钻孔内的土或岩层冲碎，并采用泥浆护壁，通过捞渣将钻孔内的大部分泥土清出孔外。其操作要点为，钻孔前，先在孔口处埋设护筒，然后使钻机就位，并使钻头中心对准护筒中心；钻进过程中，当深度在护筒底以下 3～4 m 时，应低锤冲击，锤高控制在 0.4～0.6 m，并及时加泥浆护壁，保持孔壁稳定；钻进中，每冲击 3～4 m 掏一次渣，并及时加水保持孔内水位高度，防止坍孔。掏完渣后，向孔内加护壁泥浆并保持正常浓度，这样反复冲孔、掏渣、注浆，直至设计深度。

3. 地下连续墙围护结构

地下连续墙，又称地下连续壁或连续地中壁。该技术起源于欧洲，它是根据打井和石油钻井所用膨润土泥浆护壁以及水下混凝土施工方法的应用而发展起来的。1950 年前后开始应用于工程，当时以法国和意大利应用得最多，随后推广到欧美各国。1959 年日本开始应用该技术，并于 1961 年在日本东京地铁 4 号线采用。1958 年我国水电部将该技术用于青岛月子库水坝防渗墙工程。

由于地下连续墙具有挡土、防水抗渗及承重等多种功能，且施工时振动小、噪声低、对邻近建筑物或构筑物影响小，而且墙体刚度大，能承受较大的侧压力，基坑开挖时，墙体变形小，周围地面沉降也少，因此，地下连续墙在富水软土地区城市地铁和隧道工程的基坑围护结构中得到广泛应用，但其造价高。地下连续墙施工工艺流程参见图 5-33。

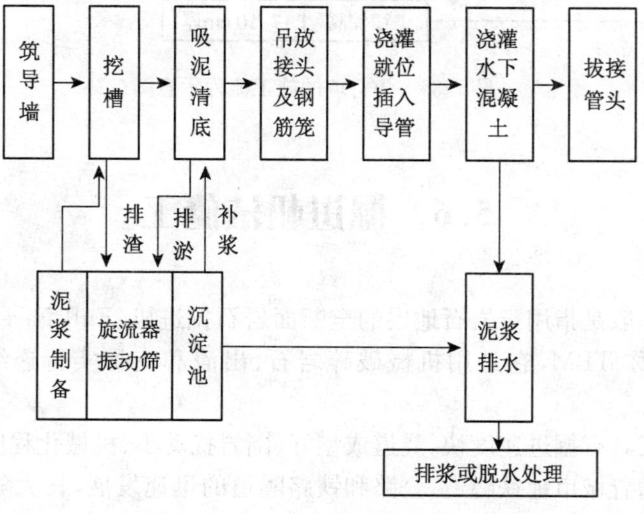

图 5-33　地下连续墙施工工艺流程图

4. 土钉墙围护结构

土钉墙围护结构，是在隧道新奥法原理的基础上发展起来的，又称深基坑的“喷锚支护结构”，其中，土钉就是置于基坑边坡土体中，以较密间距排列的细长金属锚杆。土钉依靠它与土体接触面上的黏结力或摩擦力，与其周围土体形成一个有自承能力的挡土墙体系，承受未加土钉土体施加的侧压力，以保持基坑边坡的整体稳定性，如图 5-34 所示。

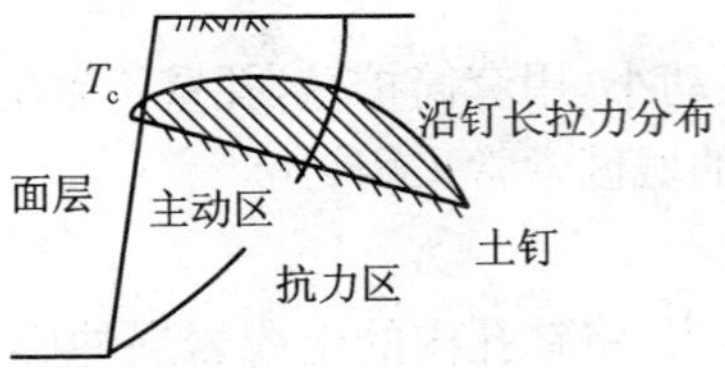

图 5-34 土钉墙工作示意图

这种围护结构，在北京地铁西客站区间隧道等明挖基坑中采用，并取得了较好的效果。土钉墙的施工流程如图 5-35 所示。

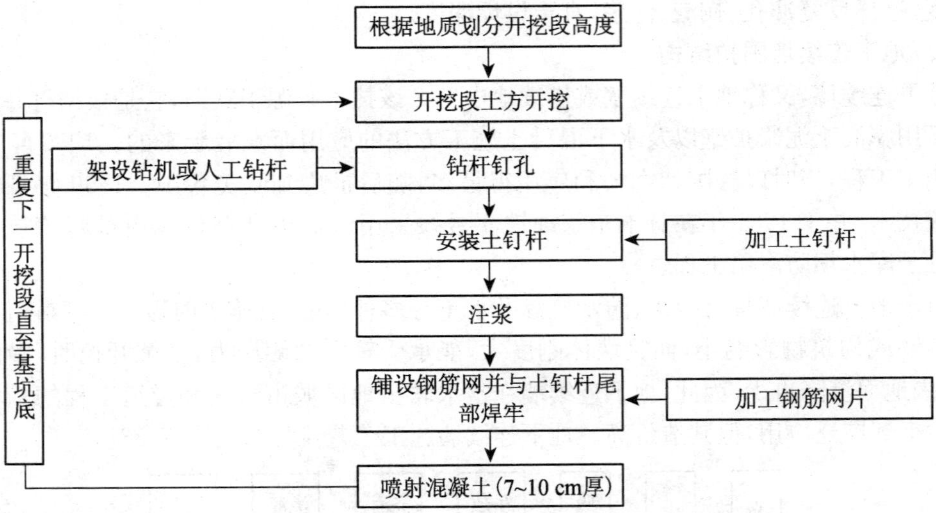

图 5-35 土钉墙的施工流程示意图

5.6 掘进机法施工

隧道掘进机一般是指用于岩石地层的全断面岩石掘进机(Full Face Rock Tunnel Boring Machine)，简称 TBM，它是用机械破碎岩石、出渣和支护实行连续作业的一种综合设备。

掘进机法施工具有掘进速度快、隧道成型好、围岩扰动小、机械化程度高、及对周边环境影响小等优点。随着城市地铁隧道、公路和铁路隧道的迅速发展，长大隧道会越来越多，这些为发展隧道掘进机及其施工技术打下了良好基础。

5.6.1 隧道掘进机破岩原理

掘进机的破岩原理，随刀具的类型不同基本上可分为滚刀和削刀两类。

1. 滚刀破岩原理

滚刀破岩是通过滚刀对岩石施加强大的压力，在岩面上滚动来破碎岩石的。滚刀根据形式的不同，又分为圆盘型、楔齿型和球齿型滚刀几类。

(1) 圆盘型滚刀

圆盘型滚刀，见图 5-36(a)，工作时每只圆盘刀具上约作用有 50～200 kN 的压力，故岩石表面在刀圈刀尖强集中力作用下破碎而被切入，并形成切入坑，见图 5-36(b)。随着滚刀滚动，切入坑连通，在岩面上形成一条条的破碎沟，破碎沟之间岩石 AO_1O_2B 又受滚刀侧刃挤压力的作用而剪切破碎。当切入深度 h 较小时，剪裂面为 O_1C 或 O_2D；h 较大时，剪裂面为 O_1O_2，如图 5-36(c)所示。

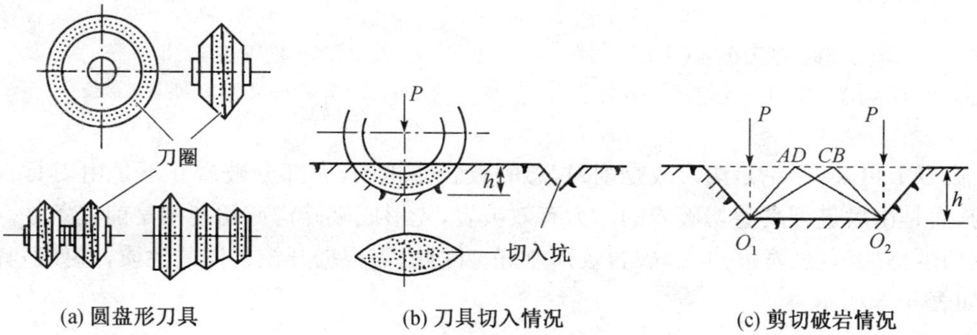

图 5-36 圆盘型滚刀及其破岩原理示意图

(2) 楔齿型和球齿型滚刀

楔齿型和球齿型刀具如图 5-37(a)和图 5-37(b)所示。楔齿型滚刀的破岩原理为：最初由楔齿的尖端，在滚刀转动情况下产生切向张力破坏岩石的表面，切入深度为 λ，见图 5-37(c)。然后由齿尖的楔入力继续引起剪切破坏，楔入深度为 h。另外，各齿环的齿节是不同的，因此，加大了楔齿的破岩效果。球齿型滚刀的破岩原理与楔齿型滚动相同，球齿型滚刀更为耐磨，适用于硬岩掘进。

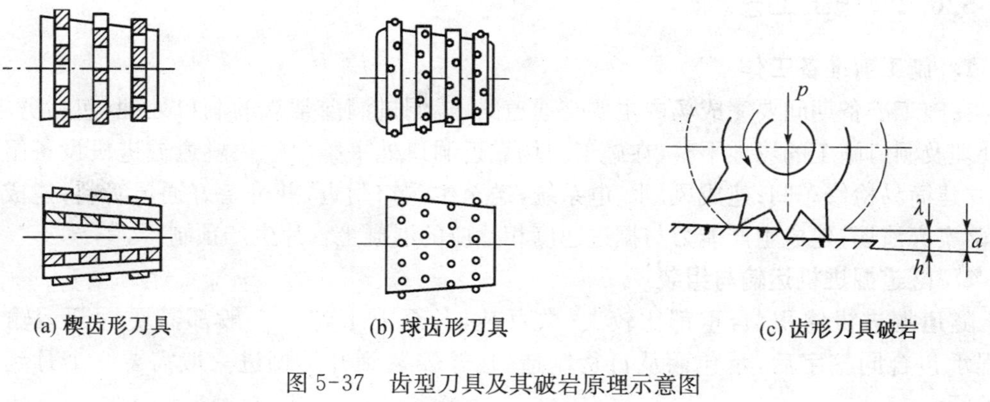

图 5-37 齿型刀具及其破岩原理示意图

2. 削刀破岩原理

削刀工作时,刀具在挤压力 P_V 和切割力 P_H 作用下,首先在刀尖处形成切碎区,随着刀具回转运动,形成剪力破碎区,见图 5-38。削刀继续回转即在岩壁上留下环状削槽,该槽的宽度即为刀刃的宽度,约为刀具回转一周破岩总进尺的 1/4~1/3;两切削槽之间的岩石,约为破岩总进尺的 2/3~3/4,则由削刀侧向挤压力 R 作用而剪切破坏,如图 5-39 所示。

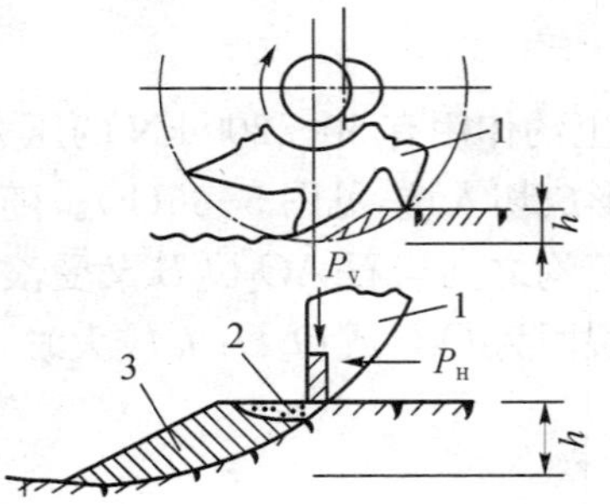

图 5-38 削刀破岩(Ⅰ)

1—削刀;2—切碎区;3—剪切破碎区

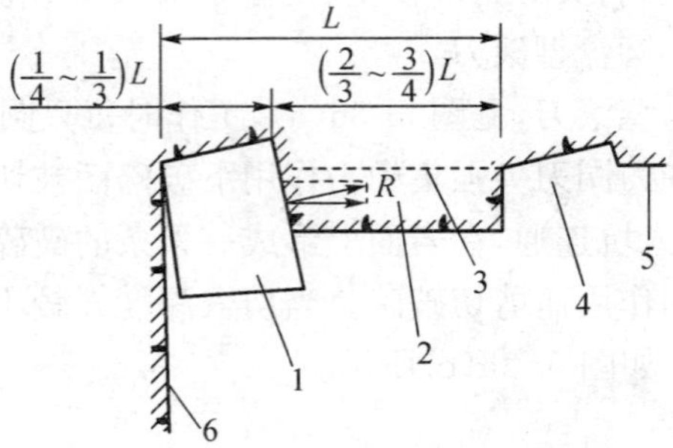

图 5-39 削刀破岩(Ⅱ)

1—刀刃;2—剪切破碎区;3—剪切破裂线;4—切割槽;5—洞壁;6—掌子面

由以上可知,不论是滚刀或是削刀,总的破岩体积中,大部分破岩并不是由刀具直接切割的,而是由后进刀具剪切破碎的。为有效破岩,先形成破碎沟或切削槽是前提条件。破碎沟或切削槽的深度、宽度愈大,破岩效果愈好。因此,需根据开挖岩体的性质,选择适宜的刀具,如表 5-3 所示。

表 5-3　破岩刀具的选择

岩石名称	抗压强度(MPa)	典型岩石	适宜刀具
软岩	<40	页岩、泥岩	削刀,盘型、楔齿型滚刀
中硬岩	40~60	白云岩、砂岩	削刀,盘型、楔齿型滚刀
硬岩	80~175	灰岩、片麻岩、花岗岩	盘型、楔齿、球齿型滚刀
坚硬岩	>175	花岗岩、闪长岩、石英岩	楔齿、球齿型滚刀

5.6.2 施工工艺

1. 施工前准备工作

在施工准备期间要完成场内主要交通道路,隧洞进洞前常规的洞口处理,包括劈坡、安全处理及洞口施工的场地平整,在施工现场靠近洞口处平整出一块隧道掘进机设备组装场地,并建简易检修车间;建成风、水、电系统,送至主洞口附近,并准备好通风管料;建成出渣线,落实弃渣场;建成生产能力与掘进速度相适应的混凝土管片生产预制厂。

2. 隧道掘进机运输与组装

隧道掘进机体积、自重都比较大(数百吨,乃至上千吨),一般都需要拆开运输。在工程承包合同签字后,承包商从订货制造、运输安装到开始掘进一般需要 9 个月到 1 年的时间。

3. 钻爆法开挖洞口

用钻爆法先掘进一定长度洞口隧道(即为掘进机机身的全长),并用混凝土支护洞壁,完成掘进机洞内安装,将施工用的风、水、电、道路(如用有轨运输应修铁路)、激光定向点等引入洞内,准备掘进机掘进。

4. 掘进作业

隧道掘进机开挖破岩是通过安装在机头刀盘上的多个刀具旋转来完成的,回转刀盘使岩块削落,装在刀盘上的铲斗将石渣装入皮带机运到存料斗,再用其他运输工具运到洞外。

掘进一个循环可分为两个阶段(见图 5-40):

第一阶段为掘进阶段。首先,掘进机后盾通过紧固装置,牢牢地紧固在隧洞中,而后驱动电动机在推进液压缸的作用下,带动刀头旋转破岩,切削前进一个进尺深度,此时配套辅助设备均停留在洞内,出渣列车在皮带机底部接渣。在掘进过程中,可控制推进液压缸的油量来完成掘进机的转向。

第二阶段为后盾和尾部设施延伸阶段。当刀头与前盾向前推进一个进尺深度完成掘进,暂停工作后,前盾借助加紧装置固定在岩壁上,后盾则通过推力液压机缸的反作用力,向前推进一个进尺深度,后续列车由固定在刀头支架的一组特别牵引液压缸向前推进,在后续列车前移时,通过操纵相应的装置,自动延伸风筒、水管和轨道,至此即完成一个循环的破岩、石渣装运、延伸管线的工作。

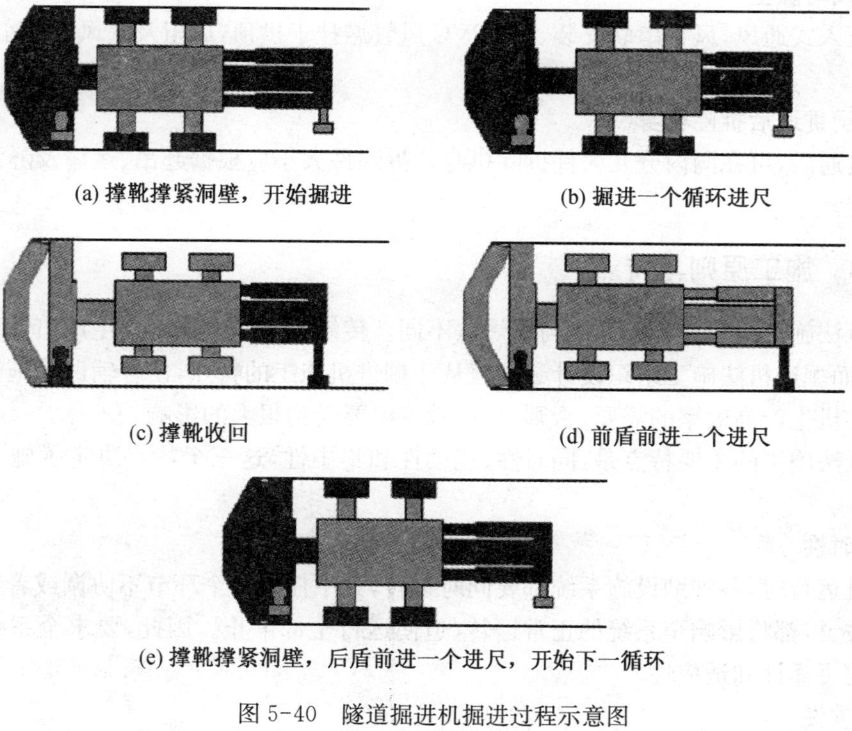

(a) 撑靴撑紧洞壁，开始掘进

(b) 掘进一个循环进尺

(c) 撑靴收回

(d) 前盾前进一个进尺

(e) 撑靴撑紧洞壁，后盾前进一个进尺，开始下一循环

图 5-40　隧道掘进机掘进过程示意图

围岩条件差时需安装预制混凝土管片衬砌,根据围岩类别而选择管片型号。在专用弓形车上装运管片,应每组装侧、顶片和底板片。根据每组片数按规定顺序装车。管片运到工

作面后，由安装人员用机械手在工作面吊运、安装管片，如图 5-41 所示。管片安装完毕后便进行管片与围岩间豆粒石的充填，豆粒石充填后进行回填灌浆。

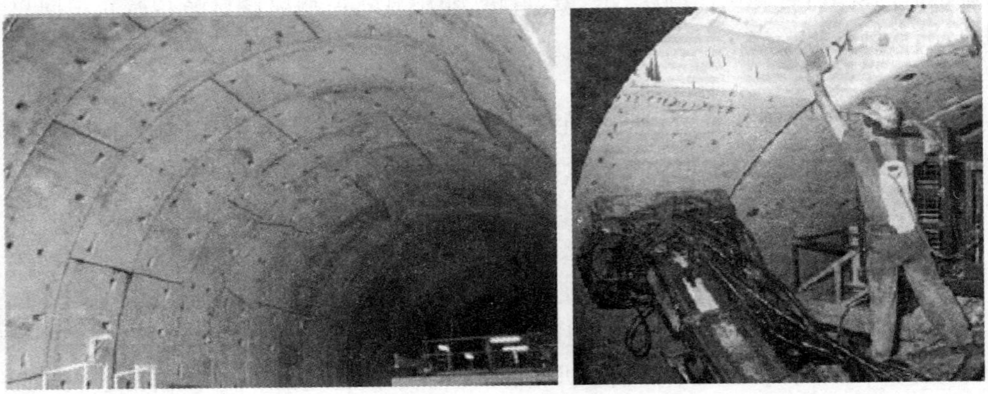

图 5-41　管片安装示意图

5. 洞内运输和出渣

掘进机存料斗上的石渣通过皮带机、汽车、梭式矿车或轻轨斗车(视洞径而定)将石渣拉出洞外。由于掘进机速度快，装渣量大，因而只有卸车方便的梭式矿车才能与掘进机出渣量相匹配。

6. 通风与除尘

采用压入式通风，风机串联安装。用 PVC 风管悬挂于拱顶，风阻及漏风系数小，通风效果好。

7. 隧洞贯通后拆除机身

隧洞贯通后，可在洞内分几大件拆除机身。拆除件大小应根据起吊、运输及隧洞衬砌后的断面而定。

5.6.3　施工原则与特点

掘进机法施工组织设计的原则与钻爆法不同。传统的钻爆法从均衡生产出发进行施工组织设计；而掘进机法施工组织设计必须服从于掘进机施工的特点，使各辅助设施能最大限度地满足主机生产高效率的需要，否则，生产效率就要受到很大的影响。

掘进机法施工的主要特点是：同时性、连续性和集中性，这三个特点决定了施工组织设计的原则。

1. 同时性

掘进机运行时，各辅助设施系统都要同时运转，其中任何一个环节不协调或者某一辅助设施运行失灵，都将影响全系统的正常运转，迫使运行全部停止。因此，要求全系统各种设施有较高的可靠性和适应性。

2. 连续性

钻爆法施工破岩、出渣、运输、转运等各工序是间断的，相互交替进行。而掘进机法施工，各个工序是连续进行的，任何一个环节失去连续性，必然影响其他各工序的连续运行，系统生产就会立即停止。

3. 集中性

由于掘进机施工具有同时性和连续性这两个特点，纯作业时间就受到了严重的影响。根据国外掘进机施工的统计资料，中型断面掘进机平均月进尺 700 m，其纯作业时间仅占施工时间的 40%～50%；大型掘进机，平均月进尺 400 m，纯作业时间约占施工时间的 30%～40%；小断面掘进机，进尺较高，但纯作业时间最高能达到 70%。

上述三个特点是掘进机法施工组织设计时必须重视的重要因素。

5.6.4 施工措施

在软弱围岩地带，围岩自稳时间较短，一般按照施作超前管棚、支立钢拱架、锚喷、挂钢筋网、喷混凝土的顺序施工。

对于围岩局部破碎地段，利用隧道掘进机刀盘护盾上部的拱形防护栅，在隧道顶部 120°范围内安全地安装锚杆并挂钢筋网，及时超前支护稳定围岩。若围岩破碎带较宽，在掘进机开挖前，可利用超前钻机施作超前管棚。

岩石开挖后在刀盘护盾处出现部分崩塌或局部掉块时，可加密锚杆，挂双层钢筋网，将锚杆头与钢筋网焊接为一整体，再喷射混凝土。岩石开挖后在刀盘或刀盘护盾处出现较大坍塌时，必须停机处理。先停机处理护盾顶部危石，进行超前支护，同时架立钢拱架，在钢拱架与护盾顶部搭焊短钢管，钢管上面焊接钢板封闭塌腔，随刀盘前进，逐一架立钢架，用钢板封闭，用 C20 细石混凝土回填密实，将塌腔与周围岩石连为一体。

一般小范围的软弱结构可锁死部分支撑靴通过。此时外机架支撑面积较小，要相应调整掘进参数，掘进机才能安全通过，因此掘进机不用停机。

当隧道拱墙处发生较大坍塌，造成掘进机外机架一侧的支撑靴无法支撑时，必须停机处理。施工中采用联合支护方式，先清理危石，塌腔及其周围利用超前喷头喷射混凝土，架立钢拱架，在钢拱架与塌腔之间以钢板封闭，用棉纱堵塞漏洞，用混凝土回填塌腔。回填密实后整个钢板外围再喷射混凝土，使回填混凝土与围岩连成一体，待混凝土初凝后方可掘进。

当拱墙围岩强度不足以支承支撑靴压力时，主要处理措施有：①将拱墙支撑靴部位进行换填处理，架立钢模板，封闭模板四周，用混凝土换填，待回填混凝土初凝后再重新撑紧外机架进行掘进。②在岩石松散、支撑力不足的情况下，可采用在支撑靴部位打迈式锚杆注浆加固岩石，同时调整支撑靴压力，加大支撑靴面积，避免出现反力不足、支撑靴深陷的情况。

下列措施是隧道掘进机在施工中行之有效的技术措施：

1. 采用超前地质预报技术

根据超前地质预报，进行超前注浆预加固及采取科学的支护手段、选择合理的掘进参数是减少、防止围岩塌滑、坍塌的主要措施。

2. 选择科学的支护手段

选择科学的支护方式和支护参数，对软弱破碎地段围岩及时施作锚喷柔性支护，并允许围岩有一定的变形，充分利用围岩自身的承载力，达到支护和围岩共同受力的目的。利用隧道掘进机自身喷射混凝土系统对护盾后出露的破碎围岩进行锚喷作业，封闭围岩，将围岩的收敛变形降低到最小程度。

3. 合理选择掘进参数

注意监测掘进机的各种参数变化，如推力、刀盘转速、刀盘扭矩、掘进速度、主电机电流等。根据掘进参数的变化可以大致推断刀盘前部围岩的变化情况。推力的大小反映前方围岩的强度,而扭矩的大小则反映了前方围岩的完整性情况。结合观察皮带输送机出渣情况,及时选择和调整掘进参数,可以有效地减少不必要的坍塌。

4. 加强隧道量测监控

制订完善的隧道量测监控方案,尤其对软弱破碎地段应加强围岩量测监控工作,进行动态施工管理,根据量测反馈信息及时调整支护参数,以确保施工安全。

5.7 隧道施工信息化监测

5.7.1 概述

隧道工程是一种埋设于地下的特殊工程结构体系,从岩体力学的角度看,它是处于与围岩相互作用体系之中的结构物,它的成形过程,自始至终都存在着受力状态变化的特点,换言之,隧道从开挖起,一直到受力平衡和体系稳定,围岩内部应力状态一直在变动,支护结构的内力和变形也在变化之中。可见,该体系的荷载是由支护结构与围岩之间的相互作用确定的。迄今为止,国内外学术界和工程界对外荷载体系的分布特征和量值还处于研究阶段,这就决定了隧道工程设计是建立在若干假定条件下的。从地质力学的角度看,隧道工程是处于千变万化的地质体之中的单元体,由于岩土介质和地质条件的复杂性,岩土体物理力学性质具有很大的不确定性。因此,不管采用怎样的计算模型进行分析,其理论计算结果与工程实际都存在一定的偏差。为了确保隧道工程施工的安全可靠性和经济合理性,就必须在施工阶段进行监测,及时收集隧道开挖支护过程中围岩与支护结构的受力变形状态等信息,并根据一定的标准判断是否需要修改支护结构的预设计和施工方法,从而达到信息化施工的目的。

另一方面,对于城市隧道工程,施工区域周围大多存在既有建筑物,施工时会给周围环境带来不利影响,严重时会造成既有建筑物不均匀沉降、开裂,甚至倒塌,并造成人员伤亡;有时会引起邻近地下管线变形过大,造成煤气泄漏、爆炸,水管爆裂,电缆线断裂,造成停电或通讯中断等事故,严重危及人民生命财产的安全,所以城市隧道工程施工时,除了要对隧道工程自身的安全性进行监测外,还必须结合周围环境特征对周围环境建筑物或构筑物进行监控量测。

5.7.2 暗挖法隧道施工监测

1. 监测目的

暗挖法隧道施工监测的目的是:

① 掌握隧道施工过程中围岩和支护结构状态,了解隧道施工对周围环境建筑物或其他构筑物的影响,确保隧道和建筑物施工安全。

② 通过监测获取隧道和周围环境建筑物的工作状态信息,量测数据经过分析处理,优化和指导施工。

③ 根据监测数据信息,对设计施工方案的合理性进行评价,检验和修正施工预设计。

④ 积累工程资料,为今后同类工程的设计与施工提供类比依据。

2. 监测内容

城市暗挖法隧道的监控量测项目应根据工程重要性及难易程度、工程地质与水文地质、隧道跨度、埋深、施工影响范围内既有建筑物和构筑物、地下管线的形状尺寸以及与隧道轴线的相对位置等综合确定，一般监测项目应系统、全面，各监测项目之间可相互补充、相互印证。常用的监测项目如表 5-4 所示。

表 5-4　　监测项目和监测频率

类别	检测项目	检测仪器和工具	测点布置	检测频率
应测项目	围岩及支护状态	地质描述及拱架支护状态观察	每一开挖环	开挖后立即进行
	地表、地面建筑、地下管线及构筑物变化	水准仪和水平尺	每 10～50 m 一个断面，每断面 7～11 个测点	开挖面距量测断面前后<2*B* 时 1～2 次/d 开挖面距量测断面前后<5*B* 时 1 次/2d 开挖面距量测断面前后>5*B* 时 1 次/周
	拱顶下沉	水准仪、钢尺等	每 5～30 m 一个断面，每断面 2～3 个测点	开挖面距量测断面前后<2*B* 时 1～2 次/d 开挖面距量测断面前后<5*B* 时 1 次/2d 开挖面距量测断面前后>5*B* 时 1 次/周
	周边净空收敛位移	收敛计	每 5～100 m 一个断面，每断面 2～3 个测点	开挖面距量测断面前后<2*B* 时 1～2 次/d 开挖面距量测断面前后<5*B* 时 1 次/2d 开挖面距量测断面前后>5*B* 时 1 次/周
	岩体爆破地面质点振动速度和噪声	声波仪及测振仪等	质点振动速度根据结构要求布点，噪声根据规定的测距设置	随爆破及时进行
选测项目	围岩内部位移	多点位移计、测斜仪等	取代表性地段设一断面，每断面 2～3 个测点	开挖面距量测断面前后<2*B* 时 1～2 次/d 开挖面距量测断面前后<5*B* 时 1 次/2d 开挖面距量测断面前后>5*B* 时 1 次/周
	围岩压力及支护间压力	压力传感器	每代表性地段设一断面，每断面 15～20 个测点	开挖面距量测断面前后<2*B* 时 1～2 次/d 开挖面距量测断面前后<5*B* 时 1 次/2d 开挖面距量测断面前后>5*B* 时 1 次/周
	钢拱架内力及外力	钢筋应力计或其他测力计	每 10～30 榀钢拱架设一对测力计	开挖面距量测断面前后<2*B* 时 1～2 次/d 开挖面距量测断面前后<5*B* 时 1 次/2d 开挖面距量测断面前后>5*B* 时 1 次/周
	初期支护、二次衬砌内应力及表面应力	混凝土应变计及钢筋应力计	每代表性地段设一断面，每断面 11 个测点	开挖面距量测断面前后<2*B* 时 1～2 次/d 开挖面距量测断面前后<5*B* 时 1 次/2d 开挖面距量测断面前后>5*B* 时 1 次/周
	锚杆内力、抗拔及表面应力	锚杆测力计及拉拔器	必要时进行	开挖面距量测断面前后<2*B* 时 1～2 次/d 开挖面距量测断面前后<5*B* 时 1 次/2d 开挖面距量测断面前后>5*B* 时 1 次/周

注：*B* 为隧道开挖跨度。

表中监测项目通常分为应测项目和选测项目。应测项目是指施工时必须进行的常规测量，用来判别围岩稳定和支护衬砌受力状态，指导设计施工的经常性量测，主要包括支护状态和建筑物变形观测。洞内监测项目为拱顶下沉和隧道净空变形量测；洞外监测项目为地表及地面建筑物和构筑物的变形观测。这类监测方法简单、可靠，对修改设计和指导施工会起到很大作用。

选测项目是指在重点和有特殊意义的隧道或区段进行的补充量测，主要包括围岩内部位移、锚杆轴力和拉拔力、衬砌内力、围岩压力等。这类监测技术较复杂，费用较高，通常根据工程需要，选取部分项目进行量测。

3. 量测方法

选择监测方法，应尽量考虑测试方法简单易行，能直接反映围岩与支护衬砌的受力状态，量测仪表和元件性能可靠，量测精度能满足要求，数据易于处理和反馈。

(1) 围岩及支护状态

围岩及支护状态观察一般在隧道开挖后和初期支护后进行，主要是校核围岩分类，描述隧道围岩地质、地下水情况、初期支护(锚杆、喷射混凝土、钢支撑)结构状况有无破坏等。它是与隧道施工进展同步进行的，是隧道设计和施工过程中不可缺少的一项重要的地质详勘工作，是围岩工程地质特性和支护措施合理性的最直观、最简单、最经济的描述和评价。采用的主要仪器是地质罗盘、照相机等。

(2) 地表及建筑物位移量测

隧道开挖后，围岩的应力和位移变化，在很大程度上反映到地表及建筑物的变位，特别是城市浅埋隧道反映更为明显。通过对地表及周围建筑物或构筑物的位移量测，据此判断隧道围岩稳定性及采取相应的施工决策。地表及周围建筑物或构筑物的沉降位移量测，通常采用水平仪；水平位移量测常用经纬仪。

对土、软岩地段的浅埋隧道要进行地表沉降监测，断面间距可视地质条件、覆盖层厚度、施工方法及周围建筑物情况确定，一般可参考表 5-5 选用。

为掌握地表沉降范围，测点除设在隧道中线上外，可在与隧道中线垂直的横断面上布置测点，测点间距一般 2～5 m，必要时加密测点，如图 5-42 所示。

表 5-5　　地表沉降测点布置

覆盖层厚度	断面间距(m)
$H>2B$	20～50
$2B>H>B$	10～20
$H<B$	5～10

注：表中 B 为隧道开挖宽度。

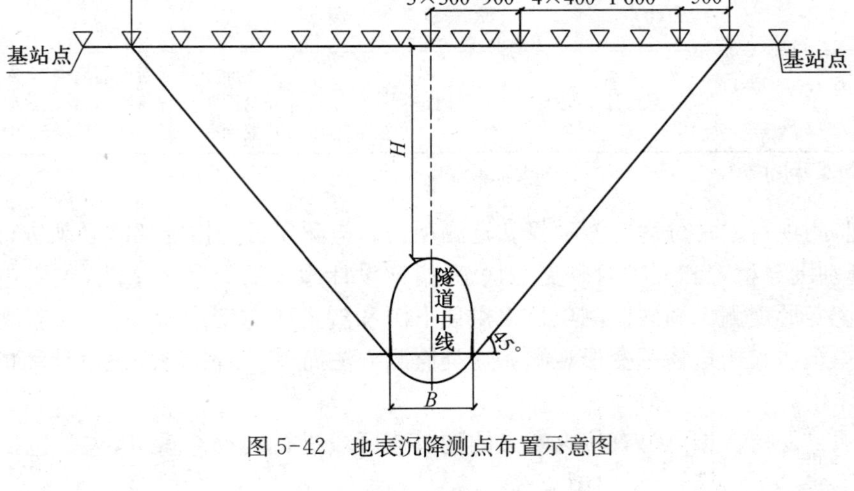

图 5-42　地表沉降测点布置示意图

(3) 拱顶下沉

拱顶下沉是判断隧道围岩是否稳定的重要标志，它是城市隧道施工中最重要的测试项目。拱顶下沉位移通常采用水平仪配合悬挂钢尺进行量测，也可采用全站仪进行量测。拱顶下沉测点一般布置 1～3 个，原则上设在拱顶和两侧拱腰，如图 5-43 所示。

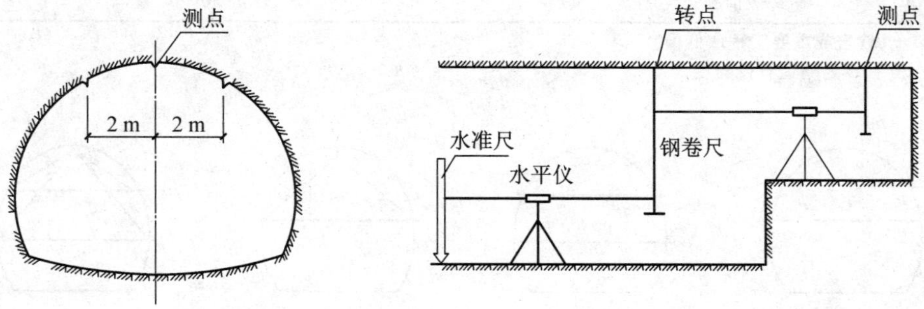

图 5-43 拱顶下沉测点布置示意图

(4) 隧道净空收敛位移

隧道开挖所引起的围岩变形，最直观的表现就是隧道净空的变化，它是反映隧道开挖围岩稳定性最重要的量测信息之一。量测隧道净空变化的仪器称为收敛计。按照钢尺或铟钢尺的张拉设备分类，收敛计可分为重锤式、弹簧式和应力环式三种，现多采用弹簧式收敛计。量测时用百分表测读隧道周边两点间的相对位移值，精度一般在 0.1 mm。图 5-44 为弹簧式收敛计。

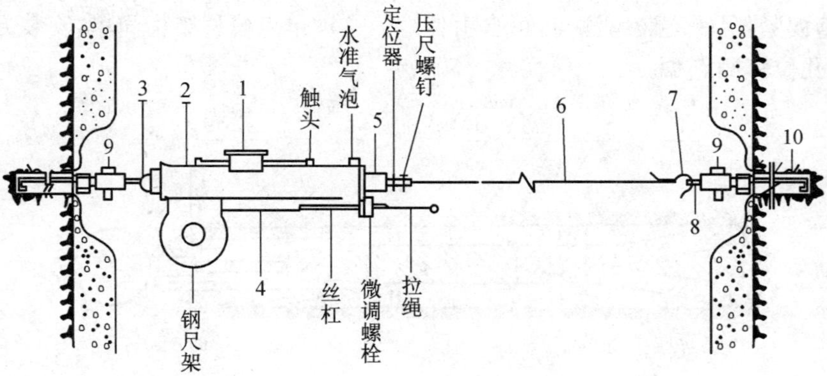

图 5-44 QJ-81 型球铰弹簧式收敛计

1—百分表；2—收敛计架；3—钢球；4—弹簧秤；5—内滑管；6—钢尺；
7—挂钩；8—连接环；9—羊眼螺栓；10—预埋件

洞内收敛和拱顶下沉监测点，原则上应设在同一断面，量测断面的间距视隧道长度、地质条件和施工方法等确定，一般情况可参考表 5-6 选用。在施工初期，为掌握围岩变化动态，要缩小间距，待取得一定的测试数据后可适当加大。

对于全断面开挖的隧道，收敛监测基线视围岩条件可选择 1 线、2 线、3 线，最多可达 6 线，如图 5-45 所示。

表 5-6 收敛和拱顶下沉监测断面布置

隧道情况	监测断面间距(m)
洞口附近或埋深小于 2B	10
长隧道开始施工的 200 m 地段	20～30
一般情况	30～50

注:1. 土、软岩或重要工程取低值。
2. 表中 B 为隧道开挖宽度。

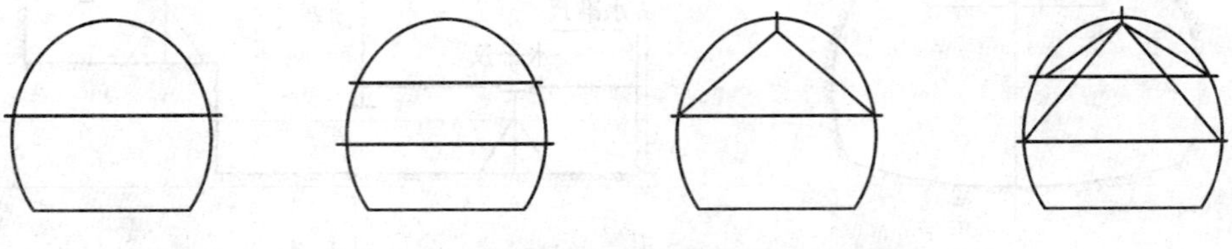

图 5-45 净空收敛量测基线布置示意图

(5) 围岩内部位移

围岩内部各点位移也是围岩动态的表现,它不仅可反映围岩内部的松弛程度,而且反映围岩松弛范围的大小,同样是判断围岩稳定性的一个重要参考指标。围岩内部位移量测通常采用单点或多点位移计,它的基本原理是:岩体内部某一点的位移状态,通过与之固定在一起的某种媒介(杆、弦)引至岩体外部,以测出隧道周壁与围岩内部某一点间的相对位移。

单点位移计的装置方式如图 5-46 所示。包括三个基本部分:内锚头(楔缝式)、位移传递杆、孔口测读部分(包括百分表和外锚头)。位移计的锚杆体常用 Q235 钢制作,一端用楔子与钻孔壁楔紧,另一端装有测点,可自由伸缩。这种单点位移结构简单,安装方便,价格也便宜,但每孔位移测点少。

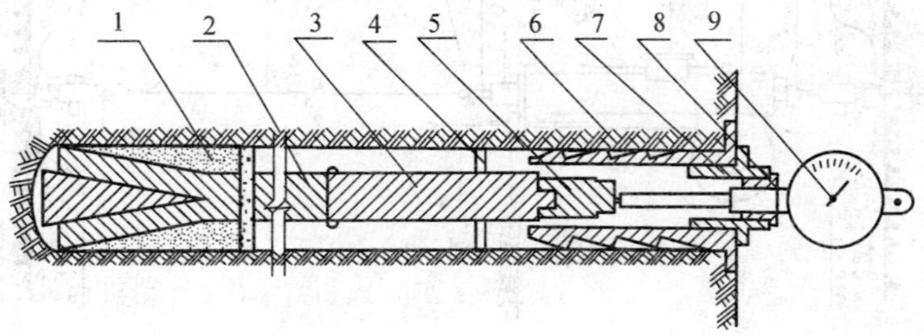

图 5-46 单点位移计装置

1—砂浆; 2—锚杆体; 3—连接杆; 4—固定环; 5—测头; 6—外壳; 7—定位器; 8—测环; 9—百分表

采用多点位移计,可测得不同深度处岩层的相对位移。如图 5-47 所示为一种 DWJ-1 型机械式 6 点位移计,它可同时观测到单孔中不同深度的 6 个点位。这种位移计单孔测点多,但在隧道拱部安装不太方便,且价格较高。

围岩内部位移量测断面应设在有代表性的地质地段,可与锚杆轴力、围岩和支护结构的其他量测项目布置在同一个断面,可同时进行。量测断面上的测孔布设,除应考虑洞形和开挖因素外,应尽量靠近锚杆和周边位移或应力测设点,便于相互印证,共同分析和应用。通

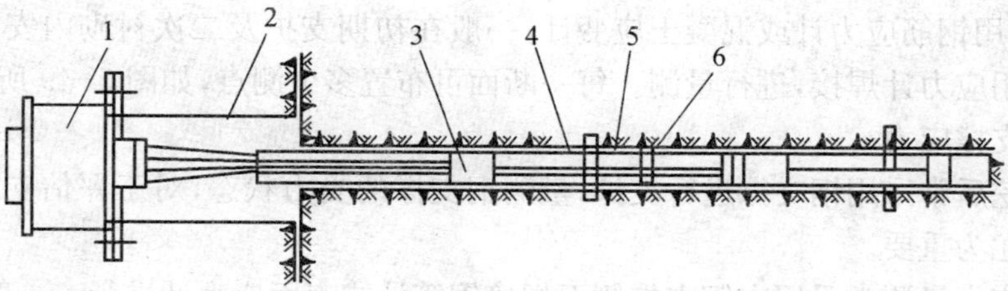

图 5-47 机械式多点位移计

1—位移测定器；2—圆形支架；3—锚固器；4—保护套管；5—砂浆；6—定位器

常一个断面布设 3～11 个测点，如图 5-48 所示。

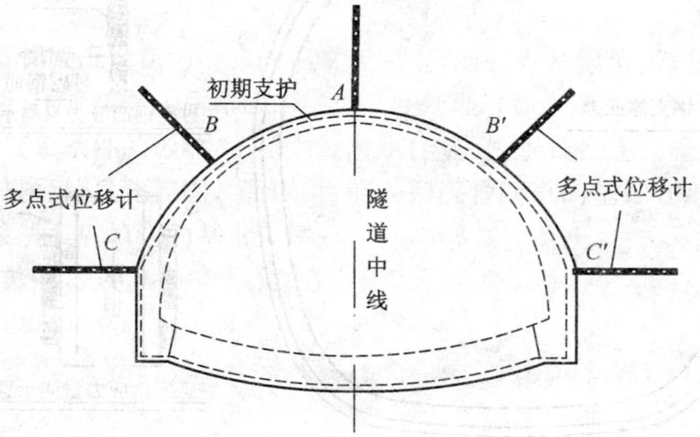

图 5-48 围岩内部位移测点布置示意图

(6) 围岩压力及支护间压力

围岩和支护间压力大小反映了支护结构的工作状态，又反映了围岩施加于支护结构上的形变压力大小情况，可用于检验设计、研究地压释放问题和积累资料。

压力量测可采用盒式压力传感器(即压力盒)进行测试。根据压力盒工作原理，有钢弦式、液压式和变磁阻式等多种形式，工程中常采用钢弦式压力盒，这种压力传感器构造简单可靠、性能稳定、密封防水，也便于长期观察。

根据要求，压力盒常布置在围岩与初期支护之间和初期支护与二次衬砌之间，每一断面可布设多个测点，一般每个断面可布置 5～10 个测点，如图 5-49 所示。

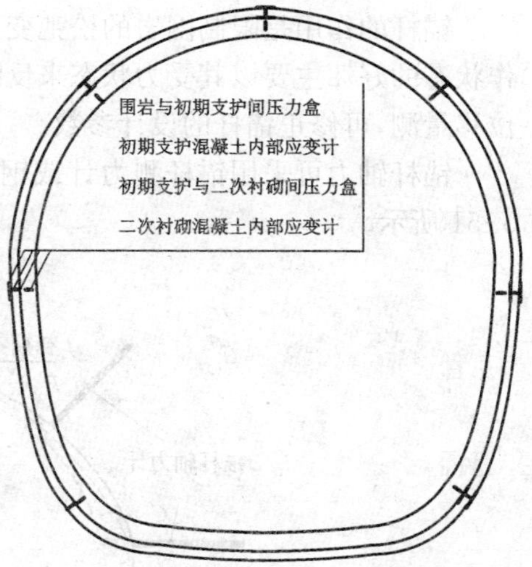

图 5-49 围岩压力和支护应力测点布置示意图

(7) 支护结构应力(应变)

支护结构受力大小反映了支护结构的工作状态，它是判断隧道稳定性重要的量测信息之一，对于评估支护结构受力状态、指导施工、优化支护参数很有意义。支护结构应力(应变)量测常采用钢筋应力计或混凝土应变计;一般在初期支护及二次衬砌内安放应变计,二次衬砌钢筋用应力计焊接,进行量测。每一断面可布置多个测点,如图 5-49 所示。

(8) 钢支撑应力

隧道开挖后常采用钢支撑进行支护,量测钢支撑的受力状态,对于评估支撑承载力、保证施工安全尤为重要。

钢支撑应力量测常采用在钢支撑侧面焊接钢筋计或表面应力计进行。一般每个断面可布置多个测点,并与围岩压力相应布设,如图 5-50 所示。

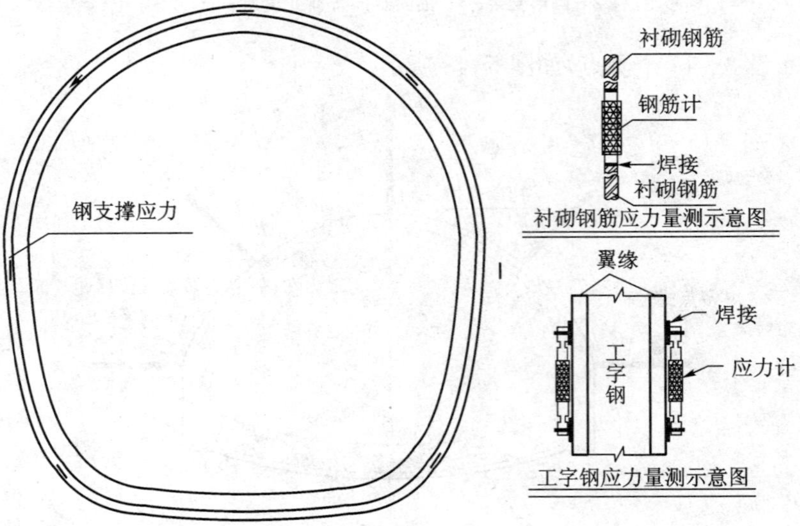

图 5-50 钢支撑应力测点布置示意图

(9) 锚杆轴力

锚杆的作用是限制围岩的松弛变形,这种限制作用的强弱取决于锚杆的工作状态,而工作状态的好坏主要以其受力状态来反映。通过锚杆轴力量测了解锚杆实际受力状态,结合位移量测,可修正锚杆的设计参数。

锚杆轴力可采用锚杆测力计或钢筋计进行量测,一般每个断面可布置多个测点,如图 5-51 所示。

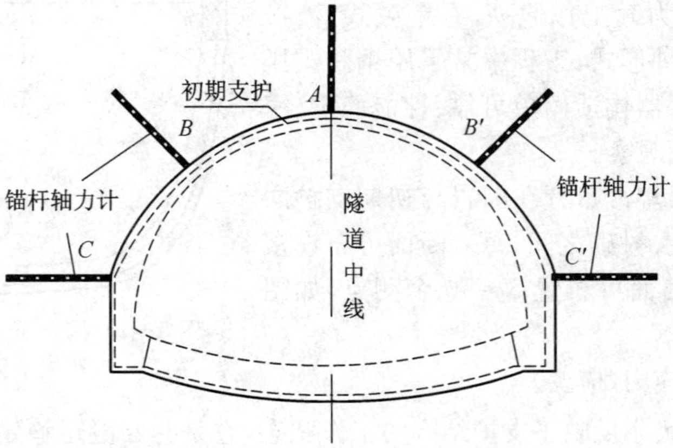

图 5-51 锚杆轴力测点布置示意图

4. 监测数据分析处理和信息反馈

量测数据反馈于设计、施工是隧道监控设计的重要环节。但由于量测仪器存在缺陷，以及外部环境变化、人为因素等影响，量测数据都存在一定误差，且具有离散性，这给数据分析应用带来了较大困难。为了判断实测数据的可靠性，了解隧道围岩和支护结构的受力变形规律及开挖稳定性，应对量测数据进行数学处理。下面就现场量测中最为常用的且最能评价和反映围岩稳定性状态的位移-时间曲线的处理方法给予简单介绍。

(1) 位移-时间曲线的选定

在整理位移量测数据时，一般可选用位移-时间曲线，当位移-时间曲线趋于平缓时，应进行数据回归分析，推算出最终值和变化规律。常用的回归曲线函数有：对数型、指数型和双曲线型，函数表达如下式。

① 对数函数

$$u = A\lg(1+t) \tag{5-24}$$

$$u = A + \frac{B}{\lg(1+t)} \tag{5-25}$$

② 指数函数

$$u = Ae^{-\frac{B}{t}} \tag{5-26}$$

$$u = A(1 - e^{-Bt}) \tag{5-27}$$

③ 曲线函数

$$u = \frac{t}{A+Bt} \tag{5-28}$$

$$u = A\left[1 - \left(\frac{1}{1+Bt}\right)^2\right] \tag{5-29}$$

式中，u 为位移值(mm)；t 为监测时间(d)；A、B 为回归常数。

(2) 围岩稳定性判断

根据上述回归函数可以预测最终位移值及位移速度，而围岩和支护的位移值或位移速度是判断围岩稳定的重要标志。若超过某一临界值，则表示围岩不稳定，需加强支护衬砌。

容许位移值或位移速度值与地质条件、隧道埋深、断面尺寸及地表建筑物等因素有关，例如，城市地铁隧道通过建筑群时，对地表下沉要求高，一般不超过 5～10 mm，围岩和初期支护的基本稳定应具备下列条件：

① 隧道周边收敛速度有明显减缓趋势；

② 收敛量已达总收敛量的 80%以上；

③ 收敛速度小于 0.15 mm/d 或拱顶位移速度小于 0.1 mm/d。

5.7.3 盾构法隧道施工监测

1. 监测目的

盾构法隧道在施工过程中不可避免地要导致沿线的地层扰动和土体损失，使其影响范围内的土体和建筑物、构筑物产生变形，对周边环境产生不利影响，因此盾构施工监测主要目的是：

① 及时了解和掌握盾构掘进过程中地表和土层位移情况，为优化和调整盾构掘进参数提供信息，以指导施工。

② 了解盾构施工对周边建筑物、地下管线及其他构筑物的影响，确保邻近建筑物和地下管线安全。

③ 根据监测数据信息，对设计施工方案的合理性进行评价，检验和修改设计。

④ 积累工程资料，为今后同类工程的设计与施工提供类比依据。

2. 监测内容

盾构法隧道的施工监测项目、测点布置和监测频率，可以结合工程需要，按表 5-7 进行选取。

表 5-7　　**盾构掘进施工监控量测项目**

类别	监测项目	测量工具	测点布置	量测频率
必测项目	地表隆陷	水准仪	每 30 m 设一断面，必要时需加密	掘进面前后＜20 m 时测 1～2 次/d 掘进面前后＜50 m 时测 1 次/2d 掘进面前后＞50 m 时测 1 次/周
	隧道隆陷	水准仪、钢尺	每 5～10 m 设一断面	掘进面前后＜20 m 时测 1～2 次/d 掘进面前后＜50 m 时测 1 次/2d 掘进面前后＞50 m 时测 1 次/周
选测项目	土体内部位移（垂直和水平）	水准仪、磁环分层沉降仪、倾斜仪	每 30 m 设一断面	掘进面前后＜20 m 时测 1～2 次/d 掘进面前后＜50 m 时测 1 次/2 d 掘进面前后＞50 m 时测 1 次/周
	衬砌环内力和变形	压力计和传感器	每 50～100 m 设一断面	掘进面前后＜20 m 时测 1～2 次/d 掘进面前后＜50 m 时测 1 次/2 d 掘进面前后＞50 m 时测 1 次/周
	土层压应力	压力计和传感器	每一代表性地段设一断面	掘进面前后＜20 m 时测 1～2 次/d 掘进面前后＜50 m 时测 1 次/2 d 掘进面前后＞50 m 时测 1 次/周

3. 量测方法

（1）地面隆陷

地面隆陷量测主要是测定地表的纵、横沉降槽及最大沉降坡度、最小曲率半径和沉降速率等，根据 Peck 提出的公式预测盾构在不同深度时引起的地面沉降值。施工中根据量测反馈资料，合理调整盾构土仓压力、出土量、压浆时间和压力、推进速度等施工参数，以达到控制沉降的最优效果。

地面隆陷量测通常采用水准仪。隆陷测点埋设时，用冲击钻在地表钻孔，然后放入长 200～300 mm、直径 20～30 mm 的圆头钢筋，四周用水泥砂浆填实，如图 5-52 所示。

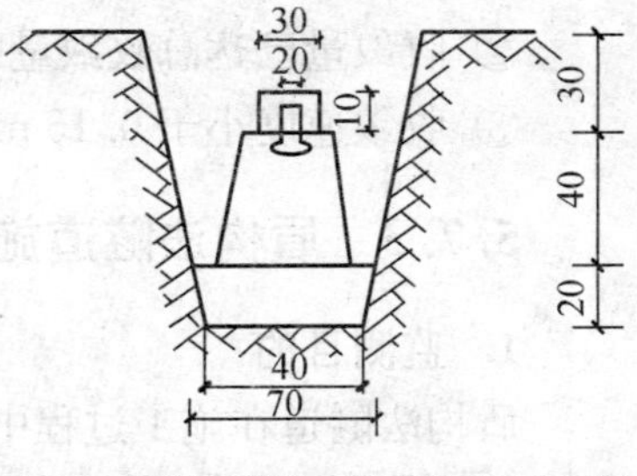

图 5-52　地面隆陷基点埋设示意图

（2）土体位移

在盾构掘进过程中，随着洞内土体不断被移走，周围土体必然要向洞体一侧移动。因此，为了了解盾构掘进对周围土体的扰动情况，有必要对洞周土体沿深度方向和水平方向的位移进行监控量测，并及时反馈到施工，以便采取针对性措施。

沿深度方向的土层位移采用分层沉降仪测试，沿水平方向的土层位移采用测斜仪测试。一般土体测斜与分层沉降监测宜布置在同一断面位置，每个断面可根据要求布置多个测孔，测斜孔布置在隧道两侧，分层沉降管布设在隧洞顶面中央，如图 5-53 所示。

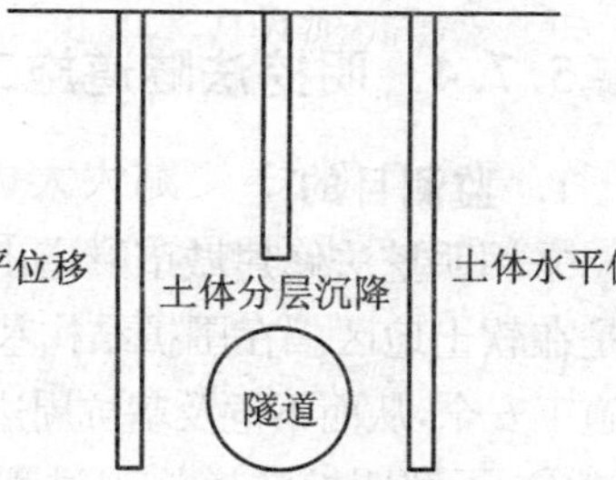

图 5-53 土体水平位移与垂直位移布孔示意图

(3) 建筑物和地下管线位移

盾构掘进会引起周围土体应力场和位移场变化，相应地会引起周围建筑物或地下管线的沉降，为确保安全，对其位移进行监测显得非常必要。通常沉降位移量测采用水平仪，水平位移量测采用经纬仪。建筑物和地下管线测点布置如图 5-54 和图 5-55 所示。

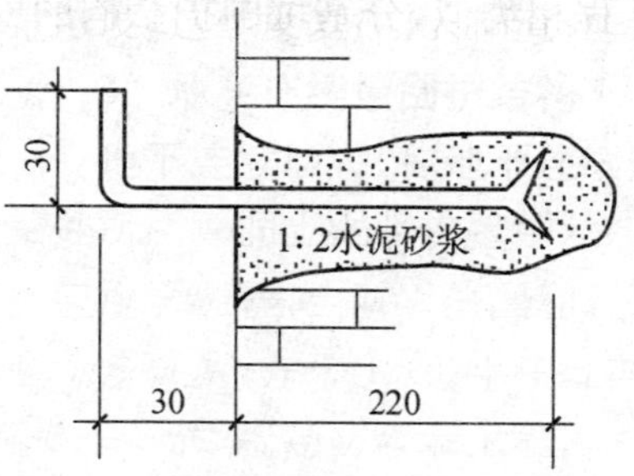

图5-54 建筑物沉降测点结构示意图

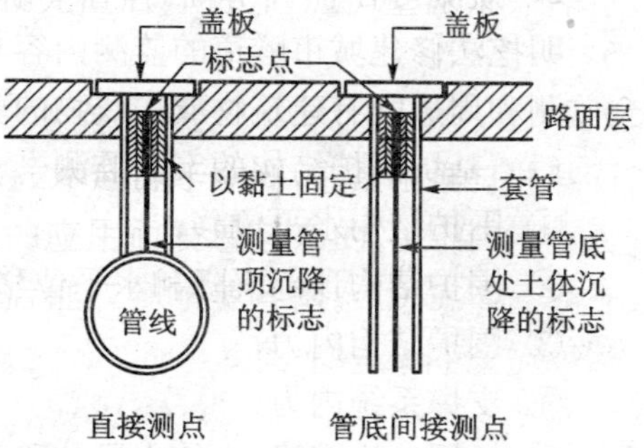

图 5-55 地下管线测点结构示意图

(4) 衬砌环内力和变形

衬砌环内力和变形大小反映了管片衬砌的受力工作状态，它是判断管片衬砌安全性、耐久性和设计可靠性的依据。因此，须量测管片衬砌受力和变形状况，根据量测数据信息，对设计方案的合理性进行评价，以便检验和修改设计。

管片衬砌变形量测常采用全站仪，衬砌内力量测采用钢筋计或混凝土应变计。

(5) 土层压力

计算分析盾构隧道管片衬砌的受力状态，通常要对衬砌周围的土层压力大小和分布情况进行测试。土层压力量测是检验与修正管片设计、研究地压的重要数据信息。

土层压力的测试通常采用压力盒，测试原理同上节介绍。压力盒常布置在管片衬砌与围岩之间，紧贴管片背面埋设，每一断面可根据要求布设多个测点，如图 5-56 所示。

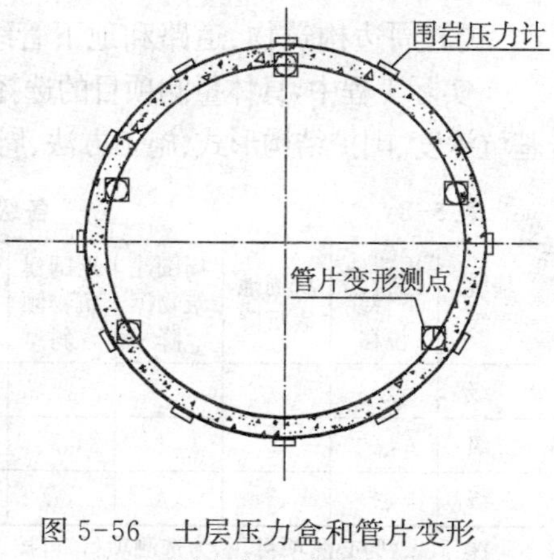

图 5-56 土层压力盒和管片变形测点布置示意图

5.7.4 明挖法隧道施工监测

1. 监测目的

采用明挖法修建城市隧道出入口段或地铁区间隧道时，大多采用有围护结构的明挖法，尤其是在软土地区。在围护结构基坑开挖过程中，必须保证基坑边坡和围护结构的稳定性，确保基坑施工安全，从而不危及基坑周边建筑物、既有道路及地下管线的安全。因此，监测目的主要是：

① 了解明挖隧道施工过程中基坑围护结构的受力和变形情况，对围护结构和基坑稳定性进行评价，以采取必要的措施，确保基坑施工安全。

② 了解和掌握隧道基坑施工对周边环境的影响和影响程度，保证周边建筑物和地下管线的安全。

③ 通过监测，获得围护结构和周围环境在施工中的综合信息，对设计和施工方案的合理性进行评价，为优化和修正设计施工方案提供可靠的反馈信息，以指导后续施工。

④ 积累资料，为类似工程提供借鉴经验，同时也为进一步的理论分析奠定数据基础。

2. 监测内容

明挖法修建城市隧道的监测内容与一般城市深基坑工程相类似，分基坑围护结构的安全监测和周边既有建筑物或构筑物的变形监测两大部分。

(1) 基坑围护结构的安全监测

① 围护结构水平位移；

② 围护结构顶部沉降和水平位移；

③ 围护结构内力；

④ 支撑系统内力；

⑤ 坑周地表沉降、土体水平位移和分层沉降；

⑥ 围护结构侧土压力；

⑦ 坑底隆起；

⑧ 土层孔隙水压力；

⑨ 地下水位。

(2) 周边建筑物或构筑物变形监测

① 周边建筑物沉降、倾斜和裂缝；

② 周边构筑物、道路和地下管线的变形。

实际工程中，具体量测项目的选择应根据工程的重要性及难易程度、工程地质和水文地质、基坑深度、围护结构形式、施工方法、周边环境等因素综合确定。监测项目选择原则见表 5-8。

表 5-8　　各级基坑工程监测项目选择表

基坑等级	周边地下管线位移	坑周地表沉降	周围建筑物沉降	周围建筑物倾斜	墙体水平位移	支撑轴力	地下水位	墙顶沉降	立柱隆沉	土压力	孔隙水压力	坑底隆起	土体分层沉降
一级	√	√	√	√	√	√	√	√	√	○	○	○	○
二级	√	√	√	√	√	√	√	○	○	○	○	○	○
三级	√	√	√	√	√	○	○	○	○	○	○	○	○

注：1. √为必测项目，○为选测项目，可按设计要求选择。
　　2. 基坑等级划分可参见有关规范。

3. 监测方法

(1) 围护结构水平位移

在明挖隧道基坑施工过程中，随着基坑土体的开挖，开挖面产生应力释放，同时围护结构墙体在外侧土压力的作用下，必然向坑内产生变形。因此，在基坑开挖过程中，有必要对围护结构墙体沿纵深方向的水平位移进行监控量测，并及时反馈，以采取针对性措施，确保基坑和周围建筑物等设施安全。

该项测试内容要深入到围护结构内部，在围护结构施工时埋入测斜管，采用测斜仪自上而下测试围护结构在整个基坑开挖过程中的水平位移变化情况。

(2) 围护结构顶部水平位移和沉降

围护结构顶部水平位移和沉降是围护结构变形最直观的体现，是基坑监测中一个重要的项目。顶部水平位移和沉降测点布置与围护结构墙身水平位移测试孔一一对应，测点一般采用光滑的凸球面的钢制测钉，在围护结构墙顶的冠梁施工完成后布设。

围护结构顶部水平位移采用光学经纬仪进行量测，顶部沉降采用水准仪量测。

(3) 围护结构内力

围护结构内力大小反映了围护结构的受力工作状态，它是判断围护结构安全性和设计可靠性的依据。因此，量测围护结构受力状况，根据量测数据信息，对设计方案的合理性进行评价，并检验和修改设计。

围护结构内力通常采用钢筋应力计测试。钢筋应力计安装前需要标定，钢筋应力计应焊接在主钢筋上，并将测线引出至钢筋笼上端。

(4) 支撑轴力

支撑轴力量测是在明挖隧道基坑开挖及主体结构施工过程中，对支撑轴力的大小和变化情况进行观测，结合围护结构的位移情况对围护体系的安全性和稳定性作出评价。

支撑轴力通常采用钢筋应力计或应变计测试。

(5) 基坑周边土体位移

在基坑施工过程中，随着坑内土体的开挖和应力释放，周围土体会向坑内一侧移动，从而引起周边地面建筑物和地下管线的位移。因此，为了了解基坑施工周围土体的位移情况，有必要对坑周土体位移进行监控量测，并及时反馈指导施工，确保基坑和建筑物安全。

基坑周围土体位移监测包括土体分层沉降位移和水平位移两部分，土体分层沉降位移采用分层沉降仪测试，土层水平位移采用测斜仪测试。测点重点布置在基坑边开挖深度1.5～2.0倍范围内。

(6) 围护结构侧土压力

围护结构侧土压力是围护结构设计计算中的重要参数，它是验证与修改围护结构设计的依据。对开挖过程中围护结构侧土压力监测，可以掌握围护结构侧土压力发展过程，对设计中可能存在的问题及时加以解决。

侧土压力的测试通常采用压力盒，压力盒布置在围护结构与土层之间，紧贴围护结构背面埋设，每一断面可根据要求布设多个测点。

(7) 坑底隆起变形

坑底隆起变形是基坑稳定性验算中的重要内容，特别是在软土地基中开挖基坑时，随着开挖深度的增加，围护结构入土深度不断减少，基坑内外形成的土压力高差不断增大，从而导致坑底隆起逐渐发展。当开挖到一定深度，围护结构入土深度出现不足，此时基坑内外土压力高差所形成的加载和地表各种超载的作用就会使地基失稳，危及基坑安全。因此，有必要对基坑开挖过程中坑底土体的隆起变形进行量测。

坑底隆起变形量测采用分层沉降仪，坑底隆起观测点应根据基坑形状及地质条件等因素，布置在有代表性的断面上。

(8) 坑周地表沉降

地表沉降是坑周土体位移最直观的表现，它关系到地面建筑物和地下管线的安全，同时也是判断基坑围护结构安全状况的依据。

地表沉降监测一般采用水平仪，测点布置在基坑周边受影响范围内，测点埋设采用冲击钻在地表钻孔，然后放入长 200～300 mm、直径 20～30 mm 的圆头钢筋，四周用水泥砂浆填实。

(9) 地下水位

富水软土地区明挖隧道基坑开挖前，坑内常进行降水处理，通过降低地下水位使土体产生固结，从而提高基坑被动区土体强度，同时为土方开挖创造良好的施工环境。但由于坑内降水后引起基坑内、外水位差加大，坑外地下水土向坑内流失，严重时会导致基坑围护体、周围建筑物和地下管线的破坏。因此，须通过监测地下水位的变化，了解基坑施工对周边地下水位的影响，判断基坑围护体的止水效果和降水效果，保证基坑施工安全。

地下水位通常采用电测水位计和 PVC 塑料管进行测试，水位观测井布置在基坑内外两侧。

(10) 孔隙水压力

基坑开挖施工过程中，须了解坑周土体中孔隙水压力变化情况，判断基坑施工对周围土体的影响，保证基坑施工安全。

孔隙水压力量测一般采用孔隙水压力计和频率接收仪，测点根据要求布置在围护结构的外侧。

(11) 周边建(构)筑物沉降和倾斜

基坑施工时会引起周围建筑物产生沉降或倾斜，为全面了解基坑施工对周围建筑物的影响，在施工期间须对建筑物的沉降和倾斜进行监测，以判断建筑物的安全性，指导施工中采取相应的工程保护措施。

观测点布置应根据建筑物结构形式、基础形式、工程地质条件、开挖方案等因素综合考虑，一般应在建筑物角点、中点、沉降缝等位置布置。沉降测点埋设时用冲击钻在建筑物的基础或墙上钻孔，然后放入长 200～300 mm、直径 20～30 mm 的半圆头弯曲钢筋，四周用水泥砂浆填实，观测方法采用水平仪和经纬仪。

(12) 周边地下管线位移

基坑开挖引起了周围土体位移，相应地会引起周边地下管线的沉降，为确保地下管线施工安全，应对地表下沉影响范围内的地下管线沉降进行监测，以判定其安全性。

管线沉降观测点布置应根据管线种类、埋深、受开挖影响范围、管道接头形式和受力特点等确定。沉降测点埋设时用冲击钻在地下管线轴线上方的地表钻孔，然后放入直径 20～30 mm 的半圆头钢筋，深度与管线底一致，四周用水泥砂浆填实。

4. 监测项目变形控制标准

(1) 基坑保护等级划分

为了保护明挖隧道基坑施工时的周围环境，必须根据周围建筑物和地下管线的允许变位，确定基坑开挖时围护结构、周围地表和建筑物变形的允许值，以此作为基坑设计的控制标准。

根据基坑工程的重要性，上海地区一般将基坑工程分为三级，当符合下列情况之一时，属于一级基坑工程，即：围护结构作为主体结构的一部分时；基坑开挖深度大于等于 10 m 时；距基坑边两倍开挖深度范围内有历史文物、优秀建筑、重要管线等需要严加保护时。当基坑开挖深度小于 7 m，且周围环境无特别要求时，属三级基坑工程。除一级和三级以外的均属二级基坑工程。

(2) 监测项目警戒值和允许值

在基坑工程设计施工中，确定各监测项目的警戒值和允许值，不仅是设计计算的重要基础，同时也是确定合理施工流程、保证周围环境安全的主要依据。监测项目的警戒值应根据基坑工程自身特点、监测目的、周围环境要求，并结合当地工程经验综合确定。一般情况下，每个项目的警戒值应由累计允许变化值和变化速率两部分控制。

对于不同等级的基坑，应按不同的变形标准进行设计和监测。表 5-9 给出了一、二级基坑的变形控制标准。三级基坑通常宜按二级基坑的标准进行控制，当环境条件许可时可适当放宽。

此外，确定变形控制标准时，应考虑变形的时空效应，并控制监测值的变化速率，一级工程宜控制在 2 mm/d 之内，二级工程应控制在 3 mm/d 之内。

表 5-9　一、二级基坑变形设计和监测的控制标准

基坑级别	墙顶位移(cm)		墙体最大位移(cm)		地面最大沉降(cm)	
	监控值	设计值	监控值	设计值	监控值	设计值
一级基坑	3	5	5	8	3	5
二级基坑	6	10	8	12	6	10

第 6 章 城市隧道安全与防灾

城市的交通线，人口和建筑物密集，都应具有防火灾、水淹、风灾、地震和恐怖袭击等的防灾设施，保证乘客、工作人员的人身和财产安全。而城市隧道作为大容量公共交通工具的通道，保证其安全是保护广大公民安全的重中之重，安全运营就成为城市隧道必须满足的首要目标。在上述灾害中，火灾、水灾以及城市潜在的恐怖袭击是城市隧道安全的主要威胁，因此，本章重点叙述城市隧道的防火灾、防水灾和新形势下面临的防恐措施。

6.1 城市隧道防灾设计思想及措施

城市隧道通常是城市最主要的基础设施之一，同时也是城市客运交通的大动脉以及城市生命线，其投资巨大、技术难度高、施工周期长、环境因素复杂、事故风险大。城市隧道结构特别是地铁对来自其外部的灾害防御能力好，而对来自其内部的灾害抵御能力差。在地下狭小空间内，人员和设备高度密集，一旦发生灾害，疏散救援十分困难。某城市隧道火灾现场如图 6-1 所示。

图 6-1 某城市隧道火灾现场

6.1.1 城市隧道防灾设计思想

1. 城市隧道防灾设计应贯彻国家“预防为主、防消结合”的消防工作方针

防灾设计所采取的各种防灾措施，应确保运营期间的安全，一旦发生火灾或其他事故，应能尽早发现，迅速灭火或排除，使灾害事故可能造成的人员伤亡及经济损失减小到最低限度。

2. “预防为主”是城市隧道安全正常运营的原则

由于城市隧道可能发生多种事故，不同的事故，其应急处理方案不同。因此，有必要事先制定多套应急方案，这样就能增强面对突发性事件时的应急处理能力，也能把灾害造成的人员伤亡和财产损失降至最低。迅速反应与正确的应对措施是处理紧急事故和灾害的关键，因此，组织隧道防灾演习是对公民进行防灾教育的重要部分，见图 6-2。

3. 完善的隧道灾害监控体系

图 6-2 隧道防灾演习

在当今信息技术和计算机技术高度发达的社会，安全监控可以在隧道防灾上发挥重要的作用。为了保证城市隧道的安全运行，每个城市隧道系统都应装备监测及自动报警系统。它对于确保城市隧道的安全以及正常运营，具有极其重要的作用，早已成为城市隧道各系统中不可缺少的重要组成部分。受监测及自动报警系统保护的具体对象是全线车站、主变电所、车辆段及通信信号楼。城市隧道监测及自动报警系统必须是一个高度可靠的系统，接线简单，组网灵活，容易维修和扩展。控制中心应有全线示意图，能监控全线的报警情况。图 6-3 为隧道安全监控设备和网络示意。

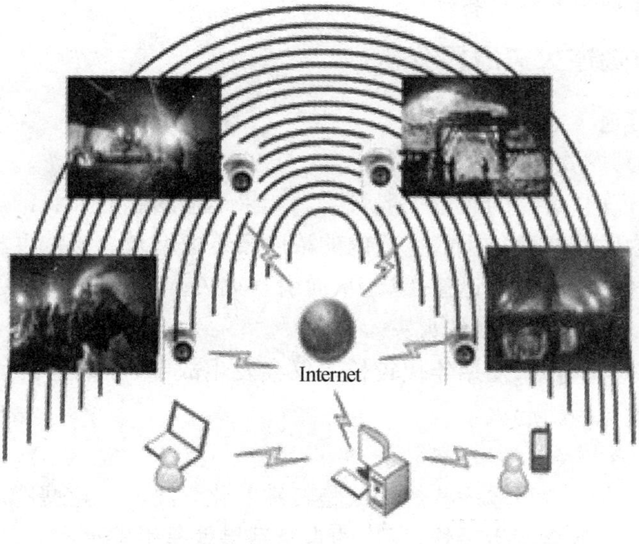

图 6-3 隧道安全监控设备和网络

6.1.2 城市隧道灾害预防措施

城市隧道的灾害预防措施分为预防防灾和事后防灾处理两类。

1. 城市隧道灾害预防要求

① 城市隧道应该能够抗震。

② 城市隧道应该能抵抗涨潮、洪水等的侵袭。

③ 站内安装的材料应当是不燃烧或难燃烧的材料。

④ 应当使车辆采用不燃性的材料制成。

⑤ 不应引起停电等电气事故。

⑥ 不应引起各种通信信号设备事故。

2. 城市隧道灾害事后防灾(灾害处理)措施

① 应迅速疏导旅客等人员避难,确保人身安全。

② 检查并排除有故障的感应器,以保证各种感知器正常工作。

③ 应确保各种灭火装置及排烟、排水设施正常工作。

④ 应确保各种通信设施正常工作。

⑤ 对灾害进行迅速、适当、圆满的处理。

防灾设计时,通过什么样的设防基准或标准设置具体的设施、设备成为具体的问题。调查、分析引起灾害的原因可以帮助确定合理的防灾设施,制定各种应急预案也非常必要。

6.2 城市隧道防火灾

城市隧道可能发生的灾害有火灾、水灾、地震、风灾、行车事故及人为事故等,但发生次数最多、影响最大、造成人员伤亡和经济损失最严重的还是火灾事故。所以,城市隧道的防灾设计,应把防火灾措施放在首要地位。

6.2.1 城市隧道火灾原因分析

1. 城市铁路隧道

(1) 由泄露的易燃物所引发的火灾

在城市铁路隧道内,货物的运量一般较大。如果运输易燃物如石油、天然气等的油罐发生泄漏,那么这些物质在隧道狭小的空间内的浓度会迅速增长。当浓度达到一定程度以后,一旦达到着火点,这些物质就会迅速燃烧,从而引发火灾。

(2) 由于车辆本身起火引发的火灾

车辆上的设备寿命有限,使用年代较长不仅会发生故障,车辆也会因电路短路、汽化器起火、排气管冒火等原因引起火灾。

(3) 爆炸引起的火灾

在铁路隧道中,会经常运输一些燃油或是特殊的化学物质。这些物质在运输的过程中,倘若防范措施不到位,就会发生爆炸,爆炸的直接后果就是引发火灾。

2. 城市公路隧道

(1) 车辆机械故障引发的火灾

车辆机械故障,包括机件磨擦起火、化油器回火、电气线路短路、车辆漏油、轮胎爆胎等,都会引发火灾。

(2) 隧道内交通事故引发的火灾

由于车辆超速行驶和隧道能见度低,极易发生车辆之间、车辆与隧道设施相撞或擦挂,发生交通事故导致火灾。

(3) 车辆上的货物引起火灾

隧道内有各种车辆通过,它们所载的货物有可燃的或易燃的物品,都可能由于各种原因引发火灾。

6.2.2 城市隧道工程火灾特点

1. 温度上升得快

鉴于隧道的特殊性，隧道工程密闭性能好，一旦发生火灾，热量来不及散出。尤其在火灾的迅猛阶段，温度可能高达 1 000℃甚至更高。

2. 浓烟集聚迅速，难以疏散

城市隧道的密闭性很好，出入口少，当发生火灾时，因火灾引发的浓烟排除困难，会迅速充满全洞，造成缺氧，能见度低，人员逃生困难。尤其是火灾引发的一氧化碳等有害气体会进一步威胁人身安全，造成人员伤亡。

3. 火灾蔓延迅速

城市隧道的管道、风道、地沟与地面的大气相通，一旦发生火灾，这些部位将成为火灾蔓延的主要途径。此外，隧道狭长，会加剧火灾的蔓延。倘若在火灾发生时未能及时控制通风，火灾则会蔓延得更快。隧道火灾现场见图 6-4。

图 6-4 隧道火灾现场

4. 经济损失大，人员伤亡人数多

2014 年 3 月 1 日，山西省晋城市某隧道内发生两辆甲醇车追尾相撞，前车甲醇泄漏，司机在处置过程中甲醇起火燃烧，导致隧道内 42 台车辆及煤炭等货物被引燃引爆，事故共造成 31 人死亡、9 人失踪。可见，做好隧道的防灾设计是保证隧道安全运营不可缺少的部分。

5. 扑救困难

城市隧道通道狭窄，出入口少，烟的扩散速度比人员的逃生速度快；人多，易造成混乱，甚至还会诱发二次事故。由此可见，由于地下空间的限制，再加上浓烟、高温、视线不清、有毒、通信中断等原因，扑灭火灾和现场人员的救助困难较大。

6.2.3 隧道防火设计

1. 建筑结构防火设计

(1) 车行道要有足够的宽度

在城市隧道中，只有保证每条车行道有足够的宽度，才能减小撞车的概率，从而尽量避免由于车辆相撞引发的火灾。

(2) 隧道结构上要采取措施

隧道的建筑材料不但要求不燃，还必须要有足够的耐火极限值，必要的时候还应在结构面喷上防火隔热材料。除了防止结构因高温而强度降低外，还必须防止吊顶材料的坠落造成人员伤亡。

(3) 设置防火区间

在每个独立的防火区间内，要有单独的内部消防设备，以备应对有可能的火灾，还要有单独的排烟系统和通风系统，并且在防火区间的两段，还应该设置槽式防火门，一旦在某个区间内发生火灾，则可以将灾害控制在该区间内。

（4）分离交通

在某些隧道中，既存在客运交通，也存在货运交通，而货运车辆常常运输一些危险物品，一旦危险物品由于某些原因引发火灾就会对客运交通产生威胁，带来人员伤害和财产损失。因此应尽量将客运交通和货运交通作分离设计。

2. 隧道消防设计

当城市隧道内部发生火灾时，需要及时控制火情，阻止火势的蔓延，主要依靠内部的消防设备。要构建完善的隧道消防设施设备，就需要建立自动探测报警系统和自动灭火系统。

自动探测报警系统一般由探测器、区域报警器和集中报警器等组成，其原理是在火灾发生时，将火灾信号转化成电信号，传输给区域报警器，再由区域报警器传输给集中报警器。该系统的重点就是传感器，常见的有感烟、感温、感光、感热、可燃气体和复合探测器。当前，使用较多的是感温和感烟探测器。

自动灭火设施种类也较多，一般可分为自动喷水灭火系统、二氧化碳灭火系统、干粉灭火系统、泡沫灭火系统。自动灭火设备是与自动探测器相关联的，从而可以及时、有效地控制火情。

6.3 城市隧道防水灾

城市地下空间的合理规划和利用，不仅可以缓解城市交通拥堵的现状，还可以为城市居民提供方便。但由于我国城市排水系统的不完善，一旦发生暴雨，城市地表水极易涌入地下空间，给人们的生命带来威胁，造成巨大的经济损失，对地下空间危害极大，图 6-5 所示为城市因暴雨造成的水灾，图 6-6 所示为某城市地铁水灾现场。因此，加强城市地下空间的防排水的研究和建设，势在必行。城市隧道是城市地下空间的重要组成部分，城市隧道的水灾隐患是城市防汛的薄弱环节，做好城市隧道防水灾工作十分重要。

图 6-5 城市因暴雨造成的水灾

图 6-6 城市地铁水灾现场

6.3.1 城市隧道防水现状

不论是明挖隧道还是暗挖隧道,我国城市隧道防水技术大体可以分为三种类型。首先是从城市隧道的结构出发,在隧道围岩和衬砌上附加防水层,避免水浸入工程内部。

其次,从城市隧道排水出发,将地下水导入到工程内部的排水系统,使之不破坏隧道本身的结构。

再次,将隧道的防排水结合在一起,在同一工程中既做好防水工作,同时也做好排水工作。防水常常采取的手段和措施可以分为材料防水和构造防水。材料防水是依靠先进的建筑材料阻断水的通路,增强抗渗透能力,例如涂膜防水、卷材防水、抹面防水等。构造防水则是根据实际的城市地质情况,采用合理的构造形式,阻断水的通路,例如地板设置盲沟排水系统到滤层、离壁式衬砌等。其中,混凝土结构的自防水效能是各种防水措施的基础。

6.3.2 防水灾基本原则和重点

城市隧道工程防水灾要贯彻"防汛工作实行全面规划、统筹兼顾、预防为主、及时抢险、局部利益服从全局利益"的总方针,坚持"防排结合"、"迎水面设防"的原则,并采取"多道设防"、"复合排水"、"节点密封"等措施,具体包括:

① 城市隧道工程要以主体结构防水为主,附加设防为辅,组织多道设防。迎水面的防水是附加防水的重点,以避免地下水的侵蚀而降低结构防水层的强度。

② 城市隧道工程的防水要防排结合。除了采取各种防水工作外,还要尽可能完善排水措施,从而确保城市隧道安全运营。

③ 城市隧道结构中的施工缝、后浇缝、沉降缝和节点部位都是防水工程的弱点,这些部位应加强防水处理措施。

6.3.3 防水灾措施

1. 做好城市隧道防水灾工作的应急预案

俗话说:"凡事预则立,不预则废。"尤其是在汛期来临之前,要健全和完善各种应急响应机制:

① 根据各城市的气候特点,每年在汛期前组织防台防汛专项检查。

② 对城市隧道的现状进行调查,特别是人员密集的地方。

③ 现有的防汛设备要进行检查,以确保其状态良好,并记录归档。

④ 对检查中发现的隐患要及时进行整改或更换。各级领导应指导、督促整改工作,确保件件有落实。

2. 城市隧道防水灾的工程措施

(1) 防水建材的选择

防水建材在施工前要做质量检验。防水卷材的性能和施工技术应符合《地下工程防水技术规范》(GB 50108)和《地下防水工程质量验收规范》(GB 50208)要求,必须满足现场的抽检项目指标。

(2) 隧道结构防水

应根据城市隧道的不同特点采取各自相应的措施,其中底板、侧墙和顶板的防水要求不同，应各自达到防水要求，见图 6-7。

基层地面应坚固、平整、干燥、无灰尘油污，转角处要做成 50 mm×50 mm 的斜角或半径为 50 mm 的圆角。

应严格按要求贴好自黏卷材。卷材的搭接宽度为 10 cm，或采用 160 mm 宽双面自黏胶带作为搭接附加条，前、后幅卷材短边分别在此搭接附加条上各边贴铺 80 mm 宽，并用密封膏密封短边搭接缝。相邻两排卷材的短边接头应错开 300 mm，以免多层接头重叠而使卷材贴铺不平。卷材四周末端收头套用密封膏密封。粘贴完毕，撕开隔离纸的同时撒铺水泥粉，防止施工人员破坏卷材。

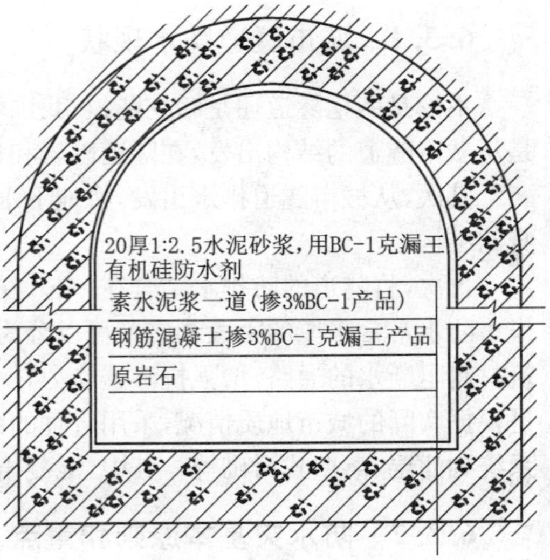

图 6-7　某城市隧道结构防水示意图

在主体结构完成后，侧墙、顶板进行外防水施工前，要对顶板的混凝土内外基面进行观察，看混凝土表面是否有超过 0.2 mm 的裂缝，若有，在做外防水施工前应进行裂缝修补。

最后，还应做好城市隧道结构防水工程的质量检验。

6.4　城市隧道防恐

城市隧道交通尤其是轨道交通具有运量大、速度快、能耗低、可靠性强、舒适性好等优点，随着国民经济的快速发展以及城市化进程进一步加快，城市轨道工程也迎来了一个历史性的大发展时期。

但是，随着全球恐怖活动日益泛滥，以及特定时期社会矛盾的激化，城市隧道尤其是地铁的安全也日显重要。2005 年 7 月 7 日，伦敦地铁站遭到恐怖袭击，造成 52 人死亡、700 多人受伤，震惊世界，见图 6-8。

图 6-8　伦敦地铁恐怖袭击现场

城市隧道工程，如何加强自身安全系统建设，应对随时可能出现的恐怖活动，确保乘客生命财产安全，已经成为城市公共交通安全建设的新课题。

在城市隧道运营区域内发生恐怖暴力事件，其影响大、处理难，极易造成人员的群死群伤，群众也会因安全感大幅度降低而长时期蒙上心理阴影。严重的城市隧道恐怖袭击不仅影响城市的安全指数体系评价，还会影响到群众对政府的信任度。随着国际恐怖活动的日益增多，地铁成为恐怖袭击的重要目标，因此，加强地铁安全工作、防范恐怖袭击已刻不容缓。

6.4.1　地铁恐怖灾害特点

1. 群体性

众所周知，地铁已逐渐成为城市公共交通的重要组成部分，其承担的客运量大，而且，某些地铁车站还与繁华市区的地下通道相连，客流量更大且复杂。如 2011 年 4 月 11 日傍晚 6 时许，白俄罗斯首都明斯克发生地铁爆炸事件，爆炸发生时刻，有两列地铁同时到达，造成 11 人死亡，126 人不同程度受伤，而爆炸所在地即靠近白俄罗斯总统卢卡申科的官邸和明斯克最大的文化商业中心。

2. 救援空间的局限性

由于地铁恐怖事件发生在有限的空间里，要在短时间内完成大量乘客安全、有序、快速地疏散和逃生，实施地铁系统的排烟和排毒，以及展开后续救援工作，难度很大。

3. 连带性

有限的客流被封闭在地铁有限的空间内，当发生恐怖袭击事件时，首当其冲的就是车站车辆和其他设施的损坏，大量人员的伤亡；其次对于相互衔接的不同交通系统也有连带作用，如城市交通枢纽站经常设计成地铁站、火车站及地面公交线路相互衔接，如果发生恐怖袭击事件会对相互衔接、相互作用的综合交通体系造成致命一击。

4. 全线性

一旦在地铁运营线路上发生恐怖事件，将会导致整条或多条运营线路的中断，尤其是在线路的换乘站或城市隧道的互通交叉口等薄弱环节。

6.4.2　地铁恐怖活动的目的

恐怖分子往往企图通过制造恐怖和恐慌来报复社会，满足他们仇视社会的心理。恐怖活动通常会造成大量人员的伤亡和基础设施的破坏，使人们在心理上对公共交通的认识蒙上阴影，损害一个城市的安全形象。

6.4.3　地铁恐怖活动的时间

根据现有的地铁恐怖案例可以看出，恐怖分子在恐怖活动的时间安排选择上呈现出以下特点。

1. 上下班客流高峰期

上下班客流高峰时期，积聚在地铁内的人数多，符合恐怖分子报复社会的目的，极易引起人们的恐慌和社会关注度。

2. 特殊保障时期

特殊保障时期是指某一地区或国家筹办、举办具有广泛影响的世界级活动、会议或国内重大的、传统的、特定的政治、风俗等活动的时期。例如，2010 年上海世博会期间，上海市采取了相应的安全生产防范措施，地铁公安抽调大量警力加强对站厅安检、站台安全巡视工作，力求排除安全隐患，世博会因此才得以顺利举行。

6.4.4 地铁防恐策略

基于地铁恐怖事件的特点，并结合地铁里的恐怖袭击活动和相关资料的分析，要做好地铁防恐工作，有如下策略：

(1) 制定好完善的应急预案措施，防备恐怖事件的发生

地铁防恐工作应坚持"预防为主"的原则，地铁防恐工作的关键在于"防"。图 6-9 所示即为地铁进站安保措施。

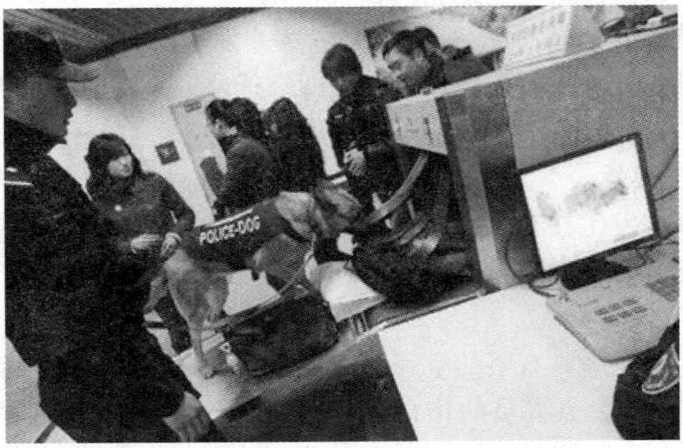

图 6-9 地铁安保措施

(2) 建立防恐应急指挥体系

要防范好恐怖活动，首先应建立统一、规范、有序、高效的反恐应急指挥体系。要成立防恐领导小组和现场指挥调度机构，负责地铁系统反恐预防和全面处理工作，审查和监督各种应急预案和措施的落实情况，对外发布文件与处理公告等，将各系统工作协调好。

(3) 建立常备不懈、分工明确的应急保障体系

城市轨道交通防恐应急保障体系由地铁运营企业的应急处置机构和专业的抢险救援队伍构成。

应急处置机构主要负责现场抢险和救援的前期控制。

专业的抢险和救援队伍以公安、消防、交通、医疗、人防、卫生、环保等专业队伍为主。他们属于城市公共队伍，为了在危机时刻能高效地发挥他们的工作效能，地铁部门应建立完善畅通的交流渠道与协调体系。恐怖事件发生后，在现场指挥机构的统一调度下，各个部门必须坚持"先救人后救物"的原则，有秩序、有组织地疏散、转移乘客和工作人员，把人员伤亡减到最少。

(4) 引进和改进防恐设备

通过相关资料的调查，地铁恐怖袭击方式主要为爆炸、纵火、毒气三种，其中实施恐怖爆炸是恐怖活动的首选方式。因此，研制和引进先进的防爆技术装备是非常有必要的。图 6-10 所示为地铁安保防爆检查。

图 6-10　地铁安保进行防爆检查

(5) 做好公民的防恐安全教育,增强乘客安全意识

要做好城市地铁防恐工作,乘客也是非常重要的角色,乘客不仅仅是地铁防恐的最终受益者,同时更应该是防恐工作的中坚力量。应使他们掌握在紧急情况下如何进行自救互救,如何识别可疑爆炸物,在恐怖活动的第一现场如何报警、如何逃生等技能。

(6) 定期进行反恐演练

要预防事故发生、保证地铁运营安全,除了加强对地铁工作人员的安全思想教育、提高群体安全意识、健全各项规章制度、严肃作业纪律、建立安全监督管理机构等工作以外,定期进行防恐演练也是十分重要的。

第7章 城市隧道运营与管理

城市隧道是城市的生命线工程的重要组成部分，它不但构造复杂，技术性强，且修建工期长，价值高，一旦损坏，修复和改建都很困难。所以，做好城市隧道的维修养护工作，对保证城市交通线的安全畅通具有重要意义。同时，隧道洞内空气质量直接关系到养护人员、乘务人员和旅客的身体健康，良好的通风与环境控制设施也是必不可少的。

养护维修对所有隧道都是重要工作，因为，第一，隧道建筑物的结构设计要满足100年正常使用的要求，且能适应运营的需要，方便养护作业，并具有必要的安全防护等设施。但是，受列车动荷载、有害气体和温度、湿度变化等大气环境的影响，隧道技术状态可能会逐渐恶化，这对隧道的正常使用和安全运营带来威胁。所以，同其他工程结构相同，为了尽量延长隧道结构的寿命，应对隧道进行经常性的养护工作。

第二，设计、施工和外界环境因素作用，会导致隧道出现渗漏水、变形、衬砌裂损、衬砌腐蚀等病害，不但影响隧道的正常运营，严重时会引发事故、灾害，造成人员伤亡和财产损失。因此，隧道病害防治应以预防为主，在设计阶段就要考虑，本着预防与及时整治病害相结合的原则。要经常性地对隧道进行检查，及时发现问题，并采取有效措施整治，做到防治结合，把病害控制在最小的范围内。

7.1 城市隧道通风与照明

隧道在运营过程中，交通车辆、电气设备、抛弃的废弃物等会释放出多种有害气体，而隧道是一个闭塞空间，一般只有进出口与大气相通，有害气体不能很快地消散，当积累的浓度超过一定值时，会导致严重危害。这些有害气体的影响是多方面的，第一，危害养护维修人员和机车车辆乘客人员身体健康，有害气体浓度积累过高时，会导致人急性中毒；第二，腐蚀隧道内结构物、钢轨、扣件等设备；第三，降低隧道内能见度，妨碍行车安全和维修工作的正常进行。

隧道通风就是采用自然或机械方式在隧道内形成风流，解决隧道运营环境中有害气体造成的空气污染问题。选择合理的通风方式和参数，需要对隧道内有害物质及其浓度分布范围、洞内空气的污染影响因素、有害物的允许浓度标准、有害气体对人体健康的影响和改善洞内空气环境质量的措施等问题进行深入的研究。

本节分别讨论地下铁道、公路隧道和铁路隧道的通风，最后论述城市隧道照明。

7.1.1 城市隧道内的空气质量标准

1. 地下铁道

地铁是一个大型狭长的地下空间，除各站出入口和通风口与大气沟通以外，地铁基本上是与大气隔绝的。地铁投入运营后，随着客流量和行车密度的增加，加上设备的运转及连续的照明，地下空间内会产生大量的热量及有害气体，如不采取相应的措施，将导致其环境不断恶化。因此，城市地铁须设计一个合理的地下环境控制系统，这对保证地铁正常运营，控制洞体温升，为乘客提供适宜的乘车环境是非常重要的。

地铁的环境控制系统主要是指地铁的通风及空调系统。一般所指的地铁通风及空调系统，主要是解决包括车站、区间隧道、折返线、尽端线等的通风空调问题。

地下铁道作为一个现代化交通运输系统，内部还有一些设备用房和管理及生活用房。这些用房亦应设置有效的通风空调系统，创造较舒适的环境，这种系统称之为局部通风空调系统。

这些通风空调系统的设计是关系到近期、远期以及将来地铁环境状况的大事。国外一些地区地铁运营中，由于初期通风设计考虑不周，导致运营一段时间后，地铁热环境令人无法忍受，以至于停运改造的经验教训屡见不鲜。停运改造首先遇到的问题就是增加地下设备用房空间和面积，即对既有地下结构的改造。地下结构不同于地面结构，对它进行扩建改建是非常麻烦的，它关系到既有结构的凿除、新老结构的连接、对周围环境的影响以及对地下水的防水处理等一系列问题。因此，系统设计时必须以发展的角度作考虑，将地下空间充分预留，并考虑到各种有关因素。

地铁系统空气中的有害物质包括：

① 余热量：指地铁系统内列车、人员和设备产生的全部热量被周围地层吸收后剩余的热量；

② 较高的相对湿度；

③ 二氧化碳（CO_2）气体；

④ 含尘量。

根据上述这些有害物质的含量进行通风量的计算，以达到《地铁设计规范》(GB 50157)的要求。在通风量的计算中，消除余热所需的通风量为最大，因此，地下铁道通风一般都是按消除余热来计算通风量。

地铁隧道夏季的最高温度应符合下列规定：

① 列车车厢不设置空调时，不得高于 33℃；

② 列车车厢设置空调，车站不设置屏蔽门时，不得高于 35℃；

③ 列车车厢设置空调，车站设置屏蔽门时，不得高于 40℃。

地铁隧道冬季的平均温度不应高于当地地层的自然温度，但最低温度不应低于 5℃。

2. 城市公路隧道

(1) 公路隧道内空气卫生标准

城市隧道建设的主要目的是缩短城区间的公路里程，解决城市交通拥堵问题，设计要求隧道内车流通行能力巨大，洞内行车舒适性要高，洞口环境保护要严格。因此，城市隧道相对于山岭公路隧道而言对运营通风系统通风标准的要求更高，以解决洞内行车的卫生、安全、舒适性及洞外空气质量标准等问题。

公路隧道通风的对象是一氧化碳(CO)、烟雾和空气中的异味。通风的目的是:对 CO 进行稀释,保证卫生条件;对烟雾进行稀释,保证行车安全;对异味进行稀释,保证隧道内行车的舒适性。

现行的《公路隧道通风照明设计规范》(JTJ 026.1)规定了公路隧道内的空气质量标准,见表 7-1。

表 7-1　通风卫生标准

交通工况	车速(km/h)	CO 浓度($\times10^{-6}$)	烟雾浓度(m^{-1})
正常	60～40	250	0.007～0.009
全长阻滞	20	300	0.009
局部阻滞(1 km)	10	300(20 min)	0.009

隧道内风速应满足稀释空气中异味的需风量要求,每小时换气 5 次。

(2) 尾气排放标准

从国内既有城市道路隧道运行的实际情况看,当实测 CO 浓度值仅在 50×10^{-6} 左右时,空气中仍有难闻的异味,因此,在进行隧道通风设计时,考虑到城市隧道与一般山岭公路隧道的区别,适当提高通风标准是必要的。提高隧道卫生标准,不但可以提高隧道内空气品质,改善行车环境,还可以降低隧道排风的污染浓度,减少所建隧道对局部环境的影响,有利于洞口区域以后的发展。

青岛胶州湾海底隧道工程是连接城市主城与辅城的重要通道,南接薛家岛,北连团岛,下穿湾口海域。隧道全长约 8 000 m,双向六车道,设计车速为 80 km/h,共设两条主隧道,海底段另设一条服务隧道。该隧道就考虑了城市隧道的特点,在设计中采用了提高通风标准的方案,见表 7-2。

表 7-2　青岛胶州湾隧道通风卫生标准

交通工况	车速(km/h)	CO 浓度($\times10^{-6}$)	烟雾浓度(m^{-1})
正常	80	100	0.005
慢速	30	125	0.007
全长阻滞	20	150	0.009
局部阻滞(1 km)	10	150	0.009 3

现行的《公路隧道通风照明设计规范》推荐 CO 基准排放量取值为 0.01 m^3/(辆· km),并按每年 1%～2%速度递减。烟雾的基准排放量规范的推荐值为 2.5 m^2/(辆· km)。

3. 城市铁路隧道

对铁路隧道来讲,污染物来源主要有三:第一是机车,内燃机、蒸汽机、电力机车(电力牵引 25～27.5 kW 高压供电,电磁场)、车辆;第二是瓦斯(瓦斯隧道);第三是抛弃的废弃物等散发的臭气。

根据铁路行业标准《铁路隧道运营通风设计规范》(TB 10068—2010,J1123—2010),运营铁路隧道空气卫生及温湿度环境标准见表 7-3。

表 7-3　　运营铁路隧道空气卫生及温湿度环境标准

指标		最高容许值	备注
一氧化碳 (mg/m³)		30	$H<2\,000$ m
		20	$2\,000$ m$\leqslant H \leqslant 3\,000$ m
		15	$H>3\,000$ m
氮氧化物(换算成 NO_2)(mg/m³)		5	$H<3\,000$ m
臭氧(mg/m³)		0.3	$H<3\,000$ m
粉尘 (mg/m³)	石英粉尘	8	$M_{Sio_2}<10\%$
		2	$M_{Sio_2}>10\%$
	动植物粉尘	3	—
温度(℃)		28	—
湿度(%)		80	—

注：H——隧址平均海拔高度(m)；M_{Sio_2}——游离二氧化硅的粉尘浓度。

7.1.2 地下铁道通风

地下铁道设计中，通风和空调一般综合进行设计，因此，地下铁道通风是环境控制的一部分。在集中快速运输系统中，能耗及环境控制系统已成为整个系统的重要组成部分，地铁车辆的能耗是运输系统所需能量的大部分，而且也是地铁系统地下部分的最大热源，如果不适当加以控制，可能会引起乘客不适以及缩短设备寿命。因此，一个有效的、可靠的环境控制系统对保证乘客安全、确保设备正常运行和寿命是十分重要的，是确保地铁正常运行的前提。

1. 地下铁道通风量计算

据上所述，地下铁道通风一般都是按消除余热来计算通风量。

(1) 影响通风量计算的因素

① 地铁沿线的水文地质条件。地铁沿线的水文地质对地铁的温度影响甚大。当地铁结构物位于地下水位以下时，地下水就在衬砌周围形成了一个“水冷套”，这个“水冷套”能将地铁系统中散发的部分热量传走，而该地层温度均以地下水的温度来计算。

若地铁结构物位于地下水位以上的地层中，则一般地铁通风不能将地铁内散发的剩余热量全部排除，地铁周围的地层温度将逐渐变高，在衬砌周围形成一个“热套”，该“热套”随着热量的逐渐积累而变大，以至于会影响地铁的运营，而不得不对区间隧道亦设置制冷设备系统。

② 地铁系统周围地层的温度。地壳表面的地层温度及其变化，基本上是依太阳的辐射热为转移的。在地铁设计中，应根据其隧道顶面的埋深来确定隧道周围的地层温度。

一般当隧道顶面埋深超过 10 m 时，地层温度被认为是常年不变的。因此，可将此作为计算地温。当隧道顶面埋深小于 10 m 时，则认为是受太阳热辐射的影响其温度是变化的。

③ 地铁系统内的热源产热量计算。由于地铁系统内不同位置的热源发热量各不相同，而且随着运营年段的不同，即使同一位置处的发热量也随之改变。因此，详细的计算需要用编制计算机程序进行模拟计算。但在实际工程中也采用近似计算方法。须分别计算出列车

产热量、照明产热量、人员产热量、动力设备产热量和洞壁吸放热量，各种产热量及壁面的吸放热的代数和即为地铁系统内的余热。

(2) 通风量的确定

地下铁道系统内的空气温度在冬季比较低，在夏季比较高，形成与室外空气温度类似的同期性变化。在夏季地铁系统内的产热量被其围护结构传出一部分，其他部分均由通风系统挤除；在冬季围护结构不但不传出热量，而且还向地铁系统内放出热量，这部分热量与地铁系统内产热量一起均由通风系统带至室外。所以在通风量计算对，应考虑冬季及夏季两种情况，最后取其最大值。

地铁系统的通风量由如下公式计算：

$$G_{通} = \frac{Q}{C \cdot \Delta t \cdot r} \tag{7-1}$$

式中 Q——地铁系统内的热量(kJ)；

C——1 kg 空气的热容量[kJ/(kg・℃)]；

Δt——地铁系统进、排风空气温度差(℃)；

r——空气密度(1.2 kg/m^3)。

地铁系统通风设备容量应具有能在一年之内将所产生的热量全部排除的能力，为此，通风计算必须根据热量的年平衡来进行。当通风量很大时，则应考虑采用空调系统。

所采用的通风量除满足消除余热的要求外，还应满足如下要求：对于车站，当采用开式运行时，供给每个乘客的新鲜空气量不应少于 30 m^3/h；当采用闭式运行时其新鲜空气量不应少于 12.6 m^3/(h・人)。

地铁的通风还必须考虑事故工况下的通风。事故情况下的通风，一是指火灾工况下的通风，一是指阻塞工况下的通风。一般来讲，事故通风量取决于火灾工况通风量。在地铁的通风系统设计中，一般情况下统一考虑正常通风与事故情况下的通风系统，尽量共用一个系统，这样既可节约投资，又不使设备长期搁置。实现共用系统，主要依靠调整各种阀门开与关来控制，其系统风量的确定是根据正常的排热通风量与事故通风量取其大者。

(3) 列车活塞风量估算

地铁列车在区间隧道中高速运行所产生的活塞效应，对地铁内的气流组织是有一定影响的。

对地铁单线区间隧道，其活塞风是有规律的。当列车一进入区间，其活塞风便开始形成，不久风速达到稳定并保持这种状态。该状态下的风速一般是列车速度的 50%～60%。当然该风速是由列车速度、隧道和列车的断面积、长度、阻塞比以及结构表面粗糙度等决定的。当列车一出区间隧道其风速立即衰减。对于复线区间隧道，由于双向行车使空气产生列车风的紊乱运动，而且列车侧部空间较大，所以不会有很大的活塞风。

利用活塞风对地铁进行自然通风，是节能的最好手段之一。

对于无屏蔽门的地铁车站，活塞风的影响及活塞风所引起的换气量与车站送排风口布置有关。车站送排风口布置不同，车站的站台与行车区间气流的对流量也随之不同，其对流量越大，车站的换气量就越大，反之，则越小。但对流量太小，对利用活塞风的排热通风不利。一般情况下，其对流量在 25%～60%之间。其换气量的大小与其车站出入口的大小也有直接的关系。一般要得出准确的数据最好采用模拟计算或实测的方法。对于活塞风引起的换气量的估算，即从车站出入口吸入的外部空气量，日本常用计算公式为：

$$Q_{OA} = Q_{O} \cdot L_{W} \cdot L \cdot 2/T \tag{7-2}$$

式中　Q_{OA}——外部吸入的空气量（m^3/s）；

Q_{O}——列车运行间隔为 2 min，一个出入口、站间距为 1 km 条件下的换气量标准[＝7 200 $m^3/(h \cdot km)$]；

L_{W}——车站出入口个数；

L——站间距；

T——列车运行间隔。

2. 地铁车站隧道通风系统模式

地铁通风一般均为机械通风，车站隧道通风系统有两种基本方式，一种是机械送、排风方式，另一种是只设机械排风的方式。两种通风系统各有其特点和适用条件，但在设备布置和系统方式上有所不同。

（1）机械送、排风方式

此种方式是通过对车站隧道进行机械送风和机械排风，实现排除该区域列车散发热量和通风换气的目的。

其特点是：设置送风和排风两套设备，在车站隧道区域通过送风、排风的协调配合，达到气流的相对平衡，造成一个较独立的环境，气流组织较好，能有效地实现排除车站隧道余热和通风换气的目的，在屏蔽门开启后，减少车站冷量向隧道的散失。但由于它增加了一套送风系统，不可避免地在设备布局上造成困难，土建面积和空间增加，运行费用也有所提高。

此种方式有以下几种具体布置形式：

① 上送、下排形式；

② 上送上、下排形式；

③ 下送、上排形式；

④ 集中送，上、下均匀排形式。

（2）只排方式

在车站隧道区域不设送风系统，只沿站台长度方向，在车行顶和站台下均匀设置排风道、排风口，排除列车顶部和底部的余热，利用排风后该区域产生的负压，迫使外界新鲜空气通过活塞风道进入隧道，达到气流平衡和通风换气的目的。

此种方式取消了送风系统，系统设置简单，设备少，占用面积小，运行费用低。但与送、排结合方式相比，通风排热效率相对较低，而且对车站公共区影响较大，将不可避免造成车站冷量有部分散失到隧道中，加大车站冷负荷量。而且，根据香港安诚公司的模拟计算结果，在远期高峰客流时，将出现短时间的温度超标（＞35℃）的情况，但不会导致隧道平均温度的超标，仍能满足系统功能要求。

3. 地铁风道与风亭的布置

（1）风道布置

地铁机械通风道内的基本设备为：可逆转的轴流风机、消音器及组合风阀。当该风机既负责车站的均匀送风或排风，又兼顾区间纵向通风时，还需增加相应的管道连接及阀门布置的空间，如果通风系统考虑空调或送冷风时，还应增加相应的制冷设备的机房面积。

当区间过长而需采用强制式隧道喷流通风时，应注意如下几点。

① 风道轴线与区间轴线的夹角一般采用 15°～20°较适宜，在条件许可的情况下，夹角愈小对风流愈有利。

② 由于风机前喷嘴的供风速度较高，为 25～30 m^3/s，所以喷嘴底板应高于轨面约 2.5 m，这样便于在事故中人员撤离的情况下，使高速风流从撤离隧道的乘客头顶部吹过。

③ 火灾事故通风，在依据不足的情况下，为避免出现反流层及不能全断面排除烟气情况，不宜采用射流排烟方式。

(2) 风亭布置

风亭位置主要结合城市规划、周围环境及卫生标准的要求距离来确定。

风亭的形式一般分为：地面风亭、下沉式风亭以及与建筑物结合的综合式风亭。

地铁通风系统的设计是关系到近期、远期以及将来地铁环境状况的大事，必须考虑充分，在设计时必须对整个地下环境控制系统进行近、远期气流及热环境状况的动态模拟计算，手工粗算可作为校核。但对于一个新建的地铁线路来说，在选择通风系统时，应以当地的气候、经济及社会条件等因素出发，确定其适宜的系统形式，使其环境控制系统成为地铁近期、远期及将来舒适乘车环境的最佳服务工具。

7.1.3 城市公路隧道通风

城市隧道运营通风系统设计是一项环境保护工程，包括隧道内环境保护和隧道外环境保护，需对隧道内可能产生的污染物及其影响，结合工程特点进行分析，从而确定合理的隧道内污染物浓度的卫生标准、安全标准以及舒适性标准等。城市隧道内通风稀释污染物的种类和浓度控制标准直接关系到隧道内行车环境的安全性和舒适性，同时，隧道污染物排出浓度的高低是影响洞外环境的因素。

1. 通风方式

公路隧道的通风方式基本上有三种：全横向、半横向和纵向通风，三种通风方案各有利弊。通风方式的选择与隧道长度、交通流量、行车方式、洞口环保要求和隧道施工方法等多种因素有关。

全横向和半横向通风方式主要适用于单洞双向行车隧道。该通风方式理论上讲防火排烟效果较好；但是其初期的土建费用投资大、后期通风运营费用高，需要设置专用风道和风机房。

纵向通风方式主要适用于双洞单向行车隧道，也常用于单洞双向行车隧道。该通风方式土建工程量小、运营费用较低、方式多样、选择灵活、受制约因素少、能充分发挥汽车的交通运行能力。

近 30 年来，我国和日本的公路隧道主要为纵向式通风，1990 年前后采用全横向、半横向通风的几座单洞双向行车隧道，如上海打浦路隧道(2 761 m)和延安东路隧道右洞(2 260 m)、深圳梧桐山隧道左线(2 238 m)，在二期工程完成、改为双洞单向行驶后，通风方式也改为了纵向式。目前，欧洲新建双洞单向行车隧道也开始使用纵向式通风。

横向式和半横向式通风系统复杂，管理难度大，造价高，运营费用大，而且采用该通风方案的欧洲隧道火灾的情况说明，采用横向式和半横向式通风系统在排烟防灾方面并不完善。

总之，国内外对于 2 km 以下隧道多采用射流风机全纵向通风方案，污染物通过隧道洞口直接排放，对于 2 km 以上隧道多采用竖井分/合流纵向通风方式。

2. 通风计算

隧道通风是以车辆在隧道内行驶时排出的废气中 CO 气体和烟雾为主要对象，因此在隧道通风计算中，隧道通风量是以车辆在洞内行驶时排出的 CO 和烟雾达到允许标准时所需风量进行计算，并考虑隧道内的换气频率，选其中最大值作为隧道设计通风量，通过验算隧道火灾工况所需要的通风量确定。

7.1.4 城市铁路隧道通风

城市铁路隧道不同于地铁和山岭隧道，我国城市铁路隧道还处在起步阶段，对城市铁路隧道的通风设计尚无足够的经验和研究积累，更没有专门的规范指导设计，下面结合北京地下直径线和天津地下直径线，论述城市铁路隧道通风。

1. 北京地下直径线

北京地下直径线隧道长 7 285 m，其中 2 号竖井到 4 号竖井之间为盾构段，长 5 175 m。地下直径线防排烟系统设计中，充分利用隧道施工竖井作为通风与排烟的风井，并在风井内布置通风排烟风机。利用 1 号施工竖井和 4 号施工竖井，并新增 2 号竖井。

1 号施工竖井内设置区间机械风机房及机械风井，机械风机房内设置 2 台事故风机(单台风量 100 m^3/s)。2 台事故风机均用于区间事故工况下的通风或排烟，且 2 台风机可单独或并联使用。

2 号施工竖井内设置区间机械风机房及机械风井，机械风机房内设置 2 台事故风机(单台风量 50 m^3/s)。2 台事故风机均用于地下疏散通道送风，且可以单独或并联使用。

4 号施工竖井内设置 2 个区间机械风机房和 2 个机械风井，机械风机房内分别设置隧道排烟用的 2 台事故风机(单台风量 100 m^3/s)和地下疏散通道送风用的 2 台机械风机(单台风量 50 m^3/s)，用来同时进行隧道事故排烟和地下疏散通道送风。2 台事故风机均用于区间事故工况下的通风或排烟，2 台机械风机均用于地下疏散通道送风，4 台风机都可单独或并联使用。

另外，为了更好地组织隧道洞口段的事故通风，分别在靠近北京站端和北京西站端的隧道两端洞口处设置一组射流风机，每组 4 台。

2. 天津地下直径线

天津地下直径线为连接天津站和天津西站的联络线，全长约 5.2 km，其中海河隧道全长 3.61 km，占线路总长 69.4%。

根据地下区间线路长度及单洞双线区间形式设置排烟或送风设施。结合隧道施工方法，利用盾构井位置，考虑设置 2 处区间风机房(里程在盾构井附近)，风机房距离两端洞口分别约为 652 m 和 545 m，每个工作竖井设置 2 台事故轴流风机(单台风量 100 m^3/s)。

每处区间风机房内设 2 台机械风机及其配套设施，负责区间排烟或送风。另外，在天津西站端距离洞口附近的地下区间设置 2 组射流风机，每组 4 台，第一组距离洞口约 85 m，第二组距离第一组 204 m，作为该段区间排烟或停车送风的辅助设施。

7.1.5 城市隧道照明

地铁隧道与城市铁路隧道通行在固定轨道上行驶的车辆，其照明主要用于事故、应急与检修。城市公路隧道通行个体车辆，对照明的要求高。

1. 地铁隧道照明

(1) 照明设置

地下区间隧道每隔 10 m 设置一盏事故照明灯，事故照明灯采用 18 W 三防灯；地下区间隧道每隔 100 m 设置一套疏散指向标志灯；地下区间联络通道设置双面出口指示灯。

(2) 照明控制

车站区间事故照明为长明灯，控制系统对其不进行控制。

2. 城市道路隧道照明

隧道照明与道路照明要求不同，道路照明主要提供车辆夜间行车安全，它的设计与运行已具有较成熟的经验。隧道照明除了夜间，更重要的是解决白天烈日下驾驶员进出隧道时由于亮度突变而产生的视觉适应问题。同时隧道内行车具有车道和空间小、行车密度高、烟雾浓、视距小、坡度陡和噪声大等特点，这些都是隧道照明设计中需要考虑的因素。为了确保隧道安全行车，设置一套完整和可靠的照明系统是必不可少的。

上海市复兴东路越江隧道自浦西复兴东路起始，穿越黄浦江，至浦东张杨路结束，隧道全长2 785 m，为双层隧道。下面结合复兴东路隧道的照明系统设计，说明城市隧道照明。

(1) 隧道照明分区设计

从照明设计的观点，复兴东路隧道的照明设计可划分为如下 5 个区段。

① 接近段。接近段是指隧道洞口外的一段地面道路，行驶人员必须在此处能看到隧道内部。复兴东路隧道为东西走向的过江隧道，身处上海市中心闹市区，周围有不少高耸林立的建筑。隧道东西口部的洞外亮度 L_{20}(S)选为 3 250 cd/m^2，它是照明系统的设计基准之一，是否合理会对工程投资和营运电费有极大影响。同时，在复兴东路隧道洞口两侧进行绿化布置，采用常绿的乔木和灌木密植成排，以达到降低洞外环境亮度的目的，更有利于驾驶人员视觉过渡，提高行车的安全性。

② 入口段照明。入口段是指隧道洞口内第一段道路，在这个区段会产生黑洞效应。所谓黑洞效应是指行驶人员在白天烈日下从接近段进入隧道洞内时，因洞内外的亮度差别高达 100 倍以上，眼睛不能快速适应这种高亮度突变，从而产生视觉暂时失能的效应。解决黑洞效应可以通过设置人工光过渡或者自然光过渡两种方法。复兴东路隧道采用自然光过渡及人工光过渡相结合的方法，自然光过渡段长约 45 m，为了加强光过渡效果，近洞口逐步抬高光过渡口部的高度，使得亮度突变更为缓和。

复兴东路隧道入口段长度 $D_{th}=24$ m，故实际入口亮度 $L_{th}=31.2$ cd/m^2。

③ 过渡段。过渡段是指从高亮度的入口段通过人工加强照明逐渐减弱到中间段亮度的区段。它提供行驶人员适当的时间来适应低照度水平。复兴东路隧道过渡一段长度为 26 m，过渡二段长度为 44 m，过渡三段长度为 67 m；过渡一段亮度 $L_{tr1}=9.4$ cd/m^2，过渡二段亮度 $L_{tr2}=3.1$ cd/m^2，过渡三段亮度 $L_{tr3}=1.1$ cd/m$^2<1.5$ cd/m^2（中间段亮度），实际上，过渡三段可忽略不计，由中间段中的部分长度代替。

④ 中间段。中间段是指在过渡段以后较长一段照度不变的隧道路段。当车辆由过渡段进入中间段，此时行驶人员的视网膜还处于非完全适应的状态，其照明必须提供保证正常行车需要的足够的亮度值。此亮度值主要取决于隧道的计算行车速度及交通流量，复兴东

路隧道中间段亮度 $L_{in}=1.5\ cd/m^2$。

⑤ 出口段。在白天烈日下，隧道出口对司机呈现白洞效应。但一般由暗到亮，视觉适应过程是十分快的，因此出口照明的重要性远低于入口照明。复兴东路隧道上下层暗埋段长度均大于 400 m，所以考虑设置出口段照明，出口段长度为 60 m，亮度取中间段亮度的 5 倍，$L_{ex}=5L_{in}=7.5\ cd/m^2$。

复兴东路隧道照明系统安装调试完成后，对隧道内各个照明区段进行了照度测试，表 7-4 给出了复兴东路隧道分区照明设计与实测亮度值。

表 7-4　复兴东路隧道分区照明设计与实测亮度值

隧道区段	入口段	过渡一段	过渡二段	中间段	出口段
设计亮度值(cd/m^2)	31.2	9.4	3.1	1.5	7.5
上层隧道实测亮度值(cd/m^2)	45.2	14.3	4.4	2.3	11.2
下层隧道实测亮度值(cd/m^2)	42.3	13.6	4.1	2.2	10.5

注：表中亮度值由实测照度值换算得出。

(2) 隧道光源选择

隧道一旦投入使用，照明系统几乎就处于长期点灯状态，从技术和经济上考虑，照明光源的光效和寿命就显得十分重要。隧道照明中一般选用的光源是荧光灯、高压钠灯、低压钠灯。复兴东路隧道为上海市区内的公路隧道，要求照明系统不仅要起到功能性的作用，也要起到美化城市的作用。综合考虑，中间段照明及应急照明均采用荧光灯光源。从 2004 年 9 月 29 日开通以来，已可以看到这种光源的优越性。整个隧道空间在荧光灯光源的照射下光色显得比较柔和，给人以舒适感。同时考虑复兴东路隧道的地理位置，处于黄浦江边，而江边易有雾气，故洞口的加强照明采用光效高、透雾性好的高压钠灯。

(3) 照明供电与控制

复兴东路隧道照明配电采用单母线分段中间设母联开关的接线形式。正常时母联分闸，一段、二段分列运行。隧道照明电源为一级负荷，分别引自位于浦东和浦西的降压变电所中的专用的隧道照明回路，各类隧道照明供电均于江中分界。

复兴东路隧道基本照明采用定时控制、就地控制和遥控三种形式；入口及出口照明采用光控（通过“照明控制仪”控制）、就地控制和遥控；遮光棚照明控制方式与出入口相同。隧道控制中心可通过设备监控系统，对两个照明配电间的主要参数进行监测并对主要照明回路进行控制。

隧道入口照明根据天气状况，按 4 级控制，出口按 2 级控制；基本照明采用日、夜二级控制，以满足车流高峰和深夜低峰不同时段的照明要求，从而达到节能的效果。

3. 城市铁路隧道照明

(1) 普速铁路隧道

全长 1 000 m 及以上的直线隧道和全长 500 m 及以上的曲线隧道应设置照明设备，其设置应符合以下要求：①隧道内指示照明采用固定照明，其灯具安装高度（距轨面）宜为 4 m；②隧道内作业照明应采用移动照明，其插座宜设在避车洞处，安装高度（距轨面）不宜低于1.5 m；③照明灯具应选用防潮、减震、防腐蚀和不妨碍信号瞭望的灯具。设有固定照明装置且有救援通道的隧道，应设置应急照明设施。

(2) 高速铁路隧道

高速铁路隧道的照明分固定检修照明和应急照明，其设置应符合下列规定：①长度500 m以上的隧道内应设置固定检修照明；②长度5 km以上或有紧急出口的隧道内应设置应急照明；③应急照明设备应设置在紧急出口及其通道，应急照明在疏散通道的地面最小水平照度不应低于0.5 lx；疏散指示照明标志安装间距不宜大于30 m，并应安装在距地面1 m以下的墙上；④照明灯具及配电线路应具有防潮、防风压、防腐蚀、防震动功能；⑤应急照明应选用能快速点燃的光源；⑥备用电源的连续供电时间不应小于2.0 h；⑦隧道应急照明宜由贯通线路提供两路相互独立的电源供电，设有通风机械的隧道，其应急照明尚应设置应急电源装置(EPS)。

4. 城市隧道中的新型绿色照明

值得注意的是，目前国内一些隧道已试用新型绿色能源，如太阳能光伏能源、太阳光光纤导入照明系统的室内人工生态光源和智能型LED节能照明灯具，取得良好的环保与经济效益，使用节能的长寿命的灯具成为隧道照明的首选。

具有高光效、长寿命特性的LED灯具现在已经成为新建隧道照明中考虑采用的方案之一，隧道采用绿色、高效、环保以及耐久性能好、使用寿命长的LED光源，还可对洞内照度作现场总线网络的无级自动调光控制，其使用前景良好。上海长江隧道、青岛胶州湾隧道、大连白云隧道、春柳地下隧道等已经通过实验验证了LED作为隧道照明的环保与节能，在上海长江隧道，采用这项新技术初估每年可节电近50%，经济效益和节能减排、环保各方面效益都非常显著。

7.2 城市隧道维修管理

7.2.1 城市隧道维修管理模式

1. 隧道结构的特点

运营中的隧道结构物与一般工程结构物在性质上有很大区别，其特征表现为：

(1) 隐蔽性

地下结构与其他结构最大的不同就是它的隐蔽性。隐蔽性使我们无法迅速发现结构物的变异。

(2) 环境影响显著

隧道的运营环境，如列车运行振动引起的结构疲劳、电力的迷流等会对结构物使用寿命造成影响，还有自然环境，如围岩和地下水条件变动的影响。

(3) 难维修

隧道结构属于难于维修的一类，因此，在设计时都按百年工程设计，同时，在“隧道结构物的设计施工中建立少维修的理念”非常必要。

(4) 既有结构物的状态差异大

既有结构物使用期的长短、结构物变异状态和程度等，对维修管理的影响极大。

隧道结构物的特殊性，对隧道结构物的耐久性、可靠性及可维修性提出了更高的要求。

2. 隧道维修管理的原则

城市隧道维修管理的目的就是保证隧道良好的运营条件和结构物的使用功能，不断地延长结构物的使用寿命。在切合实际的设计、施工和维修管理条件下隧道结构物会具有良好的承载性、耐久性和满足耐久性要求的使用寿命。如设计、施工不当或对某些潜在的因素考虑不周，就会出现劣化现象或加速劣化的发展，从而造成结构物耐久性的降低或使用寿命的缩短。

隧道维护管理的原则是预防为主、防治结合，日常保养和综合维修相结合；确保隧道的功能和运营环境的质量，对影响隧道结构物安全性、耐久性的变异进行检查及调查，并采取适当的对策和措施。

另外，下列原则也是必要和有效的：

① 制定并不断完善一套安全、高效、有质量保证的制度，以保证按规定要求以及国家和行业有关规定、规程、标准等能全面顺利地贯彻执行，做到规范管理。

② 建立和不断充实、完善隧道工程技术档案系统，为隧道养护维修和安全评估提供依据。该系统应包括隧道设计、检测、养护维修及营运管理等内容。

③ 建立管理养护维修数据库，不断引进新材料、新技术，提高工艺水平，以最经济、最有效的方式保证隧道及其设施经常处于完好状态。

④ 工程建设过程中应该建立"建养一体化"的理念，从设计施工阶段就应考虑长期使用维修管理问题，并为运营后的管理创造条件，为维修预留通道与空间。

3. 隧道维修管理的模式与要点

城市隧道可以采用通行的隧道维修管理基本模式，即：检查→发现变异→推定变异原因→明确变异后结构物的健全度→制定相应的整治措施→整治，亦即"早期发现→及时维护"或者"勤检查，早发现，少维修"的维修管理模式。

城市隧道维修管理的要点可概括为"预防为主"、"早期发现"、"及时维护"和"对症下药"。

"预防为主"就是要建立一个完善的检查体系，在劣化发现之前进行详细的检查，并采取必要对策不让劣化发生。

"早期发现"是指隧道变异的发生一般都是有前兆的，早期发现这些前兆，并作出正确的判定，及时处理可能发生的变异。

"及时维护"是指发现变异，就要及时处理，这样会收到"事半功倍"的效果，拖延处理发生的变异，只会使变异继续发展，最后可能导致隧道各种事故的发生。

"对症下药"是指隧道发生变异就和人生病一样，隧道的维修管理就是"隧道临床医学"，对症下药是临床医学的重要原则。隧道的变异是各种各样的，整治的方法也是各种各样的。因此，必须了解变异和各种整治对策的相互对应关系，以便获得最好的治理效果。

7.2.2 城市隧道检查

隧道的检查是为了掌握隧道的现状，发现对隧道安全和功能有影响的病害，为隧道进行合理的养护管理收集和积累资料，建立隧道养护维修的数据库，为决策提供基础数据，以便尽早采取防治病害的措施，确保隧道安全畅通。隧道的检查分为日常检查、定期检查、专项检查和应急检查。

1. 日常检查

日常检查是为及时了解和掌握隧道状态及变化程度，对隧道进行的经常性的巡视检查活动。日常检查主要检查各结构部件的功能是否完好、有效，运行是否正常，是否有影响列车通行等情况；发现需改善的设施缺陷和对通行有影响的设施缺陷应做好检查记录，及时处置并对日常维修养护状况进行检查。

日常检查的主要内容包括：隧道内设备、材料是否有起拱、脱落现象；变形缝是否有损坏情况；横截沟、边沟是否有积泥堵塞现象；隧道内联络通道门、人防门是否完好；隧道内的渗漏水状况；内部通风状况；内部照明状态等。

2. 定期检查

定期检查是为定期掌握隧道设施状态及变化程度对隧道进行的综合的、全面细致的检查活动。定期检查一般按规定周期对区间隧道的主体结构、附属结构及附属设施进行全面细致的检查，主体结构主要检查行车隧道；附属结构主要检查联络通道、迂回风道、区间风道及活塞风道等；附属设施主要检查防排水设施、通道门、人防门、疏散平台等。

定期检查以目测为主，配以简单或专用的测试仪器（工具），以日常管理养护资料为依托对隧道主体和附属、结构、设施进行定期的详细测定和检查。其内容虽然包括了日常检查，但更深入、详细和全面。定期检查需对各分项进行状态评定，以全面掌握区间隧道的状态，将其作为制定养护维修计划工作的依据。

（1） 主体结构检查

① 检查管片开裂情况，是否存在压溃、错台、张裂现象，使用钢尺、比尺、折尺等工具检查，记录宽度 5 mm 以上的结构裂缝的分布、位置、走向、宽度及深度，并应对裂缝长度大于等于 5 mm、宽度大于 3 mm 或是拱部压溃范围大于 0.5 m^2、掉块厚度大于 6 mm 的情况做出标记。

② 查管片拼装缝宽有无缝宽变化、错位情况，并使用钢尺、比尺、折尺等工具测量缝宽。缝宽变化值大于设定的限值时应做出标记。

③ 检查管片螺栓孔、注浆孔填塞物有无脱落。

④ 检查洞体结构有无渗漏水现象，重点检查变形缝、盾构隧道管片螺栓孔、注浆孔和管片接缝处、衬砌开裂和腐蚀等部位。

⑤ 检查衬砌混凝土是否发生起毛、酥松、麻面蜂窝、起鼓、剥落等腐蚀现象，并使用钢尺等工具测量腐蚀深度和面积。

⑥ 检查衬砌是否有局部小掉块、钢筋外露、锈蚀现象，并做出标记。

⑦ 检查整体道床与底板结构间是否存在间隙。

（2） 附属结构检查

联络通道、迂回风道、区间风道及活塞风道的检查一般参照主体结构执行。

（3） 排水设施检查

① 检查排水设施结构物是否完好，重点检查排水沟、排水管、集水井有无开裂、漏水、淤积、堵塞、沉沙、滞水等现象，钢水管有无锈蚀。

② 检查隧道变形缝及衬砌防水设施是否完好，有无渗漏水。

（4） 通道门、区间人防门检查

检查通道门、区间人防门能否开关自如、正常使用。

(5) 疏散平台

疏散平台主要检查疏散平台板上有无杂物,结构是否完好;固定螺钉、螺栓是否松动及是否有掉角开裂等现象。

3. 专项检查

专项检查是根据隧道状态的需要,通过专业技术手段对隧道设施损害进行的专门的、深入的特殊检查和检测。专项检查主要针对较为严重的衬砌开裂、渗漏水、掉块等病害进行。

(1) 衬砌开裂

使用裂缝测量计、设置标点等方法对裂缝长度、宽度、错台的发展变化情况进行监测,并记录各次观测结果。当裂缝宽度达到 5 mm 以上,压溃面积达到 1 m^2 以上,掉块厚度达到 10 mm 以上时应进行专项检查,查明原因,及时处理。对衬砌贯通裂缝或发展变化的裂缝,应重点分析其原因。

(2) 渗漏水检查

① 检查漏水的流量,淌水、涌水时可用秒表和计量容器等测定。

② 若漏水浑浊,应检查漏水中是否混有砂土,并测定砂土流出量。

③ 使用温度计、pH 值测定器、导电计等工具测量漏水的温度、pH 值和导电度,判断漏水是否对混凝土结构存在劣化作用。

(3) 材质检查

出现严重病害时应该进行混凝土碳化深度检查,使用超声波、电磁波等方法对剥落部位衬砌的厚度进行测量。

4. 应急检查

应急检查是指在运营隧道出现异常事件(如地震、台风、火灾、洪水、电击、车辆撞击等)后,为及时得到结构物状态的信息,对遭受影响的部位必须立即进行的详细检查。

7.2.3 城市隧道状态评估

隧道结构通过日常检查、定期检查、专项检查、应急检查,掌握实际的工作状态后,还需进一步分析判断,采取有针对性的维修加固措施。

1. 状态劣化评定

隧道在运营过程中,承受荷载作用和环境侵害,必然会引起结构功能的变化,构成对行车安全的影响,也即隧道状态的劣化。由于荷载作用和环境侵害的程度不同,影响结构功能和行车安全的程度也不相同,因此,隧道的劣化程度也是不同的。

《城市轨道交通设施养护维修技术规范》(DB 11/T718—2010)将病害分为五级,一级为轻微病害,二级为中等病害,三级为较重病害,四级为严重病害,五级为极严重病害。对应的养护维修标准为:评为一级时应进行日常养护维修;评为二级时应进行日常养护维修,并加强检查;评为三级时应加强监视,必要时进行中修;评为四级时应尽快进行中修或大修;评为五级时应立即进行大修。

主体结构及附属结构的分项评定可从裂损劣化、渗漏水、材料劣化三个方面分别进行分项评定。

2. 病害诊断及剩余寿命评估

隧道在运营检修的寿命周期内，可根据状态变化和健全衰退的程度进行适时的修理，使其最大限度地恢复原有功能。但随着时间的推移，其健全度(指结构物完成其特定功能的健康安全度)必将逐渐损失，以致失去应有的功能而报废。因此，在隧道运营过程中，科学地诊断病害，有效地整治病害，对确保行车安全，充分发挥隧道功能的潜力，最大限度地延长使用寿命，取得最佳的技术经济效益，具有十分重要的意义。

3. 状态评估专家系统

随着计算机技术的发展，人们运用专家知识和模拟专家行为进行计算机编程，解决了较为复杂的疑难问题，这就是所谓的专家系统。我国铁路部门的铁路局已经使用的桥梁损伤评估专家系统、隧道病害(变异)诊断专家系统(简称 TDD 专家系统)和隧道整治专家系统等，取得了良好效果。地铁、城市道路管理部门也应该引入相应的专家系统，使城市隧道状态评估更为简捷、快速和准确。

7.2.4 城市隧道养护维修

1. 日常养护维修

日常养护维修是根据隧道设施状态评定的结果，对设施进行的经常性、局部性、预防性的养护维修工作。日常养护维修工作可在检查过程中或检查后及时进行，主要内容包括经常性、预防性的养护工作和对轻微破损部分的维修工作。

(1) 主体结构

主体结构的日常养护工作具体包括以下内容：

① 对于衬砌混凝土疏松、起鼓、剥离、掉块、露筋的情况，应先凿去松动混凝土，清除钢筋锈迹后进行修补处理。

② 对于变形缝以及盾构隧道的管片螺栓孔、注浆孔填塞物脱落的情况，应修补填塞物。

③ 隧道主体结构出现小的渗漏水情况时，应进行引流，避免淤积；检查衬砌是否有局部小掉块、钢筋外露、锈蚀现象，并做出标记；对衬砌出现局部小掉块的部位进行修补。

④ 清理变形缝中的杂物。

(2) 附属结构

联络通道、迂回风道、区间风道的日常养护维修工作与主体结构相同。

(3) 防排水设施

防排水设施的日常养护维修工作主要是清理、疏通排水沟和修复排水设施的破损部位。

(4) 通道门、区间人防门

通道门、区间人防门的日常养护维修工作主要是一般故障排查、修理。

(5) 疏散平台

疏散平台的日常养护维修工作主要是清理平台上的杂物和修复平台破损部位。

2. 中修

中修是根据隧道状态评定的结果，对单项或多项设施进行的有针对性的维修整治工作。主要包括对隧道衬砌裂损裂缝的整治、变形缝的修补、渗漏水的处理、材料劣化的整治及附属结构的维护维修工作。

(1) 裂损裂缝整治

当隧道裂损裂缝出现宽度大于 5 mm 的纵向裂缝或宽度大于 3 mm 的环向裂缝时需查明原因进行整治，必要时可采取专项评估、专项设计和专业施工队伍施工的方式进行病害整治。

(2) 变形缝

对于较严重的变形缝填塞物脱落，应在清除变形缝内杂物后进行修补。

(3) 渗漏水

对于隧道渗漏水采用引流等方法止水排水；对隧道渗漏水引起的混凝土表面变疏松、起毛，应先除去表面松动混凝土后再进行修补，对于凹凸不平的部位用水泥砂浆抹平。

(4) 材料劣化整治

材料劣化中修方法需查明原因进行整治，必要时可采取专项评估、专项设计和专业施工队伍施工的方式进行病害整治。

(5) 附属结构

联络通道、迂回风道、区间风道养护维修与主体结构相同。

3. 大修

大修是根据隧道状态评定的结果，对设施进行的更新、改造工作。一般委托专门的检测、设计单位，对隧道病害应采取先评估再进行专项设计的方式进行大修和验收。

7.3 城市隧道病害与防治

隧道的主体是人工地下结构，处在岩土天然介质和环境中，由于勘察、设计、施工和运营等方面的原因，会产生渗漏水、变形、衬砌裂损等病害，这些病害对隧道的安全、舒适、正常运营有重要影响和威胁。因此，隧道病害防治是保障地铁隧道、城市公路隧道和铁路隧道这些生命线工程安全、畅通的基础和关键。

城市隧道常见病害有渗漏水、断面变形、纵向不均匀沉降、衬砌裂损等，本节主要简述盾构常见病害的现象、形式、成因与整治方法。

7.3.1 渗漏水

1. 渗漏水类型与形式

城市隧道渗漏水是常见病害，隧道渗漏水病害可根据渗漏水程度、特征等进行分类。隧道渗漏水主要表现为三种：点的渗漏、缝的渗漏和面的渗漏；按其渗水量的不同，又可分为渗水、滴漏、线漏和涌水四种情况；按其渗漏部位的不同，又可分为拱顶、侧墙、施工缝等的渗漏；根据渗漏水影响结构的不同，又可分为影响结构触网、结构和钢轨等的渗漏。

隧道渗漏水会加剧隧道的不均匀沉降，而不均匀沉降会加剧渗漏水，如不加以干预，将形成恶性循环，危及隧道结构及运营安全。

某城市地铁隧道渗漏水病害主要包括湿迹、渗水以及滴漏等，当隧道所处深度存在第$⑤_2$层粉砂性土层时，在环纵缝位置可能发生漏泥、漏沙现象，其各自定义如表 7-5 所示。

表 7-5　　渗漏水病害分类及定义

渗漏水病害	定义
湿迹	隧道管片内表面，呈现明显色泽变化的潮湿斑
渗水	水渗入管片，导致管片内表面水分浸润
滴漏	水量达到一定程度时，从上方滴落
漏泥、漏沙	因渗水通道扩大或防水失效，渗水量增加，同时夹带泥沙

隧道渗漏水通径主要包括以下四种：

(1) 管片接缝

管片纵、环缝是隧道内渗漏水最常见的通道。

(2) 注浆孔

在隧道施工阶段，利用注浆孔进行壁后注浆是控制地层损失的必要措施，使用之后通常采用闷头封闭处理，但封闭质量往往存在问题，导致注浆孔成为后期渗漏水通道之一。

(3) 螺栓孔

在环纵缝防水一定程度失效后，螺栓孔可能发生渗漏水现象。

(4) 管片裂缝

通过管片裂缝渗漏的现象相对较少见。

2. 渗漏水分析

与明挖隧道、沉管隧道相比，盾构隧道的特点就是拼装接缝多，客观上存在产生渗漏水的途径多。因此，在沿海沿江等软土地层中，隧道渗漏水最为突出，呈现“量大、面广、点多”等特点。

隧道渗漏水不仅对隧道的耐久性影响较大，而且最直接、最严重的影响就是造成隧道周围土层的水土流失，引起隧道沉降和变形。隧道沉降变形后会进一步加剧渗漏水，隧道漏水与其沉降变形成为相互促进的恶性循环关系，如对隧道维修不及时或变形控制不力，就会严重危及盾构隧道结构安全。

隧道结构渗漏水病害受到多种因素综合影响，以下是主要因素：

① 施工中新产生的裂缝，拼缝不平整形成错台或张开，弹性密封垫质量、橡胶止水带与管片的黏结等施工阶段产生的问题。

② 隧道所处的软弱黏土层长期变形与砂性土层水土流失等特殊地质条件问题。

③ 建设遗留问题，如施工期间曾经发生过漏水、漏沙或其他施工险情的区段。

④ 设计缺陷及预留不足，主要是当时对结构防水问题的认知深度不足和设计标准缺陷。

⑤ 邻近隧道一定范围内大量工程项目的加卸载活动影响，尤其是“深大近难险”的基坑工程及大口径隧道上下穿越施工，对隧道纵向、横向变形产生影响，进而引起渗漏水。

3. 水害整治

设计施工时，隧道防水应遵循“以防为主，以堵为辅，多道防线，综合治理”的原则。盾构区间以高精度管片结构自防水为根本，以管片接缝防水为重点，管环与工作井接头防水为要点，确保隧道整体防水体系质量。对既有投入运营的隧道渗漏水治理应按照“以堵为主，堵、防、排结合，因地制宜，综合治理”的原则进行。

隧道渗漏水病害整治指导原则：根据病害所处的不同区段、不同部位、不同成因、不同现状以及不同地质条件，采取不同针对性的方法，制订隧道病害标准化检查标准及操作细则，制订病害治理指导意见，使检查、评估、维修规范化和标准化。

对隧道渗漏水病害及结构变形进行有效的控制，首先应采用科学合理的检查、监测和检测办法查找病害，并根据相关规范对隧道这些病害进行评估和分级，根据分级和成因不同，提出对隧道渗漏水进行整治的针对性方法。

盾构隧道渗漏水可以采用如下治理方法：

① 通过对隧道壁后注浆（单液浆或双液浆），解决隧道渗漏问题。首先应确定堵漏范围，由于环纵缝是相互联通的，应适当放大堵漏的范围，以保证注浆效果，宜将表面可以观测到的渗漏部位外扩 2～3 环。施工时多采用先分散注浆再加密的方式，以避免集中注浆加剧隧道变形。

② 对于壁后注浆后仍然存在少量渗水的区段采用壁内补浆的方式进一步处理。

③ 新增裂缝修复。

④ 隧道变形控制措施。砂性土层由于其本身特性，当盾构隧道周边尤其是其下部存在砂性土层时，病害往往难以察觉，但其灾害性是可怕的，容易引起隧道结构较大变形。通常有条件的情况下要在隧道投运之前对隧道进行聚氨酯注浆。

7.3.2 隧道收敛变形

1. 变形形式及其影响

对盾构隧道来说，衬砌管片拼装成环后，在多种因素作用下会发生收敛变形，造成隧道净空减小，或侵占预留加固的空间，主要有横向变形和纵向变形两种。其中横向变形是主要的形式，该变形横向直径增大、竖向直径减小，管片环一般呈竖直直径小于水平直径的椭圆形，如图 7-1(a)所示，俗称“横鸭蛋”。纵向变形是指管片环呈竖直直径大于水平直径的椭圆形，如图 7-1(b)所示，俗称“竖鸭蛋”。有时会出现如图 7-1(c)所示的斜椭圆形。

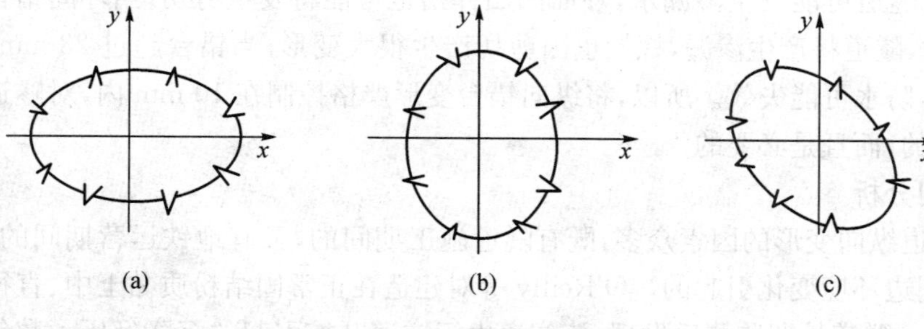

图 7-1 收敛变形示意图

某城市地铁的监测数据表明，其 1、2 和 4 号线所测得的圆形隧道直径普遍较理论值大 2～4 cm，局部大于 7 cm，在某区间隧道收敛变形甚至达到了 11.6 cm。

城市隧道衬砌管片发生的收敛变形将会使钢筋混凝土管片结构受力状态发生变化，随着收敛变形的不断增大，隧道结构内力分布趋向不利状态发展，这不仅会导致结构出现强度不足，而且会引起隧道结构的不稳定，过大的收敛变形还有可能会使混凝土产生裂缝、封顶块与邻接块接缝张开、勾缝脱落等现象。

2. 整治技术

首先改善隧道结构的受力状态，以遏制隧道结构继续恶化，保持隧道结构受力状态趋向安全稳定，然后在隧道内外实施不同的治理措施。

隧道外部治理措施：因横向变形多由于上部压载引起，应首先考虑对顶部覆土进行卸载，效果最为明显；当隧道顶部不能立即卸载时，应在严密监控下审慎选择在隧道两侧进行注浆纠偏措施，增加侧向抗力，以控制隧道结构横向变形持续变大，但实施纠偏过程应慎重。

隧道内部治理措施：对隧道内部发生渗漏水的部位进行注浆止水、跨缝张贴芳纶布以改善隧道局部受力状态等，保持隧道结构稳定，然后施加内张钢圈等以增加隧道的刚度。

上述措施应视不同施工环境及具体条件有选择地使用，但整个治理过程中保持结构受力改善和变形趋缓是关键。治理过程中对管片张开或闭合、压损观测等进行跟踪检查测量是十分必要的。

7.3.3 盾构隧道纵向变形

隧道是线状连续结构，过大的纵向不均匀沉降将会对隧道的结构、接头防水构成威胁，影响轨道的平整、行车安全和乘坐的舒适性。区间隧道纵向不均匀变形将造成管片接缝变形增大，隧道漏水的情况越来越多，与此相对应的是，地铁车站由于整体结构性能较好，对纵向不均匀沉降的适应能力和抵抗能力较强，发生渗漏水的情况较少。

1. 纵向变形特征

一般情况下，隧道长度与直径之比$(L/D)>100\sim150$，隧道端点与车站锚固联结，隧道与周围土层之间存在一定的抗剪力，对隧道沿纵向产生移动起到较大约束作用，管片之间螺栓起紧固约束作用。当隧道发生纵向沉降时，环与环之间难以发生整体刚体转动，即在纵向上较难产生大的位移。经长期监测表明，隧道纵向变形主要是以环与环之间发生错台的方式进行的。

根据隧道结构和构造设计，当两环管片之间的错台较小时，隧道不漏不渗；当错台增大到 8 mm 时，隧道可能发生渗漏水，环面凹凸榫槽也可能将发生剪切；当环间错台接近或超过 23 mm 时，隧道将产生渗漏，螺栓也因剪切产生很大变形；当错台超过 23 mm，弹性密封垫不再重叠，防水可能失效。所以，将纵向错台变形严格控制在 10 mm 内，对隧道受力和防水都是有利的，而且是必要的。

2. 成因分析

引起隧道纵向变形的因素众多，既有隧道施工期间的，又有地铁运营期间的，有系统本身的，也有周边环境变化引起的。O'Reilly 等对建造在正常固结粉质黏土中、直径为 3 m 的英国 Grimsby 隧道长期监测后发现，该隧道由于隧道开挖引起的沉降经历了数年才最终趋于稳定。通过分析大量隧道沉降实测数据后发现，正常情况下，固结和次固结沉降占隧道总沉降量的 30%～90%。有报道称，由于隧道建成数年后地面增加了 20 kPa 的超载，英国 Thunder Bay 隧道的纵向沉降量因此增加了 37%。

(1) 地面沉降

数据表明，地面沉降漏斗的区域，隧道沉降也呈现明显的增大趋势，而地面沉降小的区域，相应的隧道沉降也比较小，地面沉降的不均匀性势必造成埋置于其中的隧道结构沉降的不均匀性。

(2) 地铁施工、运营

① 工程地质与水文地质。盾构隧道周围土层地质条件的差异性是导致隧道产生工后不均匀沉降的主要原因。由于地质条件不同,周围土体的厚度、物理力学性质、土的渗透性均存在差异,在同样盾构推进、超挖和注浆条件下,土层的扰动、回弹量、固结和次固结沉降量、沉降速率、沉降达到稳定时间等都有不同程度的差别。压缩模量较低、灵敏度较高的饱和黏土下卧层,经过盾构施工扰动后的沉降量较大,而且沉降延续时间较长;压缩模量较高、灵敏度较低的砂性土下卧层,经过盾构施工扰动后的沉降量较小,且沉降稳定快;当隧道下卧层为密实的砂性土时,次固结量很小,次固结时间短,即使空隙比较大的砂性土中,次固结沉降在施工期也基本结束。

此外,水位的变化也促使隧道下沉或上升。当隧道处在相对不透水土层中,水位的上升或下降如同对隧道的加载或卸载。对含水砂性土,水位上升使土体膨胀,从而上抬隧道;水位下降则增加土体有效应力,导致隧道下沉。对穿越不透水黏性土和含水砂性土的复杂地层的河床下的隧道,在地层变化的分界面处,沿隧道纵向受到非均匀分布的压力和相应的纵向变形,在河道水位变化幅度较大时,隧道的纵向变形会更大。

② 施工。施工期间隧道纵向沉降的原因主要是盾构推进对周围土层的扰动所引起,其中包括:开挖面底下的土体扰动;盾尾后压浆不及时、不充分;盾构在曲线推进或纠偏推进过程中造成超挖;盾壳对周围土体的摩擦和剪切造成隧道周围土体的扰动;盾构挤压推进对土体的扰动。

从纵向沉降的历时过程看,衬砌与周围土体变形相协调,可分为初始沉降、土体超孔隙水压力消散引起的固结沉降和土体骨架蠕变产生的次固结沉降。隧道一般要在盾构推进完成后半年至 1 年才投入使用,隧道的初始沉降和固结沉降在施工期已基本完成,在以后的长期运营阶段仅有次固结沉降在缓慢进行。由于隧道在铺设轨道(路面)之前,一般要进行接缝螺栓的二次预紧,除非隧道施工方法发生突然改变(如改变盾构掘进方法)或在隧道与竖井的衔接段,加之采用土压平衡盾构及先进的施工方法减小了对隧道周围土体的扰动,隧道施工期的沉降相对均匀并且量值有限,对投入运行后的纵向沉降影响不大。

③ 运营。地铁隧道在建成投入运营后,将承受间歇性的周期性列车振动荷载的作用,除了隧道结构固有振动周期应远离荷载振动周期,以免引起隧道的共振之外,尚需考虑地铁列车振动引起的隧道不均匀沉降问题,长期观测表明列车振动引起的隧道沉降值是不容忽视的,量值上可以达到相当大的程度,在某些地段甚至是最主要的沉降影响因素。

A. 隧道上方地表加卸荷载。地表加卸载是导致隧道纵向不均匀沉降的重要因素之一,为此上海地铁保护技术标准作出了建筑垂直荷载、降水等施工因素引起的地铁隧道外壁附加荷载不得大于 20 kPa 的规定。饱和软弱黏土中的隧道,由于隧道底部土体反力总是小于未修建隧道前该处土层自重应力,隧道下土层压缩模量比修建隧道前有所降低,加之隧道下受扰动土层的长期次固结在地表加载时仍在缓慢继续。因此,加载时的土层有效压缩厚度比一般基础沉降的范围大,沉降稳定的时间长,较小的地面荷载增量可引起隧道下卧土层敏感地沉降。

B. 邻近工程施工。邻近工程施工如基坑开挖、隧道穿越等构成了在土体某一局部进行加卸载条件下的土体与隧道共同作用问题。多年来的地铁监护实践表明,凡是在地铁保护区内进行的工程施工,都不同程度地引起了地铁隧道的纵向不均匀沉降。

基坑开挖对开挖面以下土体具有显著的垂直向卸荷作用，不可避免地引起坑底土体的回弹，并且基坑围护结构在背后土体压力作用下迫使基坑开挖面以下结构向坑内位移，挤压坑内土体，加大了坑底土体的水平向应力，也使得坑底土体向上隆起。此外，随着基坑开挖深度的增加，基坑内外的土层表面高差不断增大，该高差所形成的加载作用和地表的各种超载，会使围护结构外侧土体产生向基坑内的移动，使基坑底产生向上塑性隆起。当基坑下方土层中有地铁隧道通过时，坑底土体的隆起必然带动基坑下方的隧道产生局部纵向变形，该变形值随着坑底土体的隆起量的增加而增大。基坑开挖卸去了内侧部分原作用于围护结构上的土压力，结构外侧则受到主动土压力，由于土体开挖总是早于支撑力的施加，围护结构总是向坑内产生一定的水平位移。随着基坑开挖的继续，基坑内外土层表面高差的增大，围护结构外侧土体有向坑内移动的趋势，基坑周围出现塑性区并不断扩大，引起坑外地面沉降。因此，基坑周围的土体有向下及坑内的位移，在临近地铁隧道有超深基坑的情况下，将引起隧道产生向斜下方的纵向变形。

随着轨道交通的快速发展，地铁网络的不断完善，新建线路穿越运营线路的情况越来越多，邻近隧道之间的净距也越来越小。目前地铁区间隧道的埋深一般较浅，造成隧道穿越时隧道净距一般较小(1～3 m)，远小于盾构掘进引起的土体变形对邻近地下构筑物的影响半径 $2R$(R 为盾构法隧道的外径)，不可避免地对运营隧道的沉降产生较大的影响。在建隧道施工将对周围土体产生扰动，沿施工隧道横向在地层中形成一个近似正态分布的沉降曲线，当穿越已建地铁隧道时，将导致已建隧道在纵向产生不均匀沉降。同时，后施工的隧道本身产生的固结和次固结沉降还会进一步加大已运营隧道的沉降。

3. 整治技术

治理思路：对发生纵向不均匀沉降的地段实施以保持隧道线型为主的双液微扰动注浆是一种有效的控制手段。

微扰动注浆治理方法：沿隧道纵向治理段以合理间距布设注浆孔，根据控制标准和线型调整目标，对每个注浆孔通过分阶段、少量多次地由隧道底部向下分层叠加注浆。每次注浆量要定量地控制，并采取减少注浆对地层扰动的措施，以使每次注浆引起的隧道上抬量始终大于或等于在两次注浆时间间隔内隧道自然沉降加上注浆扰动和超孔隙水压力部分消散而产生的固结沉降量之和，直至达到线型调整目标。

微扰动注浆治理方法的特点是扰动小、注浆抬升效果明显、注浆过程可控。它是一种切实可行的新注浆治理技术，是将隧道降沉变形预测和现场注浆控制融为一体的注浆工艺，体现了“均匀、少量、多点、多次”的注浆精髓，解决了软弱土层中运营地铁隧道沉降治理难题，针对运营地铁隧道旁通道、泵站、端头井和穿越段等位置的不均匀沉降控制有着显著的效果。

7.3.4 管片开裂损伤

隧道结构损伤主要表现形式为管片裂缝、管片缺角掉块、环与环之间或块与块之间产生较大错台等。隧道不均匀沉降作用下，特别是隧道施工质量存在缺陷的区段，管片可能发生开裂损伤现象。管片新开裂缝多发生在隧道施工期间，主要由盾构推进施工时受力不均匀所致。管片角部出现碎裂或缺角现象大多数由于制作、养护、吊运、安装和外力等诸因素的影响造成。

隧道管片裂缝、缺角、缺块的修复与修补方法：对于管片表面缺损、松动、起壳部分，首先应凿除松动、起壳混凝土，将基面清洗干净；在基面上涂布界面处理剂，采用快速修补砂浆修补管片。其依据破损的大小程度分别予以处理：

① 破损部位小于 0.2 m^2时，先对破损部位进行修整，然后用快速修补水泥砂浆进行填补。

② 破损部位大于 0.2 m^2时，由于通车后该部位会受到列车运营时的不停震动，为了防止修补的部位脱落，需要加强修补材料与管片的黏结性。所以在修补过程中，沿修补部位一周预埋注浆管，然后再采用快速修补水泥砂浆进行填补，在此之后通过注浆管向接缝处灌注环氧树脂，以加强接缝处的黏结力，防止材料脱落。

参考文献

[1] 中华人民共和国行业标准 TB 10003—2005 铁路隧道设计规范[S]. 北京：中国铁道出版社，2005.
[2] 中华人民共和国国家标准 GB 50157—2013 地铁设计规范[S]. 北京：中国计划出版社，2003.
[3] 中华人民共和国国家标准 GB 50299—1999 地下铁道工程施工及验收规范[S]. 北京：中国计划出版社，1999.
[4] 上海市工程建设规范 DGJ 08—109—2004，城市轨道交通设计规范[S]. 上海：上海市建设和管理委员会，2003.
[5] 中华人民共和国行业推荐性标准 JTG/T D70—2010 公路隧道设计细则[S]. 北京：人民交通出版社，2010.
[6] 中华人民共和国国家标准 GB 50108—2008 地下工程防水技术规范[S]. 北京：中国计划出版社，2001.
[7] 中华人民共和国国家标准 GB 50010—2010 混凝土结构设计规范[S]. 北京：中国建筑工业出版社，2010.
[8] 中华人民共和国行业标准 GJ 120—2012 建筑基坑支护技术规程[S]. 北京：中国建筑工业出版社，2012.
[9] 中华人民共和国国家标准 GB 50007—2011 建筑地基基础设计规范[S]. 北京：中国建筑工业出版社，2011.
[10] 中华人民共和国行业标准 JGJ 8—2007 建筑变形测量规范[S]. 北京：中国建筑工业出版社，2007.
[11] 中华人民共和国国家标准 GB 50026—2007 工程测量规范[S]. 北京：中国计划出版社，2007.
[12] 上海市工程建设规范 DG/TJ 08—61—2010 基坑工程技术规范[S]. 上海：2010.
[13] 上海市工程建设规范 DGJ 08—11—2010 地基基础设计规范[S]. 上海：2010.
[14] 北京市地方标准 DB11/T 718—2010 城市轨道交通设施养护维修技术规范[S]. 北京：北京市交通委员会，2010.
[15] 杨新安，姚永勤，喻渝. 铁路隧道[M]. 北京：中国铁道出版社，2011.
[16] 陶龙光，刘波，侯公羽. 城市地下工程[M]. 北京：科学出版社，2011.
[17] 梁波，洪开荣. 城市地铁工程施工技术评价及工程应用[M]. 北京：中国铁道出版社，2011.
[18] 张顶立. 城市地下工程建设安全风险及其控制[M]. 北京：化学工业出版社，2012.
[19] 彭立敏，王薇，余俊. 地下建筑规划与设计[M]. 长沙：中南大学出版社，2012.
[20] 北京交通大学. 地铁工程勘察设计质量安全管理与技术[M]. 北京：中国建筑工业出版社，2012.
[21] 王石春，何发亮，李苍松. 隧道工程岩体分级[M]. 成都：西南交通大学出版社，2007.
[22] 王毅才. 隧道工程[M]. 第 2 版. 北京：人民交通出版社，2006.
[23] 乐贵平，贺少辉，罗富荣. 北京地铁盾构隧道技术[M]. 北京：人民交通出版社，2012.
[24] 广州地铁设计研究院有限公司. 广州地铁三号线工程设计研究与实践[M]. 北京：人民交通出版社，2011.
[25] 陈馈，洪开荣，吴学松. 盾构施工技术[M]. 北京：人民交通出版社，2012.

[26] Evert Hoek. 实用岩石工程技术[M]. 刘丰收,崔志芳,王学潮,等,译. 郑州:黄河水利出版社,2002.
[27] 朱合华. 地下建筑结构[M]. 北京:中国建筑工业出版社,2005.
[28] 陈彭年,陈宏德,高莉青. 世界地应力实测资料汇编[M]. 北京:地震出版社,1990.
[29] 冯卫星. 铁路隧道设计[M]. 成都:西南交通大学出版社,1998.
[30] 高少强,隋修志. 隧道工程[M]. 北京:中国铁道出版社,2003.
[31] 刘统畏,何宁. 铁路隧道工程[M]. 北京:中国铁道出版社,1995.
[32] 常士彪,张苏民. 工程地质手册[M]. 北京:中国建筑工业出版社,2007.
[33] 施仲衡主编. 地下铁道设计与施工[M]. 西安:陕西科学技术出版社,1997.
[34] 赵惠祥,谭复兴,叶霞飞. 城市轨道交通土建工程[M]. 北京:中国铁道出版社,2000.
[35] 刘建航,侯学渊. 盾构法隧道[M]. 北京:中国铁道出版社,1991.
[36] 日本土木学会. 隧道标准规范(盾构篇)及解说[M]. 朱伟译. 北京:中国建筑工业出版社,2001.
[37] 程骁,潘国庆. 盾构施工技术[M]. 上海:上海科学技术文献出版社,1990.
[38]《基坑工程手册》编写委员会. 基坑工程手册[M]. 北京:中国建筑工业出版社,2009.
[39] 祝龙根,刘利民,耿乃兴. 地基基础测试新技术[M]. 北京:机械工业出版社,1999.
[40] 铁道部第二勘测设计院. 铁路工程设计技术手册[M]. 北京:中国铁道出版社,1995.
[41] 夏明耀,曾进伦. 地下工程设计施工手册[M]. 北京:中国建筑工业出版社,1999.
[42] 顾祥林. 混凝土结构基本原理[M]. 上海:同济大学出版社,2004.
[43] 贺少辉,叶锋,项彦勇,等. 地下工程(修订本)[M]. 北京:清华大学出版社,北京交通大学出版社,2008.
[44] 钟桂彤. 铁路隧道[M]. 北京:中国铁道出版社,1993.
[45] 朱永全,宋玉香. 隧道工程[M]. 北京:中国铁道出版社,2011.
[46] 陈小雄. 现代隧道工程理论与隧道施工[M]. 成都:西南交通大学出版社,2006.
[47] 周晓军,周佳媚. 城市地下铁道与轨道交通[M]. 成都:西南交通大学出版社,2008.
[48] 李术希. 城市轨道交通隧道施工与维护[M]. 北京:中国铁道出版社,2013.
[49] 薛绍祖. 地铁系统结构防水劣化与修缮[M]. 北京:科学出版社,2011.
[50] 杨新安,黄宏伟. 隧道病害与防治[M]. 上海:同济大学出版社,2003.
[51] 孔恒,王梦恕,姚海波,等. 城市地铁隧道工作面开挖的地层应力分布规律[J]. 岩石力学与工程学报,2005(3):485-489.
[52] 景锋. 中国大陆浅层地壳地应力场分布规律及工程扰动特征研究[D]. 武汉:中国科学院武汉岩土力学研究所,2009.
[53] 黄小平. 软土地区运营地铁隧道结构安全评价[D]. 上海:同济大学,2009.
[54] 方玉树,郑颖人,姜广荣. 重庆市轻轨一号线工程地质分析[J]. 水文地质工程地质,1994(4):24-27.
[55] 郭瑞,方勇,何川. 隧道开挖过程中应力释放及位移释放的相关关系研究[J]. 铁道工程学报,2010(9):46-50.
[56] 郑心铭. 盾构隧道管片结构的理论研究及计算分析[D]. 成都:西南交通大学,2005.
[57] 王伟. 城市地铁隧道工程火灾特点以及防火手段探讨[J]. 科技与生活,2012(2):170.
[58] 张中天. 地下空间防洪防汛应急排险处置[J]. 民防苑,2006(S1):146-148.
[59] 周孟祥,于丹. 地铁防恐工作探讨[J]. 交通企业管理,2010(3):3-5.
[60] 陈玉远,甘甜. 自然通风在城市道路隧道中的应用研究[J]. 隧道建设,2012(3):350-354.
[61] 邓欣. 城市隧道内污染物控制标准和通风设计研究[J]. 公路交通技术,2012(5):106-111.
[62] 苏立勇. 胶州湾隧道通风方案设计[J]. 现代隧道技术,2008(S1):332-336.
[63] 沈蓉. 复兴东路越江隧道照明系统设计探讨[J]. 地下工程与隧道,2005(2):47-49, 57.
[64] 李磊,李松涛. 城市铁路隧道消防安全设计技术研究[J]. 铁路技术创新,2010(4):100-104.

[65] 郑佳艳,邹宗良,刘海京,等.重庆市6座城市隧道病害分析及思考[J].公路交通技术,2011(1):109-111,121.
[66] 王如路,肖同刚,朱妍.上海地铁盾构隧道渗漏水治理与变形控制[C]//中国土木工程学会隧道与地下工程分会防水排水专业委员会,上海市隧道工程轨道交通设计研究院.中国土木工程学会隧道与地下工程分会防水排水专业委员会第十五届学术交流会论文集.2011:102-108.
[67] 王如路.上海轨道交通隧道结构安全性分析[J].地下工程与隧道,2011(4):37-43,61.